공무원 합격을 위한 확실한 길잡이

손태진
공무원
독해완성

이제는 실전이다!

목 차

독해를 합격이

잡으면 보인다

1 주제, 제목 찾기

주제, 제목 찾기

주제, 제목 찾기는 매회 최소 1문제 이상 출제되고 있으며, 지문의 전체 내용을 파악할 수 있는가를 묻는 문제이다. 우선 무엇에 관한 글인가(소재)를 파악하고, 그 소재에 대한 글쓴이의 관점을 담은 문장이 주제문이 된다. 그리고 정답은 그 주제문을 재표현(Paraphrasing)한 것이 된다. 주제나 요지를 압축해서 요약한 것이 제목이 된다.

1. 전략

1) 글의 소재(Topic)를 파악한다.

소재: 무엇을 가지고 이야기할 것인가? 에서 '무엇을'에 해당하는 것이 소재이다.

2) 소재에 대한 글쓴이의 관점[주장, 의견(Idea)]을 담고 있는 문장이 주제문이다.

주제문 = 소재 + 저자의 관점(태도)

예를 들어, 콜레스테롤에 관한 글이면, 소재는 반복해서 언급되는 콜레스테롤이다. 글쓴이의 관점은 이 소재를 바라보는 글쓴이의 시각이고, 주제문은 소재와 관점을 담은 문장이 된다.

콜레스테롤은 담즙을 의미하는 '콜레(Chole)'와 고체를 뜻하는 '스테로스(Steros)'가 합성된 단어로 18세기 말 한 프랑스 화학자가 사람의 담석에서 추출해서 발견했다. 콜레스테롤은 심뇌혈관질환의 일으키는 건강의 적으로 간주되어 왔고, 동맥경화와 비만의 주범이며 무조건 낮춰야 한다고 알려졌다. 반면 최근의 연구 결과는 콜레스테롤은 우리 몸의 세포막을 형성하는 데 필요한 물질이고, 성호르몬과 비타민 D의 재료가 되고 담즙을 만드는 데에도 필요하다. 세균 독소를 중화시키고 염증으로 손상된 부분을 수리하는 데에도 없어서는 안 될 물질이다.

이런 지문이 주어지면, 앞부분에서 통념(콜레스테롤은 건강의 적이다)에 해당하는 내용이 제시되고 뒷부분에서 필자의 관점(콜레스테롤은 꼭 필요한 물질이다)을 파악할 수 있다. 또한 제목으로는 '두 얼굴의 콜레스테롤'이 적절하다.

1) 언어적 단서

1 수사 의문문

2 강조의 연결사

지문에 연결사가 없으면 첫 부분의 관점이 그대로 유지되는 두괄식 구조가 일반적이고, 중간에 연결사가 제시되면 관점이나 주제가 바뀔 수 있으므로 연결사를 중심으로 독해를 해야 한다.

- **역접:** But, Yet, However, Nevertheless, Nonetheless
- **대조:** In contrast, On the other hand
- **결론:** So, Thus, Therefore, Accordingly, After all, As a result, Finally
- **강조:** In fact, Indeed
- **요약:** In short, Above all

3 다양한 강조 표현

- **의견 표현 :** I think / believe / guess / suppose that ~
- **당위성:** Must, Should, Have to, Need
- **판단의 형용사:** Important, Necessary, Essential, Desirable

4 강조 구문

- It is~ that~
- **최상급 표현**
- **이중 부정**

2) 구조적 단서

부연 설명이나 예시 바로 앞이 주제문이다.

  • 예시(통계치, 전문가 진술, 경험 등)와 재진술(앞에 언급된 내용을 풀어서 설명)하는 표현들 바로 앞이 주제문이다.

3) 제목과 주장을 파악한다: 소재(Topic)와 관점(Idea)을 결합한 것이 주제문이다.

글의 소재(Topic)와 글쓴이의 관점(주장)을 완전한 문장으로 서술한 것이 제목과 주장이 된다. 이때 정답은 재표현(Paraphrasing)되어 제시된다.

① 주장, 요지: 소재와 관점을 길게 쓴 것(글을 통해 나타내려는 중심 내용)
② 주제, 제목: 소재와 관점을 짧게 쓴 것(주제나 요지를 압축적이고 상징적으로 표현한 것)

우선 보기에서 소재를 담지 않은 것은 먼저 소거한다.
① 소재의 범위: 지나치게 일반적인 내용이나 지문의 일부만을 담는 지나치게 좁은 범위를 서술하는 보기는 소거한다.
② 관점: 소재에 대한 글쓴이의 관점을 파악해서 반대 진술의 보기를 소거한다. 이때 관점을 ⊕, ⊖로 긍정적인 것과 부정적인 것을 나누어서 접근하면 실수를 줄일 수 있다.
③ 역추론: ①과 ②의 과정을 통해서 답이 도출되지 않으면, 해당 보기가 답이 되기 위해서는 지문에 어떤 내용이 제시되어야 할지를 역추론해 본다.

3. 최빈출 지문 구조

1) 두괄식 구조

소재(Topic) + 관점(주장, 의견) = 주제문

뒷받침
부연
예시

1 뒷받침의 구성
① 예시: For example, For instance
② 일화: 글쓴이 본인이나 제3자의 경험을 통해 주제문에서 밝힌 내용을 뒷받침(주로 교훈담)
③ 실험, 조사, 연구 결과: 실험, 조사, 연구 결과 등의 객관적인 자료를 바탕으로 주제문의 내용을 뒷받침
④ 권위자의 진술: 글의 주제와 관련된 분야의 권위자 또는 전문가의 견해를 인용함으로써 주제문의 내용을 뒷받침
⑤ 구체적인 수치를 통해 진술의 객관성 확보

2) 통념, 반박의 구조(중괄식 구조)
1 전략
중괄식 구조는 도입부에 일반적인 견해가 등장하고, 중간에 주제문이 위치하고 그 뒤에 주제를 뒷받침하는 부연 설명이나 예시가 제시되는 구조이다.
중괄식 구조를 가지는 글의 가장 대표적인 패턴이 통념/반박의 구조이다. 초반부에 일반인이 알고 있는 생각(통념)이 제시되고, 중간에 역접의 접속사(접속부사)가 제시되고 그 뒤에 반박(주장)이 위치하는 구조이다. 역접의 표현에 주목해야 한다.

일반적인 통념 + 역접의 접속부사(접속사) + **글의 요지, 주장**

글의 구성	표현
통념	Many(Most, Some) People say(think, believe) that ~ In the past ~ For a long time ~
역접 단서	But, Yet However Nevertheless, Nonetheless Contrary to, In contrast with, On the contrary
앞 문장을 부정하는 내용	It is not true ~ No longer ~

2 최빈출 구문 구조

3) 결론 도출 구조(미괄식 구조)

■ 전략

미괄식 구조는 초반에 도입부가 있고, 중간에 뒷받침(부연, 예시)이 제시되고, 후반부에 주제문이 등장하는 구조이다. 이러한 미괄식 구조의 가장 대표적인 패턴이 결론 도출 구조이다. 이는 초반부에 원인에 해당하는 것들이 제시되고, 후반부에 결론을 도출하는 구조이다. 결론을 알리는 단서 뒷부분에 주제문이 제시된다.

①

Therefore Thus Hence So	따라서
Accordingly Consequently	따라서
As a result In conclusion	결과적으로
In turn	결국

② 원인 + cause, lead to, result in, bring about, give rise to
contribute to, be attributed to
~을 야기하다 + 결과

③ 결과 + result from, arise from, be caused by
be the result of
~때문이다 + 원인

② 최빈출 지문 구조

원인

↓

인과 관계 접속부사

↓

결론(주제문)

4) 양괄식 구조

1 전략

지문의 길이가 긴 경우 사용되는 구조로, 같은 소재지만, 초반부에 설명되는 내용과 후반부에 설명되는 내용을 종합해서 주제가 제시되는 패턴이다. 가장 난도가 높은 유형이다.

2 최빈출 지문 구조

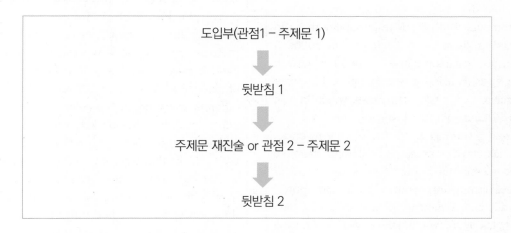

1. 다음 글의 주제로 가장 적절한 것은?

Just like raising a dog or cat, having a computer is a serious responsibility that can end in disaster if you ignore your duties. A neglected laptop can easily be infected with a virus, causing it to experience hardware failure or a total system crash, which in turn will cause you to lose precious data. But even if you take good care of your machine, unexpected problems can still occur; therefore it is essential to create back-up copies of everything important on your computer, including documents, photos and music files. By taking a few minutes of your time once a week, you'll be saving yourself not only a lot of grief, but possibly a large sum of money as well it may be possible for professionals to recover data lost in a computer crash, but they'll charge you a high fee for the service.

① Protecting your computer's data
② The evolution of computer viruses
③ How pets can harm your computer
④ What to do if your information is stolen

2. 다음 글의 주제로 가장 적절한 것은?

All telescopes use curved lenses to focus the light from distant objects, such as stars. Generally, the larger a telescope is, the greater its magnifying power. Two different kinds of lenses can be used. The first telescopes, made during the 16th century, were refractors. The problem with these telescopes was that their perfectly round lenses did not focus light sharply. Lenses made of a single piece of glass also bent light of different colors in different ways, producing color distortions. The problems of refractors led some telescope makers to experiment with reflectors. They used mirrors that were not perfectly round, so that light was sharply focused. Moreover, mirrors did not produce color distortions. But these early reflectors had other problems. They were made of polished metal, which did not reflect light well. Also, metal mirrors often cracked as they cooled after being cast. For two centuries, opticians strived to perfect both of these kinds of telescopes. Finally, in 1851, two Englishmen, Varnish and Mellish, discovered a method of covering glass with a very thin sheet of silver. This made it possible to build reflecting telescopes using a large curved mirror made of silver-covered glass. These telescopes reflected much more light than earlier reflectors and did not crack so easily. Today, nearly all large telescopes are built on the basic design conceived by Varnish and Mellish.

*refractor: 굴절 망원경
**optician: 광학 기계 제작자

① The principle of refraction
② The history of the telescope
③ How to choose the best telescope
④ A new kind of high-tech telescope

3. 다음 글의 주제로 가장 적절한 것은?

Some argue that expenditures on education generate no direct increase in productivity or growth, but this ignores the many immediate returns to education spending that do occur in society. Especially at the higher education level but also through agricultural institutes, vocational education, and other connections to lower levels of education, spending potentially contributes to relatively rapid returns from the generation and diffusion of knowledge throughout society. Education spending can also improve a country's economic performance fairly quickly by targeting lifelong learning, an element of attainment not generally captured by average years of education. In addition, much education investment replaces workers who retire or die with new workers; the new workers may not add years of experience to the population, but they do embody more recent knowledge and technology, which can translate into a higher GDP.

① Impact of education spending on economic growth
② Limitations of traditional education in modern society
③ Ways to reduce unemployment rates through education
④ Necessity of encouraging lifelong education for retirees

4. 다음 글의 제목으로 가장 적절한 것은?

Traditionally, forgetting has been regarded as a passive decay over time of the information recorded and stored in the brain. But while some memories may simply fade away like ink on paper exposed to sunlight, recent research suggests that forgetting is often more intentional, with erasure arranged by elaborate cellular and molecular mechanisms. And forgetfulness is not necessarily a sign of a faulty memory. In fact, its been shown over and over in computational models and also in animal work that an intelligent memory system needs forgetting. Far from signifying failure, forgetting may be the brain's frontline strategy in processing incoming information. Forgetting is essential, because the biological goal of the brains memory system is not preserving information, but rather helping the brain make sound decisions.

① Forgetting Relaxes the Mind More
② To Remember Is the Mother of All Wisdom
③ Forgetting: Proper Functioning of the Brain
④ Science Behind Forgetting and How to Overcome It

5. 다음 글의 주제는 무엇인가?

The traditional views of the artist are crucial to contemporary interpretations of creativity. In medieval Christianity, the artist was understood to be the vehicle through which God's creative inspiration found form. Through his disciplined training and craftsmanship, the medieval Christian artist brought God's vision to reality, recognizing that the inspiration and the artwork were gifts from God, and that the artist was merely the vehicle for God's inspiration. Therefore, the artist took no individual credit but rather identified himself as a craftsman, not as an originator or creator. With the Renaissance and its cultural shift toward the human, the artist became an individual who originated and created new visions. The human was the measure of all things and his potential was unlimited. The ability to create works of art merely supported the Renaissance artist's sense of personal identity. At the same time, the public definition of genius also shifted from one favored by is God to one of extraordinary creativity and originality. The genius brought forth masterpieces, new paintings, and original styles. In the 19th century, the Romantic Movement birthed a new and powerful definition of the artist as the rebel from society, the outcast who created out of a profound passion and sacrificed everything — social status, money, love, family — for this passion. As with the Renaissance genius, the Romantic artist was the source of originality, but unlike the Renaissance genius the Romantic artist was critical of society and sought a better world. The development of "modem" or 20th-century, schools of art, and their definition of the artist, were indebted to the Romantic myth of the artist.

① Artists and their social activism
② Various artists and their originality
③ The development of artists' personal identity
④ Changing views on the artist according to the times

There are two sorts of obscurity that you find in writers. One is due to negligence and the other to willfulness. People often write obscurely because they have never taken the trouble to learn to write clearly. This sort of obscurity you find too often in modem philosophers, in men of science, and even in literary critics. Here it is indeed strange. You would have thought that men who passed their lives in the study of the great masters of literature would be sufficiently sensitive to the beauty of language to write, if not beautifully, at least with perspicuity. Yet you will find in their works sentence after sentence that you must read twice in order to discover the sense. Often you can only guess at it, for the writers have evidently not said what they intended. Another cause of obscurity is that the writer is himself not quite sure of his meaning. He has a vague impression of what he wants to say, but has not, either from lack of mental power or from laziness, exactly formulated it in his mind, and it is natural enough that he should not find a precise expression for a confused idea. This is due largely to the fact that many writers think, not before, but as they write. The pen originates the thought. The disadvantage of this, and indeed it is a danger against which the author must be always on his guard, is that there is a sort of magic in the written word.

① An understanding of how to write
② The difficulty in writing clearly
③ What makes people write obscurely
④ How to express ideas effectively

It's not uncommon to dream about winning the lottery. If you've ever had a period of financial uncertainty, then you've probably imagined how winning the lottery would solve all your money troubles. Many others have also thought this way. Unfortunately, many lottery winners actually have more financial problems after they win. Many are even forced to declare bankruptcy. There can be different reasons for this, but the main problem is that the winners don't know how to manage their newly-acquired wealth. They react to their win by buying homes and cars and other expensive things right away. Yet they fail to understand that each of these requires substantial maintenance costs after purchase. Luxury cars need expensive insurance, boats need a capable crew, and vacation homes require you to pay high property taxes. Therefore, lottery winners must manage their money carefully if they want to remain financially stable.

① Harmful Effects of Purchasing Luxury Items
② Lottery Winners: The World's Richest People
③ Increasing Your Chances of Winning the Lottery
④ Why Many Lottery Winners Are in Financial Trouble

8. 다음 글의 상황에 나타난 분위기로 가장 적절한 것은?

It's always difficult to turn a car around. I live in a remote area up in the hills outside San Rafael, California, surrounded by forests full of giant trees. You have to drive up the mountain in low gear to get to our driveway, which is barely wide enough for one car and ends at a steep drop-off. I twisted around and backed up slowly. Just then, a flash of sunlight blinded me. I put my hand up to cover my eyes. I felt a shock as the left rear section of the SUV dropped. The car slipped in the soft soil, and rolled. I hadn't put on my seat belt yet; I was waiting to finish turning around. Now I tumbled inside the car as it rolled down the mountainside.

① Urgent
② Dreary
③ Adventurous
④ Monotonous

9. 다음 글의 주제로 가장 적절한 것은?

From the earliest days of agriculture, humans have been transporting seeds, plants, and animals from one location on earth to another. Very often the introduction of new species into a new region has been intentional, as when potatoes were brought to Europe from the Andes. Sometimes the introduction of species is unintentional, as when hyacinths invaded Lake Victoria and nearly choked the lake by depriving it of vast areas of sunlight. Humans have long been rearranging the Earths ecology with little understanding of side effects and unintended consequences. Some introduced species act as devastating weeds, taking over an ecosystem that lacks proper defenses. Pests and pathogens easily cross from one location to another. In general, the consequences of such introduced species are complex, typically unpredictable, and occasionally devastating to native species and to the functioning of the local ecosystems.

*hyacinth: 히아신스(백합과의 화초)
**pathogen: 병원균

① Reason why invasive species spread rapidly
② Unexpected negative impacts of exotic species
③ Ways to introduce alien species to a new region
④ Necessity of protecting species native to an area

10. 다음 글의 제목으로 가장 적절한 것은?

In most traditional societies, people tended to look to the past. They admired their ancestors, tried to retain the traditions, and lived in a remembered world. In contrast, increasingly for us, the past is a foreign country where strangers lived. Most people, especially in rapidly changing societies like America or China, tend to think much more about the future than the past. Technology plays a part. The great inventions of printing, the compass and gunpowder meant that the seventeenth-century philosophers felt that they were no longer the same as the Ancients. Now we often feel that those who lived before electricity, cars, photography and modern medicine must have been very different. Technological change is so rapid that a world before the Internet, mobile phone, genetic engineering and the latest generation of weapons seems a different one, with little to teach us.

① Does the Past Determine the Future?
② The Past is the Present and the Future
③ Technology Cuts Us Off from the Past
④ Technological Change: Enhancing the Benefits

11. 다음 글의 제목으로 가장 적절한 것은?

Conventional wisdom has it that one of our mightiest competitive motivators is social comparison: we begin competing with others as soon as we compare ourselves to them. New research published in the journal Psychological Science, however, shows that the number of people we're competing against has a direct effect on our motivation to compete. Here's an illustration: Jessica takes a seat in a classroom with ten other students. She looks around, evaluates the competitive landscape, and determines that her odds of doing well against this small group are good. The instructor passes out the particle physics exam, and Jessica is off and running, motivated to score among the best in this class. Jason arrives at a different room to take his exam, and it's a lot bigger than Jessica's. In fact, its ten times as big, and Jason has to find a seat in a crowd of one hundred students. The instructor passes out the exam and Jason begins without feeling a competitive edge. The lack of motivation that Jason feels, in comparison to Jessica's resolve, is what psychologists refer to as the N-Effect. The effect occurs when an increase in total competitors results in diminished motivation for individual competitors. Researchers assessed this effect through a series of five studies: the first examined SAT and CRT (Cognitive Reflective Test) scores in light of how many people took the tests in given venues over multiple years. Even when controlling for other variables, researchers found a significant inverse correlation between the number of test takers and scores: the more people taking the test, the worse the scores.

① Competition: The Best Motivator
② Competition Is Motivation with Rewards
③ Competition Motivates Some, but Not All
④ Competition Goes Up, Motivation Goes Down

12. 다음 글의 주제로 가장 적절한 것을 고르시오.

The British and French had been fighting for control of North America for over a hundred years by the time the American War of Independence began. So, when the American colonists declared their independence from England in 1776, the French were ready to give active support to them. The important role played by the French in the war is well represented by the 1781 Battle of the Chesapeake. American ground forces had laid siege to Yorktown, Virginia, where the top British commander and his army were stationed. British warships sailed from New York to help break the siege, but they were blocked from entering the Chesapeake Bay by French warships. The French navy succeeded in guarding the bay long enough that the British general in Yorktown was forced to surrender to the colonists.

① France's role in America's independence
② Why British colonists emigrated to America
③ The friendship between the Americans and British
④ Problems caused by a long battle between countries

13. 다음 글의 주제로 가장 적절한 것을 고르시오.

Everyone enjoys Jane Austen's writing. Her novels prove how much human nature can be revealed within the limits of a controlled environment and a straightforward plot. Austen makes women her central characters. By using their wits and moral sensibilities, they bring about a desired end. This element in itself — the success of the powerless over the powerful — surely accounts for some of Austen's popularity. The greater part of her appeal, however, has to do with her ability to combine opposing qualities such as romance and humor or human connections and separations. Finally, although her novels are grounded in realism and made credible by careful observation, they are essentially fantasies that let people become lost in them.

① Jane Austen's extraordinary success
② Jane Austen's role in women's literature
③ Why Jane Austen's novels are so popular
④ The triumph of the powerless over the powerful

14. 다음 글의 제목으로 가장 적절한 것을 고르시오.

Why do good things always happen to certain people? Is it because they carry a lucky rabbit's foot or found a four-leaf clover? Of course not. Those are just silly superstitions. In reality, luck is all about controlling things that appear to be out of your control. When you make an effort, you'll often find you have the ability to change these things for the better. What's more, luck is also a matter of perception. People who have a good attitude often believe that they are lucky. Therefore, they focus on the good things that happen to them. People with negative attitudes, on the other hand, tend to ignore the good things and focus on everything bad that occurs. This ends up making them feel as though they are unlucky.

① Don't Trust Your Perception
② Luck Is a Matter of Attitude
③ The Truth behind Superstitions
④ Focus on Both the Good and the Bad

15. 다음 글의 제목으로 가장 적절한 것을 고르시오.

Did you spend your staycation watching webisodes and using a sock puppet to keep an eye on your frenemies? If so, your vocabulary parallels changing trends in U.S. society, and you've already mastered some of the hundreds of new words added to the latest edition of Merriam-Webster's Collegiate Dictionary. Turn to the "W" section for a definition of webisode, "a short episode that is only viewable on a website," or look up "sock puppet" to learn about how false identities are used to deceive online communities. A staycation is defined as "spending vacation time at home," while a frenemy is someone who acts like a friend but in secret is your enemy. The adoption of words like these reflects society's increasing use of new technology. Now, as permanent parts of American vocabulary used in conversation and literature alike, these words are impossible to dismiss, so Merriam- Webster had no choice but to include them.

① Ways That New Words Are Created
② Examples of New Words in the Dictionary
③ The Popularity of New Words among Youth
④ Side Effects of Adopting New Vocabulary Words

16. 다음 글의 제목으로 가장 적절한 것을 고르시오.

The term "animal welfare" basically refers to human society's ongoing relationship with animals and our obligation to ensure that the animals in our care are dealt with both humanely and responsibly. Although it has come into the spotlight in recent years, the concept of animal welfare actually dates back at least 10,000 years to the Neolithic period, which was the time when humans first began to domesticate animals. This domestication was part of society's shift toward agriculture, considered by many historians to be the most important event in all of human history. This illustrates not only the extremely valuable role that animals play in our lives but also the long-lasting nature of the relationship. During this early period, people developed an animal welfare ethic that required us to consider the welfare of animals even as we used them to achieve our own goals. This created a beneficial situation in which we took care of the animals that took care of us. In other words, ancient people realized that it was in their own self-interest to treat animals with kindness and respect. This ethic still survives today and is especially evident in societies that still rely on traditional, hands-on animal care. However, it has been argued that recent advances in technology have broken this sacred bond between humans and animals by creating situations in which animals are placed in environments that sacrifice their health and comfort for increased productivity.

① Animal Welfare: A Reciprocal Bond
② Why Did Humans Domesticate Animals?
③ Technology Has Improved Animal Welfare
④ The Pros and Cons of Using Animals in Agriculture

17. 다음 글에 드러난 필자의 심경 변화로 가장 적절한 것은?

I applied to some law schools that award financial aid, and that process was flooded with rejection. One day while driving back from the mall with two friends, I got a call from an admissions officer at the University of California, Berkeley. She asked if it was a good time to talk and I told her no because I was driving. She said, "Okay, but call me back as soon as you can. I have some great news." I got off the phone and told my friends about the call. One of them said, "Maybe she's calling to offer you a scholarship." I said, "I hope you're right." And I imagined my school life at Berkeley for a while. As soon as I got back to the dorm, I called her back and she said, "Congratulations! You have been accepted to Berkeley." I politely thanked her for the call and after I got off the phone, I went back to lamenting over my situation. I thought to myself, "So what? It's not like I'll be able to go anyway. I can't afford law school. What I want is a scholarship."

① Anxious → Relieved
② Doubtful → Confident
③ Depressed → Satisfied
④ Anticipating → Disappointed

18. 다음 글의 주제로 가장 적절한 것은?

Many people's plates tend to be beige and brown with meats and refined grains. A diet rich in these foods provides high fat and cholesterol, with little nutritional quality. The National Cancer Institute has launched a campaign called "Savor the Spectrum." They are encouraging people to eat fruits and vegetables that consist of the primary color groups: red, yellow, orange, green, blue, purple, and white. Why? A diet rich in the most colorful fruits gives you the beneficial compounds that you need to help prevent a heart attack and diabetes. Also, colorful vegetables control your blood pressure, prevent some types of cancers, and guard against vision loss. The more colors you see, the better. Loreli Disogra, director of the National Cancer Institute program says, "When you see colors on your plate you know you are doing good for yourself. Think of your dinner plate as an artist's canvas."

① Tips for selecting and trying colorful foods
② Health benefits of eating more colorful foods
③ Reasons why colorful foods appeal to our senses
④ Methods to choose healthy foods that suit your body

19. 다음 글의 제목으로 가장 적절한 것은?

Just a few decades ago, many scholars believed in the myth of the peaceful savage, which depicts war as a by-product of modern civilization that did not exist in pre-state societies. The anthropologist Steven LeBlanc disproves this myth, pointing out that the vast majority of primitive, pre-state societies engaged in at least occasional warfare. Mortality rates from violence in some societies reached as high as 50 percent. In fact civilization, far from creating the problem of warfare, is apparently helping us to solve it. In the blood-soaked 20th century, 100 million men, women, and children died from war-related causes. The total would have been 2 billion if our rates of violence had been as high as in the average primitive society. Moreover, conventional wars between the armies of two or more nations, and even civil wars, have become much less common in recent decades. We are now dealing primarily with guerrilla wars, insurgencies, terrorism— or what the political scientist John Mueller calls "the remnants of war."

*insurgency: 폭동
**remnant: 잔재

① Humans Are Less Violent Than Ever
② Is It Natural for Humans to Start Wars?
③ Modern Age: A New Era of Conflict and Violence
④ Why Human Society Is More Violent Than in the Past

20. 다음 글의 제목으로 가장 적절한 것은?

In one study, social psychologists placed flyers on 139 cars in a large hospital parking lot. They were curious about whether the car's drivers would throw the flyers in the trash, or whether they would instead litter by leaving them in the parking lot. Before some of the car's drivers emerged from the parking lot elevator, the researchers scattered discarded flyers, candy wrappers, and coffee cups throughout the parking lot. At other times, they removed every last cigarette butt and piece of trash from the parking lot floor, conveying the idea that littering was inappropriate. Nearly half of all drivers littered when the parking lot was already covered in litter - what's one more piece of trash atop a foundation of garbage? - but only one in ten drivers littered when the parking lot was spotless. This experiment showed that an orderly environment fosters the sense of responsibility. The researchers added another twist to see whether environmental cues shape people's actions. They asked an assistant to conspicuously drop an unwanted flyer on the ground just as some of the drivers were exiting the elevator. This intentional act drew the driver's attention to the existing state of the parking lot, either emphasizing that it was already full of litter, or highlighting how neat it was before the assistant indifferently cast aside his discarded flyer. When the assistant drew the driver's attention to the state of the parking lot, only 6 percent littered in the clean parking lot, whereas a dramatically higher 54 percent littered in the already cluttered parking lot. The drivers adopted the behavior that seemed most appropriate given their understanding of the areas prevailing norms.

① Signs of Disorder Undermine Social Norms
② Sensible Living Creates an Orderly Environment
③ How Can We Reduce Crime in Our Community?
④ What Happens When You Violate Social Norms?

21. 다음 글에 드러난 **Robert**의 심경으로 가장 적절한 것은?

Robert was new at his company. On his first day, he kept working after everyone else went home. It was a dark winter evening. The wind was blowing strongly. Robert decided he would only stay a few minutes longer. But at that moment, a strange sound came from somewhere. He stood up and listened more carefully. It seemed to have stopped, so he tried to get back to work. But then he heard it again — the sound of slow, heavy footsteps coming closer. Robert looked out into the hallway, but no one was there. The footsteps were moving again. It sounded like they were on the roof! Suddenly, they stopped, and Robert heard a low, unnatural laugh above him. He rushed out of the office screaming and never looked back.

① Panicked
② Hopeless
③ Exhausted
④ Regretful

22. 다음 글의 주제로 가장 적절한 것은?

It's easy to think of all insects as harmful pests; after all, we spend millions of dollars annually in efforts to get rid of them. But not all bugs are the same, and many are actually quite helpful. One essential process that would not occur without insects is pollination. Bees and other insects travel from plant to plant, allowing not only flowers to reproduce, but also the crops we depend on for food. And insects that eat plants are necessary as well, as they keep certain forms of vegetation from growing unchecked and upsetting the balance of the ecosystem. Insects have a similar effect on animals, spreading diseases that keep wildlife populations at sustainable levels. And once these animals die, there are other insects that dispose of their bodies, helping convert them into nutrients that will allow plants to grow.

① Positive effects of insects
② A more effective pesticide
③ How insects upset the ecosystem
④ Different diseases spread by insects

23. 다음 글의 제목으로 가장 적절한 것은?

Ecotourism is meant to provide tourists with information about the natural environment of their travel destination and to give them opportunities to help protect it. But some forms of ecotourism may not have these desired effects. In fact, many environmentalists feel that this definition is being applied to activities that can actually negatively impact the environment. Deep-sea fishing excursions are one example. Such trips are often advertised as "ecotourism" because they give tourists intimate access to the marine environment. And trip coordinators argue that the catch-and- release policy employed during deep-sea fishing trips ensures that no wildlife is harmed. However, opponents point to the fact that fishing boats use fuel that pollutes both the air and the water. Furthermore, even if fish are released after they are caught, a substantial number of them subsequently die due to stress and physical injury.

① Ecotourism Activities on the Open Ocean
② Ecotourism: Really Good for the Environment?
③ Ecotourism and Its Effects on the Fishing Industry
④ How Ecotourism Is Helping to Preserve Marine Life

24. 다음 글의 제목으로 가장 적절한 것은?

Although social attitudes toward the concept of property ownership may seem to be based on established laws, a new study suggests that they might actually stem from fundamental intuition. In an experiment, children as young as three years old were observed in order to see how they dealt with the concept of private property before being exposed to social regulations. Previous studies had shown that, unless presented with compelling reasons to believe otherwise, young children generally accepted the idea that the first person to possess an object could be considered its rightful owner. What this new study sought to establish was whether or not "creative labor" would be considered a compelling enough reason to transfer ownership of an object. The test subjects were each given a specific type of clay animals, such as blue dogs or red cats. They then borrowed these animals from each other and made changes to them. In some cases they transformed them into something entirely new; in others, they simply made small alterations such as cutting off an ear or adding a tail. The researchers were curious to see what effect these two levels of creative labor would have. What they found was that the children accepted that ownership of the property was transferred in cases where a considerable effort was made. It was clear that, when it came to ownership, transforming the animal into a completely different one was considered to be a more important act than simply adding or removing a part. The conclusion of the researchers was that, although creativity mattered, work was considered the most important factor in the transfer of ownership rights.

① What Creates Ownership?
② Creativity: The Greatest Skill
③ Making Labor Fun for Everyone
④ The Problem of Private Property

25. 다음 글의 주제로 가장 적절한 것은?

Strange as it may sound, arms of snow crystal that are quite separate can send signals to each other. Snow crystals have distinctive sets of vibrations. The vibrations are formed by atoms that move in time with other atoms located at matching positions in other parts of the crystal. When atoms are moving in a formation, a change in one part may spread evenly to other parts of the formation, just as a soldier who alters his pace in a marching group usually sets off a steady change of pace throughout the entire group. Thus, the arms of a developing snow crystal may not touch each other, but still they are affected by each other's changes. As in a mirror, changes in one arm are likely to occur in the other and that's why all the structures of snow crystals are symmetrical.

① Diversity of snow crystal shapes
② Conditions that make snow crystals
③ Factors that affect the types of snow crystals
④ Reasons the arms of a snow crystal are the same

26. 다음 글의 제목으로 가장 적절한 것은?

Perception refers to the meaning we assign to information when it is received by our senses. Our eyes may work like cameras, but what we see (or perceive) is affected by the information contained in our brains. For example, look at the following: 13. If you were asked what number this is, you would probably say "13." Yet if you were asked to name the letter, you might answer "B." There is only one figure, but your perception changes based on what you are asked and your existing knowledge of numbers and letters. To a young child with no stored information of either numbers or letters, these would be meaningless marks on paper. The assignment of meaning to incoming stimuli, therefore, depends on prior knowledge and on what we expect to see. In a sense, the brain is always checking new information against what has previously been encountered.

① Factors Influencing Our Perception
② Commonly Misunderstood Symbols
③ How Your Brain Can Trick Your Senses
④ Why We Assign Meaning to Information

The blame instinct is the instinct to find a clear, simple reason for why something bad has happened. It seems that it comes very naturally for us to decide that when things go wrong, it must be because of some bad individual with bad intentions. We like to believe that things happen because someone wanted them to, that individuals have power and agency; otherwise, the world feels unpredictable, confusing, and frightening. The blame instinct makes us exaggerate the importance of individuals or of particular groups. This instinct to find a guilty party hinders our ability to develop a true, fact-based understanding of the world. It blocks our learning because once we have decided who to punch in the face, we stop looking for explanations elsewhere. For example, blaming an airplane crash on a sleepy pilot will not help to stop future crashes. To do that, we must ask: Why was he sleepy? How can we regulate sleepy pilots in the future? If we stop thinking when we find the sleepy pilot, we make no progress. To understand most of the world's significant problems we have to look to the system. The same instinct is triggered when things go well. When something goes well, we are very quick to give the credit to an individual or a simple cause, when again it is usually more complicated. If you really want to change the world, you have to understand it. Following your blame instinct isn't going to help.

① Blame Instinct: A Double-Edged Sword
② How Can We Control the Blame Instinct?
③ Why We Should Coordinate Different Views
④ Blame Instinct Undermines the Problem-Solving Ability

Plato (c. 400 BC) was a famous Greek philosopher and prized student of Socrates. In 385 BC, he founded a school called the Academy, where rich young men, and even some women, studied philosophy and other subjects. Plato was both an idealist and a rationalist. He divided reality into two: On the one hand we have idea or ideal. This is ultimate reality, which is eternal and spiritual. On the other hand, there are phenomena, which are an imperfect manifestation of the ideal because they appear in the material, physical world, and are associated with matter, time, and space. Whereas phenomena are illusions which decay and die, ideals are unchanging and perfect. Phenomena are inferior to ideals. For example, the idea of a triangle — the properties of its form — is eternal. Any individual triangle found in the everyday world is never quite perfect: they may be a little crooked, or the lines a little thick, or the angles not quite right. They are only ever an approximation of the ideal. Ideals are the basis of science: the law of gravity, $E=mc^2$ and so on — these are the unchanging laws of the universe. Ideals are available to us through thought, while phenomena are experienced through our senses. So, naturally, thought is a vastly superior means to get to the truth. This is what makes Plato a rationalist, as opposed to an empiricist. Senses can only give you information about the ever-changing and imperfect world of phenomena, and so can only provide you with implications about ultimate reality, not reality itself.

① Plato's world view: Dualism
② Various ways of understanding the world
③ The viewpoint of the ancient Greeks
④ Plato's outstanding achievements in philosophy

29. 다음 글의 주제로 가장 적절한 것은?

For quite some time now, computer scientists have been seeking to develop some form of artificial intelligence, also known as AI. Initially, these efforts took a primarily logic-based approach, focusing on the formal reasoning and problem solving capabilities of computers. While this approach does have its advantages, ultimately it is inhibited by its limitations. These types of systems can only be successful in extremely narrow fields of knowledge, as it would be impossible to translate the entire range of human reasoning into computer code. They are also unable to make connections that are not based solely on logic. This ability is vital to any meaningful "intelligence." Furthermore, they function on a series of "if~then" decisions; but in real world situations, it is not always possible to recognize the factors necessary to make such a decision.

① How the first artificial intelligence was made
② Logical methods for solving abstract problems
③ Why computers are not as intelligent as humans
④ The problems with logic-based artificial intelligence

30. 다음 글의 제목으로 가장 적절한 것은?

Ancient Egyptian wall paintings show pictures of soldiers marching to war with dogs by their side. Similarly, Persian historians describe how dogs were used by the military to warn soldiers of approaching Greek invaders. Thousands of years later, during Napoleon's invasion of Europe, a dog named Moustache showed outstanding courage when an enemy soldier tried to steal the French flag. Moustache bit the soldier so hard that he ran away. During World War I, a British dog called Stubby was awarded a medal for capturing a German spy. And in World War II, at least ten thousand dogs served in the U.S. Army. They worked as guards, delivered messages, and were essential to search and rescue efforts.

① The Use of Animals as Spies
② A Dog's Death in a Fierce Battle
③ The History of War and Civilization
④ Dogs' Contributions during Wartime

31. 다음 글의 제목으로 가장 적절한 것은?

German historians seeking to explain the causes of World War II often focus on the conditions in Germany that helped make the rise of Adolf Hitler and the Nazi party possible. These include a weak economy, an unstable government, and the harsh punishments enacted on Germany after World War I, which forced the defeated nation to give up land to France, Poland, and other nations, and to make enormous reparation payments. However, these explanations seldom attempt to excuse ordinary Germans who were not part of either the country's military or government before and during the war. The general attitude is that all Germans share the blame for what happened, whether it is for participating directly or indirectly, or for not resisting strongly enough. Unlike other nations that are constantly being criticized for omitting or downplaying their role in wars and atrocities in their educational curriculum, Germany is generally recognized as a nation that is not afraid to confront the mistakes of its past. This is not to say that all Germans have openly and wholeheartedly embraced this attitude. For many years after World War II, older Germans resisted youthful demands for more transparency regarding events that occurred during the war, possibly because so many people from the older generation were involved in things that they wanted to forget. Today, however, Germany is more or less united behind the idea of being a nation that is moving forward without being afraid of looking back.

*reparation: 배상금
**atrocity: 잔혹 행위

① Tensions between German Generations
② The Origins of Adolf Hitler and the Nazis
③ What Was the Real Cause of World War II?
④ Germany's Willingness to Admit Its Mistakes

32. 다음 글의 주제로 가장 적절한 것은?

A decisive moment occurred in the nineteenth century when those in advertising and journalism discovered that if they framed their stories and appeals with fear, they could capture our attention. It is an emotion we find difficult to resist or control, and so they continually shifted our focus to new possible sources of anxiety. They took advantage of the latest health scare, the new crime wave, a social faux pas we might be committing, and endless dangers in the environment of which we were not aware. With the increasing sophistication of the media and the overpowering quality of the imagery, they have been able to give us the feeling that we are fragile creatures in an environment full of danger — even though we live in a world infinitely safer and more predictable than anything our ancestors knew. With their help, our anxieties have only multiplied.

*faux pas: 무례, 실례

① Past and current strategies used in advertisement
② Roles of the media in protecting consumer's rights
③ Intensified anxiety in modern times due to the media
④ Aspects of the media's manipulation of public opinion

33. 다음 글의 제목으로 가장 적절한 것은?

Suppose you are one of a large group of participants in a study and for your time, you are given either a coffee mug or a nice pen. The two gifts are of similar value and randomly distributed. You and your fellow participants are then offered the chance to trade. Considering the random distribution, you would assume that about half the people would be happy to swap. But in fact there are very few trades. This phenomenon is called the endowment effect. Once something is given to you, it's yours. Even after a couple of minutes, giving it up will entail a loss. And because losses are worse than gains are good, the mug or pen with which you have been "endowed" is worth more to you than it is to a potential trading partner. And "losing" (giving up) the pen will hurt worse than "gaining" (trading for) the mug will give pleasure. Thus, you refuse the trade.

① Ownership Affects Our Valuation
② Gains Are More Powerful Than Losses
③ Rational Choice in an Uncertain World
④ Get What You Deserve, Not What You Desire

34. 다음 글의 제목으로 가장 적절한 것은?

"Prospect theory" explains why we don't act when we should. The theory says that when people are shown a high number of choices (or "prospects"), they are less likely to be able to decide quickly than when they have very few options. Also, when the options are very attractive, the decision becomes harder to make. Further, the longer it takes them to make a decision, the less likely it is that they will stop hesitating. Essentially, they become paralyzed by too much freedom of choice. Clearly, having a wider range of options is not always preferable. One study asked people to complete a questionnaire in return for a reward; some were told they had five days to submit the completed questionnaire, others were told 21 days, and a third group had no deadline. Results: 66 percent of those with the five-day deadline returned their questionnaires, 40 percent of those with the 21-day deadline returned theirs, and only 25 percent with no time limit returned theirs. People with decision paralysis are advised by psychologists to remember that not doing something is itself a decision — and the worst decision you can make. Instead, just do something!

① How to Make a Quick Decision
② Doing Nothing Is the Best Decision
③ Your Decisions Will Make Your Life Better
④ Prospect Theory: Ideas about Decision-making

35. 다음 글의 주제로 가장 적절한 것은?

To build houses and communities with the idea of conservation in mind would create an "ecological village"—a human settlement that is sustainable ecologically, economically, culturally, and spiritually. Sustainability is the ability of an ecosystem, a community, or a person to maintain itself over the long term without using up or damaging any essential functions. Many people now believe that working in cooperation with nature is increasingly essential in our human activities in the physical world and that we must respect the needs of nature and the natural system while we respect our human needs.

① Analysis of human needs in the age of consumption
② Causes of damage to the ecosystem
③ Crisis of modern architecture under the threat of new technology
④ Ecological village as a sustainable place in cooperation with nature

36. 다음 글의 주제로 가장 적절한 것은?

Hydrogen gas is the primary component needed for star formation. By studying galaxies and other star-forming regions throughout the universe, though, astronomers have found that there is less and less hydrogen available to create new stars. Part of the problem is that the majority of hydrogen originally present in the universe is effectively "locked up" in stars currently in existence. When stars explode at the end of their life cycle, some of their hydrogen is released back into space, but this does not happen often enough to maintain a constant amount of available hydrogen. In addition, as the universe expands, it is getting harder and harder for galaxies to draw in hydrogen from open space through natural gravitational force. These findings support the current theory that cosmological evolution will lead to an increasingly dark and cold universe.

① The cause of the expansion of the universe
② The primary components that make up galaxies
③ The difficulty of predicting the life cycles of stars
④ The decrease in hydrogen available to form new stars

37. 다음 글의 제목으로 가장 적절한 것은?

Many descriptive words may pop into your mind when you think of the skin of a frog, but chances are "miracle" and "drug" aren't among them. You'll be surprised to learn, then, that scientists recently developed a compound that mimics molecules found in frog skin and can be used to combat bacteria. A pressing need for this class of drug currently exists, as bacteria continue to develop resistance to every traditional type of antibiotic. While most antibiotics work by destroying proteins within the bacteria, thus killing them, the frog-skin-inspired compound functions very differently, simply poking thousands of holes in the bacteria until they die. Once confronted with this new method of direct attack, it's unlikely bacteria will be able to develop a resistance to it.

① A New Virus Spreads among Frogs
② Fighting Bacteria by Copying Frog Skin
③ Are Frogs Now an Endangered Species?
④ How Bacteria Develop Antibiotic Resistance

38. 다음 글의 주제로 가장 적절한 것은?

Groups of ants can be just as irrational as stampeding soccer fans. Panicking ants, like panicking people, follow the herd, even when the herd makes stupid decisions. A stampede can be fatal, especially in enclosed areas like sports stadiums, dance clubs, and department stores. When there is a fire or other cause of panic, people frequently—and illogically—try to escape through just one door, jamming it up, while leaving other exits free. People who are panicked forget about reasonable strategies and just follow the crowd, behaving rather like ants. In a University of Havana study, researchers trapped ants in a circular chamber and then opened two identical exit doors. Calm ants used both doors equally. But ants panicked by insect repellent jammed one exit while ignoring the other.

*stampede: 우르르 몰려가다, 우르르 몰려감

① Ways to avoid stampede behaviors
② Tendency of people to panic in crowds
③ Stupid behavior shared by people and ants
④ Reactions of different ant groups when panicked

‖Actual Test 해설

1. 정답 ①

 해설

소중한 자료들을 보호하기 위해 정기적으로 컴퓨터의 데이터를 미리 백업해 두는 것이 좋다는 내용의 글이다.

 해석

개나 고양이를 키우는 것과 마찬가지로, 컴퓨터를 갖는다는 것은 당신의 의무를 소홀히 할 경우 재앙으로 끝날 수도 있는, 쉽지 않은 책무이다. 방치된 휴대용 컴퓨터는 바이러스에 쉽게 감염될 수 있고, 이는 하드웨어의 손상이나 전체 시스템의 파괴로 이어지게 되는데, 이는 그다음으로 당신으로 하여금 소중한 데이터를 잃게 할 것이다. 그러나 당신이 당신의 기계(컴퓨터)를 잘 다룬다 하더라도, 여전히 예상치 못한 문제점들이 발생할 수 있다. 따라서 컴퓨터상의 문서, 사진과 음악 파일 등을 포함하는 중요한 모든 것들의 백업 사본을 만들어 두는 것이 중요하다. 일주일에 한 번, 몇 분간 시간을 할애함으로써 당신은 커다란 슬픔을 면할 뿐 아니라, 어쩌면 또한 많은 돈을 절약하게 될 것이다. 전문가들이 컴퓨터 파괴로 인해 잃어버린 데이터를 복구하는 것은 가능하겠지만, 그들은 당신에게 그 서비스에 대하여 많은 금액을 요구할 것이다.

① 컴퓨터의 자료를 보호하는 것
② 컴퓨터 바이러스의 진화
③ 어떻게 애완동물이 당신의 컴퓨터에 해를 끼치는가
④ 정보를 도난당했다면 해야 하는 것

 어휘

serious 중대한 neglected 방치된 infect 감염시키다
crash 파괴, 붕괴 charge 청구하다 evolution 진화
budget 예산

2. 정답 ②

 해설

역대 망원경 중 굴절 망원경과 반사 망원경이 발명된 계기와 이 두 방식의 문제점을 설명하고, 이를 개선시킨 바니쉬와 멜리쉬의 방법을 적용한 망원경을 소개하고 있으므로 '② 망원경의 역사'가 글의 주제라고 할 수 있다.

 해석

모든 망원경은 별과 같이 먼 곳에 있는 물체로부터 나오는 빛을 모으기 위해 굴곡 렌즈를 사용한다. 일반적으로 망원경의 크기가 크면 클수록 확대력도 더 크다. 2개의 서로 다른 종류의 렌즈가 사용될 수 있다. 16세기에 만들어진 최초의 망원경은 굴절경이었다. 이 망원경의 문제점은 완벽한 구형의 렌즈가 빛을 초점에 정확히 모으지 못한다는 것이었다. 한 조각의 유리로 만들어진 렌즈는 또한 여러 색깔의 빛을 서로 다른 방향으로 굴절시켜 색깔의 왜곡을 초래했다. 굴절경의 문제점은 일부 망원경 제작자들이 반사경을 실험해 보게 했다. 그들은 완벽한 구형이 아닌 거울을 사용하며 그 결과 빛을 초점에 정확히 모았다. 게다가 거울은 색깔의 왜곡을 일으키지 않았다. 그러나 이 초기 반사경에는 다른 문제점들이 있었다. 그것들은 연마한 금속으로 만들어진 것이라 빛을 잘 반사시키지 못했다. 또, 금속 거울은 주조된 후 식는 과정에서 종종 금이 갔다. 2세기 동안 광학 기계 제작자들은 이 두 종류의 망원경을 개선하기 위해 노력했다. 드디어 1851년에 두 명의 영국인 바니쉬와 멜리쉬가 아주 얇은 은박으로 유리를 덮는 새로운 방법을 발견했다. 이로 인해 은을 입힌 유리로 만든 커다란 굴곡 거울을 사용한 반사경을 만들 수 있게 되었다. 이 망원경은 이전의 반사경보다 훨씬 더 많은 빛을 반사시켰고 그렇게 쉽게 금이 가지도 않았다. 오늘날의 거의 모든 대형 망원경은 바니쉬와 멜리쉬가 고안한 기본 디자인을 토대로 만들어진다.

① 굴절의 원리
② 망원경의 역사
③ 최고의 망원경을 선택하는 방법
④ 첨단 기술 망원경

 어휘

curved 구부러진 focus 초점에 모으다
magnify 확대하다 bend 구부리다
distortion 왜곡 reflector 반사경 polish 연마하다
crack 금이 가다 cast 던지다, 주조하다
strive to R ~하려고 노력하다
perfect 완전하게 하다, 개선하다 sheet 얇은 판
conceive 고안하다

3. 정답 ①

해설

교육 분야에 대한 지출이 경제적 이득을 가져다주지 못한다고 생각하는 사람들이 있지만, 교육은 각종 직업 교육 실시와 사회 전반에 걸친 지식 확산, 그리고 새로운 지식과 기술을 갖춘 노동 인구 세대 공급 등의 역할을 수행하며 경제 성장을 견인하고 있다는 내용의 글이다. 따라서 글의 주제로 가장 적절한 것은 '① 교육 지출이 경제 성장에 미치는 영향'이다.

해석

어떤 사람들은 교육에의 지출이 생산성이나 성장에 직접적인 증가를 전혀 만들어 내지 못한다고 주장하지만, 이것은 사회에서 발생하는 교육 지출에 대한 많은 즉각적인 수익을 무시하는 것이다. 특히 고등 교육에서뿐만 아니라 농업 기관, 직업 교육 그리고 낮은 수준의 교육과의 다른 연결을 통하여. 교육 지출은 그 세대에서의 상대적으로 빠른 수익과 사회 전반에 걸친 지식의 확산에 잠재적으로 기여한다. 교육 지출은 또한 일반적으로 보통교육 기간으로 포착되지 않는 성취 요소인 평생 학습을 목표로 삼음으로써 국가의 경제적 성과를 꽤 빠르게 향상시킬 수 있다. 그뿐만 아니라 많은 교육 투자는 은퇴하거나 사망한 직원들을 새로운 직원들로 교체한다. 새로운 직원들이 인구 집단에 수년간의 경험을 더해 주지 못할 수도 있지만, 그들은 그야말로 더 최근의 지식과 기술을 구현하며, 이는 더 높은 GDP로 바뀔 수 있다.

① 교육 지출이 경제 성장에 미치는 영향
③ 현대 사회에서 전통적 교육의 한계
④ 교육을 통해 실업률을 줄이는 방법들
⑤ 은퇴자들을 위해 평생 교육을 장려하는 것의 필요성

어휘

expenditure 지출 productivity 생산성
immediate 즉각적인 institute 기관 협회
vocational 직업의 contribute 기여하다
relatively 상대적으로 diffusion 확산, 발산 fairly 상당히
target 목표로 삼다 lifelong learning 평생 학습
attainment 성취, 달성
replace A with B A를 B로 교체하다 embody 구현하다
translate into ~로 바뀌다 transition 변천, 이행
retiree 퇴직자

4. 정답 ③

해설

망각은 두뇌의 쇠퇴 현상이 아니며 오히려 새로운 정보를 계속 받아들이기 위한 두뇌의 전략이라는 내용의 글이므로, 제목으로 가장 적절한 것은 '③ 망각: 두뇌의 적절한 기능'이다.

해석

전통적으로 망각은 두뇌에 기록되고 저장된 정보가 시간의 흐름에 따라 수동적으로 쇠퇴하는 것으로 간주되어 왔다. 그러나 어떤 기억은 햇빛에 노출된 종이 위의 잉크처럼 그저 서서히 흐릿해져 가는 것일지 몰라도, 최근의 연구에 의하면 망각은 보통 정교한 세포와 분자의 메커니즘에 의해 조정되는 삭제를 수반하는, 더욱 의도적인 것이라 한다. 그리고 건망증이 반드시 결함 있는 기억의 징후인 것은 아니다. 사실 똑똑한 기억 체계는 망각을 필요로 한다는 것이 컴퓨터 모형과 동물 실험에서도 계속 드러났다. 실패를 의미하기는커녕, 망각은 투입되는 정보를 처리하는 데 있어 두뇌의 최전선 전략일지도 모른다. 두뇌의 기억체계의 생물학적 목표는 정보를 보존하는 것이 아니라 오히려 두뇌가 타당한 결정을 내리도록 돕는 것이기 때문에 망각은 필수적이다.

① 망각은 정신을 더 편안하게 한다.
② 기억하는 것은 모든 지혜의 어머니이다.
③ 망각: 두뇌의 적절한 기능
④ 망각 이면의 과학과 그것(망각)을 극복하는 방법

어휘

decay 쇠퇴 fade away 서서히 사라지다
expose 노출시키다 intentional 의도적인
erasure 삭제, 말소 arrange 조정하다, 배열하다
elaborate 정교한 cellular 세포의 molecular 분자의
mechanism 메커니즘, 방법 forgetfulness 건망증
faulty 결함 있는 over and over 계속해서
computational 계산에 관한 signify 의미하다
frontline 최전선 preserve 보존하다
sound 타당한, 믿을 만한

5. 정답 ④

이 글은 예술가를 보는 관점의 시대별 변화상을 서술하고 있으므로, 주제로는 '④ 시대에 따라 변하는 예술가들에 대한 관점'이 가장 적절하다.

예술가에 대한 전통적 관점들은 창조성에 대한 당대의 해석에 아주 중요하다. 중세 기독교에서는, 예술가가 신의 창조적 영감이 형상화하는 수단으로 이해되었다. 훈련된 교육과 솜씨를 통해서, 중세 기독교 예술가는 영감과 예술 활동은 신이 주신 재능이며 예술가란 단지 신의 영감을 전달하는 수단에 불과하다고 여기면서 신의 비전을 실현화했다. 따라서 예술가는 개인적인 찬사를 전혀 받지 않고, 오히려 자신을 창시자나 창조자가 아닌 기능인으로 여겼다. 르네상스와 그것에 의로 인해 인간에 대한 문화적 변화로 인해, 예술가는 새로운 비전을 일으키고 창조해 내는 개인이 되었다. 인간이 모든 것들의 척도였고 인간의 잠재력은 무한했다(그리고 정치적, 경제적으로 세력이 강한 사람들이 유명한 화가와 건축가를 지원하기 시작했다). 예술 작품을 창조하는 능력은 단지 르네상스 예술가의 개인적 정체성을 뒷받침할 뿐이었다. 동시에, 천재에 대한 대중의 정의 또한 신에 의해 은혜를 받은 사람에서 비범한 창조성과 독창성을 갖춘 사람으로 바뀌었다. 천재는 걸작, 새로운 그림. 그리고 독창적인 스타일을 탄생시켰다. 19세기에, 낭만주의 운동은 예술가를 사회의 반항아 즉, 심오한 열정에서 창조하고 이러한 열정 때문에 사회적 지위. 돈, 사랑, 가족 등 모든 것을 희생한 방랑자라고 보는 새롭고 강력한 정의를 탄생시켰다. 르네상스 시대의 천재와 마찬가지로, 낭만주의 예술가는 독창성의 원천이었지만, 르네상스 시대의 천재와 달리 낭만주의 예술가는 사회에 관해 비판적이었고 보다 나은 세상을 추구했다. '현대의' 즉, 20세기의 예술 학파들의 발달과 예술가에 대한 그들의 정의는 예술가에 대한 낭만주의의 통념 덕택이었다.

① 예술가들과 그들의 사회적 행동주의
② 다양한 예술가들과 그들의 독창성
③ 예술가들의 개인 정체성의 발달
④ 시대에 따라 변하는 예술가들에 대한 관점

crucial 결정적인, 아주 중요한
contemporary 동시대의 interpretation 해석
creativity 창조성 medieval 중세의
vehicle 매개체, 전달 수단 inspiration 영감
discipline 훈련하다 craftsmanship 솜씨 vision 시각
recognize 인식하다 identify 신분을 증명하다, 인식하다
originator 창작자 creator 창조자 shift 변화
individual 개인의 originate 생기다 measure 척도
potential 잠재력 unlimited 무제한의 architect 건축가
identity 정체성 definition 정의 extraordinary 비상한
originality 독창성 bring forth ~을 낳다
masterpiece 걸작 original 독창적인 rebel 반역자
outcast 추방자, 방랑자 profound 심오한 passion 열정
sacrifice 희생하다 status 지위, 상태 school 학교, 학파
be indebted to ~에게 빚지다 myth 신화, 통념

6. 정답 ③

이 글은 서머셋모옴(W. Somerset Maugham)의 써밍업(The Summing Up)의 일부로, 여기서 모옴은 글의 모호함이 생기는 원인을 분석하고 명료하게 글을 쓰지 않는 당대의 작가들을 비판하고 있다. 모옴은 작가가 명료하게 글을 쓰지 않는 이유로 세 가지를 제시하고 있는데, 첫째가 작가의 태만, 둘째가 고의성, 셋째가 작가가 자신이 말하고 싶은 것을 정확히 알지 못하는 것이다. 따라서 정답은 ③이 된다.

당신이 작가들에게서 발견하는 모호성에는 두 가지 종류가 있다. 하나는 태만 때문이고, 다른 하나는 고의성 때문이다. 사람들은 흔히 명료하게 글 쓰는 법을 배우려는 수고를 결코 한 적이 없기 때문에 모호하게 글을 쓴다. 이런 종류의 모호성을 당신은 현대의 철학자. 과학자, 그리고 심지어 문학 비평가들에게서도 너무 자주 발견한다. 그러나 이것은 정말 이상한 일이다. 당신은 위대한 문호들의 연구에 평생을 보낸 사람들이 언어의 아름다움에 대해 충분히 민감하여, 아름답게 쓰지는 못하지만 적어도 명료하게 글을 쓸 것이라고 생각했을 것이다. 그러나 당신은 그들의 글에서 문장마다 의미를 깨닫기 위해 두 번씩 읽어야 한다는 것을 발견할 것이다. 흔히 당신은 그것(의미)을 추측할 수밖에 없는데 왜냐하면, 작가들은 그들이 의도하는 바를 분명히 말하지 않았기 때문이다. 모호성의 또 다른 원인은 작자 자신이 자기가 의미하는 바를 전적으로 확신하지 못하는 데에 있다. 그는 자신이 말하고 싶은 것에 대해 막연한 인상을 가지고 있지만, 정신력의 부족이나 나태함 때문에 머릿속에서 그것을 명확하게 만들지 못했으니, 그가 혼란스러운 개념에 대한 정확한 표현을 찾지 못하는 것은 너무나 당연하다. 이것은 주로 많은 작가가 쓰기 전이 아니라, 쓰면서 생각한다는 사실에 기인한다. 펜이 사고를 만들어내는 것이다. 이것

의 불리한 점은 이는 실로 작가가 항상 경계해야 하는 위험인데, 글에는 일종의 마력이 있다는 것이다.

① 글쓰기의 이해
② 명확하게 글 쓰는 것의 어려움
③ 사람들이 모호하게 글을 쓰는 이유
④ 생각을 효과적으로 표현하는 방법

 어휘

obscurity 애매함, 모호 negligence 태만, 무관심
willfulness 고의임 literary 문학의 critic 비평가
sensitive 민감한 evidently 분명히 intend 의도하다
cause 원인, 야기하다 vague 희미한 impression 인상
mental 정신의 formulate 명확하게 나타내다
precise 정확한 disadvantage 불리
be on guard 망을 보다

7. 정답 ④

 해설

복권 당첨들이 재정적 어려움에서 벗어나기보다는 갑자기 얻게 된 부를 제대로 관리할 줄 몰라 오히려 더 큰 어려움에 처하게 된다는 내용이므로. 글의 제목으로는 '④ 많은 복권 당첨자들이 왜 재정적 어려움에 처하는가'가 가장 적절하다.

해석

복권에 당첨되는 꿈을 꾸는 것은 드문 일이 아니다. 만약 당신이 재정적으로 불확실한 시기를 경험한 적이 있다면, 당신은 아마도 복권에 당첨되는 것이 어떻게 당신의 모든 금전 문제를 해결해 줄 것인지를 상상해 보았을 것이다. 많은 다른 사람들도 이렇게 생각해 본 적이 있다. 안타깝게도, 많은 복권 당첨자들이 실제로는 당첨된 후에 더 많은 재정적 어려움을 겪는다. 다수는 심지어 파산 신청을 하기에 이른다. 여기에는 여러 가지 이유가 있을 수 있지만, 주된 문제는 당첨자들이 새로 얻은 자신의 부를 관리하는 법을 모른다는 것이다. 그들은 집과 차, 그리고 다른 사치품들을 즉시 구입함으로써 당첨에 반응한다. 하지만 그들은 이것들 모두가 구입 후 상당한 유지 비용을 필요로 한다는 것을 알지 못한다. 고급 승용차는 비싼 보험을 필요로 하고, 배에는 능력 있는 선원이 필요하며, 별장은 당신에게 높은 재산세를 내도록 요구한다. 그러므로, 복권 당첨자들은 재정적으로 안정을 유지하고 싶다면 자신의 돈을 신중하게 관리해야 한다.

① 사치품을 구입하는 것의 유해한 효과
② 복권 당첨자들: 세계에서 가장 부유한 사람들
③ 복권의 당첨 확률을 증가시키기
④ 많은 복권 당첨자들이 재정적인 문제에 있는 이유

 어휘

lottery 복권 financial 재정의 uncertainty 불확실성
declare 선언하다 bankruptcy 파산 substantial 상당한
maintenance 유지 property 재산 stable 안정적인

8. 정답 ①

 해설

절벽 아래로 떨어지는 차 안에 운전자가 안전벨트도 매지 않은 채 구르고 있는 상황이므로 분위기로 가장 적절한 것은 '① 긴박한'이다.

 해석

차를 돌리는 것은 항상 까다롭다. 나는 캘리포니아의 산라파엘 외곽의 언덕 위 외진 곳에 사는데. 그곳은 거대한 나무들로 가득 찬 숲으로 둘러싸여 있다. 저단 기어로 산을 올라가야 집으로 가는 도로에 이르는데 그 길은 차 한 대가 간신히 지나갈 수 있는 폭이고, 가파른 낭떠러지 앞에서 끝난다. 나는 몸을 돌려 차를 천천히 후진했다. 바로 그때 햇빛이 반짝하면서 눈이 안 보였다. 나는 손을 들어 눈을 가렸다. SUV의 왼쪽 뒷부분이 떨어지면서 나는 덜컹거림을 느꼈다. 차가 부드러운 흙에 미끄러져 굴렀다. 나는 아직 안전벨트를 매지 않고 있었던 상태였는데 차를 다 돌리기까지 (안전벨트 착용을) 기다리는 중이었다. 차가 산비탈을 굴러 내려갈 때 나는 차 안에서 구르고 있었다.

① 긴박한
② 음산한
③ 흥미진진한
④ 단조로운

 어휘

remote 외딴 surround 둘러싸다 driveway 차도
barely 간신히, 겨우 drop-off 낭떠러지
back up 후진시키다 blind 앞이 안 보이게 만들다
tumble 뒹굴다, 굴러떨어지다

9. 정답 ②

해설

생태계에 수많은 도입종(=외래종)의 침입이 있어 왔는데 그것의 영향은 예측할 수 없고 때로 파괴적이라는 내용이므로 주제로 가장 적절한 것은 '② 외래종의 예기치 않은 부정적 영향'이다.

해석

농업의 초창기부터 인간은 씨앗, 식물, 그리고 동물을 지구상의 한 지역으로부터 다른 지역으로 옮겨왔다. 감자가 안데스 산맥으로부터 유럽으로 도입되었을 때처럼, 새로운 종의 새로운 지역으로의 도입은 매우 빈번하게 의도적이었다. 히아신스가 빅토리아 호수에 침범해 햇빛이 드는 광범위한 지역을 빼앗음으로써 그 호수를 거의 막아 버렸을 때처럼, 때때로 종의 도입은 의도적이지 않다. 인간은 부작용과 의도하지 않은 결과들에 대한 이해가 거의 없이 지구의 생태계를 오랫동안 재배치해 오고 있다. 어떤 도입종(=외래종)은 대단히 파괴적인 잡초 역할을 하여 적절한 방어 능력이 부족한 생태계를 점령한다. 해충과 병원균은 한 장소에서 다른 장소로 쉽게 옮겨진다. 대개 그러한 도입종의 결과는 복잡하고, 보통 예측할 수 없으며, 그리고 때로는 자생종(=토종)과 지역 생태계의 기능에 파괴적인 영향을 미친다.

① 침입종이 빨리 번지는 이유
② 외래종의 예기치 않은 부정적 영향
③ 외래종을 새로운 지역에 도입하는 방법들
④ 자생종 보호의 필요성

어휘

agriculture 농업 intentional 의도적인
unintentional 고의가 아닌
invade 침입하다 (cf. invasive 급속히 퍼지는)
choke 막다, 숨이 막히다
deprive A of B A에게서 B를 빼앗다
rearrange 재배열하다, 재정리하다 ecology 생태계
consequence 결과 devastating 대단히 파괴적인
take over 양도받다, 장악하다 pest 해충, 유해 동물
exotic 외래의(=alien)

10. 정답 ③

해설

전통 사회에서는 과거를 중시했으나 현대 사회에서는 테크놀로지의 발달로 인하여 사람들의 관심이 미래로 옮겨갔으며, 사람들은 테크놀로지가 부재했던 과거를 낯설게 느낀다는 내용의 글이다. 따라서 글의 제목으로 가장 적절한 것은 '③ 테크놀로지는 우리를 과거로부터 단절시킨다.'이다.

해석

대부분의 전통 사회에서 사람들은 과거로 시선을 돌리는 경향이 있었다. 그들은 그들의 조상을 존경했고, 전통을 유지하려고 노력했으며, 기억되는 세계에서 살았다. 대조적으로, 우리에게는 점점 더 과거가 낯선 이들이 살았던 외국이 된다. 사람의 대부분은, 특히 미국이나 중국 같은 빠르게 변화하는 사회에서는 과거보다 미래에 대해 훨씬 더 많이 생각하는 경향이 있다. 테크놀로지가 역할을 한다. 인쇄술, 나침반, 화약이라는 위대한 발명은 17세기 철학자들이 더 이상 고대인들과 같지 않다고 느꼈다는 것을 의미했다. 이제 우리는 보통 전기, 자동차, 사진술과 현대 의학이 있기 이전에 살았던 사람들은 틀림없이 (우리와) 매우 달랐을 거라고 느낀다. 테크놀로지의 변화는 너무 빨라서 인터넷, 핸드폰, 유전공학과 최신 세대의 무기 이전의 세계는 우리에게 가르쳐주는 것이 거의 없는 다른 세계인 것처럼 보인다.

① 과거가 미래를 결정하는가?
② 과거는 현재와 미래이다.
③ 테크놀로지는 우리를 과거로부터 단절시킨다.
④ 테크놀로지 변화: 편익 향상

어휘

ancestor 조상 retain 유지하다 compass 나침반
gunpowder 화약 the ancients 고대인
genetic engineering 유전공학
generation 세대, 발생, 생성 enhance 향상시키다
benefit 이익

11. 정답 ④

경쟁자가 다수 존재하는 상황에서는 동기부여가 약해져서 수행 성과가 낮아진다는 내용의 글이므로 제목으로 가장 적절한 것은 '④ 경쟁이 오르면 동기부여는 내려간다.'이다.

일반적인 통념에 의하면 우리의 가장 강력한 경쟁 동기 요인 중 하나는 사회적 비교라고 한다. 우리는 자기 자신을 다른 사람들과 비교하자마자 그들과 경쟁하기 시작한다. 그러나〈심리과학〉지에 출간된 새로운 연구에 의하면 우리가 경쟁하는 사람들의 수는 경쟁하고자 하는 우리의 동기에 직접적인 영향을 미친다고 나온다. 여기에 한 예가 있다. Jessica는 열 명의 다른 학생들과 함께 교실에 앉아 있다. 그녀는 주변을 둘러보고 경쟁적인 조망을 평가하고, 이 작은 집단에 대하여 자신이 잘할 가능성이 괜찮다고 결정한다. 강사는 입자물리학 시험지를 배부하고 Jessica는 이 학급에서 최고 성적에 들겠다는 동기부여가 된 상태로 힘차게 착수한다. Jason은 시험을 치기 위해 다른 교실에 도착하는데. 그것은 Jessica의 교실보다 훨씬 더 크다. 사실 그것은 열 배 더 크며, Jason은 백 명의 학생들이 있는 한 무리에서 좌석을 찾아야 한다. 강사는 시험지를 배부하고 Jason은 경쟁적 우위를 느끼지 못한 채로 시작한다. Jessica의 결심과 비교하여 Jason이 느끼는 동기부여의 결여는 심리학자들이 'N효과'라고 지칭하는 것이다. 이 효과는 전체 경쟁자들의 증가가 개인 경쟁자들에게 감소된 동기부여를 야기할 때 발생한다. 연구자들은 다섯 개로 구성된 일련의 연구를 통해 이 효과를 평가했다. 첫 번째 연구에서는 다년간에 걸쳐서 특정한 장소에서 몇 명의 사람들이 시험을 쳤는지를 고려하여 SAT와 CRT(인지 반영 테스트) 점수를 검토했다. 다른 변수들에 대한 통제를 했을 때조차도 연구자들은 시험 응시자의 수와 점수 간의 의미 있는 역의 상관관계를 발견했다. 더 많은 사람이 시험에 응시할수록 점수는 더 낮아졌다.

① 경쟁: 최고의 동기 요인
② 경쟁은 보상으로 동기를 부여하는 것이다.
③ 경쟁은 일부에게는 동기부여가 되지만 모두에게 그런 것은 아니다.
④ 경쟁이 오르면 동기부여는 내려간다.

conventional wisdom 일반 통념
have it that ~라고 주장 하다   mighty 강력한
motivator 동기 요인   illustration 실례   odds 가능성
pass out 분배하다   particle physics 입자물리학
off and running 힘차게 일에 착수하는
competitive edge 경쟁적 우위   resolve 결심
in light of ~을 고려하여   venue 장소   variable 변수
inverse correlation 역상관 관계   mindset 사고방식

12. 정답 ①

1781년 체서피크 전투를 예로 들면서 프랑스가 미국의 독립전쟁 승리에 큰 역할을 했음을 이야기하고 있다. 따라서 정답은 ①이다.

미국 독립 전쟁이 발발했을 때 영국과 프랑스는 북미 지배권을 얻기 위해 100년이 넘도록 싸우고 있었다. 그래서 미국 식민지 주민들이 1776년에 영국으로부터 그들의 독립을 선언했을 때, 프랑스는 그들에게 적극적인 지원을 할 준비가 되어 있었다. 그 전쟁에서 프랑스에 의해 행해진 중요한 역할은 1781년 체서피크 전투에서 잘 나타난다. 미국 육군은 버지니아 주 요크타운을 포위했는데, 그곳에는 영국 최고 사령관과 그의 군대가 주둔해 있었다. 포위망을 뚫는 것을 돕기 위해 영국 군함들이 뉴욕에서부터 항해해 왔으나, 그들은 프랑스 군함에 의해 체서피크 만으로 들어가는 것이 저지되었다. 프랑스 해군은 요크타운의 영국 장군이 식민지 주민들에게 항복할 수밖에 없게 될 만큼 충분히 오랫동안 그 만을 지키는 데 성공하였다.

① 미국독립 전쟁에서의 프랑스의 역할
② 영국 식민주의자들이 미국에 이민한 이유
③ 미국과 영국의 우정
④ 나라들 사이의 오랜 전쟁으로 야기된 문제들

independence 독립   colonist 식민지 주민
declare 선언하다   represent 나타내다   forces 군대
siege 포위   commander 사령관   station 배치하다
warship 군함   sail 항해하다   general 일반적인, 장군
surrender 항복하다   invasion 침략   emigrate 이민하다

13. 정답 ③

해설

제인 오스틴의 소설이 인기 있는 이유에 대해 몇 가지 특성을 예로 들어 설명한 글이다. 따라서 정답은 ③이다.

해석

모두가 제인 오스틴의 작품을 즐긴다. 그녀의 소설은 제한된 환경과 간단한 줄거리의 한계 내에서 인간의 본성이 얼마나 많이 드러날 수 있는가를 보여 준다. 오스틴은 여성들을 그녀의 중심 인물로 삼는다. 여성들은 자신의 재치와 정신적 감수성을 이용하여 그들이 바라는 결말을 성취한다. 강한 자에 대한 약한 자의 승리라는 이런 요소 자체가 확실히 오스틴의 인기를 일부 설명해 준다. 하지만 그녀가 가진 매력의 더 큰 부분은 로맨스와 유머, 사람들 사이의 교제와 이별과 같이 반대되는 특징을 결합시키는 그녀의 능력과 관련이 있다. 마지막으로, 비록 그녀의 소설들이 사실주의에 바탕을 두고 있고, 주의 깊은 관찰을 통해 있을 법하게 만들어졌을지라도, 그것들은 본질적으로 사람들을 그녀의 소설에 빠져들게 하는 공상적인 작품이다.

① 제인 오스틴의 뛰어난 성공
② 여성 문학에서의 제인 오스틴의 역할
③ 제인 오스틴의 소설이 인기 있는 이유
④ 강한 자들에 대한 약한 자들의 승리

어휘

reveal 드러내다 straightforward 간단한 plot 줄거리
wit 재치 moral 도덕적인 sensibility 감각, 감수성
bring about 야기하다 element 요소
in itself 그 자체로 account for 설명하다 appeal 매력
combine 결합하다 opposing 대조적인
connection 연결 separation 분리
ground ~에 근거를 두다 credible 믿을 수 있는
fantasy 공상, 공상적인 작품 lost in ~에 빠져, 정신이 팔린
triumph 승리

14. 정답 ②

해설

노력을 통해 상황을 더 좋은 쪽으로 바꿀 수 있으며 자신에게 닥친 일을 어떤 태도로 받아들이느냐에 따라 운이 좋은지 나쁜지에 대한 생각이 달라진다는 내용의 글이므로, 제목으로는 '② 운은 태도의 문제이다.'가 적절하다.

해석

왜 좋은 일은 항상 특정한 사람들에게만 일어날까? 그것은 그들이 행운의 토끼 발을 가지고 다니거나 네 잎 클로버를 찾았기 때문일까? 물론 그렇지 않다. 그것들은 단지 어리석은 미신일 뿐이다. 현실에서, 전적으로 행운은 당신의 통제를 벗어난 것처럼 보이는 것들을 통제하는 것에 관한 것이다. 당신이 노력을 하면, 대개는 당신이 이런 것들을 더 나은 쪽으로 바꿀 수 있는 능력을 갖고 있다는 것을 알게 될 것이다. 게다가, 행운은 인식의 문제이기도 하다. 좋은 태도를 지닌 사람들은 보통 자신의 운이 좋다고 믿는다. 따라서, 그들은 그들에게 일어나는 좋은 일들에 집중한다. 반면에, 부정적인 태도를 지닌 사람들은 좋은 일들을 무시하고 일어나는 모든 나쁜 것들에 집중하는 경향이 있다. 이것은 결국 그들로 하여금 마치 자신들이 운이 나쁜 것처럼 느끼게 만든다.

① 당신의 인식을 믿지 마라.
② 운이 태도의 문제이다.
③ 미신 뒤의 진실
④ 좋음과 나쁨 모두에 집중하라.

어휘

superstition 미신 be out of control 통제를 벗어나다
make an effort 노력하다 for the better 더 나은 쪽으로
attitude 태도 tend to R ~하는 경향이 있다
occur 일어나다 perception 지각, 인식 matter 일

15. 정답 ②

해설

사회의 변화에 따라 생겨난 어휘들과 그 의미를 설명한 글로, 제목으로는 '② 사전 속 신
조어들의 예'가 적절하다.

해석

당신은 webisodes를 보고, 당신의 frenemies를 주시하기 위해 sock puppet을 사용하면서 당신의 staycation을 보냈는가? 만약 그렇다면, 당신의 어휘는 미국 사회의 변화하는 유행과 함께 하는 것이며, 당신은 이미 메리엄 웹스터 대학생용 사전의 최신판에 추가된 수백 개의 새로운 단어의 일부를 완전히 익힌 것이다. '웹사이트에서만 볼 수 있는 짧은 에피소드'라는 의미인 webisode의 정의를 찾아보기 위해 '(알파벳) W' 부분을 펼쳐 보거나, 온라인 커뮤니티를 속이기 위해 가짜 신분들이 어떻게 사용되는지에 대해 알고 싶다면 'sock puppet'을 찾아보라. staycation은 '집에서 휴가를 보내는 것'으로 정의 내려지고, frenemy는 친구처럼 행동하지만 비밀리에는 당신의 적인 사람을 말한다. 이와 같은 단어의 차용은 사회의 새로운 기술의 증가하는 사용을 반영한다. 이제, 대화와 문학에서 동등하게 사용되는 미국 영어 어휘의 영구적인 일부로서 이러한 단어들을 무시하는 것은 불가능하기 때문에, 메리엄 웹스터는 그것들을 (사전에) 포함시킬 수밖에 없었다.

① 신조어가 만들어지는 방식
② 사전 속 신조어들의 예
③ 젊은이들 사이에서 신조어의 인기
④ 새로운 어휘를 채택하는 것의 부작용

어휘

parallel 필적하다 collegiate 대학생용의 definition 정의
identity 신원 deceive 속이다 enemy 적
adoption 채택, 차용 reflect 반영하다
permanent 영속적인 alike 비슷하게 dismiss 묵살하다

16. 정답 ①

해설

동물복지의 개념과 발생을 인간과 동물 간의 호혜적인 유대 관계의 측면에서 설명하는 글이다. 따라서 정답은 ①이 된다.

해석

'동물복지'라는 용어는 기본적으로 동물과 인간사회의 지속적인 관계와 우리가 돌보는 동물들이 인간적으로 그리고 책임감 있게 다루어지는 것을 보장해야 하는 우리의 의무를 가리킨다. 비록 이것이 최근에 관심을 받게 되었지만, 동물복지라는 개념은 사실 적어도 10,000년 전 신석기 시대로 거슬러 올라가고, 이때 인간은 처음으로 동물을 사육하기 시작했다. 이때의 사육은 농업으로 가는 사회 변화의 일부였으며 많은 역사가에 의해 인류 역사상 가장 중요한 사건이라고 여겨졌다. 이는 동물들이 인간 삶에서 행하는 무척 중요한 역할 뿐 아니라 그 관계의 오래 지속되는 특징을 보여 준다. 이러한 초기 기간 동안, 사람들은 자신의 목적을 달성하기 위해 동물들을 이용하는 때조차도 우리가 동물복지에 대해 고려하도록 요구하는 동물복지 윤리를 발전시켰다. 이렇게 하여 인간을 돌보는 동물을 인간이 돌보는 상호 간에 이익이 되는 상황이 생겨나게 되었다. 다시 말해, 고대의 사람들은 동물들을 친절과 존경심을 가지고 대우하는 것이 자신들의 이익에 부합한다는 것을 깨달았다. 이러한 윤리는 오늘날에도 유효하고 여전히 전통적이고 직접 동물을 돌보는 것에 의존하는 사회에서 특히나 분명하다. 그러나 최근의 기술 발전이 생산성 증가를 위해 동물의 건강과 안락함을 희생시키는 환경 속에 동물들이 놓이는 상황을 만들면서 인간과 동물 사이의 신성한 관계를 훼손했다는 주장이 제기되고 있다.

① 동물복지: 호혜적인 관계
② 인간이 동물을 사육하는 이유
③ 기술이 동물복지를 증가시켰다.
④ 농업에서 동물을 사용하는 것의 찬성과 반대

어휘

refer to ~을 나타내다 ongoing 계속되는
obligation 의무 ensure ~을 확실히 하다
humanely 인간적으로
come into the spotlight 세상의 주목을 받다
date back to ~로 거슬러 올라가다 Neolithic 신석기 시대의
domesticate 사육하다(domestication 사육)
shift 이동, 변화 agriculture 농업
illustrate 분명히 보여 주다 ethic 윤리 beneficial 이로운
evident 명백한 hands-on 직접 해 보는 sacred 신성한

bond 결합 sacrifice 희생하다 comfort 편안함
productivity 생산성 reciprocal 상호 간의
mutually 상호 간에 seemingly 겉보기에는
temporarily 일시적으로 unconditionally 무조건적으로

for a while 잠시 동안 dorm 기숙사(dormitory)
lament 한탄하다

17. 정답 ④

 해설

필자는 장학금을 주는 로스쿨에 합격하기를 바라는데, 한 입학사정관이 전화를 걸어 좋은 소식이 있다며 나중에 괜찮을 때 전화해 달라고 말했다. 이때 필자는 매우 '고대하는(Anticipating)' 심정이었을 것이다. 그러나 다시 전화를 걸었을 때 입학사정관은 장학금에 대한 언급은 없이 합격 소식만 전해 주어서 필자는 '실망(Disappointed)'하였으므로 심경 변화로 가장 적절한 것은 ④이다.

해석

나는 재정적 도움을 주는 몇몇 로스쿨에 지원했고, 그 과정은 거절로 넘쳐났다. 어느 날 두 친구와 차로 쇼핑몰에서 돌아오던 중, 나는 캘리포니아 대학교 Berkeley의 입학사정관에게서 걸려온 전화를 받았다. 그녀는 얘기하기에 괜찮은지 물었고 나는 그녀에게 운전 중이라 안 된다고 말했다. 그녀는 말했다. "좋아요, 하지만 가능한 한 빨리 저에게 전화해 주세요. 좋은 소식이 있어요." 나는 전화를 끊고 친구들에게 통화에 관해 말했다. 그들 중 한 명이 말했다. "아마 그녀가 너에게 장학금을 제안하려고 전화했나 봐." 나는 말했다. "네 말이 맞으면 좋겠다." 그리고 나는 잠시 Berkeley에서의 학교생활을 상상해 봤다. 기숙사로 돌아오자마자 나는 그녀에게 전화했고 그녀는 말했다. "축하합니다! Berkeley에 합격했어요." 나는 그녀에게 전화해 준 데 대해 예의를 갖춰 감사를 표했고 전화를 끊고 나서 내 상황에 대해 한탄하는 일로 돌아갔다. 나는 혼자 생각했다. "그래서 어쩌라고? 어쨌든 내가 갈 수 있을 것 같진 않아. 난 로스쿨을 다닐 여유가 없어. 내가 바라는 건 장학금이야."

① 불안한 → 안도한
② 의심하는 → 확신하는
③ 우울한 → 만족한
④ 고대하는 → 실망한

어휘

apply to ~에 지원하다 award 주다 financial 재정의
aid 도움 flood 쇄도하다 admissions officer 입학사정관
get off 그만하다 scholarship 장학금

18. 정답 ②

 해설

많은 사람이 고기와 곡물 위주의 '갈색' 식단을 먹고 있는데, 색채가 풍부한 과일과 채소를 풍부하게 구성한 알록달록한 식단이 건강에 많은 이로움을 준다는 내용의 글이므로 주제로 가장 적절한 것은 '② 색채가 더욱 풍부한 음식을 먹는 것의 건강상의 이점들'이다.

 해석

많은 사람의 접시는 고기와 정제 곡물로 베이지색과 갈색인 경향이 있다. 이러한 음식이 풍부한 식단은 고지방과 콜레스테롤을 제공하지만 영양상의 우수함은 거의 없다. 국립 암 연구소는 '스펙트럼을 맛보세요'라는 캠페인을 시작했다. 그들은 사람들이 원색 그룹(빨강, 노랑, 주황. 녹색, 파랑. 자주, 그리고 흰색)으로 구성된 과일과 채소를 먹도록 장려하고 있다. 왜 그런가? 색채가 아주 풍부한 과일이 많이 담겨 있는 식단은 당신에게 심장마비와 당뇨병을 예방하는 데 도움이 되기 위해 필요한 이로운 합성물을 준다. 또한, 색채가 풍부한 채소는 당신의 혈압을 조절하고, 일부 암을 예방하고, 시력 상실이 오지 않도록 보호해 준다. 더 많은 색이 보일수록 더 좋다. 국립 암 연구소 프로그램의 관리자인 Loreli Disogra는 말한다. "접시에 색채가 보일 때 당신은 당신이 자기 자신을 위해 좋은 일을 하고 있다는 것을 아는 겁니다. 당신의 저녁 접시를 화가의 캔버스로 생각하세요."

① 색채가 풍부한 음식을 고르고 먹어보는 것에 대한 조언들
② 색채가 더욱 풍부한 음식을 먹는 것의 건강상의 이점들
③ 색채가 풍부한 음식이 우리의 감각에 구미가 당기는 이유들
④ 당신의 몸에 맞는 건강한 식품을 고르는 방법

 어휘

refined 정제된 launch 시작하다 savor 맛보다, 음미하다
primary color 원색 compound 합성물, 혼합물
diabetes 당뇨병 think of A as B A를 B로 생각하다
appeal 관심을 끌다

19. 정답 ①

문명 이전의 사회가 평화로웠을 거라는 통념과는 달리 사실 원시시대는 대단히 폭력적인 사회였으며, 현재 전쟁과 폭력으로 인한 사망률은 과거에 비해 현저히 낮아졌다는 내용의 글이므로 제목으로 가장 적절한 것은 '① 인간은 그 어느 때보다 (현재) 덜 폭력적이다.'이다.

해석

겨우 수십 년 전만 해도 많은 학자는 평화로운 야만인이라는 신화를 믿었는데, 이는 전쟁을 국가 이전의 사회에서는 존재하지 않았던, 근대 문명의 부산물로 묘사한다. 인류학자인 Steven LeBlanc는 이러한 신화가 틀렸음을 입증하며, 대다수의 원시적인, 국가 이전의 사회는 적어도 간헐적인 전쟁에 참여했음을 지적한다. 일부 사회에서의 폭력으로 인한 사망률은 50퍼센트 정도에 달했다. 사실 문명은 전쟁의 문제를 일으키기는커녕 명백히 우리가 그 문제를 해결하는 데 도움을 주고 있다. 피투성이의 20세기에 1억 명의 남성, 여성, 어린이들이 전쟁과 관련된 원인으로 죽었다. 우리의 폭력 비율이 평균적인 원시 사회만큼 높았다면 총합은 20억 명이었을 것이다. 게다가 둘 이상의 국가의 군대 간의 재래식 전쟁과 심지어 내전조차도 최근 수십 년 동안 덜 흔한 것이 되었다. 우리는 지금 주로 게릴라전, 폭동, 테러, 혹은 정치학자 John Mueller가 '전쟁의 잔재'라고 부르는 것들을 대하고 있다.

① 인간은 그 어느 때보다 (현재) 덜 폭력적이다.
② 인간이 전쟁하는 것이 당연한가?
③ 현대 시대: 갈등과 폭력의 새로운 시대
④ 인간 사회는 왜 과거보다 더 폭력적인가?

어휘

by-product 부산물 civilization 문명
pre-state 국가 이전의 disprove 틀렸음을 입증하다
vast 광대한 primitive 원시적인 engage in ~에 참여하다
occasional 가끔의 warfare 전쟁 mortality rate 사망률
far from 결코 ~이 아닌 apparently 명백히
blood-soaked 피투성이의 violence 폭력
conventional 재래식의, 전통적인 civil war 내전
primarily 주로, 최초로 era 시대, 시기 conflict 갈등, 충돌

20. 정답 ①

 해설

피실험자들은 지저분한 환경에 비해 깨끗한 환경에서 쓰레기를 버리는 확률이 훨씬 낮았는데, 여기에서 무질서한 환경이 책임감을 약화시킨다는 결론이 도출되었다. 이를 반영하면 제목으로 가장 적절한 것은 '① 무질서의 징후가 사회 규범을 약화시킨다.'이다.

해석

한 연구에서 사회심리학자들은 대형 병원 주차장에 있는 139대의 차에 전단지를 놔두었다. 그들은 그 차의 운전자들이 전단지를 쓰레기통에 넣을지, 아니면 대신에 그것들을 주차장에 놔둬서 버릴지에 대해 호기심을 가졌다. 몇몇 차 운전자들이 주차장 엘리베이터에서 나타나기 전에, 연구자들은 버려진 전단지, 사탕 포장지와 커피 컵을 주차장 전역에 흩뿌려 놓았다. 다른 때에 그들은(=연구자들은) 주차장 바닥에서 모든 담배꽁초와 쓰레기를 마지막 하나까지 치워서, 쓰레기를 버리는 것이 부적절하다는 생각을 전달했다. 주차장이 이미 쓰레기로 뒤덮여 있었을 때는 모든 운전자 중 거의 절반이 쓰레기를 버렸지만 (쓰레기의 토대 위에 쓰레기를 하나 더 올려두는 것이 뭐 대수겠는가?) 주차장에 티끌 하나 없었을 때는 오직 열 명 중 한 명의 운전자들만이 쓰레기를 버렸다. 이 연구는 정돈된 환경이 책임감을 발전시킨다는 것을 보여 주었다. 연구자들은 환경적 신호가 사람들의 행동을 형성하는지를 알아보기 위해 또 다른 전환을 첨가했다. 그들은 조수에게 일부 운전자들이 엘리베이터를 나서는 바로 그때 땅에 원치 않는 전단지를 눈에 띄게 떨어뜨리라고 요청했다. 이 고의적인 행동은 운전자들의 주의를 주차장의 기존 상태로 끌어들여, 그것이 이미 쓰레기로 가득 차 있음을 강조하거나, 그 조수가 자기의 버려진 전단지를 무심하게 버리기 전에는 그것이 얼마나 깔끔했는지를 강조했다. 조수가 운전자들의 주의를 주차장의 상태로 끌었을 때, 겨우 6%만 깨끗한 주차장에 쓰레기를 버린 반면에 이미 어수선한 주차장에서는 극적으로 더 높은 비율인 54%가 쓰레기를 버렸다. 운전자들은 그 장소(=주차장)의 일반적 표준을 이해하여 가장 적절한 것으로 보이는 행동을 채택했다.

① 무질서의 징후가 사회 규범을 약화시킨다.
② 분별력 있는 삶이 정돈된 환경을 만든다.
③ 우리 공동체의 범죄를 어떻게 줄일 수 있을까?
④ 사회 규범을 위반할 때 무슨 일이 생기는가?

 어휘

flyer 전단지 litter (쓰레기를) 버리다(=discard, cast aside)

scatter 흩뿌리다 cigarette butt 담배꽁초 atop 꼭대기에
spotless 티끌 하나 없는 orderly 정돈된 twist 전환
cue 신호 conspicuously 눈에 띄게 highlight 강조하다
neat 깔끔한 cluttered 어수선한
given ~이 주어지면, ~이라고 가정하면
prevailing 일반적인, 우세한 norm 규범 disorder 무질서
undermine 약화시키다 sensible 분별력 있는

21. 정답 ①

밤늦게 혼자 회사에 남아 일을 하는 상황에서 어딘가에서 들리는 이상한 소리 때문에 비명을 지르면서 사무실 밖으로 달려 나갔으므로 로버트의 심경으로는 ①이 가장 적절하다.

로버트는 그의 회사에 새로 입사했다. 첫날에, 그는 다른 모든 사람이 집에 돌아간 후에 일을 계속했다. 어두운 겨울 저녁이었다. 바람이 세차게 불고 있었다. 로버트는 딱 몇 분만 더 있다 가기로 결심했다. 그러나 그 순간, 어딘가에서 이상한 소리가 났다. 그는 일어서서 더 귀 기울여 들었다. 소리가 멈춘 것 같아서, 그는 다시 일을 하려고 했다. 그러나 그때 그는 그 소리를 또 들었는데 그것은 점점 더 가까워지는 느리고 무거운 발소리였다. 로버트는 복도를 내다보았지만, 그곳엔 아무도 없었다. 발소리가 다시 움직이고 있었다. 발소리는 지붕 위에서 나는 것처럼 들렸다! 갑자기 발소리는 멈추었고, 로버트는 위에서 나는 낮고 부자연스러운 웃음소리를 들었다. 그는 비명을 지르면서 사무실 밖으로 뛰쳐나갔고 절대 뒤돌아보지 않았다.

① 공포에 질린
② 절망적인
③ 기진맥진한
④ 후회하는

get back to ~로 돌아가다 footstep 발소리 hallway 복도
unnatural 부자연스러운 rush out of ~에서 뛰어나가다
scream 비명을 지르다 panicked 겁에 질린
exhausted 기진맥진한 regretful 후회하는

22. 정답 ①

곤충들이 생태계에 미치는 긍정적인 영향들에 관해 설명하고 있다. 따라서 정답은 ①이다.

모든 곤충을 해로운 해충이라고 생각하기 쉽다. 결국, 우리는 그것들을 없애려는 노력으로 매년 수백만 달러를 지출한다. 하지만 모든 곤충이 같지는 않으며, 많은 것들은 실제로 상당히 도움이 된다. 곤충들이 없다면 일어나지 않는 하나의 중요한 과정은 수분이다. 벌들과 다른 곤충들은 식물과 식물들 사이를 돌아다니며, 꽃들이 번식하게 해 줄 뿐만 아니라 우리가 식량으로 의존하는 농작물 또한 번식하게 해 준다. 그리고 식물을 먹는 곤충들 또한 필수적인데, 그들이 특정 형태의 식물이 무분별하게 자라서 생태계의 균형을 뒤흔드는 것을 막기 때문이다. 곤충들은 동물들에게도 비슷한 영향을 미치는데, 야생동물의 개체 수를 지속 가능한 수준으로 유지시키는 질병을 퍼뜨린다. 그리고 이러한 동물들이 죽게 되면 그 사체를 처리하는 다른 곤충들이 있는데, 그것들은 사체들을 식물이 성장하게 해 주는 영양분으로 전환하도록 도와준다.

① 곤충들의 긍정적인 효과
② 더 효과적인 살충제
③ 어떻게 곤충들이 생태계를 망치는가
④ 곤충들에 의해서 퍼지는 다양한 질병들

pest 해충 pollination 수분(受粉)
reproduce 재생하다, 번식하다 vegetation 초목
unchecked 억제되지 않은
upset 속상하게 하다, 잘못되게 만들다 ecosystem 생태계
sustainable 지속할 수 있는
dispose of ~을 없애다, 처리하다
convert 변하게 하다, 전환시키다 pesticide 살충제

23. 정답 ②

자연환경을 접하고 보호하기 위한 취지로 만들어진 생태 관광이 실제로는 환경을 파괴한다는 사실을 심해 낚시 여행을 예로 들어 설명한 글이므로 제목으로는 '② 생태 관광, 환경에 정말로 유익한가?'가 가장 적절하다.

생태 관광은 관광객들에게 그들의 여행지의 자연환경에 대한 정보를 제공하고 그것을 보호하는 데 도움이 될 기회를 제공하려는 의도이다. 그러나 일부 형태의 생태 관광은 이러한 바람직한 영향을 주지 못할지도 모른다. 사실, 많은 환경 운동가는 이 정의가 실제로는 환경에 부정적으로 영향을 미칠 수 있는 활동들에 적용되고 있다고 생각한다. 심해 낚시 여행이 하나의 예이다. 그러한 여행은 관광객들에게 해양 환경에 친밀하게 접근할 기회를 주기 때문에 종종 '생태 관광'이라고 광고된다. 그리고 여행 운영자들은 심해 낚시 여행 중에 시행되는, 물고기를 잡았다가 놓아주는 방침이 어떤 야생 생물도 피해를 입지 않는 것을 보장한다고 주장한다. 그러나 반대자들은 낚싯배들이 대기와 수질 모두를 오염시키는 연료를 사용한다는 사실을 지적한다. 게다가 물고기들이 잡힌 후에 풀려난다고 해도, 그것 중 상당수는 그 후에 스트레스와 신체적인 상해로 인해 죽는다.

① 대양에서의 생태 관광 활동
② 생태 관광, 환경에 정말로 유익한가?
③ 생태 관광과 수산업에 미치는 영향
④ 생태 관광이 해양 생물을 보존하는 데 도움을 주고 있는 방법

ecotourism 생태 관광　destination 목적지
environmentalist 환경 운동가　definition 정의
excursion 여행　intimate 친밀한　access 접근
marine 해양의　coordinator 조정자, 진행자
employ 고용하다, 이용하다　ensure 반드시 ~하게 하다
opponent 반대자　subsequently 그 후에

24. 정답 ①

이 글은 사물의 소유권이 발생하게 되는 창조적 노동에 관하여 이야기하고 있다.

비록 재산의 소유라는 개념에 대한 사회적 인식이 제정된 법에 기초를 두고 있는 듯하지만, 새로운 연구는 그 인식들이 실제로는 근본적인 직감에서 나오는 것일 수 있다고 제안한다. 한 실험에서, 3세 정도의 아동들이 사회 규범들에 노출되기 전에 개인 소유물에 대한 개념을 어떻게 대하는지를 보기

위해 관찰되었다. 이전의 연구들은, 달리 믿을 만한 설득력 있는 이유가 제시되지 않는다면, 아동들은 일반적으로 사물을 소유한 최초의 사람이 그것의 정당한 소유자로 여겨질 수 있다는 생각을 받아들였다는 것을 보여주었다. 이 새로운 연구가 입증하고자 하는 것은 '창조적 노동'이 사물의 소유권을 이전하기에 충분히 설득력 있는 이유로 간주될 것인지 아닌지였다. 실험 대상자들에게는 파란 강아지나 빨간 고양이와 같은 특정한 유형의 점토 동물들이 각각 주어졌다. 그러고 나서 그들은 이 동물들을 서로에게서 빌려서 그것들을 변화시켰다. 일부의 경우에는 그들이 그것들을 완전히 새로운 것으로 변형시켰고, 또 다른 경우에서는 단순히 귀를 잘라 내거나 꼬리를 덧붙이는 것과 같은 작은 변화를 주었다. 연구원들은 이러한 두 가지 수준의 창의적 노동이 어떤 영향을 끼칠지를 보고 싶었다. 그들이 발견한 것은 상당한 노력이 가해지는 경우에 재산의 소유권이 이전된다는 것을 아이들이 받아들인다는 점이다. 소유권에 관해서 말하자면, 그 동물을 완전히 다른 것으로 바꾸는 것은 일부분을 단순히 덧붙이거나 제거하는 것보다 더 중요한 행위로 간주된다는 것이 분명했다. 연구원들의 결론은, 비록 창의성이 중요하기는 하지만, 노동이 소유권의 이전에서 가장 중요한 요소로 여겨진다는 것이었다.

① 무엇이 소유권을 만드는가?
② 창의성: 가장 위대한 기술
③ 모든 사람을 위해 노동을 재미있게 만드는 것
④ 사유 재산의 문제점들

attitude 태도　concept 개념　property 재산, 소유물
ownership 소유권　stem from ~에서 생겨나다
fundamental 근본적인　intuition 직관력, 직감
observe 관찰하다　expose 노출하다
regulation 규정, 규칙　compelling 설득력 있는
possess 소유하다　rightful 합법적인
transfer 이동하다, 이전하다　subject 연구 대상, 피험자
transform A into B A를 B로 바꾸다　alteration 변화, 개조
considerable 상당한　creativity 창조성　matter 중요하다
factor 요소

25. 정답 ④

해설

Thus 이하가 결론으로, 눈 결정체 줄기의 변화는 다른 줄기에서도 거울에 비친 것처럼 동일하게 발생하며 이것이 눈 결정체의 구조가 대칭적인 이유라고 설명하고 있다. 따라서 글의 주제로 가장 적절한 것은 '④ 눈 결정체의 줄기가 똑같은 이유'이다.

해석

이상하게 들릴지 모르지만. 매우 떨어져 있는 눈 결정체의 줄기들은 서로 신호를 보낼 수 있다. 눈 결정체들은 독특한 진동 구조를 갖고 있다. 이 진동은 결정체의 반대편에서 똑같은 자리에 자리해 있는 다른 원자와 박자를 맞춰 움직이는 원자에 의해 형성된다. 원자들이 대형을 이뤄 움직일 때, 한 부분에서의 변화는 그 대형에 있는 다른 부분까지 고르게 퍼져 가는데, 이것은 마치 행군 대열에서 걷는 속도를 바꾼 어느 한 병사가 대개 대열 전체의 걷는 속도에 지속적인 변화를 일으키는 것과 유사하다. 그러므로 생성되는 눈 결정 줄기들은 서로 직접 닿아 있지 않더라도 여전히 서로의 변화에 영향을 받는 것이다. 거울에서처럼 어떤 줄기에서의 변화가 반대쪽에서도 발생할 수 있으며, 이것이 모든 눈 결정체의 구조들이 대칭적인 이유이다.

① 눈 결정체 모양의 다양성
② 눈 결정체가 만들어지는 조건
③ 눈 결정체의 유형에 영향을 미치는 요소
④ 눈 결정체의 줄기가 똑같은 이유

어휘

matching 어울리는 evenly 고르게 alter 바꾸다
march 행진하다 set off 일으키다 affect 영향을 미치다
symmetrical 대칭적(↔ asymmetrical 비대칭적인)
diversity 다양성

26. 정답 ①

해설

첫 문장에서 '인식(Perception)'에 대한 정의를 내리고 두 번째 문장에서 인식이 '뇌에 들어있는 정보'에 영향을 받는다는 주제문을 서술한 뒤 이어서 이를 뒷받침하는 예시를 제시하고 있다. 또한, 글의 후반부에서 인식에 영향을 주는 것이 기존의 지식임을 다시 한번 언급하고 있다. 따라서 이러한 내용을 가장 잘 반영한 제목은 '① 우리의 인식에 영향을 미치는 요소들'이다.

해석

인식은 우리의 감각기관에 의해 정보가 수용될 때 우리가 그 정보에 부여하는 의미를 나타낸다. 우리의 눈이 카메라처럼 작동할지도 모르지만 우리가 보는 것(또는 인식하는 것)은 우리의 뇌에 들어 있는 정보에 영향을 받는다. 예를 들어, 다음의 13을 보라. 이것이 무슨 '숫자'인지 질문을 받는다면, 여러분은 아마 '13'이라고 말할 것이다. 하지만 그 '글자'의 명칭을 대라는 요청을 받으면 여러분은 아마 'B'라고 답할 것이다. 형상은 하나밖에 없지만, 여러분이 받는 질문과 여러분이 이미 지닌 숫자와 글자에 관한 지식에 근거해서 여러분의 인식이 바뀌는 것이다. 숫자나 글자 어느 것에 관해서도 저장된 정보가 없는 어린아이에게 이런 것들은 종이 위에 새겨진 무의미한 표시일 것이다. 따라서 들어오는 자극에 의미를 부여하는 것은 기존의 지식과 우리가 보고자 기대하는 것에 달려 있다. 어떤 의미에서 뇌는 항상 새로운 정보를 이전에 접했던 것들과 대조하고 있는 것이다.

① 우리의 인식에 영향을 미치는 요소들
② 일반적으로 오해되고 있는 상징들
③ 뇌는 어떻게 감각을 속일 수 있는가.
④ 우리는 왜 정보에 의미를 부여하는가.

어휘

perception 인식, 지각 assign 할당하다
contain 담고 있다, 포함하다 figure 형상, 숫자
based on ~에 근거하여 existing 기존의, 현재 있는
store 저장하다, 보관하다 meaningless 무의미한
incoming 들어오는 stimuli(stimulus의 복수형) 자극(제)
check A against B A를 B와 대조하다
encounter 접하다, 마주치다 trick 속이다

27. 정답 ④

해설

어떤 문제가 발생했을 때 이를 단 한 사람이나 하나의 단순한 이유 탓으로 돌려 버리면, 문제의 전체적이고 복잡한 측면에 대해 눈을 감아 버리게 되어 문제로부터 배우는 것도 없고 향후 비슷한 문제가 발생했을 때도 제대로 대처할 수 없다는 내용의 글이다. 따라서 제목으로 가장 적절한 것은 '④ 비난 본능은 문제 해결 능력을 약화한다.'이다.

해석

비난 본능은 왜 나쁜 일이 발생했는지에 대해 분명하고 단순한 이유를 찾으려는 본능이다. 일이 잘못될 때는 그것이 어떤 나쁜 의도를 가진 나쁜 사람 때문인 것이 틀림없다고 우리가 결정하는 것은 자연스러운 것처럼 보인다. 우리는 누군가가 바랐기 때문에 일이 일어난 거라고, 개인에게 권력과 힘이 있다고 믿고 싶어 하는데, 그렇지 않으면 세상은 예측 불가능하고 혼란스럽고 두렵게 느껴지기 때문이다. 비난 본능은 우리가 개인이나 특정 집단의 중요성을 과장하게 한다. 죄가 있는 당사자를 찾아내려는 이러한 본능은 세상에 대해 진실하고 사실에 기반을 둔 이해를 발달시키는 우리와 능력을 저해한다. 일단 누구의 얼굴에 주먹을 날릴지를 결정하면, 우리는 다른 곳에서 설명을 찾는 것을 멈추기 때문에 그것은 우리의 배움을 막는다. 예를 들어 졸음 비행을 한 기장에게 비행기 추락 문제를 탓하는 것은 미래의 추락을 막는 데 도움이 되지 않을 것이다. 그렇게 하기 위해 (미래의 추락을 막기 위해) 우리는 물어야 한다. 그는 왜 졸았을까? 미래에는 졸음 비행을 하는 조종사들을 어떻게 규제할 수 있을까? 우리가 졸음 비행을 하는 기장을 찾게 되었을 때 생각하기를 멈춘다면, 어떠한 발전도 이루지 못한다. 세상 대부분의 중요한 문제를 이해하기 위해 우리는 시스템에 시선을 돌려야 한다. 일이 잘될 때도 같은 본능이 촉발된다. 어떤 일이 잘될 때 우리는 재빨리 공을 한 개인이나 하나의 단순한 원인에 돌리지만, 그때에도 그것은 보통은 더 복잡한 일이다. 정말로 세상을 바꾸고 싶다면 당신은 세상을 이해해야 한다. 당신의 비난 본능을 따르는 것은 도움이 되지 않을 것이다.

① 비난 본능은 양날의 검
② 우리는 어떻게 비난 본능을 통제할 수 있는가?
③ 우리는 왜 다른 견해들을 조율해야 하는가?
④ 비난 본능은 문제 해결 능력을 약화한다.

어휘

blame 비난   come naturally 자연스럽다
agency 기관, 단체   unpredictable 예측할 수 없는

exaggerate 과장하다   party 당사자   hinder 방해하다
regulate 규제하다   look to ~에 시선을 돌리다
trigger 촉발하다   credit 공, 칭찬 인정
undermine 약화하다

28. 정답 ①

해설

이 글은 고대 그리스의 철학자 플라톤과 그의 철학사상인 이데아론에 대한 것이다. 첫째 단락에서는 플라톤에 대해 소개하면서 세계를 이데아와 현상으로 구분한 그의 이데아론에 대해 설명하고 있다. 둘째 단락에서는 현상과 이데아의 개념에 대해 좀 더 구체적으로 짚어 보고 사고를 통해 진리에 도달할 수 있다고 보는 플라톤의 합리주의자적인 면모에 대해 언급하고 있다. 전체적으로 이 글은 플라톤과 그의 이데아론에 대해 다루고 있으므로 주제로는 '① 플라톤의 세계관: 이원론'이 적절하다.

해석

플라톤(기원전 400년경)은 유명한 그리스 철학자였고 소크라테스의 소중한 학생이었다. 그는 기원전 385년에, 아카데미아라고 불리는 학교를 설립했는데 여기서 부유한 젊은 청년들과 심지어 일부 여성들까지 철학 및 기타 과목들을 공부했다. 플라톤은 이상주의자면서 합리주의자였다. 그는 현실을 (세계를) 둘로 나누었는데, 한편으로 우리는 이데아 즉, 이상을 가지고 있다. 이것은 궁극적인 현실(세계)로 영원하며 정신적이다. 다른 한편으로 현상들이 있는데, 그것들은 물질적이고 물리적인 세계에서 나타나며, 물질, 시간, 그리고 공간과 관련되어 있기 때문에 이상의 불완전한 표현이다. 현상은 쇠퇴하다 사라지는 환영인 반면에, 이상은 불변하며 완전하다. 현상은 이상보다 열등하다. 예를 들어, 삼각형의 이상 즉, 그 형태의 속성들은 영원하다. 일상 세계에서 발견되는 어떠한 개별 삼각형도 결코 절대적으로 완벽하지 않다. 즉, 약간 굽었거나 선들이 약간 두껍거나, 혹은 각도가 전혀 맞지 않을 수 있다. 그것들은 항상 이상에 근접한 것일 뿐이다. 이상은 과학의 기초로, 중력의 법칙, $E=mc^2$ 등은 우주의 변하지 않는 법칙들이다. 이상은 사고를 통해 우리가 접할 수 있는 반면에, 현상은 우리의 감각을 통해 경험된다. 그러므로 당연히 사고는 진리에 도달하게 하는 매우 우수한 수단이다. 이것이 플라톤을 경험주의자와 대조되는 것으로서의 합리주의자로 만드는 것이다. 감각은 당신에게 현상이라는 변화무쌍하고 불완전한 세계에 대한 정보만을 줄 수 있을 뿐이며, 따라서 당신에게 실재 그 자체가 아닌 궁극적 실재에 대한 암시만을 제공할 수 있을 뿐이다.

① 플라톤의 세계관: 이원론
② 세계를 이해하는 다양한 방법들
③ 고대 그리스인들의 관점
④ 철학에서의 플라톤의 뛰어난 업적들

 어휘

prized 중요한, 소중한 found 설립하다
subject 주제, 대상 idealist 이상주의자
rationalist 합리주의자 divide A into B A를 B로 나누다
reality 현실, 실재 ultimate 궁극적인 eternal 영원한
spiritual 영혼의 phenomena 현상
manifestation 표시, 표명 material 물질적인, 세속적인
be associated with ~와 관련되어 있다 matter 물질, 물체
illusion 환영, 환상 decay 쇠퇴하며 부패하다
inferior 열등한 property 속성 crooked 굽는
approximation 비슷한 것 basis 기초 gravity 중력
sense 감각 vastly 광대하게 means 수단
empiricist 경험주의자 ever-changing 변화무쌍한
imperfect 불완전한 implication 포함, 암시

29. 정답 ④

해설

논리에 기반한 인공지능을 개발하는 과정에서 나타나는 문제점들을 설명하고 있다.

해석

지금까지 꽤 오랜 시간 동안, 컴퓨터 과학자들은 AI라고도 알려진 인공지능의 형태를 개발하기 위해 노력해 왔다. 처음에 이러한 노력은 주로 컴퓨터의 형식 추론과 문제 해결 능력에 초점을 두며, 논리 기반의 접근법을 취했다. 이러한 접근법은 나름의 장점을 분명 가지고 있지만, 궁극적으로는 그것의 한계에 부딪혔다. 이러한 형태의 시스템은 인간이 가진 추론의 전체 범위를 컴퓨터 기호로 변형하는 것이 불가능하기 때문에, 극히 제한된 지식의 영역에서만 성공일 수 있다. 그 시스템들은 또한 논리에만 기반하지 않은 관계들을 연결할 수 없다. 이러한 능력은 의미 있는 '지능'에 매우 중요하다. 더욱이, 그것들은 일련의 '만약에 그렇다면'이라는 식의 조건부 결정에 따라 작동하지만, 실제 상황에서는 그러한 결정을 하는 데 필요한 요소들을 인식하는 것이 항상 가능하지는 않다.

① 첫 번째 인공지능은 어떻게 만들어졌는가?
② 추상적인 문제를 풀기 위한 논리적인 방법들
③ 왜 컴퓨터가 인간만큼 똑똑하지 않은가?

④ 논리에 기반을 둔 인공지능의 문제점들

 어휘

artificial intelligence 인공지능 logic 논리 reasoning 추론
capability 능력 inhibit 금지하다, 억제하다
translate 통역하다 a series of 일련의 abstract 추상적인

30. 정답 ④

해설

이 글은 전쟁에 동원된 개가 큰 공헌을 한 사례를 여러 시대에 걸쳐 다루고 있다.

해석

고대 이집트 벽화들은 옆에 개를 데리고 전쟁터로 행군하는 병사들의 그림을 보여 준다. 이와 비슷하게, 페르시아의 역사학자들은 다가오는 그리스 침입자 병사들에게 경고하기 위해 군대에 의해서 개가 어떻게 이용되었는지를 기술하고 있다. 수천 년 후, 나폴레옹이 유럽을 침략하는 동안 '무스타슈'라는 이름의 개는 적군이 프랑스 국기를 훔치려고 했을 때 뛰어난 용기를 보여 주었다. 무스타슈가 그 병사를 아주 세게 물어서 그 병사가 도망친 것이다. 제1차 세계대전 중에는 '스터비'라는 영국 개가 독일 간첩을 붙잡은 공로로 훈장을 받았다. 그리고 제2차 세계대전에서는 적어도 1만 마리의 개가 미국 군대에서 일했다. 그것들은 보초병으로 일했고, 서신을 전달했으며, 수색 및 구조 작업에 있어서 매우 중요했다.

① 스파이로서 동물들의 이용
② 치열한 전투에서의 한 개의 죽음
③ 전쟁과 문맹의 역사
④ 전쟁 중 개들의 공헌

어휘

ancient 고대의 military 군대의 invader 침략자
outstanding 뛰어난 bite 물다 award 수여하다
rescue 구조, 구출 fierce 격렬한 civilization 문명
contribution 기여, 공헌 wartime 전시

31. 정답 ④

 해설

독일이 제2차 세계대전에 대한 과거의 잘못을 돌아보는 것을 두려워하지 않는다는 내용이므로 '④ 자국의 실수를 기꺼이 인정하는 독일의 태도'가 제목으로 가장 적절하다.

 해석

제2차 세계대전의 원인을 설명하려고 시도하는 독일 역사가들은 종종 아돌프 히틀러와 나치 정당의 성공을 가능하게 도운 독일의 상황에 집중한다. 이는 부실한 경제, 불안정한 정부, 그리고 제1차 세계대전 후 독일에 행해진 가혹한 형벌을 포함하는데, 이 형벌은 그 패전국이 영토를 프랑스와 폴란드, 그리고 다른 나라들에 넘겨주고 막대한 배상금을 지급하게 만들었다. 하지만, 이러한 설명은 전쟁 전이나 전쟁 동안에 그 나라의 군대나 정부의 일원이 아니었던 평범한 독일인들에 대하여 변명하려는 시도를 거의 하지 않는다. 일반적인 태도는 모든 독일인이 직접 참여했든 간접적으로 참여했든 벌어진 일에 대한 책임 또는 충분히 강하게 저항하지 않은 것에 대한 책임을 공동으로 진다는 것이다. 전쟁과 잔혹 행위에 있어서 자국의 역할을 교육과정에서 삭제하거나 경시한다고 계속 비난받는 다른 나라들과는 다르게, 독일은 일반적으로 과거의 실수에 맞서는 것을 두려워하지 않는 나라로 여겨진다. 이는 모든 독일인이 솔직하게 그리고 진심으로 이 태도를 수용해 왔다고 말하는 것은 아니다. 제2차 세계대전 후 수년 동안, 나이가 많은 독일인들은 전쟁 동안 벌어진 사건에 관해 투명성을 높이자는 젊은이들의 요구를 반대했는데, 아마 기성세대의 매우 많은 이들이 그들이 잊길 원하는 일에 관계되었기 때문이었을 것이다. 하지만, 오늘날 독일은 과거를 되돌아보는 것을 두려워하지 않고 앞으로 나아가는 국가가 되자는 생각을 지지하여 거의 단결되었다.

① 독일의 세대 간의 긴장(갈등)
② 아돌프 히틀러와 나치의 유래
③ 세계 2차 대전의 진짜 원인을 무엇인가?
④ 자국의 실수를 기꺼이 인정하는 독일의 태도

 어휘

seek to 시도하다 enact 제정하다 defeated 패배한
excuse 용서하다 downplay 경시하다 openly 터놓고
wholeheartedly 진심으로 embrace (껴)안다
youthful 젊은이의, 젊은이다운 transparency 투명성
regarding ~에 관하여 be involved in ~에 개입되다
more or less 거의 united 연합된, 단결한 tension 긴장
willingness 기꺼이 하는 마음 cowardly 비겁한, 겁이 많은
confront 맞서다

32. 정답 ③

 해설

공포감을 조장하면 사람들의 주의를 사로잡을 수 있다는 사실을 이용하여, 현대의 광고와 언론계 종사자들이 우리가 사는 세상을 위험이 만연한 환경으로 묘사하여 사람들의 불안감을 가중시키고 있다는 내용의 글이므로 이 글의 주제로 가장 적절한 것은 '③ 미디어로 인한 현대의 심화된 불안'이다.

 해석

공포감을 이용하여 이야기와 호소를 표현하면 우리의 주의를 끌 수 있다는 것을 광고와 언론에 종사하는 사람들이 발견하는 결정적인 순간이 19세기에 발생했다. 그것은(=공포감은) 우리가 저항하거나 조절하기 어렵다고 여기는 감정이고, 그래서 그들은 새로이 생길 수 있는 근심거리 쪽으로 우리의 초점을 끊임없이 이동시켰다. 그들은 가장 최근의 건강에 대한 불안, 새로운 범죄의 급증, 우리가 저지르고 있을지도 모르는 사회적 무례 그리고 우리가 인식하지 못했던 환경에 존재하는 끝없는 위험을 이용했다. 미디어가 점점 더 고도로 발전되는 것과 영상이 가진 막강한 특성을 이용하여 비록 우리가 우리의 선조들이 알았던 것보다 훨씬 더 안전하고 더욱 예측이 가능한 세계에 살고 있음에도, 그들은(=미디어은) 우리에게 우리가 위험으로 가득 찬 환경 속의 연약한 존재라는 느낌을 계속 줄 수 있었다. 그들(=미디어) 덕분에 우리와 불안은 증가해오기만 했다.

① 광고에 이용된 과거와 현재의 전략
② 소비자의 권리를 보호하는 데 있어서 미디어의 역할
③ 미디어로 인한 현대의 심화된 불안
④ 미디어의 여론 조작 양상

 어휘

decisive 결정적인 frame 틀에 넣다 appeal 호소하다
take advantage of ~을 이용하다 wave 급증, 파도
commit 저지르다 sophistication 복잡화, 세련
overpowering 아주 강한 imagery 이미지 fragile 취약한
infinitely 대단히 multiply 크게 증가하다
intensify 심해지다 aspect 양상
manipulation 조작, 속임수

33. 정답 ①

인간은 자신이 소유한 물건에 특별한 가치를 두어서, 다른 물건과 교환할 상황이 있을 때 새 물건으로 얻을 이득보다 현재 가지고 있는 물건을 잃는 손실을 더 높게 평가하며, 이에 따라 물건을 교환하지 않고 지금 가지고 있는 것을 그대로 소유하려는 성향을 보인다는 내용의 글이다. 이를 제목으로 가장 잘 표현한 것은 '① 소유권은 우리의 가치 평가에 영향을 미친다.'이다.

해석

여러분이 어떤 연구에서 대규모 참가자 집단의 일원이고, 여러분의 시간에 대한 보상으로 커피 머그잔이나 멋진 펜 둘 중의 하나를 받는다고 가정해 보자. 그 두 개의 선물은 비슷한 가치를 지니고 있고 무작위로 배부된다. 당신과 동료 참가자들에게 그 후 (선물을) 바꿀 기회가 주어진다. 무작위 배부를 감안한다면, 당신은 사람 중 절반가량은 바꾸는 데에 만족할 것으로 생각할 것이다. 하지만 실제로 교환은 거의 이루어지지 않는다. 이 현상은 '소유효과'라고 불린다. 일단 어떤 것이 당신에게 주어지면, 그것은 당신의 것이다. 심지어 고작 몇 분 후라 해도, 그것을 포기하는 것은 손실을 수반할 것이다. 이 이익이 좋은 것보다도 손실은 더 안 좋기 때문에, 당신에게 '선사 되었던' 머그잔이나 펜은 잠재적인 교환 상대보다 당신에게 더 가치가 있다. 그리고 펜을 '잃는 것은' 머그잔을 '얻는 것이' 주는 기쁨보다 당신의 마음을 더 심하게 아프게 할 것이다. 그러므로 당신은 교환하기를 거부한다.

① 소유권은 우리의 가치 평가에 영향을 미친다.
② 이익은 손실보다 강력하다.
③ 불확실한 세상에서의 이성적 선택
④ 원하는 것 말고 마땅히 받아야 할 것을 얻어라.

어휘

value 가치, 소중히 하다 valuation 가치 평가
assume 당연한 것으로 생각하다, 맡다 swap 바꾸다
phenomenon 현상 endowment 기증
endowment effect 소유효과(자기가 갖게 된 대상의 가치를 갖기 전보다 높게 인식하는 것)
entail 수반하다 ownership 소유(권)
pros and cons 찬반양론 restriction 제한, 규제
rational 이성적인, 합리적인 deserve ~을 받을 만하다

34. 정답 ④

선택의 폭이 넓고 선택지가 매력적일수록 결정을 주저하게 되는 현상인 '전망 이론(Prospect Theory)'에 근거하여 다양한 의사 결정을 설명하는 글이다. 따라서 제목으로 가장 적절한 것은 '④ 전망 이론: 의사 결정에 대한 생각들'이다.

'전망 이론'은 우리가 행동해야 할 때 왜 행동하지 않는지를 설명해 준다. 그 이론은 사람들에게 매우 많은 선택권(또는 가능성)이 제시되었을 때, 선택권이 거의 없을 때보다 빨리 결정을 할 가능성이 더 적다는 것이다. 또한, 그 선택사항이 매우 매력적이라면 결정을 하기는 더 어려워진다. 게다가 결정하는 데 시간을 오래 끌면 끌수록 사람들이 주저하지 않을 가능성은 더 적어진다(사람들이 더 주저하게 된다). 근본적으로, 선택의 너무 많은 자유로 인해 (결정을 못 하고) 마비되는 것이다. 확실히, 더 넓은 범위의 선택권이 항상 더 바람직한 것은 아니다. 한 연구는 사람들에게 보상을 지급하는 대가로 설문지를 작성하게 했는데 어떤 사람들은 완료된 설문지를 제출하는 데 5일의 여유가 있다고 듣고, 또 다른 사람들은 21일이 있다고 물었으며, 세 번째 집단은 마감 기한이 없었다. 그 결과, 마감 기한이 5일인 사람들의 66%가 설문지를 돌려주었고, 마감 기한이 21일인 사람들의 40%가 설문지를 돌려주었으며 시간 제한이 없는 사람들은 25%만이 설문지를 돌려주었다. 결정 마비를 겪는 사람들에게 심리학자들은 아무것도 하지 않는 것 자체가 바로 결정이며, 그것이 바로 우리가 할 수 있는 가장 최악의 결정이라는 것을 기억하라고 조언한다. 그보다는 무엇이든 그냥 해 버려라!

① 빠른 결정을 하는 방법
② 아무것도 안 하는 것이 최고의 결정
③ 당신의 결정이 당신의 삶을 더 낫게 만든다.
④ 전망 이론: 의사 결정에 대한 생각들

어휘

prospect 전망, 가능성 option 선택(권)
attractive 매력적인 hesitate 망설이다
essentially 근본적으로
paralyze 마비시키다(cf. paralysis 마비)
preferable 바람직한 complete 작성하다, 완성하다
questionnaire 설문지 in return for ~의 대가로
reward 보상 submit 제출하다 deadline 마감 기한

35. 정답 ④

지문의 처음에 마음속에 보존에 대한 생각을 가지고 주택과 지역 사회를 건설하는 것은 '생태 마을'을 만들어 낼 것인데, 이 것은 생태적으로, 경제적으로, 문화적으로 그리고 정신적으로 지속 가능한 거주라는 내용이 있고, 지문 마지막에 현재 많은 사람은 자연과 협력해서 일하는 것이 필수적이고, 자연과 자연 시스템의 필요성을 존중해야 한다고 생각한다는 내용이 있다. 따라서 이 지문의 주제를 '자연과 협력하는 지속 가능한 장소로서의 생태 마을'이라고 표현한 ④번이 정답이다.

마음속에 보존에 대한 생각을 가지고 주택과 지역 사회를 건설하는 것은 '생태 마을'을 만들어 낼 것인데, 이것은 생태적으로, 경제적으로, 문화적으로 그리고 정신적으로 지속 가능한 거주지이다. 지속 가능성은 어떠한 필수적인 기능을 고갈하거나 손상시키지 않고 그 자체를 오랜 기간에 걸쳐 유지하는 생태계, 지역 사회, 또는 개인의 능력이다. 현재 많은 사람은 자연과 협력해서 일하는 것이 실제 세계에서 인간의 활동에 있어서 점점 더 필수적이고, 우리는 인간의 욕구를 존중하는 동시에 자연과 자연 시스템의 필요성을 존중해야 한다고 생각한다.

① 소비의 시대에서 인간의 욕구에 대한 분석
② 생태계 파괴의 원인
③ 새로운 기술의 위협 하에서 현대 건축의 위기
④ 자연과 협력하는 지속 가능한 장소로서의 생태 마을

어휘

conservation 보존 ecological 생태의
human settlement 거주지 sustainable 지속 가능한
sustainability 지속 가능성 ecosystem 생태계
maintain 유지하다 use up 고갈시키다
essential 필수적인 cooperation 협력
increasingly 점점 더 physical 실제의, 물리적인
analysis 분석 architecture 건축

36. 정답 ④

우주에서 별을 형성하는 주된 구성 요소인 수소가 점점 적어지고 있다는 내용이므로 '④ 새로운 별을 형성하기 위해 이용 가능한 수소의 감소'가 글의 주제로 적절하다.

해석

수소 기체는 별 형성에 필요한 주요 구성 요소이다. 그러나 전 우주를 통틀어서 은하계와 다른 별 형성 영역들을 연구하는 것을 통해 천문학자들은 새로운 별들을 만들기 위해 이용 가능한 수소가 점점 더 적어지고 있다는 것을 알아냈다. 문제의 일부는 우주에 원래 존재하는 수소의 대부분이 현존하는 별들 속에 사실상 '갇혀 있다'는 것이다. 별들이 생애 주기의 마지막에 폭발할 때 그 수소 중 일부가 우주로 다시 방출되지만, 이것은 일정량의 이용 가능한 수소를 유지할 만큼 충분히 자주 일어나지 않는다. 게다가 우주가 팽창하면서 은하계가 빈 공간으로부터 자연 발생적인 중력을 통해 수소를 끌어당기는 깃이 점점 더 어려워지고 있다. 이러한 결과들은 우주의 진화가 점점 더 어둡고 차가운 우주를 초래할 것이라는 현재의 이론을 뒷받침한다.

① 우주 팽창의 원인
② 은하계를 구성하는 주요 요소들
③ 별의 수명주기를 예측하는 어려움
④ 새로운 별을 형성하기 위해 이용 가능한 수소의 감소

hydrogen 수소 primary 주된
component 구성 요소, 성분 formation 형성
galaxy 은하계 astronomer 천문학자 majority 다수
originally 원래 present 존재하는 lock up 가두다
currently 현재 in existence 현존하는 explode 폭발하다
life cycle 생애 주기 constant 일정한 expand 팽창하다
gravitational force 중력 cosmological 우주의

37. 정답 ②

개구리 피부를 모방하여 만든 화합물로 박테리아를 없애는 방법을 설명하고 있으므로 제목으로는 '② 개구리 피부를 모방하여 박테리아와 싸우기'가 적절하다.

당신이 개구리의 피부에 대해 생각을 할 때 마음속에 많은 묘사하는 말들이 떠오를지도 모르지만, 아마도 그 말들 가운데 '기적'과 '약'은 없을 것이다. 그렇다면 당신은 과학자들이 최근에 개구리 피부에서 발견된 분자들을 모방하여 박테리아를 제거하는 데 사용될 수도 있는 화합물을 개발했다는 것을 알게 되면 놀랄 것이다. 박테리아가 기존의 모든 종류의 항생제에 계속해서 저항력을 키우고 있기 때문에 현재 이러한 종류의 약에 대한 절박한 필요성이 존재한다. 대부분의 항생제는 박테리아 내부의 단백질을 파괴함으로써 작용하여 그것들을 죽이는 반면, 개구리 피부에서 영감을 얻은 화합물은 매우 다르게 기능하여 단순히 박테리아가 죽을 때까지 박테리아에 수천 개의 구멍을 내는 것이다. 이 새로운 직접적인 공격 방식과 대면하게 되면 박테리아는 그에 대한 저항력을 키울 수 없을 것이다.

① 개구리들 사이에서 새로운 바이러스의 확산
② 개구리 피부를 모방하여 박테리아와 싸우기
③ 개구리들이 이제 멸종 위기의 종인가?
④ 어떻게 박테리아가 항생제 저항력을 키우는가?

descriptive 기술적인, 설명적인 compound 화합물
mimic 흉내 내다 molecule 분자
combat 제거하기 위해 싸우다 pressing 긴급한
resistance 저항 antibiotic 항생제 inspired 영감을 받은
poke 찌르다 confront 직면하다
endangered 멸종 위기에 처한

38. 정답 ③

사람이든 개미든 공포에 빠지게 되면 이성적 사고가 불가능해지고 군중을 따르게 된다는 내용으로 위급한 상황에서 사람과 개미가 대피할 때 공통적으로 보이는 행동을 예로 들어 설명하고 있다. 따라서 글의 주제로 적절한 것은 '③ 사람과 개미의 공통된 어리석은 행동'이다.

개미 떼는 우르르 몰려가는 축구 팬만큼 이성을 잃을 수 있다. 공포에 빠진 개미들은 제정신을 잃은 사람들처럼 무리를 따라가는데, 심지어 그 무리가 어리석은 결정을 하는 순간에도 그렇다. 우르르 몰려가는 것은 치명적일 수 있고, 특히 운동 경기장, 댄스 클럽, 백화점과 같은 폐쇄된 공간에서 더욱 그렇다. 불이 나거나 공포를 유발하는 다른 원인이 발생하면, 사람들은 빈번히 그리고 비논리적으로 단 하나의 문으로만 탈출하려고 하고 그곳에 밀집하는 반면, 다른 출구들은 텅텅 비워 둔다. 공포에 빠진 사람들은 이성적인 전략은 잊어버리고 군중만을 따라가면서 마치 개미처럼 행동한다. Havana 대학의 한 연구에서 연구원들은 동그란 방에 개미를 가둔 후 똑같이 생긴 문 두 개를 열어 주었다. 침착한 개미들은 두 개의 문을 똑같은 비율로 사용했다. 그러나 방충제로 인해 공포에 휩싸인 개미들은 다른 문은 무시한 채 하나의 문에만 몰려들었다.

① 우르르 몰려가는 행동을 피하는 방법
② 군중 속에서 공포에 빠지는 사람들의 경향
③ 사람과 개미의 공통된 어리석은 행동
④ 공포에 빠졌을 때 서로 다른 개미 그룹이 보이는 반응

어휘

irrational 이성을 잃은 panic 공포에 휩싸이다
herd 무리, 떼 fatal 치명적인 enclosed 폐쇄된
illogically 비논리적으로 jam up 밀집하다, 혼잡하게 하다
reasonable 이성적인 trap 가두다 circular 원형의
chamber 방 identical 똑같은
insect repellent 방충제(cf. repellent 다가오지 못하게 하는 것)
tendency 경향, 추세

독해를
합격이

잡으면 보인다

② 일치, 불일치

2

일치, 불일치

일치, 불일치 문제는 매년 1, 2문제씩 출제되고 있고, 최근에 3문제가 출제된 적도 있다. 영어 지문의 길이가 길어지는 추세에 있고, 보기가 영어로 제시되는 경우가 늘고 있다. 그리고 보기가 영어로 제시되고 문장의 길이가 긴 경우, 보기의 내용을 요약·압축하는 것이 일치, 불일치 문제의 관건이다.

주제, 제목 찾기에서는 지문 전체의 내용을 파악하는 능력을 묻는 반면에 일치, 불일치 유형에서는 보기에 제시된 특정 정보가 지문의 내용과 일치하는지 그 여부를 파악할 수 있는 능력을 묻는다.

독해의 중요 기술인 Skimming과 Scanning은 지문에 있는 모든 단어를 꼼꼼히 읽는 것이 아니라, 읽는 목적에 따라 필요한 부분만 꼼꼼히 읽는 기술이다.

1단계   보기의 내용을 키워드 2단어 이내로 압축한다(키워드로 동그라미 친다). 우선 지문에서 무엇을 중심으로 봐야 할지를 보기의 키워드로 결정한다.

2단계   키워드를 지문 옆에 메모하거나 기억하고 지문에서 키워드가 있는 문장 주변을 읽음으로써, 지문의 내용과 일치하는지 불일치하는지를 파악한다.

3단계   ① 보기가 지문의 내용과 일치하면 지문의 여백에 ① 'O'를 표시하고, ② 보기가 지문의 내용과 일치하지 않으면 ② 'X'를 표시한다.

1. 풀이 방법

전략 1 선택지 먼저 읽고 지문에서 확인할 내용을 미리 파악한다.

이때 키워드에 동그라미 표시를 한다(키워드: 지문에 꼭 등장할 만한 주요 정보).

① 주요 정보: 주로 명사, 동사

② 특별한 정보: 고유명사(이름, 지명), 숫자(연도)

• 무작정 지문을 다 읽는 것이 아니라 무엇을 봐야 할지에 관한 목표를 가지고 지문을 읽는다.

전략 2 각 선택지의 키워드와 관련된 부분을 찾아 하나씩 비교한다.

① 고유명사: 그대로 제시

② 주요 정보: 그대로 제시 또는 바꾸어 표현(Paraphrasing)

• 일치, 불일치 문제에서의 읽기의 목적은 지문 전체를 모두 이해하는 게 아니라 원하는 정보를 찾기 위함이다 (Scanning).

전략 **3** 지문의 내용과 일치하거나 일치하지 않은 선택지를 선택한다.

① 오답 보기를 차례로 소거하고 정답을 선택한다.

② 일치 문제는 지문에 언급되지 않은 선택지를 먼저 소거한다.

③ 정답의 근거는 지문에 있으므로 배경 지식을 바탕으로 답을 고르지 않도록 유의하자!

• 보기의 내용 중 일부분이 지문에 언급되었다고 하더라도 무조건 일치하는 것이 아니므로 나머지 내용이 다 일치하는지를 확인해야 한다.

• 보기 중에 전체를 나타내는 표현(All, Every, Both, No, Always, Usually)이나 단정적인 표현(Only) 등이 제시되면 오답일 가능성이 매우 크다.

2. 선택지가 우리말인 경우

선택지를 먼저 읽고 대략의 우리말 해석을 읽는 것처럼 단어의 의미나 글의 개괄을 미리 볼 수 있다. 따라서 문제를 더욱 쉽게 풀 수 있다. 특히 불일치 문제의 경우에는 선택지 4개 중 3개가 지문에 제시되는 정확한 정보이고 1개만 틀린 정보이므로, 전체 지문의 의미를 미리 추론하는 데 많은 도움이 된다.

3. 선택지가 영어인 경우

선택지가 영어로 된 경우에는 우선, 선택지의 영어 해석을 제대로 해야 한다. 그리고 키워드를 2단어 이내로 확인하는 것이 필요하다. 보통 2문제 정도가 출제되는데, 이 문제는 시간이 많이 소요되므로 마지막에 푸는 것이 좋다. 미리 이 유형을 풀면 시간이 흐름에 따라 마음이 조급해지고, 이로 인해 글이 눈에 잘 안 들어오고, 결국 읽었던 내용을 반복해서 다시 읽으면서 시간만 허비하게 되는 경우가 많다. 따라서 다른 유형의 문제를 먼저 풀고 마지막에 차분히 푸는 것이 유리하다.

1. 다음 글의 내용과 일치하지 않는 것을 고르시오.

In terms of intensity of expression, the Fauvism artist Henri Matisse never surpassed Woman with a Hat, a portrait of his wife, Amelie. The painting caused shock and outrage when it was shown in Paris in 1905, and the painter was scornfully labeled a "fauve"(wild beast). The criticism focused on Matisse's depiction of the woman's face that is represented in multiple colors of red, green, orange, purple, and blue that create a mask-like appearance. There is no drawing as such; lines are little more than ragged edges, and the whole is roughly brushed. However, there is nothing random here, as Matisse's use of contrasting complementary colors betrays the artist's instinctual sensitivity.

① Woman with a Hat was one of the most controversial works ever produced by Henri Matisse.
② Matisse used to use colors according to his constantly changing emotional state.
③ Fauvism art could be characterized by contrasting colors and rough brushwork.
④ Matisse was contemptuously criticized when his portrait was first on display.

2. 예술에 대한 아리스토텔레스의 견해 중 다음 글의 내용과 일치하지 않는 것은?

Aristotle defined art as the realization of a true idea in an external form. He traced it back to human being's inherent love of imitation and to the pleasure we feel in recognizing likenesses. Art, however, is not limited to simply copying. It idealizes nature and perfects its incompleteness; it seeks to identify the universal element in the individual experience. The distinction between poetry and history is therefore not that the one is written in rhyme, and the other is not. The distinction is that history documents only what has actually happened, while poetry depicts things in their universal character. Poetry is therefore more philosophical and more elevated than history. Such poetic representation may depict humans as being either better or worse than they generally are. Comedy, for example, imitates the worst examples of humanity because it takes what is low and shameful and makes it into something laughable and comic.

① 외적인 형상을 통해 진리를 구현하는 것이 예술이다.
② 인간은 기본적으로 모방하는 것을 좋아한다.
③ 예술은 자연을 이상화하고 완전하게 하는 것이다.
④ 예술은 자연에서 경험할 수 없는 것을 보여 준다.

3. megamouth shark에 관한 다음 글의 내용과 일치하지 않는 것은?

Discovered in 1976, the megamouth shark resides in a habitat scientists have yet to explore in detail: the depths of the ocean. As a result, it's considered an extremely rare species, so rare that fewer than 50 specimens have ever been caught. In physical appearance the megamouth is quite distinctive, with a massive body growing up to 5.5 meters in length and a large head featuring a broad snout and rubbery lips. Its underbelly is solid white, while the color patterns on top of the animal range from brownish to black. Not surprisingly, the shark possesses a characteristically large mouth, from which its name is derived. Its teeth, on the other hand, are rather small, for instead of chewing its food, the shark simply swims through the water with mouth wide open, swallowing any jellyfish or plankton that stray into its path.

① 심해에 사는 희귀 상어이다.
② 외관상 다른 상어들과 유사한 특징을 갖는다.
③ 머리가 크고 넓은 코와 고무 같은 입술을 가졌다.
④ 커다란 입에 비해 이빨이 작다.
⑤ 먹이를 씹지 않고 삼켜 버린다.

4. '파리대왕'에 대해 사실과 다른 것은?

William Golding published his famous novel Lord of the Flies in 1954. It tells the story of a group of English schoolboys stranded on a tropical island after their plane is shot down during a war. Although the novel is a work of fiction, its exploration of human evil is based on the real-life cruelty witnessed by Golding during World War II. Free from any rules, the boys on the island become like savages. They soon split up into groups, and whereas some work peacefully together, others violently rebel. The boy's behavior symbolizes the broader human struggle between the civilizing instinct to obey rules and behave morally and the savage instinct to attain power, ignore moral rules, and act violently. Lord of the Flies is written in a very plain writing style, one which deliberately avoids highly poetic language, lengthy description, and philosophical passages. The novel is an allegory, meaning that the characters and objects all have a symbolic significance that is used to convey the novel's central themes and ideas. In his portrayal of the various ways in which the boys adapt to their new island surroundings and respond to their new freedom, Golding analyzes the broad range of ways in which human beings respond to change, fear, and tension.

① It's about a group of boys forced to live together on an island.
② The cruelty of life observed by the author himself is described.
③ It is written in a flowery style, using elaborate words and expressions.
④ Each character in it has important symbolic meaning.

5. northern mockingbird에 관한 다음 글의 내용과 일치하지 않는 것은?

If you've been hearing an endless string of 10 or 15 different birds singing outside your house, you might have a northern mockingbird in your yard. The northern mockingbird is the only mockingbird commonly found in North America. The mockingbirds can imitate animal sounds, such as those made by squirrels and frogs. The birds may move south during harsh weather. They sing all through the day and often into the night, with nighttime singing occurring more during a full moon. Most of the singing is done by males who use their large repertoire to impress females during the mating season. The female northern mockingbird sings too, although usually more quietly than the male does. She rarely sings in the summer and usually only when the male is away from the territory.

① 15종 이하의 다른 새소리를 낼 수 있다.
② 북아메리카에서 쉽게 볼 수 있는 새이다.
③ 다람쥐나 개구리 소리도 흉내 낼 수 있다.
④ 낮보다 밤에 더 많이 소리를 낸다.
⑤ 암컷은 수컷이 곁에 없을 때만 지저귄다.

6. 다음 글의 내용과 일치하지 않는 것은?

Although many believe that Napoleon died of stomach cancer, recent evidence suggests that he was poisoned to death. In his book The Murder of Napoleon. Sten Forshufvud argues that Napoleon was poisoned by a rival. An examination of Napoleon's body revealed an enlarged liver, which is a sign of arsenic overdose. Napoleon's family reported that during his last years, Napoleon showed symptoms of arsenic poisoning such as sleepiness, insomnia, swollen feet and excessive weight gain. When Dr. Forshufvud chemically analyzed some of Napoleon's hair that relatives had saved, he found high traces of arsenic. The most shocking evidence of arsenic poisoning was discovered in 1840, when Napoleon's coffin was reopened. His body was well-preserved, which is an effect of arsenic.

*arsenic: 비소(독성이 강한 화학 물질)

① 독살되었다는 의혹이 제기되었다.
② 시신 부검 결과 간 비대 증상이 있었다.
③ 머리카락 분석 결과 비소 잔류량이 높았다.
④ 비소가 시신 부패를 촉진시켰다는 증거가 발견되었다.

7. 케슬러 신드롬에 관한 설명 중 다음 글의 내용과 일치하지 않는 것은?

In 1978 NASA scientist Donald J. Kessler envisioned the possibility of a cascading chain reaction of space debris's collisions taking place in low Earth orbit. This chilling potential scenario has since been dubbed the Kessler Syndrome. The underlying mechanism of the concept is that an impact between two manmade objects in space will generate further debris, leading to an exponential number of subsequent collisions, culminating in a situation in which a deadly swarm of shrapnel and space junk circles the planet devastating everything in its path, including functioning satellites and manned spacecraft. Kessler made the pessimistic prediction that the density of space junk in orbit around the Earth would, by the year 2000, reach a level at which random collisions were inevitable. Although manmade objects in space were already being cataloged at that time in the interest of anticipating and avoiding collisions, the additional objects generated by such collisions were not being tracked and were often small enough to escape satellite detection. Kessler proposed a reduction in the number of objects abandoned in orbit after they had ceased to function, hypothesizing that this would be the most prudent way of preventing future accidents. However, it wasn't until a 2009 collision between two communication satellites — one Russian, the other American — unleashed thousands of small pieces of debris into orbit and potentially set into motion Kessler's doomsday scenario, that international efforts to authoritatively address the situation were undertaken in earnest.

① 우주에서 발생한 파편들의 충돌이 연쇄적으로 일어날 가능성을 제안한다.
② 2000년쯤에는 충돌을 피할 수 없을 정도로 우주 쓰레기의 밀도가 높을 것이라 예상됐다.
③ 우주 물체 간 충돌을 막고자 충돌로 발생한 물체들도 목록화되었다.
④ 2009년이 되어서야 우주 쓰레기 대처에 대한 국제적인 노력이 본격화되었다.

8. 다음 글의 내용과 일치하지 않는 것은?

Ageism occurs across the human lifespan and is not limited to any particular age group. In fact, age is one of the first characteristics we notice about other people, whether they are young or old. From a person's perceived age, we make assumptions about their competencies, beliefs and abilities. For example, we may consider an older job applicant to be unsuitable because we imagine he or she will be forgetful, slow, or of poor health. We see young people in the street and associate them with antisocial behaviors. Ageism is the one prejudice that we all experience, regardless of our race, ethnicity, and gender. The most widespread occurrence of ageism is that which is directed toward older adults: think of all the "over-the-hill" jokes made as people approach middle age. It is this implicit nature of negative attitudes towards old age that makes ageism so insidious and difficult to counter. Furthermore, society tends to highlight exceptions to the commonly held stereotypes. Consider how frequently the media reports on "exceptional," older adults, such as the astronaut John Glenn, or the woman who first climbed Mt. Rainier at age 77. Given that we are all aging, ageism encompasses the inner fear that many of us have of our own aging. Because humans tend to blend their personal and public attitudes, studying and understanding ageism is particularly complex and challenging. Accordingly, professionals need to become aware of their own ageism when studying and working with older adults.

① Ageism is deeply rooted in our socio-cultural subconscious.
② Ageism makes it hard for senior citizens to find jobs.
③ Young people tend to be free from age discrimination.
④ Ageism comes from our inner fear of growing old.

9. Horace Greeley에 관한 다음 글의 내용과 일치하지 않는 것은?

Born on February 3, 1811, Horace Greeley was an American politician from a poor family in Amherst, New Hampshire. At the age of 20, he moved to New York, where he made his living writing and editing political news stories. In 1841, he founded the Tribune, one of the great newspapers of its time. He was also interested in politics and was eventually elected to Congress in 1848 as a representative of New York State. In 1854, he helped to found the Republican Party, which was considered quite progressive. He was a strong supporter of Abraham Lincoln during the American Civil War, and campaigned against Andrew Jackson afterward. In 1872, Greeley himself would run for president, though he was eventually defeated by a wide margin. His wife died just five days before the election, and Greeley passed away three weeks later.

① New York에서 정치 관련 기사를 썼다.
② Tribune 신문사를 창립했다.
③ 남북전쟁 당시 Lincoln의 강력한 지지자였다.
④ 대통령 선거에 출마하여 근소한 차이로 패배했다.

10. 다음 글의 내용과 일치하는 것은?

In the mid-1800s, a splendid accomplishment was attained in technology, which put an end to the modern natural sciences as represented by Newtonian mechanics. At the 1851 London Fair, so many novel and striking products were shown it seemed to prove Francis Bacon's projection that all things could be realized. Inasmuch as technology became highly developed and played an unprecedented role in social life over the next hundred years, many have called that period "the glorious beginning" of the technological era. However, while homage was made to the technological progress, warnings were issued. For example, in his novel Brave New World, Aldous L. Huxley described a future dominated by technology. In this society there would be great comfort, but at the cost of freedom, beauty, and privacy. In various science fiction novels, technology controlled humans. Robots reigning over the world indirectly reflected this fear. The formerly popular attitude that technology was a powerful tool for the betterment of humankind seemed to be one-sided at best. The view that technology was simply harmless did not accord with actuality. Slowly, the anti-technological tendency began to grow, primarily because the tremendous destructive power of technological progress made during wars constituted a grave danger to the planet and to the existence of humans themselves. It was also due to such harmful outcomes caused by technological progress as traffic accidents, pollution of air and water, noise, and damage to the environment. These causes, and their negative effects, were immediately obvious. On a much deeper level, these negative effects were mainly due to the domination of humans by technology.

*homage: 존경, 경의

① What Newton accomplished was criticized by modern scientists.
② Aldous Huxley was the first person to present a negative view of technology.
③ From the beginning, many people had serious doubts about the power of technology.
④ Technological development has resulted in formidable danger to mankind.

11. 다음 글의 내용과 일치하지 않는 것은?

Pragmatism is a philosophical approach that was developed in America during the late nineteenth and early twentieth centuries. It is the only philosophical tradition to originate on American soil. So it reflects ideas implicitly accepted in the United States. Because pragmatism's highest ideal is action, it corresponds with the attitude of an egalitarian nation built by immigrants who were eager to abandon the restrictive traditions of the old world. Pragmatism advocates only those ideas that can be practically applied, thus denying philosophy's reputation of being idealistic and abstract. Pragmatism states that the meaning of ideas lies in their consequences rather than in the ideas themselves. Accordingly, pragmatists believe in the importance of trying different methods and ways of life and then evaluating their effectiveness. Pragmatism finds fault with philosophy's insistence on truth and certainty. According to pragmatists, truth does not correspond to any ideals. Rather, truth exists in a theoretical relationship of meaning that is constantly changing according to the practical necessities of the present moment and at a particular age.

*egalitarian: 평등주의의

① 실용주의는 미국에서 발생한 유일한 철학 사조이다.
② 실용주의는 기존 철학이 제기한 의문점을 해결한다.
③ 실용주의는 기존 철학의 관념적인 태도를 부정한다.
④ 실용주의는 다양한 삶의 방식 추구를 중시한다.

12. 다음 글의 내용과 일치하지 않는 것은?

People catch a cold between two and five times a year on average. Finding a cure for the common cold will be difficult. A cold can be caused by any one of two hundred different viruses. Therefore, developing a cure would literally mean finding hundreds of vaccines. Moreover, some cold viruses can change their molecular appearance. Thus, even though we may become immune to a certain cold virus this year, by next year our antibodies will probably not recognize it. Another problem is that the cold virus itself does not cause symptoms — by the time we exhibit symptoms, the viral infection is nearly over. In reality, the symptoms that we get from a cold are produced by our body's immune response, not by the virus itself.

*antibody: 항체

① 완벽한 치료법을 개발하기는 어렵다.
② 자신을 분자 형태로 변화시키는 바이러스도 있다.
③ 바이러스 감염이 시작되면 증상이 나타난다.
④ 증상은 신체 면역 반응과 관계가 있다.

13. 다음 글의 내용과 일치하지 않는 것은?

John Nash, a genius American mathematician, was diagnosed with paranoid schizophrenia when he was 28 and spent the next 30 years in and out of mental hospitals. In 1970, however, he stopped taking antipsychotic medication, and gradually began to recover. He was awarded the 1994 Memorial Nobel Prize in Economic Sciences in recognition of the work he did in game theory as a graduate student at Princeton. He had theorized that an individual's success in a game depends on the choices of the other players. In Princeton legend, Nash was "The Phantom of Fine Hall," a ghost-like figure who would scribble equations on blackboards in the middle of the night in Fine Hall, the center of mathematics at Princeton. Nash was the subject of the Oscar-winning Hollywood movie A Beautiful Mind.

*paranoid schizophrenia: 편집증적 조현병

① 미국의 천재 수학자로 30년간 조현병을 앓았다.
② 약물 치료를 중단한 후 병이 더욱 악화되었다.
③ 대학원 시절에 발표한 이론으로 노벨상을 받았다.
④ 그의 이야기는 영화로 제작되어 오스카상을 수상했다.

14. 다음 글의 내용과 일치하지 않는 것은?

Rafting and whitewater rafting are recreational outdoor activities which use an inflatable raft to navigate a river or other body of water. This is often done on whitewater or different degrees of rough water. Dealing with risks and the need for teamwork are a part of the experience. This activity as an adventure sport has become popular since the 1950s, evolving from individuals paddling 10 feet (3.0m) to 14 feet (4.3m) rafts with double-bladed paddles or oars to multi-person rafts propelled by single-bladed paddles and steered by a person at the stern, or by the use of oars. Rafting on certain sections of rivers is considered an extreme sport and can be fatal, while other sections are not so extreme or difficult. Rafting is also a competitive sport practiced around the world which culminates in a world rafting championship event between the participating nations. The International Rafting Federation, often referred to as the IRF, is the worldwide body which oversees all aspects of the sport.

① They have become popular since the 1950s.
② Dealing with risks is a part of the experience.
③ Rafting is a competitive sport practiced around the world.
④ Single-person rafting is banned in some rivers because of risks.

15. 다음 글의 내용과 일치하지 않는 것은?

In the West, there has always been a sharp distinction between philosophy and religion. Philosophy started out as a reaction against religion on the one hand, and against myth and magic on the other. Thales (c. 600 BC) was the first philosopher in ancient Greek times. A noted scientist as well, he was the first person to explain the nature of the universe in solely physical terms, saying that water was the substance out of which the entire universe was made. Thales was famous for his questioning approach to the understanding of natural phenomena and for allowing his scientific observations and reasoning to govern his behavior instead of relying on myth and magic. In the West, philosophy has always tended to be a rational endeavor, cut off from superstition, faith or godly intervention of any kind. In Eastern philosophy, in contrast, there is no sharp distinction between philosophy and religion. From the beginning, there was never a conflict between them. Rather, Eastern philosophy actually heightened the meditative aspects of religion, while at the same time providing a theoretical framework and justification for the basic concepts of religion. It is even said that Eastern philosophy is to religion as Western theology is to religions like Christianity. Only it should also be noted that there are elements of Eastern philosophy that represent unique modes of perceiving reality, different from what religions generally teach. Furthermore, these modes are not based on such essentials of religion as ritual, belief or faith.

① 서양 철학은 종교나 신화에 대한 반발로 시작되었다.
② 탈레스는 우주의 구성 물질을 물이라고 생각했다.
③ 탈레스는 과학적 법칙에 따라 행동하는 사람이었다.
④ 초기의 동양 철학은 종교와 갈등을 빚었다.

16. 다음 글의 내용과 일치하는 것은?

It took humans thousands of years to explore our own planet and centuries to comprehend our neighboring planets, but nowadays new worlds are being discovered every week. To date, astronomers have identified more than 370 "exoplanets," worlds orbiting stars other than the sun. Amid such exotica, scientists are eager for a hint of the familiar: planets resembling Earth, orbiting their stars at just the right distance — neither too hot nor too cold-to support life as we know it. No planets quite like our own have yet been found, because they're inconspicuous. To see a planet as small and dim as ours amid the glare of its star is like trying to see a firefly in a fireworks play; to detect its gravitational influence on the star is like listening for a cricket in a tornado. Yet by pushing technology to the limits, astronomers are rapidly approaching the day when they can find another Earth and interrogate it for signs of life.

① Astronomers have found more than 370 exoplanets orbiting the sun.
② Planets like Earth have not been found because they are not easily observable.
③ The gravitational influence of a small planet like Earth on its star is easily detected.
④ Thanks to the development of technology, astronomers have found some planets like Earth.

17. 다음 글의 내용과 일치하는 것은?

If you look around, there are probably many coffeehouses near you. Coffee is big, big business. According to the International Coffee Organization, the world drinks about $70 billion in coffee each year. Although coffee is one of the world's most popular drinks, many people believe it isn't healthy. It has been blamed for high heart rates, high blood pressure, and stomach problems. Coffee can make you feel more stress and it can result in sleep problems. Medical research, however, has started suggesting that coffee might actually be good for us. In addition to giving us energy and keeping us alert, coffee is thought to be helpful for headaches. As coffee also contains antioxidants, it can protect our bodies against harmful substances in things like smoke and pollution. Recent studies have found that coffee helps to prevent certain types of cancer. One study in Tokyo, for example, discovered that coffee drinkers were half as likely as nondrinkers to have liver cancer. Overall, the research shows that coffee is far more healthful than it is harmful.

① Coffee drinkers are less likely to have sleeping problems.
② Antioxidants in coffee give rise to some diseases in our bodies.
③ According to recent studies, coffee is effective in the prevention of some types of cancer.
④ A study from Japan shows that coffee causes liver cancer.

18. Atacama Desert에 관한 다음 글의 내용과 일치하지 않는 것은?

Everyone knows that it doesn't rain very much in deserts, but the central portion of the Atacama Desert in Chile is unique because it is the only place on Earth that has probably never received rain. It certainly hasn't rained during the past 400 years, while people have been keeping records. Surprisingly, this desert is located in a long 600- mile strip along the Pacific Ocean. The Atacama Desert is drier than any other desert on Earth, but its altitude keeps it cooler than most deserts. As the warm tropical air approaches the mountains, it becomes cool and rain falls on the mountains just before the desert. Thus, the temperature generally stays between 0 and 25 degrees. Although plants and animals cannot live in this super-dry desert, scientists and astronomers have learned a lot from the landscape. Since the area has clear air with very few lights or radio signals, astronomers can easily study the night sky from this desert.

① 400년간 비가 오지 않았다.
② 태평양 연안에 자리하고 있다.
③ 다른 사막에 비해 기온이 매우 높다.
④ 동물이나 식물이 살지 못한다.
⑤ 천문학자들이 밤에 별을 관찰하기에 좋다.

19. crowned lemur에 관한 다음 글의 내용과 일치하는 것은?

Compared to its lemur relatives, the crowned lemur grows to an average size. Males tend to be a dark, reddish-brown color, while females are lighter and grayer. Both sexes, however, feature an orange pattern on their head, which gives the crowned lemur its name. It is generally active during the day, but it also has an activity period of about two hours during the night. Most of its time is spent high in forest trees, but it also frequently climbs down to the ground to look for food and move around. Crowned lemurs tend to live in small, mixed-sex groups composed of adults and offspring, which sometimes grow to have as many as 15 members. Their natural habitat is the northern forests of the African island nation of Madagascar.

*crowned lemur: 관여우원숭이

① 등에 왕관 모양의 주황색 무늬가 있다.
② 낮 보다는 주로 밤에 활동하는 편이다.
③ 나무 위에서 활동하고 땅에는 내려오지 않는다.
④ 암수가 섞인 작은 무리를 이루어 생활한다.

20. 다음 글의 내용과 일치하지 않는 것은?

Human activity has greatly affected the survival of Earth's plant and animal species. For millions of years, life evolved without significant impact from human beings. As early as the first settlements in Australia and North America, human beings caused the extinction of species through hunting or the use of fire. Since the nineteenth century, the role that human beings play in species survival has increased so much that many species survive only because human beings allow it. Certain animal species survive in large numbers thanks to humans. For example, today there are about 10 billion chickens on Earth, or about fifteen times as many as there were a hundred years ago. This is because so many chickens are bred for human consumption. Similarly, we raise cattle, sheep, goats, and other domesticated animals in order to make use of them. In addition, modem civilizations have unintentionally ensured the survival of other species. Pests such as rats and cockroaches live on the food waste created by humans. Squirrels prosper in suburban landscapes where there are few predators. Even as modern human beings intentionally or unintentionally promote the survival of a few species, we threaten many more. Thanks to technology, hunting has become vastly more efficient, pushing animals such as the blue whale and the North American bison to the brink of extinction. Many other animals, especially tropical forest species, suffer from destruction of their habitats through logging trees by humans.

① Animals have been domesticated for many years.
② Modem civilization has allowed rats to thrive.
③ Surviving animals are all used for human consumption.
④ Modem technology threatens many animals and plants.

21. 고대 로마의 신발에 관한 다음 글의 내용과 일치하지 않는 것은?

Several types of footwear were worn during ancient times in Rome, one of which was the baxa. This sandal was made from palm leaves, vegetable leaves, twigs and fibers. Mainly worn by actors and philosophers, baxa shoes were simple and cheap, which meant commoners also used them. At the time, it was thought unsuitable for men to go out in sandals, so most men did not wear them in public. However, when at home, Romans mainly wore sandals made from leather. There was little difference between shoes worn by females and males, though some women's shoes had precious stones or pearls on them. Also, sandals were often colored to mark the owner's social status.

① baxa는 나뭇가지나 잎으로 만들어진 샌들이었다.
② 대개 남자들은 실외에서는 샌들을 신지 않았다.
③ 고대 로마인들은 집에서 주로 가죽 샌들을 신었다.
④ 남녀의 신발 생김새는 매우 달랐다.

22. 다음 글의 내용과 일치하는 것은?

All this was a valuable experience to me. I do not know a better training for a writer than to spend some years in the medical profession. I suppose that you can learn a good deal about human nature in a solicitor's office; but there on the whole you have to deal with men in full control of themselves. They lie perhaps as much as they lie to the doctor, but they lie more consistently, and it may be that for the solicitor it is not so necessary to know the truth. The interests he deals with, besides, are usually material. He sees human nature from a specialized standpoint. But the doctor, especially the hospital doctor, sees it bare. Reticences can generally be undermined; very often there are none. Fear for the most part will shatter every defence; even vanity is unnerved by it. Most people have a furious itch to talk about themselves and are restrained only by the disinclination of others to listen. Reserve is an artificial quality that is developed in most of us but as the result of innumerable rebuffs. The doctor is discreet. It is his business to listen, and no details are too intimate for his ears.

① A solicitor is talkative.
② Not the solicitor but his clients want to know the truth.
③ Most people are not reticent when talking with a doctor.
④ A doctor deals with men who are full of vanity.

23. 얼룩말에 관한 다음 글의 내용과 일치하지 않는 것은?

The zebra is distinguished by its striking pattern of alternating black and white stripes. In size, a zebra is larger than a donkey but smaller than a horse. It has a heavy head, stout body, stiff mane and short tail. There are three living zebra species. Most zebras live in open plains and grasslands, while mountain zebras favor rocky hillsides. The plains zebras usually mix with other grazing animals like wildebeest and antelopes. They can run as fast as 40 mph. Some experts believe that the stripes evolved as a way for herds of zebras to identify one another and form social bonds, rather than for disguise or insect protection.

*wildebeest: 누(영양의 일종)
**antelope: 영양

① 머리가 무겁고 꼬리가 짧은 편이다.
② 대부분은 평야와 목초지에 서식한다.
③ 산얼룩말은 시속 40마일로 달릴 수 있다.
④ 줄무늬가 사회적 유대를 위해 진화한 것이라는 견해도 있다.

Actual Test 해설

1. 정답 ②

 해설

지문을 보면 마티스가 아무렇게나 그림을 그린 것이 아니라, 본능적 감수성이 반영된 보색을 썼다고 했으므로 ②는 사실과 다른 진술이다.

 해석

표현의 강도 면에서, 야수파 화가인 앙리 마티스는 그의 아내 아멜리에의 초상화인 모자를 쓴 여인을 결코 능가하지 못했다. 그 그림은 1905년 파리에서 전시되었을 때 충격과 분노를 일으켰고. 화가에게는 경멸적으로 'fauve'(야수)라는 명칭이 붙여졌다. 비평은 가면 같은 모습을 만들어 내고 있는 빨강, 초록, 주황, 자주, 그리고 파랑 등의 여러 색깔로 표현된 여인의 얼굴에 대한 마티스의 묘사에 초점을 두었다. 그런 그림은 없다. 선은 삐죽삐죽한 가장자리에 지나지 않고 전체는 거칠게 칠해져 있으니 말이다. 그러나 여기에 임의로 된 것은 아무것도 없는데, 마티스가 대조를 이루는 보색을 사용한 것이 예술가의 본능적인 감수성을 드러내 주기 때문이다.

① 모자를 쓴 여인은 앙리 마티스에 의해 그려진 가장 논란이 되고 있는 작품 중 하나였다.
② 마티스는 끊임없이 변하는 자신의 감정 상태에 따라 색깔을 사용하곤 했다.
③ 야수파 그림은 대비되는 색채와 거친 붓놀림에 의해 특징지어질 수 있을 것이다.
④ 마티스는 그의 그림이 처음 전시되었을 때 경멸적으로 비난을 받았다.

 어휘

in terms of ~의 점에서 보면   intensity 강도
Fauvism 야수파 surpass 능가하다   portrait 초상화
outrage 격분, 분개   scornfully 경멸적으로
label ~에 명칭을 붙이다   fauve 야수, 야수파 화가
criticism 비평, 비판   focus on ~에 초점을 두다
depiction 묘사   represent 나타내다, 상징하다
multiple 복합의, 다수의   appearance 출현, 외관, 겉모양
ragged edge 가장자리   roughly 거칠게, 대략

2. 정답 ④

 해설

예술은 자연을 모방하고, 이상화하며, 그것의 불완전함을 완성한다고 했다. 따라서 자연에서 경험할 수 없는 것을 보여준다는 말은 언급되지 않았다.

 해석

아리스토텔레스는 예술을 진리(진정한 개념)가 외적인 형상으로 실현된 것이라고 정의했다. 그는 예술의 출처를 찾아 인간이 본래부터 갖고 있는 모방에 대한 사랑과 우리가 비슷함을 깨닫는 데서 느끼는 즐거움까지 거슬러 올라갔다. 그러나 예술은 그저 모방하는 것에만 국한되지 않는다. 그것은 자연을 이상화하고 자연의 불완전함을 완성하는 것으로 개인의 경험에서 보편적 요소를 확인하고자 한다. 그러므로 시와 역사의 차이는 하나는 운율에 맞게 쓰이고, 다른 하나는 그렇지 않다는 것이 아니다. 차이점은 역사는 실제로 일어난 일만을 기록하는 반면에, 시는 사물을 그것들의 보편적인 특징으로 묘사한다는 것이다. 그러므로 시는 역사보다 더 철학적이고 더 숭고하다. 그러한 시적 표현은 인간을 일반적인 인간보다 더 좋거나 나쁜 것으로 묘사할지도 모른다. 예를 들어, 희극은 인간성의 가장 나쁜 예를 모방하는데 왜냐하면 그것은 저속하고 우스꽝스러운 것을 택해서 우습고 희극적인 무언가로 만들어내기 때문이다.

 어휘

trace back to ~로 거슬러 올라가다   inherent 본질적인
idealize 이상화하다   perfect 완전한, 완전하게 하다
incompleteness 불완전함   identify 확인하다
element 요소   distinction 구별, 차이   rhyme 운율
document 문서, 기록   depict 그리다, 묘사하다
philosophical 철학적인   elevated 숭고한, 고결한
poetic 시적인

3. 정답 ②

② 신체적인 외양 면에서 상당히 독특하다고 했다.

1976년에 발견된 메가마우스 상어는 과학자들이 아직 상세히 탐험하지 못한 서식지인 심해에 산다. 그 결과, 그것은 매우 희귀한 종으로 여겨지며, 매우 희귀해서 지금까지 50마리 미만의 표본만이 잡혔다. 신체적인 외양 면에서 메가마우스는 상당히 독특한데, 거대한 몸은 길이 5.5m까지 자라며 커다란 머리는 넓은 코와 고무 같은 입술을 특징으로 한다. 그것의 하복부는 새하얀 색이며, 반면에 그 동물의 위쪽의 색 패턴은 갈색부터 검은색에 이른다. 당연히 이 상어는 특징적으로 커다란 입을 가지고 있으며, 이로부터 그 이름이 유래했다. 반면에 이 상어의 이빨은 오히려 작은 편인데, 음식을 씹는 대신 단순히 입을 크게 벌리고 물속을 헤엄쳐, 상어가 가는 길목으로 길을 잃은 해파리나 플랑크톤을 삼켜 버리기 때문이다.

어휘

reside 거주하다 specimen 견본, 표본
distinctive 독특한, 특이한 snout 코, 주둥이
rubbery 고무 같은 underbelly 하복부 solid 무늬가 없는
derive 유래하다 swallow 삼키다 jellyfish 해파리
stray 길을 잃다, 빗나가다

4. 정답 ③

이 글은 윌리엄 골딩의 소설 파리대왕에 관한 서평이다. 첫째 단락은 이 소설의 개략적 줄거리와 주제를 언급하고 있고, 둘째 단락은 이 소설의 문체상의 특징과 상징성에 대해 다루고 있다. 지문에서 평이한 문체로 쓰여 있고, 고도로 시적인 언어나 장황한 묘사 및 철학적 문구는 피했다고 했으므로 정답은 ③이다.

윌리엄 골딩은 그의 유명한 소설인 파리대왕을 1954년에 출판했다. 그것은 전쟁 중 비행기가 격추된 후에 한 열대 지방의 섬에 갇힌 한 무리의 영국 남학생들에 관한 이야기를 다루고 있다. 비록 이 소설이 허구 작품이기는 하지만, 인간 악에 대한 탐구는 2차 세계대전 중 골딩에 의해 목격된 실재의 잔인함을 토대로 하고 있다. 어떤 규칙도 없으므로, 섬에 있는 소년들은 야만인처럼 된다. 그들은 얼마 지나지 않아 무리들로 분열하고, 몇몇은 평화롭게 함께 일하는 반면, 다른 이들은 폭력적으로 반항한다. 소년들의 행동은 규칙을 따르고 도덕적으로 행동하는 문명화하려는 본능과 권력을 얻고 도덕 규칙을 무시하며 폭력적으로 행동하는 야만인 본능 사이의 더욱 광범위한 인간 투쟁을 상징한다. 파리대왕은 매우 평이한 문체 즉, 고도로 시적인 언어, 장황한 묘사, 그리고 철학적인 구절들을 일부러 회피한 문체로 쓰여 있다. 이 소설은 비유담으로, 이는 등장인물과 사물 모두가 소설의 중심 주제와 사상을 전달하기 위해 사용된 상징적인 의미를 지니고 있음을 뜻한다. 소년들이 새로운 섬 환경에 적응하고 새로운 자유에 반응하는 다양한 방법들에 대한 묘사에서 골딩은 인간이 변화, 공포, 그리고 긴장에 반응하는 폭넓은 범위의 방법을 분석한다.

① 이것은 섬에서 함께 살게 된 소년들의 그룹 이야기이다.
② 작가 자신에 의해 관찰된 삶의 잔혹성이 묘사되었다.
③ 이것은 정교한 단어와 표현을 사용한 화려한 문체로 쓰였다.
④ 각각의 등장인물은 중요한 상징적인 의미를 가진다.

어휘

lord 주인 strand 오도 가도 못 하게 하다 tropical 열대의
exploration 탐험, 탐구 evil 악 cruelty 잔혹, 잔인성
witness 증인, 목격자 savage 야만인, 미개인의
split up into ~로 갈라지다 violently 폭력적으로
rebel 반항하다 symbolize 상징하다 struggle 싸움
civilize 문명화하다 instinct 본능 morally 도덕적으로
attain 이루다, 차지하다 ignore 무시하다
plain 명료한, 평이한 deliberately 일부러 lengthy 장황한

passage 한 구절 allegory 비유, 우화
symbolic 상징적인 convey 전달하다 theme 주제, 테마
portrayal 묘사 adapt 적응하다 surrounding 환경
analyze 분석하다 range 범위 tension 긴장
interpret 해석하다

5. 정답 ④

북부 흉내지빠귀는 낮 내내 지저귀지만, 밤에는 종종 지저귄
다고 했으므로 밤에 항상 지저귀는 것은 아니다. 따라서 ④가
글의 내용과 일치하지 않는다.

만약 당신이 집 밖에서 끝없는 일련의 10종 혹은 15종의 다
른 새의 지저귐을 들어왔다면, 당신의 마당에 북부 흉내지빠
귀가 있을지도 모른다. 북부 흉내지빠귀는 북아메리카에서
흔히 발견되는 유일한 흉내지빠귀이다. 흉내지빠귀들은 다람
쥐와 개구리가 내는 소리 같은 동물의 소리를 흉내 낼 수 있
다. 새들은 가혹한 날씨 동안에 남쪽으로 이동할 수도 있다.
그들은 낮 동안 내내 그리고 종종 밤까지 지저귀는데, 밤 동
안의 지저귐은 보름달이 뜬 동안 더 많이 발생한다. 대부분의
지저귐은 짝짓기 철 동안 암컷에게 인상을 주기 위해 자신의
방대한 레퍼토리를 사용하는 수컷에 의해 행해진다. 암컷 북
부 흉내지빠귀는 비록 보통 수컷보다 더 조용하기는 하지만,
역시 지저귄다. 암컷은 여름에는 좀처럼 지저귀지 않고 수컷
이 영역에서 멀리 나가 있을 때만 보통 지저귄다.

어휘

a string of 일련의 mockingbird 흉내지빠귀
imitate 흉내 내다 harsh 가혹한
repertoire 레퍼토리, 노래 목록 mating season 짝짓기 철
territory 영역

6. 정답 ④

④ 나폴레옹의 시신은 보존 상태가 양호했는데, 이는 비소의
영향이라는 것이 마지막 문장에 언급되어 있다.

많은 사람은 나폴레옹이 위암으로 죽었다고 믿지만, 최근의
증거는 그가 독살당했다는 것을 시사한다. 스텐 포슈푸드는
그의 책 '나폴레옹 살해'에서 나폴레옹이 정적에 의해 독살되
었다고 주장한다. 나폴레옹의 시신을 부검한 결과는 비대해
진 간을 드러냈는데, 이는 비소 과다복용의 징후이다. 나폴레
옹의 가족들은 그가 죽기 몇 년 전부터 졸음, 불면증, 발의 부
종, 과도한 체중 증가와 같은 비소 중독 증상을 보였다고 말
했다. 포슈푸드 박사가 친척들이 보존하고 있던 나폴레옹
의 머리카락 몇 가닥을 화학적으로 분석했을 때 비소 잔류량
이 많다는 것을 발견했다. 비소 중독의 가장 충격적인 증거는
1840년 나폴레옹의 관이 다시 열렸을 때 발견되었다. 그의 시
신은 잘 보존되어 있었는데, 이는 비소의 영향이다.

poison 독극물, 독살하다 examination 검사
reveal 드러내다 enlarged 커진 liver 간
overdose 과다 복용 symptom 증상 insomnia 불면증
swollen 부푼, 부은 excessive 과다한, 지나친
chemically 화학적으로 coffin 관
well-preserved 잘 보존된

7. 정답 ③

지문에서 충돌로 생성된 새로운 물체들은 추적되지 않는다고 언급했다.

1978년 NASA 과학자 도널드 J. 케슬러는 지구 저궤도에서 우주 쓰레기 충돌의 순차적인 연쇄 반응이 일어나는 가능성을 상상했다. 이 오싹한 잠재적 시나리오는 그 후로 케슬러 증후군이라고 불렸다. 그 개념의 근본적인 기제는 우주에서의 인공 물체 두 개의 충돌이 추가적인 쓰레기를 생성하여, 기하급수적인 수의 연쇄 충돌로 이어져서, 치명적인 파편과 우주 쓰레기더미가 지구를 떠돌며 작동하는 위성과 인공 우주선을 포함하여 경로에 있는 모든 것을 파괴하는 상황으로 끝이 난다는 것이다. 케슬러는 지구 궤도를 도는 우주 쓰레기의 밀도가 2000년에는 무작위의 충돌이 불가피한 수준에 도달할 것이라는 비관적인 예측을 했다. 당시에 충돌을 예측하고 피하기 위해 이미 우주의 인공 물체들이 목록화되고 있었지만, 그러한 충돌로 생성된 새로운 물체들은 추적되고 있지 않았으며 보통 위성 탐지를 피할 정도로 작았다. 케슬러는 기능을 중단한 후에 궤도에 버려지는 물체의 수를 줄일 것을 제안하며, 이것이 미래의 사고를 방지하는 가장 현명한 방식이라고 가정하였다. 그러나, 2009년에 두 개의 통신 위성(러시아 위성과 미국 위성)의 충돌이 수천 개의 작은 쓰레기 조각을 궤도로 보내 케슬러의 멸망 시나리오를 잠재적으로 발동시키고 나서야, 비로소 위압적으로 그 상황을 해결하려는 국제적인 노력이 본격적으로 이루어졌다.

어휘

envision 상상하다
cascade 작은 폭포, 단계적으로 일어나다
space debris 우주 쓰레기 collision 충돌 orbit 궤도
chilling 오싹한 dub ~라고 부르다 underlying 근본적인
mechanism 구조 manmade 사람이 만든, 인공의
culminate in ~로 끝이 나다 swarm 무리, 떼
shrapnel 파편 devastate 완전히 파괴하다
function 작동하다 satellite 위성 pessimistic 비관적인
prediction 예측 density 밀도 inevitable 불가피한
catalog 목록, 목록을 작성하다 track 추적하다
detection 발견, 간파 abandon 버리다 cease 중단하다
hypothesize 가설을 세우다 prudent 신중한, 현명한
unleash 촉발하다 doomsday 세상의 마지막 날
authoritatively 위압적으로
in earnest 본격적으로, 진지하게

8. 정답 ③

이글은 연령차별에 대한 글이다. 첫째 단락은 사회적으로 만연된 연령차별에 대해 소개하고 있고, 둘째 단락에서는 연장자들이 전형적인 연령차별의 대상임을 밝히고 있다. 셋째 단락에서는 연령차별의 심리학적인 원인에 대해 언급하면서, 전문가들에게 요구되는 태도를 밝히고 있다. 지문에서 연령차별은 특정 연령에 국한된 것이 아니라고 했으므로 ③이 정답이 된다.

연령차별은 인간의 평생에 걸쳐 일어나며 특정 연령 집단에 국한되어 있지 않다. 사실, 사람들이 젊든지 늙든지 간에 연령은 우리가 다른 사람들에 대해 알아차리는 첫 번째 특징 중 하나이다. 겉으로 판단되는 연령으로부터, 우리는 그들의 역량, 신념, 그리고 능력을 추측한다. 예를 들어, 우리는 연령이 많은 구직자는 건망증이 있고, 굼뜨며, 건강도 안 좋을 것이라고 여기기 때문에 부적합하다고 생각할지도 모른다. 우리는 거리의 젊은이들을 보고 그들을 반사회적 행동과 연관 짓는다. 연령차별은 인종, 민족성, 성별과 관계없이 우리 모두가 경험하는 하나의 편견이다. 연령차별에 대해 가장 일반적인 것은 연장자들을 향한 것이다. 사람들이 중년에 가까워질 때 만들어지는 '노인들을 빗댄' 모든 농담을 생각해 보라. 연령차별을 그렇게 교활하고 대항하기 어렵게 만드는 것은 바로 노년을 향한 이러한 암묵적 성질의 부정적 태도이다. 더욱이, 사회는 일반적으로 갖는 고정관념에 대한 예외를 강조하는 경향이 있다. 매체가 얼마나 자주 우주비행사 존 글렌이나 77세에 레이니어산을 처음 등반한 여성 같은 '예외적인' 노인들에 대해 보도하는지를 생각해 보라. 우리 모두가 늙는다는 것을 고려할 때, 연령차별은 우리 중 많은 이가 스스로의 노화에 대해 갖고 있는 내적 공포를 포함한다. 사람에게는 개인의 태도와 대중의 태도를 섞으려는 경향이 있기 때문에, 연령차별을 연구하고 이해하는 일은 특히 복잡하고 어렵다. 따라서, 전문가들은 노인들에 대해 연구하고 함께 일할 때 자신의 연령차별 의식을 인식할 필요가 있다.

① 연령차별은 우리의 사회 문화적인 잠재의식에 깊이 뿌리를 두고 있다.
② 연령차별은 노인들이 취업을 하는 것을 어렵게 만든다.
③ 젊은 사람들은 연령차별로부터 자유로운 경향이 있다.
④ 연령차별은 나이 먹는 것에 대한 우리의 두려움으로부터 유래한다.

어휘

ageism 연령차별 lifespan 수명 particular 특정한
characteristic 특징 notice 알아채다 perceive 인식하다
assumption 가정 competency 능력, 역량
job applicant 취업 지원자 unsuitable 부적당한
forgetful 잘 잊어버리는
associate A with B A와 B를 연관 짓다
antisocial 반사회적인 regardless of ~에 관계없이
race 인종 ethnicity 민족성 gender 성
widespread 널리 퍼진 over-the-hill 인생의 전성기가 지난
approach 접근하다 implicit 함축, 암시적인
insidious 교활한, 음흉한 counter 대항하다
highlight 강조하다 exception 예외 stereotype 고정관념
frequently 자주, 빈번히 astronaut 우주비행사
encompass 포함하다 inner 내적인 blend 섞다
attitude 태도 challenging 도전적인, 힘든
professional 지적 직업의, 전문직인
become aware of ~을 알아차리다

9. 정답 ④

해설

Horace Greeley가 대통령 선거에 출마한 것은 맞지만, 근소한 차이가 아니라 큰 차이로 패배했으므로 ④가 글의 내용과 일치하지 않는다.

해석

1811년 2월 3일에 태어난 Horace Greeley는 뉴햄프셔의 애머스트에 있는 가난한 집안 출신의 미국 정치인이었다. 20세의 나이에 그는 뉴욕으로 이주했고, 그곳에서 그는 정치 관련 기사를 작성하고 수정하면서 생계를 꾸려나갔다. 1841년, 그는 당대 훌륭한 신문사 중 하나인 'Tribune'을 창립했다. 그는 정치에도 관심이 있었는데 1848년에 뉴욕주 대표로서 미국 의회 의원에 마침내 선출되었다. 1854년. 그는 공화당 설립을 도왔는데, 이는 꽤 진보적이라고 여겨졌다. 그는 미국 남북전쟁 동안 Abraham Lincoln의 강력한 지지자였으며, 후에 Andrew Jackson에 반대하는 운동을 했다. 1872년, Greeley는 스스로 대통령 선거에 출마했지만, 결국 큰 차이로 패배했다. 그의 아내는 선거 불과 5일 전에 사망했으며, Greeley는 3주 후 세상을 떠났다.

어휘

politician 정치인 make one's living 생계를 꾸리다
edit 편집하다 found 창립하다 Congress (미국)의회
representative 대표자 Republican Party 공화당
progressive 진보적인
campaign against ~에 반대하는 운동을 하다
run for ~에 출마하다 defeat 패배시키다 margin 차이

10. 정답 ④

 해설

이글은 과학기술 반전의 부정적인 측면에 초점을 맞추고 있다. 첫째 단락 전반부에서는 1800년대 과학기술이 가져온 엄청난 발전에 대한 찬사와 기대를, 후반부에서는 이에 대한 우려를 언급하고 있다. 둘째 단락에서는 구체적인 예를 통해 과학기술 발전의 폐해를 설명하면서, 이를 첫째 단락에서 언급한 우려에 대한 근거로 사용하고 있다. 따라서 정답은 ④이다.

해석

1800년대 중반에 과학기술 분야에서 눈부신 업적이 달성되어, 뉴턴 역학으로 대표되던 근대 자연 과학에 종지부를 찍었다. 1851년 런던 박람회에는 너무나 많은 새롭고 놀라운 제품들이 전시되어, 모든 것은 실현될 수 있다는 프랜시스 베이컨의 예상을 증명하는 듯했다. 향후 백 년에 걸쳐 과학기술이 고도로 발달하여 사회생활에서 전례 없는 역할을 하게 된 까닭에, 많은 이가 그 시대를 과학기술시대의 '화려한 시작'이라고 불렀다. 그러나 과학기술의 발전에 대해 경의가 표해지는 한편 경고도 나왔다. 예를 들어, 올더스 헉슬리는 그의 소설 멋진 신세계에서 과학기술에 의해 지배되는 미래를 묘사했다. 이 사회에는 광장한 편안함이 있지만 자유, 아름다움, 사생활을 희생한다. 많은 공상 과학 소설에서, 과학기술은 인간을 통제했다. 세상을 지배하는 로봇들이 이러한 두려움을 간접적으로 반영했다. 과학기술이 인류의 진보를 위한 강력한 도구였다는 이전에 널리 퍼졌던 태도는 기껏해야 편파적인 것 같았다. 과학기술이 전혀 해가 없었다는 견해는 현실과 맞지 않았다. 주로 전쟁 동안 이루어진 과학기술 발전의 엄청난 파괴력이 지구와 인간 자체의 존재에 심각한 위험을 야기했기 때문에, 반(反)과학기술적인 경향이 서서히 증가하기 시작했다. 그것은 또한 교통사고, 대기 및 수질 오염, 소음, 그리고 환경 훼손과 같이 과학기술의 발전으로 인해 야기된 해로운 결과들 때문이었다. 이러한 원인들, 그리고 그것들의 부정적인 결과들은 곧 명백해졌다. 더 깊은 수준에서 본다면, 이러한 부정적인 결과들은 주로 과학기술에 의한 인간 지배 때문이었다.

오답 분석

① 뉴턴이 이룩한 것은 근대 과학자들에게 비난을 받았다.
→ 뉴턴의 역학이 근대 자연과학을 대표한다고는 했지만, 근대 과학자들로부터 비난을 받았다는 언급은 없었다.
② 올더스 헉슬리는 과학기술에 대한 부정적인 견해를 나타낸 최초의 사람이었다.
→ 헉슬리가 그의 소설에서 과학기술의 지배를 받는 미래사회를 묘사했다는 언급이 있으나, 그가 과학기술에 대한 부정적인 견해를 나타낸 최초의 사람이었다는 언급은 없다.
③ 애초부터 많은 사람은 과학기술의 힘에 대해 심각한 의구심을 가졌다.
→ 과학기술에 대한 긍정적인 생각과 부정적인 생각이 공존했음을 알 수 있다.
④ 과학기술의 발전은 인류에게 엄청난 위험을 초래했다.

 어휘

splendid 화려한   accomplishment 업적   attain 달성하다
put an end to ~을 끝내다   represent 나타내다
mechanics 역학   fair 공정한   novel 새로운, 소설
striking 인상적인   projection 투사, 전망
in as much as ~인 까닭에, ~하는 한
unprecedented 전례가 없는   era 시대
progress 진보, 발전   issue 문제   dominate 지배하다
at the cost of ~을 희생하여   privacy 사생활
reign 지배하다   reflect 반영하다   betterment 개량
one-sided 편파적인   at best 기껏해야
accord with ~와 일치하다   tendency 경향
primarily 첫째로   tremendous 엄청난
destructive 파괴적인   constitute 구성하다   grave 엄숙한
the planet 지구   existence 존재   outcome 결과
immediately 곧, 즉시   obvious 명백한   domination 지배

11. 정답 ②

해설

이 글은 철학의 한 사조인 실용주의에 관해 쓴 글이다. 실용주의가 발생한 미국과 실용주의의 관계에 관해 설명하고 실용주의 사상의 주요 개념들에 대해서도 자세히 언급하고 있다. ②은 지문에 언급된 내용이 아니다.

해석

실용주의는 19세기 후반과 20세기 초반 동안 미국에서 발전된 하나의 철학적 접근이다. 그것은 미국 땅에서 시작된 유일한 철학 전통이다. 따라서 그것은 미국에서 암묵적으로 용인되는 생각들을 반영한다. 실용주의의 최고 이상은 행동이기 때문에, 그것은 구세계의 구속적인 전통을 버리기를 열망하는 이민자들에 의해 세워진 평등주의 국가에 대한 태도와 일치한다. 실용주의는 실질적으로 적용될 수 있는 개념들만을 옹호하며, 따라서 이상적이고 추상적이라는 철학의 명성을 거부한다. 실용주의는 사고의 의의가 사고 자체보다 오히려 그 결과에 있다고 말한다. 따라서 실용주의자 들은 여러 가지의 방법과 생활 방식을 시도해 보고 나서 그것들의 효과를 평가해 보는 것의 중요성을 믿는다. 실용주의는 진실과 확실성에 대한 철학의 주장을 비난한다. 실용주의자들에 따르면, 진리는 어떠한 이상에도 일치하지 않는다. 오히려 진리는 당시의 순간과 특정 시대의 실질적인 필요에 따라 끊임없이 변하는 의미의 이론적 관계 속에서 존재한다.

어휘

pragmatism 실용주의   approach 접근(법)
implicitly 암묵적으로   ideal 이상   correspond 일치하다
immigrant 이민자   eager 간절히 ~하고 싶어 하는
abandon 버리다   restrictive 제한적인
advocate 주장하다   apply 적용하다   deny 부정, 거절하다
reputation 명성   abstract 추상적인   state 진술하다
lie in ~에 놓여 있다   consequence 결과
find fault with ~을 흠잡다   insistence 주장
correspond 일치하다, 부합하다   theoretical 이론상의
constantly 끊임없이

12. 정답 ③

해설

감기 바이러스 감염이 끝날 무렵에 증상이 나타난다고 했으므로 ③이 정답이다.

해석

사람들은 연평균 2번에서 5번 정도 감기에 걸린다. 일반적인 감기에 대한 치료법을 발견하기는 어려울 것이다. 감기는 200가지의 다양한 바이러스 중 어떤 하나에 의해서 발생할 수 있다. 그러므로 치료법을 개발하는 것은 말 그대로 수백 가지의 백신을 찾아내는 것을 의미한다. 게다가 몇몇 감기 바이러스는 자신의 분자 형태를 바꿀 수 있다. 따라서 비록 우리가 올해 어떤 한 감기 바이러스에 면역이 된다 해도, 내년에는 우리 몸의 항체가 아마도 그것을 인지하지 못할 것이다. 또 다른 문제는 감기 바이러스 자체는 증상을 일으키지 않는다는 것이다. 우리가 증상을 보일 때쯤에는 바이러스 감염이 거의 끝난 상태이다. 사실 우리가 감기로부터 얻는 증상은 우리 몸의 면역 반응에 의해 생기는 것이지 바이러스 그 자체에 의한 것은 아니다.

어휘

on average 평균적으로   cure 치료법
literally 문자 그대로   vaccine 백신   molecular 분자의
immune 면역의   symptom 증상   exhibit 나타내다
viral 바이러스의   infection 감염   response 반응

13. 정답 ②

해설

두 번째 문장에서 약물 치료를 중단한 후 점차 회복되었다고 했으므로 ②가 글의 내용과 일치하지 않는다.

해석

천재적인 미국의 수학자 John Nash는 28세에 편집증적 조현병 진단을 받고, 이후 30년간 정신병원을 드나들며 보냈다. 그러나 1970년 그는 항정신병 약물 치료를 중단하고 차츰 회복하기 시작했다. 그는 Princeton 대학원생일 때 게임 이론에서 그가 했던 연구를 인정받아 1994년 노벨 경제학상을 수상했다. 그는 게임에서 한 개인의 성공이 다른 참여자들의 선택에 의해 결정된다는 것을 이론화했다. Princeton 대학의 전설적 이야기에서 Nash는 'Fine Hall의 유령'이었는데, Princeton 대학 수학과의 중앙 강당인 Fine Hall에서 한밤중에 방정식을 갈겨쓰곤 했던 유령 같은 인물이었다. Nash는 오스카상을 수상한 할리우드 영화 「뷰티풀 마인드」의 주인공이기도 했다.

어휘

mathematician 수학자
diagnose A with B A에게 B를 진단하다 mental 정신의
antipsychotic 항정신병의 medication 약물 치료
gradually 서서히 recover 회복하다 award 상을 주다
in recognition of ~을 인정하여 graduate 대학원의
phantom 유령 figure 인물, 모습
scribble 갈겨쓰다, 낙서하다 equation《수학》방정식
subject 대상, 주제, 과목, 피실험자

14. 정답 ④

해설

지문 중간에서 위험 요소를 다루는 것이 체험하는 것의 일부라고 하고, 강의 특정 구역에서 하는 래프팅은 극한의 스포츠로 여겨진다고 했지만, 위험 요소 때문에 일부 강에서 혼자 래프팅하는 것이 금지되는지에 대해서는 언급되지 않았다. 따라서 ④번이 정답이다.

해석

래프팅과 급류 래프팅은 강 또는 다른 물줄기를 건너가기 위해 공기 주입식의 고무보트를 사용하는 야외 오락 활동이다. 이것은 종종 급류나 다양한 단계의 거친 물결에서 하게 된다. 위험 요소를 다루는 것과 팀워크의 필요성은 그 체험의 일부이다. 이 활동은 어드벤처 스포츠로서 1950년대 이후로 인기를 얻으면서, 개인이 양쪽에 날이 있는 노 또는 노와 같은 구실을 하는 것으로 10ft(3m)에서 14ft(4.3m)의 보트를 타고 노를 젓는 것에서, 한쪽에만 날이 있는 노로 나아가고 선미에서 사람에 의해서, 또는 노와 같은 구실을 하는 것을 사용하여 조종되는 여러 사람이 탈 수 있는 보트로 발전했다. 강의 특정 구역에서 하는 래프팅은 극한의 스포츠로 여겨지고 죽음을 초래할 수 있는 반면, 다른 구역은 그렇게 극단적이거나 힘겹지 않다. 래프팅은 또한 전 세계에서 실시되는 경쟁 스포츠이고 결국 참가국 간의 세계 래프팅 챔피언십 종목이 되었다. 종종 'IRF'라고 불리는 국제 래프팅 연맹은 그 경기의 모든 측면을 감독하는 전 세계적인 단체이다.

① 그것들은 1950년대 이후로 인기를 얻었다.
② 위험 요소를 다루는 것은 체험의 일부이다.
③ 래프팅은 전 세계에서 실시되는 경쟁 스포츠이다.
④ 위험 요소 때문에 일부 강에서는 혼자 래프팅하는 것이 금지된다.

어휘

rafting 래프팅 whitewater 급류 inflatable 공기 주입식의
navigate 건너가다 adventure sports 어드벤처 스포츠
evolve 발전하다 paddle 노를 젓다 blade 날, 칼날
oar 노 모양의 것 propel 나아가게 하다
steer 조종하다, 움직이다 stern 선미
fatal 죽음을 초래하는, 치명적인 culminate in 결국 ~이 되다
oversee 감독하다

15. 정답 ④

해설

이글은 서양 철학과 동양 철학의 차이점에 대해 쓴 것으로, 서양 철학에서는 철학과 종교의 구분이 명확한 반면, 동양 철학은 그 둘을 완전히 구분하기 어렵다는 것이다. 첫 번째 단락에서는 탈레스의 철학 사상을 예로 들어 서양 철학의 성격에 대해 설명하고 있다. 둘째 단락에서는 서양 철학과 동양 철학을 비교하면서 동양 철학의 특징에 대해 말하고 있다. 지문에서 동양 철학은 처음부터 종교와 대립이 전혀 없었다고 했으므로 ④가 정답이다.

해석

서양에서는 철학과 종교 간에 항상 분명한 구분이 있어 왔다. 철학은 한편으로는 종교에 대해 또 한편으로는 신화 및 마법에 대한 반발로 시작되었다. 탈레스(기원전 600년경)는 고대 그리스 시대 최초의 철학자였다. 유명한 과학자이기도 했던 그는 우주의 본질을 오직 물리적인 용어로 설명한 최초의 사람으로서, 물이 우주 전체가 거기에서 만들어진 물질이라고 말했다. 탈레스는 자연 현상을 이해하는 데 질문하는 방식의 접근을 한 것과 신화나 마법에 의존하지 않고 과학적인 관찰과 추론이 그의 행동을 통제하도록 한 것으로 유명했다. 서양에서 철학은 미신, 신앙 또는 모든 종류의 신적 개입과도 분리되어, 항상 이성적 시도인 경향이 있었다. 그 외 대조적으로 동양 철학에서는 철학과 종교 간에 분명한 구분이 없다. 애초부터 그 둘 사이에는 대립이 전혀 없었다. 오히려, 동양 철학은 종교의 기본 개념에 대한 이론적 틀과 정당성을 제공하면서, 종교의 명상적인 측면을 실제로 강화했다. 심지어 동양 철학과 종교와의 관계는 서양 신학과 기독교 같은 종교들과의 관계와 같다고도 한다. 또한, 종교들이 일반적으로 가르치는 것과 달리, 현실을 인지하는 독특한 양식을 나타내는 동양 철학의 요소들이 있다는 것만은 주목해야 한다. 더욱이 이 양식들은 의식, 믿음 또는 신앙과 같은 종교의 필수 요소들을 기반으로 하지 않는다.

어휘

distinction 구분 religion 종교 myth 신화
noted 저명한, 유명한 solely 단지
physical 육체의, 물리적인 term 용어, 기간
substance 물질 entire 전체의
questioning 의문을 나타내는 phenomena 현상
observation 관찰 reasoning 추론 govern 지배하다
rely on ~에 의존하다 rational 합리적인 endeavor 노력
superstition 미신 faith 신뢰 intervention 개입
conflict 갈등 heighten 강화하다 meditative 명상적인

theoretical 이론적인 framework 틀, 골격
justification 정당성 concept 개념 theology 신학
Christianity 기독교 element 요소 represent 나타내다
unique 독특한 mode 방법, 양식 perceive 인식하다
ritual 의식

16. 정답 ②

②번의 키워드인 Planets like Earth(지구와 비슷한 행성들)와 관련된 지문 planets quite like our own(우리의 것과 굉장히 비슷한 행성들), 주변의 내용에서 우리의 것(지구와 굉장히 비슷한 행성들)은 눈에 잘 띄지 않기 때문에 아직 발견된 바 없다고 했으므로, 지구와 비슷한 행성들은 쉽게 관측할 수 없으므로 아직 발견되지 않았다는 것을 알 수 있다. 따라서 ②번이 정답이다.

오답 분석

① 지금까지 천문학자들은 370개가 넘는 태양 이외의 항성의 궤도를 도는 행성들인 '태양계 외 행성들'을 밝혀냈다고 했으므로, 천문학자들은 370개가 넘는 태양의 궤도를 도는 태양계 외 행성들을 발견했다는 것은 지문의 내용과 다르다.
③ 지구만큼이나 작은 행성이 항성에 가해지는 중력의 영향을 감지하는 것은 토네이도 속에서 귀뚜라미 소리를 듣는 것과 같다고 하였으므로, 지구처럼 작은 행성이 그것의 항성에 가하는 중력의 영향이 쉽게 감지된다는 것은 지문의 내용과 반대이다.
④ 우리의 것(지구)과 굉장히 비슷한 행성들은 아직 발견된 바 없다고 했으므로, 기술의 발전 덕분에 천문학자들은 지구와 같은 몇몇 행성들을 발견했다는 것은 지문의 내용과 다르다.

해석

인간들이 우리의 행성을 탐색하는 데 수천 년이 걸렸고 우리의 이웃 행성들을 파악하는 데 수 세기가 걸렸지만, 최근에는 매주 새로운 행성들이 발견되고 있다. 지금까지, 천문학자들은 370개가 넘는 태양 이외의 항성의 궤도를 도는 행성들인 태양계 외 행성들을 밝혀냈다. 그러한 기이한 것들 사이에서 과학자들은 친숙한 것의 흔적을 간절히 원하는데, 그것은 우리가 익히 알듯이 딱 적당한 거리에서 그들의 항성들의 궤도를 도는, 생명을 존속시키기에 너무 뜨겁지도 너무 춥지도 않은 지구를 닮은 행성들이다. 우리의 것(지구)과 굉장히 비슷한 어떤 행성들도 아직 발견된 바 없는데, 그들은 눈에 잘 띄지 않기 때문이다. 우리의 것만큼이나 작고 광택이 없는 행성을 그것의 항성의 눈부신 빛 사이에서 보는 것은 불꽃놀이 속에서 반딧불이를 보려고 하는 것과 같고, 항성에 가해지는 그것의 중력의 영향을 감지하는 것은 토네이도 속에서 귀뚜라미 소리를 듣는 것과 같다. 하지만 한계까지 기술을 밀고 나감으로써, 천문학자들은 그들이 또 다른 지구를 찾아내어 생명의 흔적들을 찾기 위해 그것을 조사할 수 있는 그 날에 빠르게 다가가고 있다.

① 천문학자들은 370개가 넘는 태양의 궤도를 도는 태양계 외 행성들을 발견했다.
② 지구와 비슷한 행성들은 쉽게 관측할 수 없으므로 아직 발견되지 않았다.
③ 지구처럼 작은 행성이 그것의 항성에 가하는 중력의 영향은 쉽게 감지된다.
④ 기술의 발전 덕분에, 천문학자들은 지구와 같은 몇몇 행성들을 발견했다.

어휘

comprehend 파악하다   neighboring 이웃의
exoplanet 태양계 외 행성   orbit (궤도를) 돌다
resemble ~을 닮다   inconspicuous 눈에 잘 띄지 않는
dim 광택이 없는, 흐릿한   glare 눈부신 빛, 섬광
firefly 반딧불이   gravitational 중력의   cricket 귀뚜라미
interrogate 조사하다, 심문하다

17. 정답 ③

③번의 키워드인 some types of cancer(몇몇 종류의 암)을 바꾸어 표현한 지문의 certain types of cancer 주변의 내용을 살펴보면, 최근 연구를 통해 커피가 특정한 종류의 암을 예방하는 데 도움이 된다는 것을 알아냈다는 내용이 있으므로, 최근 연구에 따르면 커피는 몇 종류의 암을 예방하는 데에 효과적이라는 것을 알 수 있다. 따라서 ③번이 정답이다.

① 커피는 당신이 더욱 스트레스를 느끼도록 만들 수 있고 이것은 수면 문제를 일으킬 수도 있다고 했으므로 커피를 마시는 사람은 수면 문제를 가질 가능성이 더 낮다는 것은 지문의 내용과 반대이다.
② 커피는 산화 방지제를 함유하고 있기 때문에 연기와 오염 같은 것에 있는 해로운 물질로부터 우리의 신체를 보호할 수 있다고 했으므로, 커피의 산화 방지제가 우리 신체에 몇몇 질병을 일으킨다는 것은 지문의 내용과 다르다.
④ 도쿄의 한 연구는 커피를 마시는 사람은 커피를 마시지 않는 사람이 간암에 걸릴 가능성의 절반이라는 것을 발견했다고 했으므로 일본의 연구는 커피가 간암을 일으킨다는 것을 보여 준다는 것은 지문의 내용과 반대이다.

해석

당신이 주위를 둘러보면, 아마도 당신 가까이에 많은 커피 전문점이 있을 것이다. 커피는 정말 큰 사업이다. 국제커피기구에 따르면, 전 세계 사람들은 매년 약 700억 달러의 커피를 마신다. 비록 커피가 세계에서 가장 인기 있는 음료 중 하나이지만, 많은 사람은 이것이 건강에 좋지 않다고 생각한다. 이것은 높은 심박 수, 높은 혈압, 그리고 위장병의 원인으로 비난받는다. 커피는 당신이 더욱 스트레스를 받도록 만들 수 있고 이것은 수면 문제를 일으킬 수도 있다. 그러나, 의학 연구는 커피가 실제로는 우리에게 좋을 수도 있다고 암시하기 시작했다. 우리에게 에너지를 주고 정신이 초롱초롱하도록 해 줄 뿐만 아니라, 커피는 두통에도 도움이 된다고 여겨진다. 커피는 또한 산화 방지제를 함유하고 있기 때문에, 이것은 연기와 공해 같은 것에 있는 해로운 물질로부터 우리의 신체를 보호할 수 있다. 최근 연구는 커피가 특정한 종류의 암을 예방하는 데 도움이 된다는 것을 알아냈다. 예를 들어, 도쿄의 한 연구는 커피를 마시는 사람은 커피를 마시지 않는 사람이 간암에 걸릴 가능성의 절반이라는 것을 발견했다. 전반적으로, 그 연구는 커피가 해롭다기보다는 훨씬 더 몸에 좋다는 것을 보여 준다.

① 커피를 마시는 사람은 수면 문제를 가질 가능성이 더 낮다.
② 커피의 산화 방지제는 우리 신체에 몇몇 질병을 일으킨다.
③ 최근 연구에 따르면, 커피는 몇몇 종류의 암을 예방하는 데에 효과적이다.
④ 일본의 연구는 커피가 간암을 일으킨다는 것을 보여 준다.

look around 주위를 둘러보다
be blamed for ~의 원인으로 비난받다   suggest 암시하다
alert 정신이 초롱초롱한   antioxidant 산화 방지제
substance 물질   give rise to 일으키다
effective 효과적인

18. 정답 ③

지문에서 고도로 인해 아타카마 사막이 대부분의 다른 사막에 비해 더 시원하다고 했다. 따라서 ③이 정답이 된다.

사막에서는 비가 그리 많이 오지 않는다는 것을 모두가 알고 있지만, 칠레의 아타카마 사막 중심부는 아마도 한 번도 비가 내린 적이 없는 지구상의 유일한 곳이기 때문에 독특하다. 그곳은 사람들이 기록해 온 지난 400년 동안 확실히 비가 내리지 않았다. 놀랍게도 이 사막은 태평양을 따라서 있는 600마일의 좁고 긴 육지에 자리해 있다. 아타카마 사막은 지구상의 다른 어떤 사막보다 더 건조하지만, 그곳의 고도가 그곳을 사막 대부분보다 더 시원하게 유지시켜 준다. 따뜻한 열대의 공기가 산맥으로 다가오면, 공기는 시원해지면서 사막 바로 앞의 산맥에서 비가 내린다. 따라서, 기온은 보통 0도에서 25도 사이에 머문다. 매우 건조한 이 사막에서 동식물들이 살 수는 없지만, 과학자들과 천문학자들은 이 지형으로부터 많은 것을 배운다. 그 지역이 불빛과 무선 신호가 적어 공기가 깨끗하기 때문에, 천문학자들은 이 사막에서 밤하늘을 쉽게 연구할 수 있다.

portion 부분, 일부   unique 유일무이한, 독특한
strip 좁고 기다란 육지, 바다   altitude 고도
tropical 열대 지방의, 열대의   astronomer 천문학자
landscape 풍경, 지형   radio signal 무선 신호

19. 정답 ④

해설

마지막 부분에 다 자란 원숭이들과 새끼들로 이루어진 작은 혼성 무리 속에서 사는 경향이 있다고 했으므로 정답은 ④이다.

오답 분석

① 주황색 무늬는 등이 아닌 머리에 있다.
② 주로 낮에 활동적이며 밤에는 두 시간 정도의 활동기를 갖는다.
③ 주로 나무에서 활동하지만 종종 땅으로 내려온다.

해석

여우원숭이 동족들과 비교했을 때, 관여우원숭이는 평균 크기로 자란다. 수컷들은 어둡고 불그스름한 갈색인 반면, 암컷들은 더 밝고 더 회색빛이다. 그런데, 두 성별 모두 머리에 주황색 무늬가 특징인데, 이것이 관여우원숭이에게 그 이름을 부여한다. 관여우원숭이는 일반적으로 낮에 활동적이지만, 밤에도 약 두 시간의 활동기를 가진다. 그것은 일과시간 대부분을 삼림수의 높은 곳에서 보내지만, 먹이를 찾고 돌아다니기 위해 땅으로도 종종 내려온다. 관여우원숭이는 다 자란 원숭이들과 새끼들로 이루어진 작은 혼성 무리 속에서 사는 경향이 있는데, 그것은 때때로 커져서 15마리만큼 많은 수로 이루어지기도 한다. 그것들의 자연 서식지는 아프리카의 섬나라인 마다가스카르의 북부 삼림지대이다.

어휘

relative 친척, 동족   reddish 불그스름한
offspring 자식, 새끼

20. 정답 ③

해설

인간 중심적인 생활이 동식물의 생존에 커다란 영향을 미쳐 왔다는 내용의 글이다. 첫째 단락에서는 인간이 동식물의 생존에 큰 영향을 미쳐 왔음을 설명하고 있으며, 둘째와 셋째 단락에서는 각각 인간에 의해 생존, 번식하게 된 동물들의 예와 인간에 의해 멸종 위기에 처한 동식물들의 예를 들고 있다. ③번 진술은 지문에 언급된 바가 없으므로 정답이 된다.

해석

인간 활동은 지구의 동식물 종들의 생존에 엄청난 영향을 미쳐 왔다. 수백만 년 동안 생물은 인간에게서 큰 영향을 받지 않고 진화했다. 일찍이 호주와 북미의 초기 정착 시대에, 인간은 사냥이나 불의 사용으로 종의 멸종을 초래했다. 19세기 이후에 인간이 종들의 생존에서 행하는 역할이 너무 많이 증가해서, 많은 종이 단지 인간이 허용하기 때문에 생존한다. 어떤 동물 종들은 인간 덕분에 다수로 살아남았다. 예를 들어, 오늘날 지구상에 약 100억 마리, 즉 100년 전보다 약 15배가 더 많은 닭이 있다. 이것은 인간의 소비를 위해 그렇게 많은 닭이 길러지기 때문이다. 비슷한 이유로, 우리는 그것들을 이용하기 위해 소, 양, 염소 및 기타 가축을 키운다. 게다가, 현대 문명은 부지불식간에 다른 종들의 생존도 보장했다. 쥐와 바퀴벌레 같은 유해 생물들은 인간에 의해 만들어진 음식 쓰레기를 먹고 산다. 다람쥐들은 포식자들이 거의 없는 교외의 전원 속에서 번식한다. 현대 인류가 고의적이든 아니든 몇몇 종들의 생존을 장려할 때조차도 우리는 더 많은 종의 생존을 위협한다. 과학기술 덕분에, 사냥은 훨씬 더 효율적이게 되었고, 그리하여 흰긴수염고래와 아메리카들소 같은 동물들을 멸종 직전까지 내몰았다. 기타 많은 동물, 특히 열대우림 종들이, 인간에 의한 삼림 벌채로 서식지가 파괴되는 고충을 겪는다.

① 동물들은 오랫동안 사육되어 왔다.
② 현대 문명이 쥐를 번식시켰다.
③ 살아남은 동물들은 모두 인간의 소비를 위해 이용된다.
④ 현대의 과학기술은 많은 동식물을 위협한다.

어휘

survival 생존   species 종   evolve 전개하다
significant 상당한   impact 영향, 충격   settlement 정착
extinction 멸종   billion 10억   breed 낳다
consumption 소비   raise 기르다   domesticate 길들이다
make use of ~을 이용하다   civilization 문명
unintentionally 고의가 아니게   ensure 보장하다
pest 해충   cockroach 바퀴벌레   live on ~을 먹고 살다

prosper 번성하다 suburban 교외의 landscape 경치
predator 육식동물 promote 조장하다
threaten 위협하다 vastly 광대하게 efficient 효율적인
blue whale 흰긴수염고래 bison 물소
brink 가장자리, 직전 tropical 열대의 destruction 파괴
habitat 서식지 log 벌채하다

21. 정답 ④

④ 일부 여자들의 신발에 보석이나 진주가 달린 것 외에는 남녀의 신발에 특징적 차이가 거의 없다고 했다.

고대 로마 시대에는 여러 종류의 신발을 신었는데 그중 하나가 '박사'였다. 이 샌들은 야자나무 잎과 채소 이파리, 나뭇가지 그리고 섬유로 만들어졌다. 주로 배우들과 철학자들이 신던 박사는 수수하고 저렴했는데, 이는 평민들도 그것을 신었음을 의미했다. 그 당시, 남자가 샌들을 신고 밖에 나가는 것은 부적절하다고 여겨졌으므로, 남자의 대부분은 다른 사람들 앞에서는 그것을 신지 않았다. 그러나 로마인들은 집에서는 주로 가죽으로 만든 샌들을 신었다. 몇몇 여자들의 신발에 보석이나 진주가 달려 있기는 했지만, 여자가 신는 신발과 남자가 신는 신발은 거의 차이가 없었다. 또한, 샌들 주인의 사회적 지위를 표시하기 위해 샌들에 색깔을 칠하는 경우도 종종 있었다.

footwear 신발류 palm 야자수 twig 가지 fiber 섬유
philosopher 철학자 commoner 일반인, 평민
unsuitable 부적절한 precious stone 보석 pearl 진주
status 지위

22. 정답 ③

지문 중간에서 과묵은 보통 약화될 수 있고 때로는 전혀 없다고 하고, 대부분의 사람은 그들 자신에 관해 이야기하고 싶어 하는 욕구를 가지고 오로지 귀를 기울이는 사람들에 대한 싫증에 의해서 억제된다고 했으므로, 대부분의 사람은 의사와 말할 때 과묵하지 않다는 것을 알 수 있다. 따라서 ③번이 정답이다.

오답 분석

① 변호사에게 그들이 의사에게 거짓말하는 것만큼 거짓말을 한다고는 했지만, 변호사가 말이 많은지는 알 수 없다.
② 변호사에게 진실을 아는 것이 그렇게 필요하지 않다고는 했지만, 의뢰인들이 사실을 알고 싶어 하는지는 알 수 없다.
④ 두려움은 보통 모든 방어물을 산산조각 낼 것이고 심지어 그것에 의해 자만심은 무기력하게 된다고 했으므로, 의사는 자만심이 충만한 사람들을 상대한다는 것은 지문의 내용과 반대이다.

이 모든 것은 나에게 가치 있는 경험이었다. 나는 의료업에서 몇 년의 시간을 들이는 것보다 작가에게 더 좋은 훈련을 모른다. 나는 당신이 변호사 사무실에서 인간의 본성에 대해 많은 것을 배울 수 있다고 생각하지만, 당신은 그곳에서 전반적으로 그들 스스로를 완전히 통제하는 사람들을 상대해야 한다. 그들은 아마 그들이 의사에게 거짓말하는 것만큼 거짓말을 하지만, 그들은 더 지속적으로 거짓말을 하고, 그 변호사에게 진실을 아는 것은 그렇게 필요하지 않을지도 모른다. 게다가, 그가 처리하는 관심사들은 보통 재물이다. 그는 전문적인 관점에서 인간 본성을 본다. 그러나 의사, 특히 병원 의사는 그것을 있는 그대로 본다. 과묵은 보통 약화될 수 있고, 때로는 전혀 없다. 두려움은 보통 모든 방어물을 산산조각 낼 것이고, 심지어 그것에 의해 자만심은 무기력하게 된다. 대부분의 사람은 그들에 대해 이야기하고 싶어 하는 맹렬한 욕구를 가지고 오로지 귀를 기울이는 사람들에 대한 싫증에 의해서 억제된다. 신중함은 우리의 대부분에게 발달되지만 무수한 좌절의 결과로서 발달되는 인위적인 자질이다. 의사는 신중하다. 그의 일은 듣는 것이고 어떤 구체적 내용도 그의 귀에는 너무 사적이지 않다.

① 변호사는 말이 많다.
② 변호사가 아니라 그의 의뢰인들이 사실을 알고 싶어 한다.
③ 대부분의 사람은 의사와 말할 때 과묵하지 않다.
④ 의사는 자만심이 충만한 사람들을 상대한다.

solicitor (사무)변호사 consistently 지속적으로
bare 있는 그대로의, 꾸밈없는 reticence 과묵, 말이 없음
undermine 약화시키다 shatter 산산조각 내다
vanity 자만심 unnerve 무기력하게 하다 furious 맹렬한
itch 욕구 restrain 억제하다 disinclination 싫증
reserve 신중함 innumerable 무수한 rebuff 좌절
discreet 신중한 intimate 사적인 talkative 말이 많은
reticent 과묵한, 입이 무거운

23. 정답 ③

③ 시속 40마일로 달릴 수 있는 것은 평야얼룩말이다.

해석

얼룩말은 검은 줄과 흰 줄이 번갈아 있는 인상적인 무늬로 식별된다. 크기 면에서 얼룩말은 당나귀보다는 크지만 말보다는 작다. 그것은 무거운 머리와 튼튼한 몸, 뻣뻣한 갈기와 짧은 꼬리를 가지고 있다. 세 종의 얼룩말이 현존하고 있다. 대부분의 얼룩말은 넓게 펼쳐진 평야와 목초지에 살지만, 산얼룩말은 바위가 많은 산비탈을 좋아한다. 평야얼룩말은 보통 누 또는 영양 같은 다른 방목 동물들과 어울려 산다. 그들은 시속 40마일의 속도로 달릴 수 있다. 어떤 전문가들은 줄무늬가 위장이나 벌레들로부터의 보호를 위한 것이기보다는, 얼룩말 무리가 서로를 식별하고 사회적 유대를 형성하는 수단으로써 진화한 것이라고 믿는다.

어휘

distinguish 구별하다 striking 현저한, 두드러진
pattern 무늬 alternate 교차시키다, 엇갈리게 하다
stout 살찐, 튼튼한 stiff 뻣뻣한 mane 갈기
grassland 목초지 hillside 산비탈 graze 풀을 뜯어 먹다
mph(=miles per hour) 시속, 마일 evolve 진화하다
herd 떼, 무리 identify 확인하다, 식별하다
bond 유대, 결속 disguise 위장하다

독해를
합격이

잡으면

보인다

3 글의 흐름 파악하기

① 순서 배열 문제

글의 흐름 파악하기- ① 순서 배열 문제

> 글의 흐름 파악하기 유형으로는 순서 배열, 문장 제거, 문장 삽입 유형이 있는데, 하나의 단락을 구성하는 문장들의 논리적인 흐름을 파악하는 유형이다. 이러한 일관성 관련 문제는 주어진 문장에서 제시된 힌트를 파악하고, 뒤의 내용을 예측함으로써 중복해서 여러 번 읽는 시간을 줄일 수 있다. 그중 순서 배열 문제를 먼저 살펴보자.

순서 배열 문제에서, 글쓴이는 논리를 전개하면서 일반적인 사실을 언급한 후 구체적인 사실로 논리를 전개하거나, 자신의 의견을 제시한 후 예시나 부연 설명을 통해서 뒷받침한다.

1. 순서 배열 문제 유형

단락 내 첫 번째 문장이 제시되고, 이후 전개될 내용의 순서를 바로잡아 하나의 완성된 글을 완성하는 경우와 제시문이 없는 두 가지 경우가 있다.
① 주어진 문장이나 첫 문장은 지문의 도입 부분이므로 그 뒤로 부연 설명이나 예시가 뒷받침된다.
② 주어진 문장이 없는 경우에는 처음에 올 문장을 찾는 것이 중요하다. 이때 연결어, 대명사 등이 포함되지 않은 일반 진술이 첫 문장이 되는 경우가 많다.

2. 전략

전략 ❶ 주어진 문장을 통해서 글의 전체 내용과 논리적 글의 전개 방식을 예측한다.
1) 대표적인 글의 전개 방식
① 나열: 특정 대상의 종류나 특징 등을 열거하면서 기술하는 전개 방식이다. 어떤 현상이나 사건의 과정이나 단계를 순서대로 나열하면서 전개하는 방식이다.
② 비교, 대조: 두 가지의 비슷한 개념을 비교하거나, 상대적인 개념을 대조하는 방식이다. 공통점과 차이점을 밝히는 구조로 중심 소재가 둘 또는 그 이상이 된다.
• 시간 대조: 과거와 현재의 대조에서 무게 중심은 항상 현재가 된다. 과거의 내용을 반전하면서 현재를 강조하는 방식이다.
③ 원인, 결과(인과): 주로 현상의 글에서 전개되는 방식으로 어떤 사건이나 현상의 원인을 제시하고 그로 인한 결과가 설명되는 방식이다.
④ 시간적 순서: 주로 문학의 글에서 활용하는 순서는 시간의 순서에 따라 사건의 흐름을 기술하는 글이다. 주로 역사적 사건, 연대기, 여행기 등에 활용된다.
• 특정 대상을 처음 언급할 때 정식 명칭(Full Name)이 먼저 언급되고, 두 번째 동일한 대상의 이름 또는 명칭은 정관사와 함께 줄여 표현한다.

⑤ 절차적 순서: 특정 대상을 만드는 과정 또는 절차 등을 단계적으로 설명할 때 사용된다. 예를 들어, 커피콩이 수확되어 커피로 판매되는 과정의 글에서 ship – reach – mix – roast – grind – package와 같이 행위의 순서를 나타내는 동사에 주의해야 한다.

⑥ 분류: 하나의 개념을 몇 가지 종류로 분류하고, 각 종류에 대해 구체적으로 설명하는 전개 방식이다.

전략 2 논리 전개 방식과 언어적인 단서를 통해서 글의 일관성을 유지하도록 순서를 정한다.

1) 논리 전개 방식

① 글은 '일반적 개념'에서 '구체적 개념'으로 전개된다. 예를 들어, 포유류에 대한 설명하는 문장과 침팬지에 대해 설명하는 문장 중에서, 포유류에 대한 문장이 먼저 제시되고 침팬지에 대한 문장이 뒤따른다.

② '추상적인 개념' 뒤에는 '구체적인 부연 설명' 또는 '예시'가 뒤따른다. 예를 들어, '비만을 예방하기 위해 식단 조절이 필수적이다.'라는 글에서, 추상적인 개념인 '식단 조절' 뒤에는 구체적인 방법이나 예시가 뒤따른다.

2) 언어적 단서

① 관사: 부정관사(a, an)와 사용되는 명사는 처음 등장하는 문장에서 제시되고, 정관사(the)와 사용되는 명사는 앞에서 언급된 명사를 지칭할 때 사용된다.

② 지시형용사: This+단수명사, These+복수명사, That+단수명사, Those+복수명사, Such+명사, Another+단수명사가 주어지는 경우에는, 그 앞 문장에는 지시형용사의 수식을 받는 명사가 제시되어야 한다.

③ 대명사: 대명사가 사용된 문장은 그것이 지칭하는 명사가 사용된 문장보다 뒤에 온다. 인칭대명사(He, She, They)나 지시대명사(It, This, That, These, Those, Such)가 등장하는 경우, 그것이 가리키는 대상을 중심으로 문단 간 논리적 흐름을 파악한다.

④ 연결어: 접속부사는 문장 간의 논리적 흐름을 나타내 주는 중요한 단서이다. 예를 들어. Therefore 앞에는 원인이나 이유가 나오고, 뒤에는 결과가 뒤따른다. However는 앞 문장과 뒤 문장이 역접의 구조를 이룬다.

⑤ Full Name/Part Name: 영어는 항상 Full Name이 먼저 제시되고, 뒤에서는 이 이름을 짧게 바꾼 Part Name을 쓴다.

• 순서 배열 문제는 독해력뿐만 아니라 사고력을 묻는 유형으로 제시된 문장에서 소재를 먼저 잡고, 지문에서 Signal(① 연결사, ② 지시형용사, ③ 대명사(정관사+명사), ④ 시간부사)을 적극적으로 활용해서 순서를 잡는 것이 중요하다. 만약 Signal(언어적 단서)이 없는 경우, 해석을 한 뒤에 각 내용의 핵심을 압축하여 의미를 파악하고, 글의 논리 전개 방식을 활용해서 순서를 잡는 것이 중요하다.

전략 3 배열한 순서에 따라 글을 읽으며 흐름이 자연스러운지 확인한다.

1. 주어진 글 다음에 이어질 글의 순서로 가장 적절한 것을 고르시오.

Since animals lose body heat through surfaces, a higher surface-to-volume ratio could result in greater loss of body heat. This is why smaller animals lose more body heat.

(A) Their faster metabolic rate means that they do not live as long. Small animals tend to have shorter lives than large animals, and warm-blooded animals shorter lives than cold-blooded animals.

(B) Conversely, large animals can maintain warm bodies with less effort, which allows them to live longer lives. Heart failure will occur much later for the slower-beating heart of the larger animal.

(C) As a result, a mouse or a hummingbird must burn a lot of calories to maintain a constant body temperature. This is the main reason that, among warm-blooded animals, metabolic rate declines with increasing body size. Small mammals have evolved to produce relatively more body heat.

*surface to volume ratio: 표면적 대 부피의 비율
**metabolic: 물질대사의

① (A) - (C) - (B)
② (B) - (A) - (C)
③ (C) - (A) - (B)
④ (C) - (B) - (A)

2. 주어진 글 다음에 이어질 글의 순서로 가장 적절한 것을 고르시오.

Evaporation occurs anywhere there is water, from lakes and rivers to storm drains and birdbaths. All of this warm water vapor begins to rise, joining billions of other water molecules in a dizzying ascent into the troposphere.

(A) Not all the precipitation reaches the ground, however; some of it evaporates directly back into the atmosphere on its way down. What's left finally reaches the ground in the form of rain, snow, hail, or sleet, sometimes ruining picnics or closing schools in the process.

(B) Eventually the vapor reaches cooler layers and condenses around small particles of dust, pollen, or pollution. As the condensation process continues, the droplets become too big for the wind to support, and they begin a plunge toward the surface.

(C) If the precipitation falls in the ocean, the cycle is ready to begin again right away, and that's exactly what happens to the majority of raindrops and snowflakes. After all, oceans cover more than 70 percent of the earth's surface, making them a big target.

*troposphere: 대류권

① (A) - (C) - (B)
② (B) - (A) - (C)
③ (B) - (C) - (A)
④ (C) - (A) - (B)

3. 주어진 글 다음에 이어질 글의 순서로 가장 적절한 것을 고르시오.

Families often struggle to help loved ones recover from injuries. In many cases, pet therapy may be the answer to their problem. This is what happened in the case of an elderly man going through a rehabilitation process.

(A) By making this small change in his daily routine, the therapist shifted the elderly man's attention from his own injury to the needs of the dog. This motivated him to get up and exercise, which in turn led to a faster recovery.

(B) He had broken his hip, and his family tried hard to make him do his walking exercise. He resisted, as it was difficult and painful. Knowing that he had always been a dog lover, his family finally called a pet therapy expert.

(C) When the therapist arrived at the man's home, she brought him a dog, which she asked the man to walk every day. At first he seemed reluctant, but soon he was taking the dog to a nearby park twice a day.

① (A) - (B) - (C)
② (B) - (A) - (C)
③ (B) - (C) - (A)
④ (C) - (A) - (B)

4. 주어진 글 다음에 이어질 글의 순서로 가장 적절한 것을 고르시오.

From the early 19th century, events that had long been considered magical or supernatural began to be explained through logic, mathematical reasoning and available evidence.

(A) At that time, Charles Darwin proposed a theory that broke away from the mainstream. Rather than looking to God or some other higher force to explain the natural world, he proposed a theory called natural selection.

(B) This idea was later expanded to include more than just the evolution of species. Darwin developed his theory of natural selection to proclaim that all of earth's life forms have evolved from hydrogen that was present at the birth of the universe.

(C) According to Charles Darwin, natural selection is the evolution of species over time to meet the specific needs of their environment. Thus, species are able to maintain their own survival, even when conditions in the environment change.

① (A) - (B) - (C)
② (A) - (C) - (B)
③ (B) - (C) - (A)
④ (C) - (A) - (B)

5. 주어진 글 다음에 이어질 글의 순서로 가장 적절한 것을 고르시오.

A paradigm is a general theory, like the Darwinian theory of evolution, which has achieved general acceptance in the scientific community. Then, how are paradigms created, and how do scientific revolutions take place?

(A) In time, these descriptions and interpretations entirely disappear, and a pre-paradigmatic school appears.

(B) During these early stages of inquiry, different researchers confronting the same phenomena describe and interpret them in different ways.

(C) Inquiry begins with a random collection of "mere facts", although, often, a set of principles are already included in the collection.

Such a school often emphasizes a special part of the collection of facts. Often, these schools compete for supremacy.

① (A) - (B) - (C)
② (B) - (A) - (C)
③ (C) - (A) - (B)
④ (C) - (B) - (A)

6. 주어진 글 다음에 이어질 글의 순서로 가장 적절한 것을 고르시오.

Every statistics book ever written contains the phrase "correlation is not causation." It's actually a simple concept: A correlation between two pieces of information means that they are related.

(A) This does not mean that one is causing the other, however. A frequent need to urinate is correlated with diabetes, but needing to use the bathroom many times a day does not cause diabetes (nor does it mean you already have it).

(B) If the correlation in the measurement of two phenomena is positive, when the measure of one goes up, so too does the other. If the correlation is negative, their measures move in opposite directions.

(C) Causation takes a step further than correlation. It says any change in the value of one variable (exercising) will cause a change in the value of another variable (calories burned), which means one variable makes the other happen.

① (A) - (C) - (B)
② (B) - (A) - (C)
③ (B) - (C) - (A)
④ (C) - (A) - (B)

7. 주어진 글 다음에 이어질 글의 순서로 가장 적절한 것을 고르시오.

The "natural" monopoly conferred on music rights owners is limited in its operation. This is a reflection of the pressures exerted by the economic interests of music users (broadcasters and others) on the legislature. For example, this property right has a time limit.

(A) This is, of course, a considerable period of time. If Paul McCartney lives until 2030, not only his own compositions but also those he composed with the late John Lennon will remain in copyright until at least the end of the twenty-first century.

(B) In contrast, the earliest recordings by the Beatles, issued in 1962, entered the public domain in 2012. The disparity between these two periods of property rights discloses the idea that the residual aura of authorship guarantees that this will be more highly rewarded than the "industrial" connotation of recording.

(C) After fifty years, copyright in a sound recording comes to an end, and anyone may issue copies of it to the public. Where a musical composition is concerned, the copyright expires seventy years after the death of the author.

*confer: 부여하다
**disparity: 차이, 불평등

① (A) - (C) - (B)
② (B) - (C) - (A)
③ (C) - (A) - (B)
④ (C) - (B) - (A)

8. 주어진 글 다음에 이어질 글의 순서로 가장 적절한 것을 고르시오.

In your savings account, your money grows exponentially. That is, your initial deposit earns interest, and later that interest earns its own interest, and so on as the amount of your savings increases.

(A) Consequently, whenever vital resources such as food or water become depleted, the population's exponential growth will cease, and it will either stabilize or begin to decline due to disease and starvation.

(B) However, while your money can continue to accumulate indefinitely, a population does not have this luxury. The growth of all populations, whether they're made up of humans, animals or plants, is limited by the availability of resources in the environment.

(C) Likewise, population growth occurs in an exponential fashion, as newly born members eventually grow up, reproduce and create more population members, who in turn reproduce and give birth to yet more.

① (A) - (C) - (B)
② (B) - (C) - (A)
③ (C) - (A) - (B)
④ (C) - (B) - (A)

9. 주어진 글 다음에 이어질 글의 순서로 가장 적절한 것을 고르시오.

In his book The Fourth Industrial Revolution. Professor Klaus Schwab writes about a new revolution that, much like the three previous Industrial Revolutions, is fundamentally changing our home lives, our jobs and our relationships. However, this revolution significantly differs from the ones that came before it.

(A) This wide-ranging and powerful impact means that the revolution brings with it the potential for great rewards. For example, digital networks may make it easier to create efficient technologies that help reverse the environmental damage caused by previous industrial revolutions.

(B) Schwab also sees serious risks accompanying the new revolution. Companies may be unable to adapt quickly enough, and some governments could collapse under the pressure this creates. The resulting power shift could increase economic inequality across the globe and lead to social unrest.

(C) The previous revolutions introduced such innovations as mass production and digital technology to the world. The new revolution, however, is characterized by the fusion of the physical, digital and biological aspects of our lives, and it is currently affecting nearly every field and profession.

① (A) - (C) - (B)
② (B) - (C) - (A)
③ (C) - (A) - (B)
④ (C) - (B) - (A)

10. 주어진 글 다음에 이어질 글의 순서로 가장 적절한 것을 고르시오.

We think of the word normal in many different ways — usual, expected, average, mean, common, regular, optimal. Operating normally usually means "without a problem." The trouble starts when we associate "normal" with common or expected, as in the case of age-related changes.

(A) This is often seen as normal simply because it is so common. Doctors often perpetuate the misconception by explaining diagnoses as: "It's just part of aging, the price we pay for living so long." We expect older folks to have these diseases.

(B) However, by definition, disease is not normal in the sense that it represents a disconnect from "proper" functioning. Normal may actually be worse than aging in how it is used.

(C) Many of the negative changes associated with increasing age, for example, are considered "normal" because they are so common. The same is true for a chronic disease at older ages. Most elderly people have multiple diagnoses and are on several prescriptions.

*perpetuate: 영속시키다

① (A) - (C) - (B)
② (B) - (A) - (C)
③ (B) - (C) - (A)
④ (C) - (A) - (B)

11. 주어진 글 다음에 이어질 글의 순서로 가장 적절한 것을 고르시오.

In this century, Earths northern axis points toward Polaris, the North Star. It won't always, though, because Earth's axis moves very slowly, about a half a degree per century, like a top just before it stops and falls over.

(A) When the angle is smaller, there will be less seasonal variation at middle latitudes; with a larger angle, the variations will be amplified. It's thought that this change in tilt angle is one of the main factors that causes the periodic ice ages that sweep across our planet.

(B) Further complicating the picture is the fact that Earths 23.5-degree tilt changes over time too, taking about 41,000 years to run through a full cycle that varies from about 21.5 to 24.5 degrees.

(C) This motion, called precession, causes the planets axis to make a giant narrow circle in the sky that takes nearly 26,000 years to complete. So, in about 11,000 years, Earth will be closer to the Sun in July and farther away in December — the opposite of today's situation. In 26,000 years, things will be back to the way they are now.

*precession: 세차운동

① (A) - (C) - (B)
② (B) - (A) - (C)
③ (C) - (A) - (B)
④ (C) - (B) - (A)

12. 주어진 글 다음에 이어질 글의 순서로 가장 적절한 것을 고르시오.

Using materials that are easy to obtain, you can perform an experiment that demonstrates the principle of buoyancy, which is the upward force that causes an object in liquid to either sink or float.

(A) This occurs because the artificial sweeteners in diet soda are more concentrated than the sugar in regular soda. Consequently, the diet soda's average density is less than that of the regular soda. It experiences greater buoyancy, so it floats.

(B) To begin the experiment, acquire a can of regular soda and a can of diet soda and place them both in a sink filled with water. Now watch what happens to the two cans.

(C) Even though both are the same size and contain the same amount of liquid, you'll see the can of diet soda float, while the can of regular soda sinks.

① (A) - (B) - (C)
② (B) - (A) - (C)
③ (B) - (C) - (A)
⑤ (C) - (B) - (A)

Mountain spiny crayfish, a group of crayfish species that inhabit the freshwater streams of eastern Australia, enjoy a symbiotic relationship with a type of flatworm known as temnocephalans.

(A) Despite these circumstances, the flatworms have continued to evolve alongside the crayfish species rather than adapting to a variety of different hosts; therefore, they may not be able to survive without the mountain spiny crayfish. For this reason, scientists fear this may become a case of coextinction.

(B) These flatworms make their home on the surface of crayfish and inside their gills, preying on potentially harmful parasites. This mutually beneficial arrangement may seem ideal, but unfortunately it has had an unexpected effect on the two species.

(C) They have become overly dependent on each other, and this has become a vulnerability, especially now that the crayfish are being threatened by climate change. It is estimated that 75% of mountain spiny crayfish species are now either endangered or critically endangered.

*flatworm: 편형동물

① (A) - (C) - (B)
② (B) - (A) - (C)
③ (B) - (C) - (A)
④ (C) - (A) - (B)

14. 주어진 글 다음에 이어질 글의 순서로 가장 적절한 것을 고르시오.

Intelligent drivers understand that traffic lights are a fact of life, and that they will encounter roughly equal numbers of red and green lights over time. They don't take it personally if a light ahead turns red; they simply stop and put up with the short interruption to their trip.

(A) So they drive stupidly, speeding through yellow lights and blocking intersections so that other vehicles and pedestrians cannot pass. Or even worse, they cause a collision.

(B) These drivers should change their perception and see a red traffic light as a welcome sight. If they saw red lights as a signal to relax for a moment, driving would be a more pleasant experience, and the roads would be safer for everyone.

(C) Other drivers, however, have a decidedly unhealthy — attitude; they see red lights as enemies that have to be beaten and getting stopped by one as a sign of weakness.

① (A) - (C) - (B)
② (B) - (A) - (C)
③ (C) - (A) - (B)
④ (C) - (B) - (A)

15. 주어진 글 다음에 이어질 글의 순서로 가장 적절한 것을 고르시오.

Bank runs or bank panics have occurred multiple times throughout American history. Because banks operate with far less than 100% required reserves, it is possible that if enough customers demand their account balances on a single day, the bank will not be able to meet the demand.

(A) However, if the speculation or rumors are pervasive, then banks may become unwilling to lend to each other. When this happens, it sparks even more speculation, and can create a run on the entire financial system.

(B) Once the line starts forming at the banks door, other customers will notice and the rumor will spread. Banks can avert a run if they are able to borrow from other banks and provide their customers balances.

(C) Many bank panics have been caused because of rumor or speculation about a bank's financial health. If enough people believe the rumor, they will logically want to withdraw their funds and move them to another financial institution or stuff them under the mattress.

① (A) - (C) - (B)
② (B) - (A) - (C)
③ (C) - (A) - (B)
④ (C) - (B) - (A)

16. 주어진 글 다음에 이어질 글의 순서로 가장 적절한 것을 고르시오.

Many people mistakenly believe that sign language is just a loose collection of pantomime-like gestures.

(A) One indication of the great diversity in sign languages is the fact that at international conferences, it is necessary to provide sign language interpreters so that all deaf people can understand. Interestingly, a deaf signer who acquires a second sign language as an adult will actually sign with a foreign accent!

(B) There is also another misconception that there exists universal sign language. However, this is also not true. Deaf people in different countries use very different sign languages, so they need to learn new sign languages in order to communicate when they travel abroad.

(C) But in truth, sign languages are highly structured linguistic systems with all the grammatical complexity of spoken languages. Just as spoken languages have specific rules for forming words and sentences, sign languages have rules for individual signs and signed sentences.

① (A) - (B) - (C)
② (B) - (C) - (A)
③ (C) - (A) - (B)
④ (C) - (B) - (A)

17. 주어진 글 다음에 이어질 글의 순서로 가장 적절한 것을 고르시오.

In 1991, new thermometers were invented that were a vast improvement over old-fashioned mercury thermometers.

(A) It works by measuring the levels of energy being emitted by the eardrum into the ear canal. The sicker we are and the higher our body temperature, the more energy our eardrum gives off.

(B) To free up this time, the company utilized technology developed by NASA to measure star temperatures. They came up with a heat sensor that, when placed just inside a patient's ear, can register body temperature in a matter of seconds.

(C) The company that introduced these modern thermometers wanted to save time for busy hospital nurses. U.S. nurses take about a billion temperature readings each year, so the minutes wasted waiting for the mercury to rise in outdated thermometers added up to significant time loss.

① (A) - (B) - (C)
② (B) - (A) - (C)
③ (C) - (A) - (B)
④ (C) - (B) - (A)

18. 주어진 글 다음에 이어질 글의 순서로 가장 적절한 것을 고르시오.

A paradigm is a set of beliefs, assumptions, and values. It's your way of judging reality or seeing things, rather like wearing glasses.

(A) Then I got new glasses and was astonished at how wonderfully clear and detailed everything now looked. That's often the way it is. Until we fix our incorrect paradigms, we don't know how much were missing.

(B) Then, you will probably behave in ways that are stupid. What you should do is change your prescription! I thought my eyesight was great until I had it tested and was shocked to discover that it was actually quite bad.

(C) If you have faulty paradigms regarding yourself or the world in general, it's like wearing the wrong prescription glasses, because what you see is what you get. For example, let's say that according to your paradigm, you see yourself as stupid.

① (A) - (C) - (B)
② (B) - (A) - (C)
③ (C) - (A) - (B)
④ (C) - (B) - (A)

19. 주어진 글 다음에 이어질 글의 순서로 가장 적절한 것을 고르시오.

How did astronomy start? Imagine being a cave person, laboring away with hunter-gathering tasks day after day and then hiding in your rocky home after dark so the creatures of the night don't eat you and your family. If you do venture out at night, it's for short trips not far from the cave.

(A) You hardly know what to make of all this. Everything you see is beyond your reach, but you've noticed over the years you've been watching them that the lights in the sky follow the same paths year after year.

(B) Perhaps you decide to make a record of what you see — in a painting on the wall of a cave, or on an animal hide. That way you can teach others about it and add that knowledge to the information you and your clan need to survive.

(C) So one night after the bright thing in the sky has gone down below the horizon, you're just about to head back to the cave when you happen to look up and really notice the night sky in all its glory. Little bright points of light twinkle at you.

① (A) - (C) - (B)
② (B) - (A) - (C)
③ (B) - (C) - (A)
④ (C) - (A) - (B)

20. 주어진 글 다음에 이어질 글의 순서로 가장 적절한 것을 고르시오.

That species might spread overseas by hitching lifts on floating vegetation is an idea going back to Charles Darwin. It is a plausible thought, but hard to test. A test of sorts has, however, been made possible by the tsunami that struck the Pacific coast of Japan in 2011.

(A) A lot of marine ones turned up, though, providing work for an army of 80 taxonomists wielding the latest genetic bar-coding equipment.

(B) The incursion and regression of this tsunami dragged with it millions of pieces of debris, many of them buoyant.

(C) Disappointingly for lovers of Darwin's vision of land animals moving from place to place on natural rafts, an intensive examination of 634 objects, ranging from a plastic bottle to a floating dock, failed to reveal any terrestrial species.

① (B) - (A) - (C)
② (B) - (C) - (A)
③ (C) - (A) - (B)
④ (C) - (B) - (A)

21. 주어진 글 다음에 이어질 글의 순서로 가장 적절한 것을 고르시오.

"History is not just a catalogue of events put in the right order like a railway timetable. To understand this statement, we must look at the origins of the word "history", which comes from historia, the ancient Greek word for "inquiry".

(A) Instead, it is an active pursuit that involves asking questions and seeking answers. Looking at history in this way, we can understand how the questions one asks about the past influence the answers that one finds.

(B) Another factor that shapes history is the audience it is intended for. Who these people are and why they will read the history play a direct role in determining what questions are asked and how their answers are presented.

(C) This term was first used in this sense in the fifth century BC. Before that time, a "history" was someone who made judgments after examining facts. By viewing history as a form of inquiry, we can see it as more than a simple recollection of the past.

① (A) - (C) - (B)
② (B) - (A) - (C)
③ (C) - (A) - (B)
④ (C) - (B) - (A)

22. 주어진 글 다음에 이어질 글의 순서로 가장 적절한 것을 고르시오.

They might sound like science fiction, but cyborg insects are becoming a reality, as the United States' Defense Advanced Research Projects Agency (DARPA) works toward this goal.

(A) Then, in adulthood, its movements can be controlled remotely by GPS or ultrasonic signals from DARPA. If they were equipped with sensors, these bugs could be sent to scout out dangerous or inaccessible areas and send back information.

(B) For years, DARPA has been developing ways to control insects remotely, using an interface that would convert living insects, such as roaches, beetles and moths, into surveillance devices. At last, DARPA has found a method that works.

(C) This process involves scientists placing a tiny mechanical system inside the body of an insect when it is still in the earliest stages of life. As it grows, the insect incorporates these mechanical parts into its body.

① (A) - (C) - (B)
② (B) - (A) - (C)
③ (B) - (C) - (A)
④ (C) - (A) - (B)

23. 주어진 글 다음에 이어질 글의 순서로 가장 적절한 것을 고르시오.

Space and time are interesting things. They can both be affected by matter - particularly large amounts of matter that have strong gravitational influences.

(A) The eclipse blocked sunlight, allowing observers to see stars they normally wouldn't see, and they succeeded in measuring a tiny shift in light due to gravitational lensing.

(B) This is the basis for the work that Albert Einstein did, spurred on by a solar eclipse that occurred in 1919. He predicted that light rays from distant stars would be bent as they passed by the Sun due to the Suns gravitational influence.

(C) This observation led Einstein to publish work describing how the mass of an object curves local space-time, thus forcing light rays to bend ever so slightly. The 1919 eclipse produced the first experimental confirmation of gravitational lensing.

① (A) - (C) - (B)
② (B) - (A) - (C)
③ (B) - (C) - (A)
④ (C) - (A) - (B)

24. 주어진 글 다음에 이어질 글의 순서로 가장 적절한 것을 고르시오.

There are a couple of ways of interpreting a situation in which someone is isolated socially. On one hand, its healthy for people to seek to be by themselves from time to time.

(A) For example, a homebound elderly man whose daughter visits every day may still feel isolated and depressed. A satisfying social life is determined by the quality and shared sense of give-and-take, not by the number and frequency of one's social interactions.

(B) That's why the isolated person's perception of the situation is key in understanding social isolation. Simply counting the number and frequency of someone's social interactions is not enough to decide whether he or she is okay.

(C) On the other hand, it becomes a real problem when people feel trapped, unhappy, and distressed because of their lack of social and emotional interactions. Isolation by choice is pleasant solitude; without choice, it is depressing loneliness.

① (A) - (C) - (B)
② (B) - (A) - (C)
③ (C) - (A) - (B)
④ (C) - (B) - (A)

25. 주어진 글 다음에 이어질 글의 순서로 가장 적절한 것을 고르시오.

A "quarter-life crisis" is an event that sometimes occurs when people are in their early 20s to early 30s, after all of the difficult changes associated with entering adulthood have taken place.

(A) Many of these recent graduates spend this period of life traveling around, trying out different jobs, and trying to figure out just exactly what they want to do in the future.

(B) It generally occurs just after graduation from college, when young people have an average debt of about $10,000 in student loans and still lack job experience.

(C) Yet this kind of experimentation is not always the best thing for people in their 20s and 30s. If such an unstable lifestyle continues past the age of 30, it can eventually lead to a serious personal crisis.

① (A) - (B) - (C)
② (B) - (A) - (C)
③ (B) - (C) - (A)
④ (C) - (A) - (B)

26. 주어진 글 다음에 이어질 글의 순서로 가장 적절한 것을 고르시오.

There are many factors involved in the physical act of singing. Although it is important not to underestimate the vital role that proper breathing techniques play, it is our vocal cords that are the true key to a strong singing voice.

(A) These include singing basic musical scales regularly and practicing sounds that require changing from one note to another to improve pitch. As with any kind of exercise, it's always best to properly warm up beforehand.

(B) As air moves through these cords, which are located inside of the larynx, they are forced apart. Once the air has passed, they quickly come back together. The resulting vibrations are what create the sound of the human voice.

(C) During this process, the vocal cords can interact with our muscles to make a wide range of sounds, covering four octaves. Because of this, training techniques that exercise the vocal cords are essential for anyone who is serious about singing.

*larynx: 후두

① (A) - (C) - (B)
② (B) - (A) - (C)
③ (B) - (C) - (A)
④ (C) - (A) - (B)

27. 주어진 글 다음에 이어질 글의 순서로 가장 적절한 것은?

> Competition acts not only to strain our existing relationships to the breaking point, but also to prevent them from developing in the first place. Camaraderie and companionship — to say nothing of genuine friendship and love — scarcely have a chance to take root when we are defined as competitors.

(A) The result, according to one reluctant participant, is that friendships are nipped in the bud because each person must try to outdo the others. Performing artists similarly find it hard to enjoy each other's company since they may audition for the same part or position.

(B) In the workplace, one tries to remain on friendly terms with one's colleagues, but there is guardedness, a part of the self-held in reserve; even when no rivalry exists at the moment, one never knows whom one will have to compete against next week.

(C) We are forced to be aware of the upcoming competition. I was recently told that extended training seminars for computer programmers are sometimes set up as contests: one's ultimate status and salary are determined by how many programs one produces.

*camaraderie: 동지애, 우정

① (A) - (C) - (B)
② (B) - (A) - (C)
③ (B) - (C) - (A)
④ (C) - (A) - (B)

28. 주어진 글 다음에 이어질 글의 순서로 가장 적절한 것은?

> Doctors, nurses, pharmacists, and a host of other professional and paraprofessional caregivers are in effect the gatekeepers to the health care system.

(A) But as societies became larger and more heterogeneous, and as medical practice became a privileged body of expertise that could be exercised only by those who have extensive and exclusive training, there have come to be many more steps between the "sick" person and his or her treatment.

(B) Gatekeeping of this sort would have been unnecessary in pre-modern societies, in which the family circle of someone thought to be ailing could directly contact the medicine man/woman, who would come to the home and do whatever was considered appropriate.

(C) In many cases, the medicine man/woman would be part of the local community or family circle and would know about the problem without having to be specifically notified.

① (A) - (C) - (B)
② (B) - (A) - (C)
③ (B) - (C) - (A)
④ (C) - (A) - (B)

29. 주어진 글 다음에 이어질 글의 순서로 가장 적절한 것은?

Over time, the meaning of marriage began to change. In 1933, sociologist William Ogburn observed that personality was becoming more important in mate selection. In 1945, sociologists Ernest Burgess and Harvey Locke noted the growing importance of mutual affection and understanding in marriage.

(A) This new form, "companionate marriage", contributed to divorce, for it encouraged people to expect that their spouses would satisfy "each and every need." Consequently, sociologists say, marriage became an "overloaded institution?"

(B) As this trend intensified, intimacy became the core of marriage. At the same time, as society grew more complex and impersonal, Americans came to view marriage as a solution to the tensions that society produced.

(C) What these sociologists had observed was a fundamental shift in marriages in the U.S.: Husbands and wives were coming to expect greater emotional satisfaction from one another.

① (A) - (C) - (B)
② (B) - (A) - (C)
③ (C) - (A) - (B)
④ (C) - (B) - (A)

30. 주어진 글 다음에 이어질 글의 순서로 가장 적절한 것은?

Imagine a hunter who catches a large mammal which ends up getting shared with others, even the non-hunters who scrounge from his kill.

(A) Hunting also provides a direct benefit to the hunter because he gets to eat. Even if there is a cost to hunting, hunting is better than starving: Importantly, even sharing the meat may be directly beneficial if it stops others from pestering the hunter for meat.

(B) Many would consider this hunting to be prosocial behavior because others, benefit, even though the actor may not have intended for them to benefit — he may have simply been concerned with filling his own empty belly.

(C) After all, any benefits to others are a byproduct of the hunter doing what is in his best interest. In this sort of situation, prosocial behavior is selected for, yet primarily because of the direct benefits to the actor(think of a wealthy person purchasing a golf course to play on from which other golfers could profit too).

*scrounge: (공짜로) 얻어 내다

① (A) - (C) - (B)
② (B) - (A) - (C)
③ (B) - (C) - (A)
④ (C) - (A) - (B)

31. 주어진 글 다음에 이어질 글의 순서로 가장 적절한 것은?

> With information technology occupying such a central part of all our lives, it's important to ask whether there are emotions in cyberspace too.

(A) The Internet, for example, is well-known as a site for the expression of strong emotions, for example in "flaming." It also hosts many environments in which multiple participants engage with others. What's to be gained by studying such phenomena? Well, firstly understanding how emotions and intuition interact with information technology could help us.

(B) One difference is the often much shorter lifetime of e-communities compared to their offline counterparts. Since participants in Internet forums or discussion groups are also less bounded by local social norms, they may interact more quickly and express their feelings more often.

(C) Since cyberspace is just another human space, it's bound to have an emotional context. However, it possesses special features that make social interactions between people different from those taking place in the offline world.

① (A) - (C) - (B)
② (B) - (C) - (A)
③ (C) - (A) - (B)
④ (C) - (B) - (A)

32. 주어진 글 다음에 이어질 글의 순서로 가장 적절한 것은?

> The difference between a transcript of a real conversation and a section of dialog from a play is huge.

(A) We watch the actions and expressions of the characters skillfully filmed and cut together and in a few minutes of film, without a single word spoken, we know who they are, what they are like, what they do, and sometimes who they love and who they fear.

(B) This visual and contextual communication, whether it may be the visual and the visceral, is most of what we receive and recall from interaction with others. The content of their speech and the meaning of what they say comes much later.

(C) Even the most natural-sounding dialog in a play is highly crafted and artificial. In films, dialog may be almost completely absent. The opening titles of many films can be masterpieces of storytelling entirely without any words.

*visceral: 강한 감정에 따른

① (A) - (C) - (B)
② (B) - (A) - (C)
③ (B) - (C) - (A)
④ (C) - (A) - (B)

33. 주어진 글 다음에 이어질 글의 순서로 가장 적절한 것은?

Imagine riding in a magnetic car, hovering above the ground and traveling at several hundred miles per hour, using almost no fuel.

(A) It is because you have to overcome the friction of the wheels on the road and the friction of the air. But if you could somehow cover the road from San Francisco to New York with a layer of ice, you could simply coast most of the way almost for free.

(B) Likewise, our space probes can soar beyond Pluto with only a few quarts of fuel because they coast through the vacuum of space. In the same way, a magnetic car would float above the ground; you simply blow on the car, and the car begins to move.

(C) We forget that most of the gasoline we use in our cars goes to overcoming friction. In principle, it takes almost no energy to ride from San Francisco to New York City. If that's the case, why does this trip consume hundreds of dollars of gasoline?

① (A) - (C) - (B)
② (B) - (A) - (C)
③ (C) - (A) - (B)
④ (C) - (B) - (A)

1. 정답 ③

해설

작은 동물은 표면적 대 부피의 비율이 높아서 체온 손실이 크다는 주어진 글 뒤에는 생쥐와 벌새처럼 몸집이 작은 동물을 예시로 드는 (C)가 와야 한다. 작은 동물들은 체온을 유지하기 위해 더 많은 칼로리를 연소함에 따라 물질대사가 빨라지게 되는데, 빠른 물질대사 속도는 수명의 단축을 의미한다는 내용의 (A)가 나온 뒤, 그와 반대 경우인 몸집이 큰 동물에 대해 설명하는 (B)가 마지막에 와야 한다. 따라서 '③ (C)-(A)-(B)'의 순서가 알맞다.

해석

동물은 표면을 통해 체온을 잃기 때문에, 표면적 대 부피의 비율이 더 높으면 더 큰 체온 손실을 초래할 수 있다. 이것이 더 작은 몸집을 가진 동물들이 더 많은 체온을 잃는 이유이다.

(C) 그 결과 생쥐나 벌새는 일정한 체온을 유지하기 위해 많은 칼로리를 연소시켜야 한다. 이는 온혈동물들이 몸집이 커짐에 따라 물질대사 속도가 줄어드는 주된 이유이다. 작은 포유동물들은 상대적으로 더 많은 체온을 생산하도록 진화하였다.

(A) 그것들의 더 빠른 물질대사 속도는 그것들이 그만큼 오래 살지 못한다는 것을 의미한다. 작은 동물들은 큰 동물들보다 수명이 더 짧은 경향이 있고, 온혈동물은 냉혈동물보다 수명이 더 짧은 경향이 있다.

(B) 반대로, 큰 동물들은 노력을 덜 들이고도 따뜻한 몸을 유지할 수 있는데, 이로 인해 그들은 더 오래 살 수 있게 된다. 더 느리게 뛰는 심장을 가진 큰 동물들은 심장마비가 훨씬 더 후에 일어날 것이다.

어휘

ratio 비율 rate 속도, 비율 warm-blooded 온혈의
cold-blooded 냉혈의 conversely 반대로, 역으로
hummingbird 벌새 constant 일정한, 꾸준한
mammal 포유동물 evolve 진화하다
elatively 상대적으로

2. 정답 ②

해설

증발로 인해 수증기가 상승한다는 주어진 글 다음에는 이 수증기가 낮은 온도 층에 도달했을 때 응결이 발생한다는 내용의 (B)가 나온다. 응결이 일어나면 수증기가 무거워 져서 땅으로 떨어진다는 (B) 다음에는 However로 이어지면서 강우가 전부 다 땅에 도달하는 것은 아니라는 내용의 (A)가 나온다. 공기 중에서 증발하는 물방울과 땅에 떨어지는 강우를 제외하고 바다에 떨어지는 강우를 논한 (C)가 마지막으로 나온다. 따라서 정답은 '②(B)-(A)-(C)'이다.

해석

호수와 강에서 빗물 배수관과 새 물통에 이르기까지 물이 있는 곳이면 어디에서나 증발은 발생한다. 이 모든 따뜻한 수증기는 상승하기 시작하여, 수십억 개의 다른 물 분자와 합류하여 아찔하게 상승해 대류권으로 진입한다.

(B) 마침내 수증기는 더 낮은 온도 층에 도달하여 작은 먼지, 꽃가루나 오염 입자 둘레에 서 응결한다. 응결 과정이 지속됨에 따라 작은 물방울들은 바람이 지탱하기에는 지나치게 커져서 지표면을 향한 급락을 시작한다.

(A) 그러나 모든 강우가 땅에 도달하는 것은 아니다. 그중 일부는 아래로 내려오는 길에 대기 중으로 다시 직접 증발한다. 남아있는 것이 비, 눈, 우박 혹은 진눈깨비의 형태로 마침내 땅에 도달하며 그 과정에서 때로는 소풍을 망치거나 학교를 닫게 한다.

(C) 강우가 바다에 떨어지면 당장 순환이 다시 시작될 준비가 된 것이며, 그것이 바로 대 다수의 빗방울과 눈송이에 일어나는 일이다. 결국, 바다는 지표면의 70%가 넘는 영역을 뒤덮고 있어서 (강우가 떨어질) 커다란 과녁이 된다.

어휘

evaporation 증발 storm drain 빗물 배수관
birdbath 새 물통 vapor 증기 molecule 분자
dizzying 아찔한, 어지러운 ascent 상승
precipitation 강수 hail 우박 sleet 진눈깨비
condense 응결하다(cf. condensation 응결, 응축)
particle 입자 pollen 꽃가루 droplet 작은 방울
plunge 급락 snowflake 눈송이

3. 정답 ③

가족들은 종종 그들이 사랑하는 사람들이 부상에서 회복되도록 돕기 위해 애를 쓴다. 많은 경우에 애완동물 치료법이 그들의 문제에 대한 해답이 될 수 있다. 이는 재활 과정을 겪는 한 노인의 사례에서 일어난 일이다.

(B) 그는 엉덩이 뼈가 부러졌었고 그의 가족들은 그가 걷기 운동을 하게 하려고 매우 애썼다. 그것이 어렵고 고통스러웠기 때문에 그는 거부했다. 그가 언제나 개를 사랑했다는 것을 알았기에 그의 가족들은 마침내 애완동물 치료 전문가를 불렀다.

(C) 그 치료사가 그 노인의 집에 왔을 때, 그녀(치료사)는 개 한 마리를 데려왔고, 그녀는 그 노인에게 매일 그 개를 산책시키라고 요청했다. 처음에 그는 마음 내켜 하지 않았던 것 같았으나, 곧 그는 하루에 두 번씩 그 개를 근처 공원으로 데리고 나갔다.

(A) 그의 일상에 이러한 작은 변화를 만드는 것을 통해, 그 치료사는 노인의 관심사를 노인 자신의 부상에서 그 개의 욕구로 옮겨지도록 했다. 이것이 그로 하여금 일어서고 운동하도록 동기부여 했고 이는 결과적으로 더욱 빠른 회복을 이끌었다.

struggle 투쟁하다, 몸부림치다   therapy 치료법
go through 거치다   rehabilitation 재활
shift 옮기다, 이동하다   motivate 동기를 부여하다
recovery 회복   resist 저항하다, 견디다
painful 고통스러운   reluctant 마지 못 해 하는, 꺼리는

4. 정답 ②

불가사의하게 여겨지던 사건들이 19세기에 과학적으로 설명되기 시작했다는 사회 상황 이후에, 찰스 다윈이 자연 선택설을 주장했다는 사실을 제시한 (A)가 오고, (C)에서 자연 선택설의 내용을 설명한 후 (B)에서 그 이론의 확장에 대해 이야기하는 것이 흐름상 자연스럽다.

19세기 초반부터, 오랫동안 신비하거나 초자연적이라고 여겨졌던 사건들이 논리, 수학적 추론 그리고 입수 가능한 증거를 통해 설명되기 시작했다.

(A) 그 당시, 찰스 다윈은 주류에서 벗어난 이론을 제안했다. 그는 자연계를 설명하는 데 하느님이나 어떤 다른 높은 힘을 고려해 보지 않고, 자연 선택이라고 불리는 이론을 제안했다.

(C) 찰스 다윈에 따르면, 자연 선택이란 생물 종이 그들의 환경의 특정한 필요에 맞춰 시간의 흐름에 따라 진화한다는 이론이다. 따라서 종은 환경조건이 변화하더라도 그들의 생존을 유지할 수 있다는 것이다.

(B) 이런 생각은 나중에 종의 진화 이상의 것을 포함하는 것으로 확대되었다. 다윈은 자연 선택설을 발전시켜 지구의 모든 형태의 생명체가 우주 탄생 시 존재했던 수소로부터 진화했다고 주장했다.

supernatural 초자연적인   logic 논리
reasoning 추론, 추리   available 입수 가능한
propose 제안하다   break away from ~에서 벗어나다
mainstream 주류   force 힘, 세력
natural selection 자연 선택   expand 확대하다
evolution 발달, 진화   species (분류상의) 종
proclaim 선언하다   hydrogen 수소

5. 정답 ④

(A)의 these descriptions and interpretations는 (B)에서 언급된 연구자마다 동일한 현상을 다른 방식으로 묘사하고 해석한다'는 내용을 가리키는 것이므로, (A)는 (B) 뒤에 와야 하고, (B)의 these early stages of inquiry는 (C)에서 나온 Inquiry를 가리 키는 것이므로 (B)는 (C) 뒤에 와야 한다.

해석

패러다임이란 다윈의 진화론처럼 과학계에서 보편적인 인정을 받은 일반적인 이론이다. 그렇다면, 패러다임은 어떻게 만들어지고, 과학 혁명은 어떻게 일어나는가?

(C) 연구는 '단순한 사실들'을 임의로 모아둔 것으로 시작되는데, 비록 종종 일련의 원리들이 그 모아둔 것에 이미 있을지라도 말이다.
(B) 이러한 연구의 초기 단계 동안에는 동일한 현상을 접하는 연구원마다 그것들을 서로 다른 방법으로 묘사하고 해석한다.
(A) 조만간 이러한 묘사와 해석은 완전히 사라지고, 사전 패러다임 학파가 나타난다.

그런 학파는 종종 사실들을 모아 놓은 것의 특정 부분을 강조한다. 종종 이 학파들은 최고의 자리를 놓고 경쟁한다.

어휘

revolution 혁명 take place 일어나다 entirely 완전히
researcher 연구원 confront ~에 직면하다
phenomena 현상 random 무작위의 mere 단순한
a set of 일련의 principle 원리, 원칙
emphasize 강조하다 compete 경쟁하다
supremacy 최고(의 지위)

6. 정답 ②

해설

주어진 글에서는 상관관계를 논했으므로, 그다음에는 우선 상관관계를 논한 (A)나 (B)가 나와야 한다. 그런데 (A)에는 However라는 반박의 표현이 있으므로 주어진 글 다음에 (A)가 바로 올 수 없다. 따라서 (B)가 이어진다. 두 현상 간에 양/음의 관계가 있는 것이 상관관계라고 한 (B) 다음에는 However로 이어지며 '이것이 반드시 인과 관계라는 뜻은 아니다.'라는 (A)가 이어진다. (A)의 This는 '두 현상 간에 양/음의 관계가 존재하는 것'을 나타낸다. (C)는 인과 관계에 대한 내용이므로 (A)까지 상관관계를 논한 후에 마지막에 나오게 된다.

해석

이제까지 저술된 모든 통계학 서적은 '상관관계는 인과 관계가 아니다.'라는 구절을 포함하고 있다. 그것은 사실 단순한 개념이다. 두 개의 정보 간의 상관관계는 그것들이 관련되어 있다는 것을 의미한다.

(B) 두 현상의 측정에서 상관관계가 양의 관계라면, 한 현상의 양이 오를 때 다른 현상의 양도 그렇게 된다. 상관관계가 음의 관계이면, 그것들의 양은 반대 방향으로 움직인다.
(A) 그러나 이것은 하나가 나머지 하나를 일으키고 있다는 뜻은 아니다. 빈번하게 소변을 봐야 한다는 것은 당뇨병과 상관관계가 있지만, 하루에 여러 번 화장실을 이용해야 한다는 것이 당뇨병을 유발하는 것은 아니다(또한, 당신이 이미 당뇨병에 걸렸다는 뜻도 아니다).
(C) 인과 관계는 상관관계보다 한 단계 더 나아간다. 그것은 한 변수(운동)의 값의 어떠한 변화도 다른 변수(소모된 열량)의 값의 변화를 일으킬 것임을 일컫는데, 이는 한 변수가 다른 변수를 발생하게 한다는 것을 의미한다.

어휘

statistics 통계 자료 phrase 구(절) correlation 상관관계
causation 인과 관계 urinate 소변을 보다
diabetes 당뇨병 measure 분량, 정도
variable 변수, 변하기 쉬운

7. 정답 ③

주어진 글의 마지막에 있는 a time limit(시간상의 제한)에 대해 (C)에서 녹음은 50년의 기간, 작곡은 저작자 사후 70년의 기간이 지나면 만료된다는 구체적인 설명을 하고 있으므로 (C)가 가장 먼저 나와야 한다. (A)의 첫 번째 문장의 This is ~ a considerable period of time이 (C)의 '50년'과 '70년'을 가리키므로 (C) 다음에는 (A)가 와야 한다. 또한, (A)에 나와 있는 Paul McCartney의 자작곡이 보호받는 기간(사후 70년)과는 대조적으로 앨범에 대해서는 재산권의 보호 기간이 상대적으로 짧은 것과 그 이유를 (B)에서 설명하고 있으므로 (B)가 마지막에 와야 한다. 따라서 글의 순서는 '③ (C)-(A)-(B)' 가 적절하다.

해석

음악의 권리 소유자에게 부여된 '당연한' 독점권은 그것의 시행에 있어 제한이 있다. 이것은 입법 기관에 음악 사용자들(방송 업자들과 다른 사람들)의 경제적 이해관계가 행사하는 압력이 반영된 것이다. 예를 들어, 이 재산권은 시간상 제한이 있다.

(C) 50년이 지나면 음악 녹음의 저작권은 끝이 나게 되며, 누구라도 그것의 복제품을 대중들에게 유포할 수 있다. 음악의 작곡과 관련된 경우에는 저작자가 죽고 난 뒤 70년이 지나면 저작권이 종료된다.
(A) 물론, 이것은 상당한 기간이다. 만약 Paul McCartney(폴 매카트니)가 2030년까지 산다면, 그의 자작곡들뿐만 아니라 고인이 된 John Lennon(존 레논)과 함께 작곡한 곡들도 최소한 21세기 말까지 저작권이 남게 된다.
(B) 대조적으로, 1962년에 발표된 Beatles(비틀즈)의 초창기 앨범은 2012년에 공공의 영역에 들어갔다. 이러한 재산권에 대한 두 기간의 차이는 원저자의 남아 있는 기운(작곡가의 저작권)이 음반의 '산업적인' 의미(앨범의 저작권)보다 더 많이 보상받는 것을 보장한다는 생각을 드러낸다.

어휘

monopoly 독점권 operation 실시 reflection 반영
exert 행사하다 legislature 입법 기관
property right 재산권 composition 작곡 late 고인이 된
copyright 저작권 disclose 드러내다 residual 남은
aura 기운, 분위기 authorship 저작, 저술
connotation 함축(된 의미) issue 유포하다
where A is concerned A가 관련된 경우에 expire 종료되다

8. 정답 ④

주어진 글에서 예금이 증가하는 원리를 설명한 후, 이와 같은 방법으로 개체 수가 증가하는 방식을 보여주는 (C)가 이어지고, 이와 상반되는 내용으로 개체 수 증가의 한계를 설명하는 (B)에 이어, 그 결과를 나타내는 (A)로 연결되는 것이 자연스럽다.

당신의 저축 계좌에서 당신의 돈은 기하급수적으로 증가한다. 즉, 당신의 첫 입금액은 이자를 받고, 나중에 그 이자는 그 것의 이자를 받으며, 당신의 예금액이 증가하면서 계속 그렇게 된다.

(C) 마찬가지로, 개체 수의 증가는 새로 태어난 구성원들이 마침내 성장하고, 번식하여 더 많은 개체군의 구성원들을 만들어 내며, 그다음에 그 구성원들이 번식하여 더 많은 생명을 탄생시킴에 따라, 기하급수적인 방식으로 발생한다.
(B) 그러나 당신의 돈은 무한히 계속해서 축적될 수 있는 반면에, 개체군은 이 같은 호사를 누리지 못한다. 모든 개체군의 성장은 그들이 인간, 동물 또는 식물로 구성되어 있든 지 간에 환경 속 자원들의 이용 가능성에 의해 제한된다.
(A) 따라서, 음식이나 물과 같은 생명 유지에 필수적인 자원들이 고갈되면 언제든지 개체 수의 기하급수적인 성장은 멈출 것이며, 개체 수는 질병과 굶주림으로 인해 고정되거나 감소하기 시작할 것이다.

어휘

exponentially 기하급수적으로 initial 처음의, 초기의
deposit 예금 interest 이자 vital 필수적인
deplete 고갈시키다 population 인구, 개체 수
cease 끝나다 stabilize 안정되다 starvation 굶주림
accumulate 모이다 indefinitely 무기한으로 luxury 사치
reproduce 번식하다 yet 아직

9. 정답 ③

 해설

4차 산업혁명이 그 이전의 산업혁명들과는 크게 다르다는 내용의 주어진 글 다음에는, 이 4차 산업혁명의 특징을 설명하는 (C)가 이어지고, 이러한 광범위한 변화가 가져올 긍정적 측면을 언급하는 (A)에 이어, 4차 산업혁명으로 인해 초래될 위험성에 대해 설명하는 (B)가 오는 것이 적절하다.

 해석

'제4차 산업혁명'이라는 그의 책에서 클라우스 슈밥 교수는 이전의 3차례의 산업혁명과 마찬가지로 우리의 가정생활, 직업, 그리고 우리의 관계를 근본적으로 변화시키는 새로운 혁명에 대해 썼다. 그러나 이번 혁명은 이전에 있어 왔던 것들과는 큰 차이가 있다.

(C) 그 이전의 혁명들은 대량생산과 디지털 기술 같은 혁신을 세상에 선보였다. 그러나 새로운 혁명은 우리 삶의 물리적, 디지털적 그리고 생물학적인 면들을 융합하는 것으로 특징지어지며 거의 모든 분야와 전문 직업에 현재 영향을 미치고 있다.

(A) 이 광범위하고도 강력한 영향은 그 혁명이 막대한 성과에 대한 잠재성을 가지고 온다는 것을 의미한다. 예를 들어, 디지털 연결망은 이전의 산업혁명에 의해 초래되었던 환경적 피해를 뒤집는 데 도움이 되는 효율적인 기술을 만들어 내는 것을 용이하게 할 수 있다.

(B) 슈밥 교수는 새로운 혁명에 수반되는 심각한 위험 또한 예견한다. 기업들이 충분히 빨리 적응하지 못할 수도 있고 몇몇 나라들은 이 혁명이 만들어 내는 압박하에서 붕괴할 수도 있다. 결과적으로 초래되는 힘의 이동은 세계적으로 경제적 불평등을 증가시킬 수 있고 사회적 불안을 야기할지도 모른다.

어휘

previous 이전의 fundamentally 근본적으로
significantly 상당히 wide-ranging 광범위한
impact 영향 potential 잠재력이 있는 reverse 뒤집다
accompany 동반하다 adapt 적응하다
collapse 붕괴하다 inequality 불평등 unrest 불안
innovation 혁신 mass production 대량생산
characterize ~을 특징으로 하다 fusion 융합
biological 생물학적인 aspect 측면, 양상 currently 현재
profession 직업

10. 정답 ④

 해설

노화로 인한 질병을 정상적인 것으로 생각하는 것의 문제에 관한 글이다. '정상적인(normal)'이란 어휘의 의미를 폭넓고 다양하게 사용하는 것의 문제점을 제시하며, 특히 노화의 과정에서 얻어지는 질병을 정상적인 것으로 간주하는 관행을 지적하는 내용의 글이다. 주어진 문장에 이어 예시가 시작되는 (C)가 가장 먼저 오고. 지시대명사 This로 시작하는 (A)가 (C)에 제시된 상황을 받고 있으므로 그 뒤에 이어져야 한다. 그리고 역접의 연결사 However로 시작하는 (B)가 이어져 (A)에 제시된 일반적인 통념을 반박하며 마무리하는 것이 가장 자연스럽다. 따라서 정답은 ④ '(C)-(A)-(B)'이다.

 해석

우리는 '정상적인'이라는 단어를 '평범한, 예상되는, 평균적인, 중간의, 흔한, 일반적인, 최적의' 등 많은 다른 방식으로 생각한다. '정상적으로 작동하는'은 보통 문제가 없는'을 뜻한다. 연령과 관련된 변화의 경우에서와 같이, 우리가 '정상적인'을 흔하거나 예상되는 것과 연관시킬 때 문제는 시작된다.

(C) 예를 들어, 연령 증가와 관련된 많은 부정적인 변화들이 매우 흔하기 때문에 '정상적인' 것으로 간주된다. 노년기의 만성 질환도 마찬가지이다. 대부분의 고령자는 복합적인 진단을 받고 여러 가지 처방에 의지해 산다.

(A) 단지 매우 흔하다는 이유로 흔히 이것은 정상적인 것으로 간주된다. 의사들은 "그것은 단지 노화의 일부이자, 우리가 그만큼 오래 사는 것에 대해 지불하는 대가입니다."라고 진단을 설명함으로써 그 잘못된 생각을 흔히 영속시킨다. 우리는 나이 든 사람들이 이러한 질병을 앓게 될 것으로 예상한다.

(B) 그러나 정의에 의하면 질병이란 '올바른' 기능을 하는 것으로부터의 단절을 나타낸다는 의미에서 정상적이지 않다. '정상적인'이란 말은 그것이 사용되는 방식에서 사실은 '노화'라는 말보다 더 나쁠 수도 있다.

어휘

abnormal 비정상적인 mean optimal 최적의, 최상의
operate 작동(가동)하다 associate 연관시키다
misconception 잘못된 생각 diagnosis 진단 folk 사람들
by definition 정의에 의하면 disconnect 단절하다
chronic 만성적인(↔ acute 급성의) prescription 처방(전)

11. 정답 ④

주어진 글은 지구의 북쪽 축이 100년에 0.5도 정도로 매우 천천히 이동한다는 내용이며, (C) 또한 '하늘 상에 거대하고 좁은 원을 그리는 행성 축'에 대한 내용이므로 주어진 글과 내용상 이어진다. (C)의 This motion은 이러한 행성 축의 작은 움직임을 지칭한다. (B)는 지구의 북쪽 축이 아닌 지구의 경사각에 대해 추가적으로(Further complicating the picture~) 제시하고 있으므로 (C) 다음에 나온다. (A)의 '각도가 작을 때'와 '각도가 클 때'는 (B)에 나온 경사각의 변화 폭인 '21.5도 ~ 24.5도'의 범위 내를 지칭하는 것이므로 (A)는 (B) 다음에 나온다. 따라서 글의 순서는 '④ (C)-(B)-(A)'가 적절하다.

해석

금세기에 지구의 북쪽 축은 북극성(폴라리스)을 향해 있다. 그러나 이것이 항상 이렇지는 않을 텐데 멈추어 넘어지기 직전의 팽이처럼 지구의 축이 한 세기에 약 0.5도 정도로 매우 천천히 이동하기 때문이다.

(C) 이러한 운동은 세차운동이라고 불리는데, 이것은 행성 축이 (원을 그리는 것을) 다 완수하는 데 거의 26,000년이 걸리는 하늘 상의 거대하고 좁은 원을 그리게 만든다. 그래서 대략 11,000년 후에 지구는 태양에 7월에는 더 가까워지고 12월에는 더 멀어질 것이다. 이는 오늘날의 상황과는 반대이다. 26,000년 후에는 상황이 현재 방식으로 되돌아올 것이다.

(B) 그림을 더 복잡하게 만드는 것은 지구의 23.5도 기울기 역시 시간이 지나며 바뀌고. 21.5도에서 24.5도까지 변하는 완전한 한 주기를 거치는 데 대략 41,000년이 걸린다는 사실이다.

(A) 각도가 더 작을 때는 중위도에서 계절적 차이가 덜할 것이다. 더 큰 각도에서는 차이가 증폭될 것이다. 이러한 경사각의 변화가 우리 행성을 휩쓰는 주기적인 빙하기를 일으키는 주요 요인 중 하나라고 생각된다.

어휘

axis 축 Polaris 북극성 fall over 넘어지다 angle 각도 seasonal 계절에 의한 variation 차이, 변화 latitude 위도 amplify 증폭시키다 tilt angle 경사각 periodic 주기적인 ice age 빙하기 complicate 복잡하게 만들다

12. 정답 ③

쉽게 구할 수 있는 재료로 부력의 원리를 증명해 보일 수 있다는 내용의 주어진 글 다음에 실험에 필요한 재료와 방법을 설명한 (B)가 오고, 관찰되는 현상을 서술한 (C), This[(C)의 현상] occurs because로 시작하여 현상의 원인을 설명한 (A)의 순서로 이어지는 것이 자연스럽다.

해석

여러분은 쉽게 구할 수 있는 재료를 사용하여 부력의 원리를 증명하는 실험을 수행할 수 있는데, 부력은 액체에 있는 물체를 가라앉거나 뜨게 만드는 상승력이다.

(B) 실험을 시작하기 위해, 일반 탄산음료 캔과 다이어트 탄산음료 캔을 구해서 그것들 모두를 물로 채워진 수조에 넣어 보라. 이제 그 두 개의 캔에 어떤 일이 일어나는지 관찰하라.

(C) 비록 둘이 같은 크기이고 같은 양의 액체를 담고 있다 하더라도, 여러분은 다이어트 탄산음료 캔은 물에 뜨는 반면 일반 탄산음료 캔은 가라앉는 것을 보게 될 것이다.

(A) 이것은 다이어트 탄산음료에 있는 인공 감미료가 일반 탄산음료에 들어있는 설탕보다 더 농축되어 있기 때문에 발생한다. 따라서, 다이어트 탄산음료의 평균 밀도는 일반 탄산음료의 그것보다 낮다. 그것은 더 큰 부력을 받기 때문에 떠오르는 것이다.

어휘

demonstrate 증명하다 principle 원리, 원칙
buoyancy 부력 sink 가라앉다 float 떠오르다
sweetener 감미료 concentrated 농축된 density 밀도

13. 정답 ③

산가시가재가 특정 편형동물과 공생 관계에 있다는 주어진 글 다음에, 두 종의 공생 관계 구조 및 그에 따른 예상하지 못한 결과를 언급한 (B)가 오고, 공생 관계에서 비롯된 과도한 의존성과 멸종 위기에 처한 산가시가재의 상황을 구체적으로 설명한 (C)에 이어, 환경 변화(산가시가재의 멸종 위험)에 대응하지 않은 편형동물의 상황을 언급하며 동반 멸종을 우려하는 내용의 (A)로 연결되는 것이 자연스럽다.

호주 동부의 민물 개울에서 서식하는 가재 무리의 한 종인 산가시가재는 'temnocephalans'라고 알려진 편형동물의 한 종류와 공생 관계를 즐긴다.

(B) 이 편형동물은 어쩌면 해로울 수 있는 기생 동물을 잡아먹으면서 가재의 표면과 아가미 속에 산다. 이 상호 간에 이로운 방식은 이상적으로 보일지도 모르나, 불행히도 두 종에게 예상치 못한 결과를 만들어 냈다.
(C) 그것들은 서로를 너무 의지하게 되었고, 이는 취약성이 되었는데 특히 그 가재가 기후 변화로 위협받고 있기 때문이다. 75%의 산가시가재가 현재 멸종될 위기에 처했거나 멸종 위험이 아주 높다고 추정된다.
(A) 이러한 상황에도 불구하고, 그 편형동물은 다양한 다른 숙주에 적응하기보다는 계속해서 그 가재 종과 함께 진화해 왔다. 따라서, 그들은 산가시가재 없이는 생존할 수 없을지도 모른다. 이러한 이유로 과학자들은 이것이 동반 멸종 사례가 될까 봐 염려한다.

어휘

spiny 가시가 있는   crayfish 가재   species 종
inhabit 살다   freshwater 담수, 민물   symbiotic 공생의
adapt 적응하다   coextinction 동반 멸종   gill 아가미
prey on ~을 잡아먹다   potentially 잠재적으로
parasite 기생 동물   mutually 상호 간에   beneficial 유익한
arrangement 방식   overly 너무, 몹시
vulnerability 취약성   estimate 추정하다
critically 위태롭게

14. 정답 ③

주어진 글은 바람직한 운전자에 대한 묘사인데. (A), (B), (C)의 주어는 모두 주어진 글과 상반되는 운전자를 지칭한다. 따라서 역접의 연결사(However)와 함께 Intelligent drivers와 대조적인 운전자를 처음 소개하는 Other drivers가 주어로 쓰인 (C)가 주어진 글 바로 다음에 온다. (A)에는 (C)에서 언급한 운전자의 행동을 묘사하는 내용이 이어지며, (B)는 언급된 운전자가 취해야 할 올바른 태도를 제시하며 글을 마무리한다. 따라서 올바른 글의 순서는 '③ (C)-(A)-(B)'이다.

분별 있는 운전자들은 교통 신호가 삶의 현실이며, 시간이 지날수록 대략 같은 수의 적색등과 녹색등을 만날 것이라는 것을 안다. 그들은 앞의 신호가 빨간색으로 바뀌더라도 그것을 감정적으로 받아들이지 않는다. 그들은 그저 멈추고 그들의 여정에 있어 짧은 방해를 견딘다.

(C) 그러나 다른 운전자들은 단연코 좋지 않은 태도를 가지고 있다. 그들은 적색 신호를 물리쳐야 할 적으로 보며, 적색 신호로 인해 멈추는 것을 나약함의 신호로 본다.
(A) 그래서 그들은 어리석게 운전하는데, 황색 신호에 속도를 높여서 다른 차량과 보행자들이 건너지 못하도록 교차로를 막는다. 아니면 더 나쁘게는 충돌 사고를 일으킨다.
(B) 이런 운전자들은 그들의 인식을 바꾸어 적색 신호등을 반가운 모습으로 봐야 한다. 만약 그들이 적색등을 잠시 편히 쉴 신호로 본다면, 운전은 더 즐거운 경험이 되고, 도로는 모든 이에게 더 안전해질 것이다.

어휘

a fact of life (삶의 피할 수 없는) 사실, 현실
encounter (우연히) 만나다. 맞닥뜨리다   roughly 대략
take A personally A를 감정적으로 대하다
put up with ~을 참다   interruption 방해
intersection 교차로   pedestrian 보행자   collision 충돌
perception 인식   decidedly 단연코

15. 정답 ④

해설

많은 사람이 일시에 돈을 인출하려 하면 은행이 요구에 부응할 수 없다는 주어진 글 다음에는 그 원인이 은행의 재정 건전성에 대한 루머나 추측 때문이며, 그 루머를 믿는 사람들은 은행에서 돈을 인출하려 한다는 (C)가 나온다. 이로 인해 은행 문밖에 긴 줄이 생기면. 은행에 대한 나쁜 소문이 더더욱 증폭된다는 (B)가 나오며, 나쁜 소문이 너무나 만연하면 은행이 다른 은행에서 돈을 빌릴 수조차 없고, 전체 금융 시스템이 무너지는 결과를 초래할 수 있다는 (A)가 마지막에 나온다. 따라서 정답은 '④ (C)–(B)–(A)'이다.

해석

뱅크런(사람들이 예금을 찾으러 은행에 몰려드는 현상) 혹은 은행 공황은 미국 역사 전체에 걸쳐 여러 번 일어났다. 은행은 100%에 훨씬 못 미치는 법정준비금을 가지고 영업하기 때문에, 충분한 수의 고객들이 단 하루에 그들의 잔고를 요구한다면 은행이 그 요구를 맞춰 줄 수 없게 되는 일이 있을 수 있다.

(C) 많은 은행 공황은 은행의 재정 건전성에 대한 루머나 추측으로 인해 발생했다. 충분한 수의 사람들이 그 루머를 믿는다면, 논리적으로 그들은 자신의 자금을 인출하여 그것을 다른 금융 기관으로 옮기거나 매트리스 아래에 채워 넣고 싶을 것이다.
(B) 일단 은행 문에 줄이 생기기 시작하면. 다른 고객들도 알아차리고 루머가 확산될 것이다. 은행은 다른 은행에서 차입하여 자기 고객의 잔고를 내어줄 수 있다면 뱅크런을 피할 수 있다.
(A) 그러나 추측이나 루머가 만연하면, 은행은 그때 서로에게 대출해주기를 꺼리게 될 수 있다. 이런 일이 발생할 때, 그것은 훨씬 더 많은 추측을 촉발하고, 전체 금융 시스템에 뱅크런을 일으킬 수 있다.

어휘

multiple 다수의 operate 영업하다
required reserve 법정준비금 balances 잔고, 잔액
speculation 추측, 억측, 투기 pervasive 만연하는
unwilling 꺼리는 spark 촉발하다 financial 금융의
avert 방지하다 withdraw (돈을) 인출하다
fund 기금, 자금 institution 기관 stuff 채워 넣다

16. 정답 ④

해설

많은 사람이 수화가 여러 동작을 대충 모아놓은 것이라고 착각한다는 주어진 문장 뒤에 사실은 수화가 상당히 체계적인 언어 시스템이라고 설명한 (C)가 온 뒤, 사람들이 수화에 공용어가 존재한다고 생각한다는 또 다른 오해가 있지만 이는 사실이 아니며, 국가별로 매우 다른 수화를 사용한다는 내용인 (B)가 오고, 이어서 (B)에 대한 부연 설명으로 (C)가 맨 마지막에 오는 것이 자연스럽다.

해석

많은 사람이 수화는 팬터마임과 비슷한 동작들을 대충 모아 놓은 것이라고 잘못 생각한다.

(C) 그러나 사실 수화는 음성 언어의 모든 문법적 복잡성을 가진 고도로 구조화된 언어 체계이다. 음성 언어가 단어와 문장을 형성하는 데 있어 특정한 규칙을 가지고 있듯이, 수화에도 각각의 손짓과 수화로 나타내진 문장들에 대한 규칙이 있다.
(B) 또한, 세계 공용의 수화가 있을 것이라는 또 다른 오해가 존재한다. 그러나 이 또한 사실이 아니다. 여러 나라의 청각 장애인들은 서로 매우 다른 수화를 사용하기 때문에 그들이 해외 여행할 때 의사소통을 하기 위해서는 새로운 수화를 배워야 한다.
(A) 수화의 다양성을 보여주는 지표 중 하나는 국제 회의에서 모든 청각 장애인들이 이해할 수 있도록 수화 통역사를 제공해야 한다는 사실이다. 흥미롭게도, 성인이 되어서 제2의 수화를 습득하는 청각 장애인은 실제로 외국 말투가 섞인 수화를 구사할 것이다!

어휘

mistakenly 실수로 sign language 수화 loose 헐거운
pantomime 팬터마임, 무언극 indication 암시
interpreter 통역사 sign 몸짓 신호 accent 어투, 말투
misconception 오해 structured 구조화된
linguistic 언어의 complexity 복잡성

17. 정답 ④

새로운 온도계가 발명되었다는 주어진 문장 다음에, 한 회사가 간호사들의 온도 측정 시간을 줄일 수 있는 새 온도계를 만들게 된 배경을 설명한 (C)가 오고, 그 회사가 개발에 사용한 기술에 대해 설명하는 (B) 다음에, 새 온도계의 작동 원리를 설명하는 (A)로 이어지는 것이 적절하다.

해석

1991년에 구식 수은 온도계에 비해 대단한 발전인 새로운 온도계가 발명되었다.

(C) 이 현대식 온도계를 창안한 회사는 바쁜 병원 간호사들에게 시간을 절약하게 해 주고 싶었다. 미국의 간호사들은 매년 약 10억 회 정도 온도계 수치를 읽으므로, 구식 온도계의 수은이 올라가기를 기다리면서 수분(分)을 낭비하는 것은 상당한 시간적 손실을 가중시켰다.

(B) 이 시간을 없애기 위해, 그 회사는 별의 온도를 측정하려고 NASA(미국 항공 우주국)가 개발한 기술을 이용했다. 그들은 환자의 귀 바로 안에 그것을 넣으면 몇 초 내에 신체 온도를 기록할 수 있는 열 센서를 고안해 냈다.

(A) 그것은 귀의 고막에서 외이도로 방출되는 에너지의 수준을 측정함으로써 작동한다. 우리가 더 아프고 체온이 높아질수록 고막에서 더 많은 에너지가 방출된다.

어휘

thermometer 온도계 improvement 성장
old-fashioned 구식의 mercury 수은 emit 방출하다
eardrum 고막 ear canal 외이도 give off 방출하다
free up ~을 해방시키다 register 온도를 가리키다
outdated 구식인

18. 정답 ④

패러다임(사물을 바라보는 방식)을 안경에 비유하여 설명하는 글이다. (A), (B)가 연결사 Then으로 시작하므로 그 문장의 내용보다 시간상 또는 논리적인 정황상 앞선 문장을 찾는 것이 좋은 해결 방법이다. 즉, (A) 앞에는 필자가 새 안경을 쓰기 이전의 상황인 (B)가 오고, (B)의 앞에는 어리석은 행동을 하게 된 이유가 드러난 (C)가 와야 한다. 따라서 글의 순서는 '④ (C)-(B)-(A)'가 자연스럽다.

패러다임은 신념, 가정, 가치의 체계이다. 그것은 안경을 쓰는 것처럼. 당신이 실재를 판단하거나 사물을 보는 방법이다.

(C) 당신이 자신이나 세상과 관련하여 일반적으로 결함이 있는 패러다임을 가진다면, 이는 잘못 처방된 안경을 끼는 것과 같다. 왜냐하면, 당신이 보는 것이 당신이 얻는 것이기 때문이다. 예를 들어, 당신의 패러다임에 따라 당신이 스스로를 어리석게 본다고 가정해 보자.

(B) 그러면 당신은 아마도 어리석은 방식으로 행동할 것이다. 당신이 해야 하는 것은 당신의 처방을 바꾸는 것이다! 나는 시력을 검사받을 때까지 내 시력이 아주 좋다고 생각했고 시력이 실제로 꽤 나쁘다는 것을 알고 충격받았다.

(A) 그 후, 새 안경을 끼자 모든 것이 얼마나 놀랍도록 분명하고 상세하게 보이는지에 나는 깜짝 놀랐다. 종종 그렇다. 잘못된 패러다임을 고쳐야 비로소 우리는 얼마나 많은 것을 놓치고 있는지를 알게 된다.

paradigm 패러다임, 사고의 틀 assumption 가정
astonished 깜짝 놀란 detailed 상세한
prescription 처방 faulty 결점이 있는

19. 정답 ④

해설

수렵 채집인의 생활 모습을 가정하며 천문학이 어떻게 시작되었는지를 설명하는 글이다. 동굴인이 밤에 잠깐 밖에 나간다는 내용의 주어진 글 다음에는, 해가 진 후 밤하늘의 반짝이는 별들을 보게 되는 (C)가 이어지는 것이 알맞다. 동굴인은 별의 경로가 해마다 동일하다는 것을 관찰하게 된다는 (A)가 그 뒤에 오고, 관찰한 것을 기록하여 그 지식을 다른 사람들에게 전해 준다는 내용인 (B)가 마지막에 이어지는 것이 자연스럽다. 따라서 정답은 '④ (C)-(A)-(B)'이다.

해석

천문학은 어떻게 시작되었는가? 날마다 수렵 채집 일을 하며 멀리서 노동한 후 어두워진 후에는 밤의 동물들이 당신과 당신 가족을 잡아먹지 못하도록 당신의 바위로 된 집에 숨는 동굴인이 되었다고 상상해 보라. 당신이 정말로 위험을 무릅쓰고 밤에 나간다면, 그것은 동굴에서 멀지 않은 곳으로 잠깐 다녀오기 위해서일 것이다.

(C) 그래서 하늘의 밝은 물체(=태양)가 지평선 아래로 떨어진 후의 어느 밤에, 당신은 이제 막 동굴로 돌아가려던 참에 우연히 고개를 들어 절정에 달한 밤하늘을 정말로 주목하게 된다. 빛의 작고 밝은 점들(별들)이 당신에게 반짝인다.

(A) 당신은 이 모든 것으로 뭘 할지 거의 알지 못한다. 당신이 보는 모든 것에는 당신의 힘이 미치지 않지만, 당신은 그것들을 관찰해오던 세월 동안 하늘의 빛들이 해마다 같은 경로를 따른다는 것을 알아차렸다.

(B) 아마 당신은 당신이 본 것을 기록하기로 결심할 것이다. 동굴 벽이나 동물 가죽에 그림으로 말이다. 그러한 방식으로 당신은 다른 사람들에게 그것을 가르쳐 주고 당신과 당신의 일족이 생존하는 데 필요한 정보에 그 지식을 추가할 수 있다.

어휘

astronomy 천문학 cave 동굴
venture 위험을 무릅쓰고 ~하다
beyond one's reach 손이 닿지 않는
hide (큰 짐승의) 가죽 clan 씨족, 일족 horizon 지평선
be about to-v 이제 막 ~하려 하다
in all one's glory 절정의, 전성기의
twinkle 반짝반짝 빛나다

20. 정답 ②

해설

주어진 문단에서 종(種)들이 물에 떠다니는 초목을 타고 바다 건너로 퍼졌을 수도 있다는 이론은 그럴듯하지만 확인하기 어려운 데, 이러한 종류의 분석이 2011년에 일본을 급습한 쓰나미로 인해 가능해졌다고 설명한 뒤, (B)에서 이 쓰나미(This Tsunami)의 급습과 퇴보는 수백만 종류의 파편들을 끌고 왔다고 언급하고 있다. 뒤이어 (C)에서 634개 물체에 대한 집중조사는 어떠한 육지에 사는 생물의 종류(Terrestril Species)를 밝혀내지 못했다고 한 뒤, (A)에서 하지만(Though), 많은 해양 생물들이 갑자기 나타났다고 설명하고 있다. 따라서 '②(B)-(C)-(A)'가 정답이다.

해석

이 종(種)들이 물에 떠다니는 초목 위에 올라타 바다 건너로 퍼졌을 수도 있다는 것은 찰스 다윈으로 거슬러 올라가는 견해이다. 이것은 그럴듯한 생각이지만, 확인하기 어렵다. 그러나, 이러한 종류의 분석은 2011년에 일본의 태평양 해안을 급습한 쓰나미로 인해 가능해졌다.

(B) 이 쓰나미의 급습과 퇴보는 그것과 함께 수백만 종류의 파편들을 끌고 왔는데, 그들 중 다수는 물에 뜨는 것이었다.

(C) 자연적인 뗏목으로 이리저리 이동하는 육지 동물에 대한 다윈의 예측을 찬미하는 사람들에게는 실망스럽게도, 플라스틱 병에서 떠다니는 부두의 범위에 이르는 634개 물체에 대한 집중 조사는 어떠한 육지에 사는 생물의 종류도 밝혀내지 못했다.

(A) 하지만, 많은 해양 생물들이 갑자기 나타났고, 최신 유전자 바 코딩 기술을 이용하고 있는 80명의 분류학자 무리에게 임무를 제공했다.

어휘

overseas 바다 건너 hitch a lift 얻어 타다
float 떠다니다 vegetation 초목, 식물
go back to 거슬러 올라가다 plausible 그럴듯한
test 확인하다 strike 급습하다 army of 무리의
taxonomist 분류학자 wield 이용하다 genetic 유전자의
equipment 기술 incursion 급습 regression 퇴보
debris 파편 buoyant 뜰 수 있는 raft 뗏목
intensive 집중적인 examination 조사 dock 부두
terrestrial 육지에 사는

21. 정답 ③

역사의 정의를 이해하기 위해 History라는 단어의 기원에 대해 살펴볼 필요가 있음을 명시한 주어진 글 다음에 History라는 의미의 기원과 이후에 달라진 의미를 제시한 (C) 가 오고 History의 달라진 의미에 대해 더 구체적으로 서술한 (A)가 이어진 후, (B)에서 역사를 형성하는 또 다른 요인에 대해 설명하는 순서로 배열하는 것이 자연스럽다.

해석

'역사는 열차 시간표와 같이 올바른 순서로 나열된 일련의 사건이 아닙니다.' 이 진술을 이해하려면, '탐구'를 뜻하는 고대 그리스어인 'Historia'에서 유래한 단어 'History'의 기원에 대해 살펴봐야 한다.

(C) 이 용어는 기원전 5세기에 이 의미로 처음으로 사용되었다. 그 이전에, 'History'는 사실을 검토한 후 판단을 내리는 사람이었다. 역사를 탐구의 한 형태로 봄으로써, 우리는 역사를 과거에 대한 단순한 기억 이상으로 볼 수 있다.
(A) 대신, 그것은 질문하고 답을 찾는 것을 수반하는 적극적인 추구이다. 이런 방식으로 역사를 봄으로써, 우리는 과거에 관해 누군가가 물은 질문이 누군가가 찾는 답에 어떻게 영향을 끼치는지를 이해할 수 있다.
(B) 역사를 형성하는 또 다른 요인은 그것이 의도된 대상이다. 이 사람들은 누구이며 왜 그들이 그 역사서를 읽을 것인지는 어떤 질문이 이루어지고 어떻게 대답이 제시되는지를 결정하는 데 있어서 직접적인 역할을 한다.

어휘

catalogue 목록 in the right order 올바른 순서대로
statement 진술 origin 기원 ancient 고대의
inquiry 연구 pursuit 추구 involve 수반하다
shape 형성하다 audience 청중 intend 의도하다
play a role 역할을 하다 determine 알아내다
present 제시하다 term 용어
make a judgment 판결을 내리다
examine 조사하다, 검토하다 recollection 기억

22. 정답 ③

DARPA가 사이보그 곤충 개발을 현실화시키고 있다는 내용의 주어진 문장 다음에, 그동안 개발해 온 방법을 제시하면서 성공적인 방법을 찾아냈다는 내용의 (B)가 오고, 그 방법을 자세히 소개하는 (C) 다음에 이렇게 만들어진 사이보그 곤충의 제어 방법과 그 쓰임을 설명하는 (A)가 오는 것이 자연스럽다.

공상 과학 소설처럼 들릴지도 모르나, 사이보그 곤충들은 미국 국방 고등 연구 기획청(DARPA)이 이러한 목표를 지향하여 노력하면서 현실이 되어 가고 있다.

(B) 수년 동안, DARPA 바퀴벌레, 딱정벌레, 그리고 나방과 같은 살아 있는 곤충들을 감시 장치로 전환할 수 있는 회로를 이용하여 곤충들을 원거리에서 조정하는 방법들을 개발해 왔다. 마침내, DARPA는 유효한 방법을 찾아냈다.
(C) 이 과정은 과학자들이 아직 태어난 지 얼마 안 된 곤충의 몸속에 작은 기계장치를 설치하는 것을 수반한다. 곤충은 성장하면서 이 기계장치를 자신의 몸 안에 통합시킨다.
(A) 그리고 나서, 성충기에 곤충의 움직임은 GPS나 DARPA로부터의 초음파 신호에 의해 원격으로 제어될 수 있다. 곤충들에게 센서가 장착된다면, 그것들은 위험하거나 접근 불가능한 지역들을 정찰하고 정보를 되돌려 보내기 위해 파견될 수 있을 것이다.

remotely 멀리 ultrasonic 초음파의 equip 장비를 갖추다
scout 정찰하다 interface 회로 convert 전환하다
roach 바퀴벌레 moth 나방 surveillance 감시
incorporate 통합시키다

23. 정답 ②

해설

공간과 시간이 물질의 영향을 받는다는 주어진 글 다음에는, 이것이 아인슈타인이 진행한 연구의 기반이었으며, 이를 바탕으로 아인슈타인이 먼 곳에서 온 빛이 태양 옆에서 휘어질 거라고 예측했다는 (B)가 나온다. 일식은 아인슈타인의 가설을 확인하기에 좋은 기회였으며, 관찰자들은 실제로 빛의 휘어짐을 관찰했다는 내용의 (A)가 그다음에 나오며, 이러한 관찰(This Observation)을 바탕으로 아인슈타인이 연구 결과물을 출간했다는 내용의 (C)가 마지막에 이어진다. 지시어와 관사를 통해 파악해 본다면, (B)의 This는 주 어진 글의 '공간과 시간이 물질의 영향을 받는다'는 내용이며, (A)의 The eclipse는 (B)의 a solar eclipse that occurred in 1919를 지칭한다.

해석

공간과 시간은 흥미로운 것이다. 그것은 둘 다 물질(특히 강력한 중력의 영향력을 가지는 대량의 물질)의 영향을 받는다.

(B) 이것이 Albert Einstein이 했던 연구의 기반이며, 1919년에 일어난 일식이 이에 자극이 되었다. 그는 먼 곳의 별에서 나온 빛의 광선은 태양의 중력의 영향으로 인해 태양 옆을 지날 때 휘어질 거라고 예측했다.
(A) 일식은 햇빛을 차단하여 관찰자들이 보통은 보지 못했을 별을 보게 해 주었고, 그들은 중력 렌즈(무거운 중력장 내에서 빛이 굴절하는 현상)로 인한 빛의 작은 이동을 측정하는 데 성공했다.
(C) 이러한 관찰은 Einstein이 물체의 질량이 어떻게 지역적인 시공간을 휘게 하여, 빛의 광선이 아주 조금 휘어지게 하는지를 기술하는 연구를 출간하게 했다. 1919년의 일식은 중력 렌즈에 대한 최초의 실험적 확인을 제공했다.

어휘

gravitational 중력의 eclipse (일식 월식 등의) 식
gravitational lensing 중력 렌즈 basis 근거
spur on 자극하다 mass 질량 ever so 매우, 몹시
confirmation 확인

24. 정답 ④

해설

사회적 고립을 이해하기 위해서는 그 사람의 상황에 대한 인식이 필요하다는 내용의 글로, 각 글의 앞부분에 나온 연결어와 지칭 어구를 통해 글의 순서를 파악할 수 있다. 먼저 주어진 글의 On one hand(한편으로는)에 이어 (C)의 On the other hand(다른 한편으로는, 반면에)가 자연스럽게 연결된다. (C)의 마지막 문장과 (B)의 That's why~ 문장은 인과 관계로 연결된다. 끝으로 (A)의 For example~ 문장은 (B)의 마지막 문장을 부연 설명하는 예시이다. 따라서 글의 순서는 '④ (C)-(B)-(A)'가 자연스럽다.

해석

어떤 사람이 사회적으로 고립되는 상황을 해석하는 데에는 여러 방법이 있다. 한편으로는, 사람들이 때때로 홀로 있는 것을 추구하는 것은 건강한 일이다.

(C) 반면에, 사람들이 사회적이고 감정적인 상호작용이 없어서 고립되고 불행하며 괴롭다고 느낄 때는 분명히 문제가 된다. 선택에 의한 고립은 즐거운 고독이지만 선택이 없다면 그것은 암울한 외로움이다.
(B) 그것이 바로 고립된 사람의 상황에 대한 인식이 사회적 고립을 이해하는 데 핵심이 되는 이유이다. 단순히 어떤 사람의 사회적 상호작용의 수와 빈도를 세는 것은 그 사람이 괜찮은지를 판단하는 데 충분하지 않다.
(A) 예를 들어, 집에 틀어박힌 노인은 그의 딸이 매일 찾아와도 여전히 고립되고 우울하다고 느낄 수 있다. 만족스러운 사회적 삶은 사람의 사회적 상호작용의 수와 빈도에 의해 결정되는 것이 아니라 그것(상호작용)의 질과 공유된 감정 교환에 의해 결정된다.

어휘

interpret 해석하다 isolated 고립된
homebound 집에 틀어박힌 depressed 우울한
give-and-take 교환 frequency 빈도
interaction 상호작용 perception 인식. 지각
distressed 괴로운 solitude 고독, 외로움

25. 정답 ②

해설

청년 위기를 20대 초반에서 30대 초반에 종종 일어나는 사건이라고 설명하는 주어진 글 뒤에 청년 위기가 대체적으로 학자금 대출과 직업 경험 부족에 직면하는 졸업 직후에 일어난다는 (B)가 오고 이러한 많은 졸업생이 이 위기를 보내는 방식을 설명하는 (A)가 온 후, 이러한 방식의 문제점을 언급하는 (C)가 오는 것이 적절하다.

해석

'청년 위기(인생의 4분의 1의 시점에 오는 위기)'는 성인기에 접어드는 것과 관련된 모든 어려운 변화들 이후인, 20대 초반에서 30대 초반일 때 종종 일어나는 사건이다.

(B) 이것은 대체적으로 대학을 갓 졸업한 후에 일어나는데, 이때 젊은이들은 학자금 대출로 평균 1만 달러 정도의 빚을 지고 있으며 아직 직업 경험이 부족하다.
(A) 이러한 최근 졸업생 중 다수는 여행을 하고, 다양한 직업을 경험하며, 미래에 그들이 무엇을 하기를 원하는지를 정확하게 알아내기 위해 애쓰면서 이 시기를 보낸다.
(C) 그러나 이런 종류의 실험이 20대와 30대의 사람들에게 항상 최선인 것만은 아니다. 그러한 불안정한 삶의 방식이 30세가 지나고 나서도 계속된다면, 그것은 결국 심각한 개인적인 위기로 이어질 수 있다.

어휘

crisis 위기 associate 관련시키다 adulthood 성인기
graduate 졸업생 figure out 알아내다 debt 빚
loan 대출 experimentation 실험 unstable 불안정한

26. 정답 ③

해설

노래 부를 때 적절한 호흡 기법만큼이나 성대가 중요한 역할을 한다는 것을 언급하는 주어진 글 다음에 공기가 성대를 지나면서 소리가 만들어지는 원리를 서술한 (B)가 오고, 성대가 소리를 만드는 과정에서 생성 가능한 음역대와 이를 위한 성대 훈련의 필요성에 대해 언급한 (C)가 이어진 후, 구체적인 성대 훈련 기법에 대해 진술하는 (A)가 오는 것이 자연스럽다.

해석

노래를 부르는 물리적인 행위에는 관여된 많은 요소가 있다. 비록 적절한 호흡 기법이 행하는 중요한 역할을 과소평가하지 않는 것이 중요하기는 하지만, 강력한 노랫소리를 내는 데 실제로 핵심적인 것은 바로 우리의 성대이다.

(B) 공기가 후두 안쪽에 있는 성대를 지날 때, 성대는 서로 떨어지게 된다. 일단 공기가 통과하고 나면 성대는 재빨리 다시 함께 붙는다. 그 결과 생기는 진동이 인간의 목소리를 만들어 내는 것이다.
(C) 이 과정 동안 성대는 4옥타브를 망라하는 광범위한 소리를 내기 위해 근육과 상호작용할 수 있다. 이 때문에, 성대를 단련시키는 훈련 기법은 노래 부르는 것에 대해 진지하게 생각하는 사람이라면 누구에게라도 꼭 필요하다.
(A) 이런 기법에는 기본 음계를 규칙적으로 불러 보는 것과 음높이를 향상시키기 위해 한 음에서 다른 음으로 변화하는 것이 필요한 소리를 연습하는 것이 포함된다. 어떤 연습에서나 마찬가지로 적절하게 미리 워밍업을 하는 것이 항상 가장 바람직하다.

어휘

fact 요소 underestimate 과소평가하다 vital 필수적인
proper 적절한 vocal cord 성대 musical scale 음계
pitch 음높이 beforehand 미리 vibration 진동
interact 상호작용하다 a wide range of 광범위한
octave 옥타브 essential 필수적인

27. 정답 ③

해설

주어진 글은 경쟁이 동료애나 동지애가 시작조차 하기 어렵게 만든다는 내용이다. (B)에서 직장에서 사람들이 진정한 동료애를 가지기 어려운 상황이 제시되고 (C)에서 그 사례로 컴퓨터 프로그래머들 사이의 경쟁이 제시되어야 한다. (A)에서 그 결과로 우정이 싹트지 못한다는 점과 공연 예술가들도 그러하다는 내용이 제시되어야 자연스러운 흐름이 된다.

해석

경쟁은 우리의 기존 관계가 끊어지는 정도까지 긴장시킬 뿐 아니라 처음부터 그것들이 발전하는 것을 막는다. 진정한 우정과 사랑은 말할 것도 없고. 동지애와 동료애는 우리가 경쟁자로 정의되면 뿌리를 내릴 기회를 거의 갖지 못한다.

(B) 직장에서 사람들은 동료들과 친근한 관계를 유지하려고 노력하지만, 신중함이 있고, 자아의 일부는 보류되어 유지되며 지금 경쟁이 없을 때도 아무도 다음 주에 누구와 서로 경쟁해야 할지 전혀 모르는 것이다.
(C) 우리는 이러한 다가오는 경쟁을 인식할 수밖에 없다. 나는 컴퓨터 프로그래머들을 위한 확대된 훈련 세미나가 가끔 경쟁으로 설정된다는 말을 최근에 들었는데, 사람들의 최종적인 지위와 급여가 그 사람이 얼마나 많은 프로그램을 만드는가에 의해 결정된다는 것이다.
(A) 한 주저하는 참가자에 의하면, 각자가 다른 사람을 능가하려고 노력해야 하므로 그 결과 우정이 싹부터 없어지게 된다고 한다. 공연 예술가들도 마찬가지로 같은 배역이나 자리를 위해 오디션을 봐야 하므로 서로와 함께 있는 것을 즐기기 힘들다고 느낀다.

어휘

strain 부담을 주다   companionship 동지애
to say nothing of ~는 말할 필요도 없이   reluctant 꺼리는
nip 빨리 없어지다   bud 봉우리   outdo 능가하다
terms 관계   in reserve 보류된

28. 정답 ③

해설

주어진 글은 건강 관리 시스템의 문지기 역할을 하는 여러 사람을 제시하는 내용으로 (B)의 Gatekeeping of this sort에서 this sort는 주어진 글에 언급된 사람들을 가리키므로 주어진 글 다음에 (B)가 이어져야 한다. (B) 마지막 부분의 the medicine man/woman은 (C)의 the medicine man/woman과 연결되며, 근대 이전 사회의 의료 행위와 구별되는 현대 사회의 의료 행위를 설명한 (A)가 (C) 다음에 나와야 한다.

해석

의사, 간호사, 약사, 그리고 다른 많은 전문직 및 전문직 보조 간병인들은 사실상 건강 관리 시스템의 문지기 역할을 하는 사람들이다.

(B) 이런 종류의 문지기 역할은 근대 이전 사회에서는 불필요했었을 것인데, 그 사회에서는 병들어 있다고 여겨지는 사람의 집안사람 중 누군가가 치료사에게 직접 연락하여 그 사람이 집에 와서 적절하다고 여겨지는 무엇이든지 행하곤 했다.
(C) 많은 경우, 그 치료사는 지역 공동체나 집안사람의 일원이었고 특별히 통보를 받을 필요 없이도 그 문제에 대해 알고 있었다.
(A) 하지만 사회가 더 커지고 더 이질적으로 변하면서, 그리고 의료 행위가 광범위하고 배타적인 훈련을 받은 사람들만 행할 수 있는 특권을 가진 전문 지식의 영역이 되면서, '아픈' 사람과 그 사람의 치료 사이에는 훨씬 더 많은 단계가 생기게 되었다.

어휘

pharmacist 약사   a host of 많은   caregiver 간병인
gatekeeper 문지기   heterogeneous 이질적인
expertise 전문가적 지식   exclusive 독점적인   ailing 아픈
specifically 구체적으로

29. 정답 ④

결혼의 의미가 변했다는 내용으로 시작하는 주어진 글은 1933년과 1945년에 이루어진 관찰의 결과, 배우자 선택에서 성격과 상호 간의 애정과 이해가 더욱 중요해졌다고 말하고 있다. (C)의 What these sociologists had observed가 바로 주어진 글에서 언급된 세 명의 사회학자가 관찰한 것을 의미하므로 주어진 글 다음에 (C)가 나오는 것이 자연스럽다. (B)의 this trend는 (C)의 콜론(:) 이하의 내용인 부부가 서로에게서 감정적 만족감을 기대한다는 것을 의미하므로 (C) 다음에 (B)가 와야 한다. (B)의 친밀도가 결혼의 핵심이 되었고 결혼이 사회가 만드는 긴장감에 대한 해결책으로 여겨지게 되었다는 것을 (A)의 This new form, 'Companionate Marriage'로 지칭하고 있으므로 (B) 다음에 (A)가 나와야 한다.

시간이 지남에 따라, 결혼의 의미가 변하기 시작했다. 1933년에, 사회학자 William Ogburn은 배우자 선택에 있어서 성격이 더욱 중요해지고 있음을 관찰했다. 1945년에, 사회학자 Ernest Burgess와 Harvey Locke는 결혼에서 상호 간의 애정과 이해의 중요성이 커져 가고 있음을 알아차렸다.

(C) 사회학자들이 관찰했던 것은 미국 내에서 결혼의 근본적인 변화였는데 즉, 남편과 아내가 서로에게 더 큰 감정적 만족감을 기대하게 된 것이다.
(B) 이러한 경향이 심화되면서 친밀도가 결혼의 핵심이 되었다. 동시에, 사회가 더욱 복잡해지고 비인간적이 되어 감에 따라, 미국인들은 사회가 만든 긴장감에 대한 해결책으로 결혼을 바라보게 되었다.
(A) 이 새로운 형태의 '동반자적 결혼'은 이혼의 원인이 되었는데, 왜냐하면 그것은 사람들이 자신의 배우자가 '각각의 그리고 모든 필요성'을 만족시켜 줄 것으로 기대하도록 조장했기 때문이다. 결과적으로, 사회학자들은 결혼이 '과부하 된 제도'가 되었다고 말한다.

어휘

personality 성격 mate 짝 mutual 상호의
companionate 동반자적 sociologist 사회학자
overloaded 과부하 된 intensify 강화하다
intimacy 친밀도 fundamental 근본적인

30. 정답 ②

주어진 문장에서 한 사냥꾼이 큰 동물을 잡아 다른 사람들과 같이 나누어 먹는다는 내용이 오고, 이를 (B)에서 this hunting으로 받고 있으며. 이어 사냥이 자기 자신에게도 직접적인 이득이 되는 이유가 제시되는 (A)가 온 다음, 결국 자신의 이익을 위해서 한 행동의 부산물로 친사회적 행동이 선택된다는 내용의 (C)가 오는 것이 가장 적절한 글의 순서이다.

어떤 사냥꾼이 큰 포유동물을 잡았는데 그걸 결국 다른 사람들과 나누게 되었고, 심지어 그의 사냥기술 덕에 공짜로 얻어먹는 비사냥꾼들과도 나누게 되었다고 생각해 보자.

(B) 많은 사람은 이런 사냥이 친사회적인 행동이라고 생각할 것이다. 비록 행위자는 다른 사람들이 이익을 얻을 것이라고 의도하지 않았을 수도 있지만, 그는 아마 자기의 텅 빈 배를 채우는 데만 관심이 있었을 수도 있다. 다른 사람들도 이익을 얻기 때문이다.
(A) 사냥은 먹을 수 있게 해 주기 때문에, 사냥꾼에게도 직접적인 혜택을 제공해 준다. 사냥에 대한 비용이 들기는 하더라도 사냥하는 것이 굶는 것보다 낫다. 중요하게는, 고기를 나누는 것이 다른 사람들이 사냥꾼에게 고기를 달라고 성가시게 굴지 못하게 한다면, 고기를 나누는 것조차 직접적으로 이득이 될 수도 있다.
(C) 결국 다른 사람들에게 돌아가는 혜택은 사냥꾼이 자기의 최대 이익을 위해 한 일에서 파생된 부산물이다. 이런 종류의 상황에서 친사회적 행동이 선택된 것이기는 하지만, 그래도 우선적으로는 행위자에 돌아가는 직접적인 혜택으로 인해 선택된 것이다(어떤 부유한 사람이 골프를 계속할 수 있는 골프장을 구매하고, 다른 골퍼들도 역시 이로부터 이익을 얻을 수 있는 경우를 생각해 보라).

mammal 포유동물 starve 굶주리다
beneficial 도움이 되는 pester 성가시게 하다
prosocial 친사회적인 belly 배 byproduct 부산물

31. 정답 ④

 해설

주어진 문장에서 가상공간에도 감정이 있는지를 묻는 것이 중요하다고 한 것에 이어, 감정적인 맥락이 있다고 대답하는 (C)가 이어지고, (C)의 마지막 부분의 온라인과 오프라인상에서 일어나는 사회적 상호작용은 차이가 있다는 내용에 대해 설명하는 (B)가 이어진다. 마지막으로 (B)의 뒷부분에 대한 구체적인 예가 제시되는 (A)가 오는 것이 가장 적절한 글의 순서이다.

해석

우리의 삶에서 정보 기술이라고 하는 것이 너무나 핵심적인 부분을 차지하고 있어서, 가상공간에도 감정이라는 것이 있는지를 물어보는 것이 중요하다.

(C) 가상공간도 인간이 사는 또 다른 공간이기 때문에, 감정적인 맥락을 가지고 있음에 틀림없다. 하지만, 그것은 오프라인 세계에서 일어나는 상호작용과는 다른 사회적 상호작용을 사람들 사이에서 만들어 낸다는 점에서 특별한 특징을 가진다.

(B) 한 가지 차이점은 오프라인 커뮤니티와 비교할 때 종종 온라인 커뮤니티의 수명이 훨씬 더 짧다는 것이다. 인터넷 포럼이나 토론 그룹의 참가자들은 종종 지역 사회 규범에 덜 얽매이기 때문에, 더 빠르게 상호작용할 수 있고, 자신들의 감정을 더 자주 표현할 수 있다.

(A) 예를 들면, 인터넷은 '불같이 화가 났을 때'의 예시에서처럼, 강한 감정들을 표현하는 장소로 잘 알려져 있다. 그것은 또한 다중의 참가자들이 서로서로 관계를 맺는 많은 환경을 제공하기도 한다. 그러한 현상들을 연구함으로써 얻을 수 있는 것은 무엇일까? 글쎄, 우선, 감정과 직관이 정보 기술과 어떻게 상호작용하는지를 이해하게 되면 우리에게 도움이 될 수 있을 것이다.

어휘

occupy 차지하다   flaming 불같이 화가 난
engage with ~와 관계 맺다   norm 기준
be bound to R 예정되다   social interaction 사회적 관계

32. 정답 ④

 해설

주어진 문장에서 실제 대화를 글로 옮긴 것과 극에서 나누는 대화에 차이가 있다는 말이 오고, 극에 등장하는 대화의 특징을 설명하는 (C)가 온 다음, (C)의 마지막 부분에 있는 영화의 오프닝 타이틀에 대한 자세한 설명이 오는 (A)가 오고, (A)에서 다룬 시각적이고 맥락에 근거한 대화가 (B)의 This visual and contextual communication으로 나오는 것이 가장 적절하다.

 해석

실제 대화를 글로 옮긴 것과 극 중 대화 일부분의 차이는 엄청나다.

(C) 극에서 가장 자연스럽게 들리는 대화라고 할지라도 매우 공들여 만들어진 것이고 인위적이다. 영화에서 대화는 거의 완벽하게 부재할 수도 있다. 많은 영화의 오프닝 타이틀은 대사가 전혀 없이 이야기를 하는 걸작품일 수도 있다.

(A) 우리는 교묘하게 촬영되어 빈틈없이 잘린 등장인물의 행동과 표현을 보고, 말하는 대사 없이 영화를 본 몇 분 내에 우리는 그들이 누구이고, 그들이 어떻게 생겼으며 그들이 무엇을 하며, 때로는 그들이 누구를 사랑하고 누구를 두려워하는지를 안다.

(B) 이런 시각적이고 맥락에 근거한 소통은 그것이 시각적인 것이든 강한 감정에 따른 것이든 우리가 다른 사람들과의 상호작용으로부터 받고 회상하는 것의 대부분이다. 그들이 하는 말의 내용과 그들이 말하는 것들의 의미는 훨씬 뒤에 온다.

어휘

transcript 사본   play 연극   skillfully 숙련되게
contextual 맥락에 근거한   visceral 강한 감정에 따른
natural-sounding 자연스럽게 들리는   crafted 공들인
masterpiece 대작

33. 정답 ③

자기(磁氣) 자동차를 타고 있는 상상을 해 보라는 주어진 문장 다음에 우리가 마찰력을 극복하는 휘발유의 대부분을 쓴다는 (C)가 오고, (C)의 뒷부분의 질문에 대한 응답이 나오는 (A)가 이어진다. 그 뒤에 비슷한 또 하나의 예가 나오는 (B)가 오는 것이 가장 적절한 글의 순서이다.

지면 위에 떠 있고, 시간당 수백 마일의 속도로 달리며, 거의 연료를 쓰지 않는 자기(磁氣) 자동차를 타고 있다고 상상해 보라.

(C) 우리는 차에 사용하는 휘발유의 대부분이 마찰을 극복하는 데로 간다는 사실을 망각한다. 이론상으로는, 샌프란시스코에서 뉴욕으로 (자동차를 타고) 가는 데는 거의 에너지가 필요하지 않다. 그렇다면 왜 이 여행이 수백 달러어치의 휘발유를 소모하는가?

(A) 그 이유는 길에서 생기는 바퀴의 마찰, 그리고 공기의 마찰을 극복해야 하기 때문이다. 하지만 만일 어떻게든 샌프란시스코에서 뉴욕까지의 길을 얼음층으로 덮을 수 있다면, 여러분은 대부분의 길을 거의 공짜로(연료를 소모하지 않고) 그냥 부드럽게 갈 수 있을 것이다.

(B) 마찬가지로, 우리의 무인 우주탐사선은 진공 상태의 우주 공간을 떠가기 때문에 아주 적은 양의 연료만으로도 명왕성 너머까지 날아갈 수 있다. 같은 방법으로, 자기 자동차는 땅 위를 떠다닐 것이다. 여러분이 단순히 차를 불기만 하면 차가 움직이기 시작한다.

magnetic 자기의   hover 떠다니다   friction 마찰
wheel 바퀴   probe 탐사   soar 치솟다   Pluto 명왕성
vacuum 진공   float 떠가다   overcome 극복하다
in principle 이론상으로는   consume 소비하다

독해를 합격이

짭으면 보인다

4 글의 흐름 파악하기

② 문장 삽입 문제

글의 흐름 파악하기- ② 문장 삽입 문제

1. 문제 유형

지문의 흐름이 자연스럽게 이어질 수 있도록 주어진 문장이 들어가 적절한 위치를 고르는 유형이다. 문장 삽입 유형은 독해력뿐만 아니라 사고력을 묻는 유형이다.

전략 1 주어진 문장을 읽고 앞과 뒤에 나올 문장을 예상한다.

문장 삽입 유형은 제시문장의 분석이 가장 중요하다. 제시된 문장에 주어진 Signal[① 연결사, ② 지시형용사, ③ 대명사(정관사+명사), ④ 시간부사]을 활용해서, 주어진 문장 앞에 나올 내용과 뒤에 나올 내용을 각각 유추하는 것이 가장 핵심이다.

전략 2 지문을 읽으며 단서(대명사, 연결어)가 있는 경우, 바로 찾아 삽입한다.

이러한 단서가 있는 경우 난도는 낮아진다. 반면, 단어(대명사, 연결어)와 같은 단서가 없는 경우, 글 전체의 이해를 통해 문제를 해결할 수 있도록 구성하여 난도가 높아진다. 지문을 읽으면서 그 내용이 제시문장 앞에 있을 내용인지 뒤에 있을 내용인지를 파악한다.

전략 3 선택한 위치에 주어진 문장을 넣었을 때 글의 흐름이 자연스러운지 확인한다.

2. 단서

문장 삽입 유형은 문맥에 맞게 글을 전개하는 능력을 측정하는 유형으로, 하나의 단락은 하나의 주제만을 다룬다는 통일성(Unity)과 문장과 문장, 단락과 단락 간의 내용상 논리적 관계를 드러내는 응집성(Coherence)을 바탕으로 출제된다. 따라서 글의 흐름이 느슨하지 않고 서로 밀접하게 연결되어 있는 응집성이 강한 글이 출제된다.

1 연결어(접속사/접속부사)

접속사와 접속부사는 앞 문장과 뒤 문장의 논리적 흐름을 연결해 주는 것으로 제시된 문장을 삽입할 위치를 고르는 데 가장 강력한 단서가 된다.

2 대명사, 지시대명사, 지시형용사, 부정대명사의 활용

순서가 정해지지 않은 것이 여러 개일 때: One → Another → The Other(나머지 한 개)

The Others(2개 이상)

3 a N → the N → it/that 또는 they/them/those/their

처음에 제시되는 명사를 부정관사로 표시하고, 그 명사가 다시 반복될 때에는 정관사를 사용한다. 그리고 정관사로 지칭한 명사를 다시 받을 때는 대명사를 사용한다.

> I bought **a** computer yesterday, but the keyboard of **the** computer was broken.
>
> So I need to return **it**.

4 글의 전개 방식과 글의 유형을 활용해서 문제에 접근한다.

일반적인 두괄식 구성의 글은 앞부분에 일반적 개념이 제시되고, 뒷부분에 구체적 개념이 이어진다. 그리고 앞부분에 추상적이고 포괄적인 개념이 제시되고, 뒷부분에 구체적인 부연 설명이나 예시가 이어진다.

• 문장간 순서를 알려 주는 단서

반대	앞 문장과 뒤 문장의 관점이 반대	But, Yet, However
대조	앞 문장과 뒤 문장이 상반된 내용	On the other hand, In contrast
결과	앞 문장이 원인이고 뒤 문장이 결과	So, Thus, Therefore, Hence, As a result
예시	앞 문장이 큰 개념, 뒤 문장이 작은 개념	For example, For instance
비교	앞 문장과 뒤 문장이 다른 사례	Likewise, Similarly, In the same way
나열	앞 문장과 뒤 문장이 같은 내용을 나열	In addition, Also, Moreover, Furthermore, Besides, What is more
순서	시간이나 중요도의 순서를 나열하는 경우	First, Second, First of all, Above All, Lastly, Finally

1. 글의 흐름으로 보아, 주어진 문장이 들어가기에 가장 적절한 곳을 고르시오.

> The plants, as a precaution, took certain steps to protect their seeds from the greed of their consumers.

Sweetness has proved to be a force in evolution. (①) By covering their seeds in sugar and nutritious flesh, fruiting plants such as the apple hit on an ingenious way of exploiting the mammalian sweet tooth. (②) In exchange for fructose, the animals provide the seeds with transportation, allowing the plant to expand its range. (③) As parties to this grand co-evolutionary bargain, animals with the strongest inclination for sweetness and plants offering the biggest, sweetest fruits prospered together and multiplied, evolving into the species we see, and are, today. (④) They held off on developing sweetness and color until the seeds had matured completely; before then, fruits tend to be inconspicuously green and unpalatable. In some cases, like the apples, the plants developed poisons in their seeds to ensure that only the sweet flesh is consumed.

*fructose: 과당

2. 글의 흐름으로 보아, 주어진 문장이 들어가기에 가장 적절한 곳을 고르시오.

> The smallpox vaccine was a special case and later vaccines worked in a different way, which meant other scientists could not use the same method as Jenner.

Edward Jenner's discovery of a smallpox vaccination in 1796 was very important for the prevention of smallpox. (①) Before this, some people had tried the method of inoculation — exposing themselves to mild cases of smallpox to avoid the disease, but nobody had made the link between milder forms of pox and a resistance to smallpox. (②) Jenner's discovery was picked up by the British government who offered the vaccination to everybody for free and eventually made it compulsory, and many lives were saved as a result. Jenner's work also showed that vaccination could succeed, which inspired other scientists. (③) However, it was not especially important for preventing diseases other than smallpox. (④) This is because Jenner did not understand how the vaccine worked, and therefore the theory could not be applied to other diseases.

*smallpox: 천연두
**inoculation: (예방) 접종

3. 글의 흐름으로 보아, 주어진 문장이 들어가기에 가장 적절한 곳을 고르시오.

> The thymuses that doctors considered "enlarged" were actually of normal size.

One of the saddest and most costly mistakes in medical history occurred during the 1920s and 1930s, when attempts were made to prevent sudden infant death syndrome (SIDS). Researchers who investigated SIDS, a condition in which a baby inexplicably dies during the night, thought they had found the cause. (①) Upon examination, many of the deceased infants exhibited what was described as an enlarged thymus gland. The thymus is located next to the esophagus, and it was assumed that an excessively large thymus could block airflow to the lungs if there was pressure on a sleeping child's throat. (②) So, doctors tried to shrink children's thymuses by exposing them to high doses of radiation. (③) Unfortunately, the enlarged thymus theory was based on insufficient data. (④) This error resulted in between 20,000 and 30,000 deaths from radiation-induced throat cancer over the next several decades.

*thymus(gland): 흉선
**esophagus: 식도

4. 글의 흐름으로 보아, 주어진 문장이 들어가기에 가장 적절한 곳을 고르시오.

> The rapid growth in prison populations provides increased profits to corporations that build prisons and provide services to them.

We all know that the unhealthy links between business and politics have been a chronic problem. In the U.S., legislators and business owners are trying to strengthen this backscratching relationship by using the prison system. (①) How are they doing this? (②) Legislators are passing laws that command ever longer sentences, and as a result, prison populations are growing ever larger. (③)

As their profits grow, these corporations make large financial contributions to cooperative political candidates. Once these candidates are elected into Congress, their corporate sponsors influence their legal decisions. (④) Unless something is done to break this immoral cycle, the U.S. prison population will continue to grow.

5. 글의 흐름으로 보아, 주어진 문장이 들어가기에 가장 적절한 곳을 고르시오.

> But the expansion of the universe has stretched the wavelengths of that light, and we see it today as microwave radiation.

Gravitational lenses are tools for exploring the distant universe. (①) They act on light from across the electromagnetic spectrum, so they can be used to study the last faint tremors of light from the Big Bang, called the cosmic microwave background. (②) This is a dispersed background of light that began its journey across space some 370,000 years after the creation of the universe. (③) It was once very energetic, hot, and possibly as bright as the surface of a star. (④) Its faint and difficult to study. Gravitational lensing offers a way to observe changes and fluctuations in this remnant radiation that contains the last echoes of the Big Bang.

6. 글의 흐름으로 보아, 주어진 문장이 들어가기에 가장 적절한 곳을 고르시오.

> Radiocarbon also reveals that the paintings may have been completed over the course of 20,000 years, as opposed to in a single session.

The first major discovery of cave paintings came in 1876 when archaeologist Marcelino de Sautuola stumbled upon Spains Altamira cave. (①) The subject matter consisted mostly of large animals including deer, horses, and herds of bison, and those were created using paint made from charcoal and ochre. The paintings were so detailed and elaborate that Sautuola's contemporaries accused him of forgery. (②) They refused to believe that ancient humans were capable of such extraordinary works of art. (③) As it turned out, the paintings were quite authentic and we now know they were painted as many as 35,000 years ago. (④) If the dating is accurate, this would mean that hundreds of generations of early humans retouched the drawings and added their own figures over the course of millennia.

*Radiocarbon: 방사성 탄소(연대 측정에 사용)
**ochre: 황토(색)

7. 글의 흐름으로 보아, 주어진 문장이 들어가기에 가장 적절한 곳을 고르시오.

Perhaps the most important of these is the setting in which it occurs.

Why do so many people enjoy watching horror movies when the explicit purpose of these films is to terrify us? (①) While it is true that being scared in real life is not a pleasant experience, the act of watching a horror movie is different in several important ways. (②) For most of us, movie theaters are familiar places, and we know what to expect when we go there. (③) We pay money to enter the theater and watch a particular film, and we are surrounded by like-minded people as we see the horrific scenes unfold. (④) This safe environment offsets the fright generated by the content on the screen. As a result, there is enough terror to exhilarate us, but not enough to produce a real-life fear response.

---

8. 글의 흐름으로 보아, 주어진 문장이 들어가기에 가장 적절한 곳을 고르시오.

Obstacle thinking, on the other hand, focuses on the risks of undertaking new ventures.

There are two types of thought patterns that a person can adopt. One is called "opportunity thinking", and the other "obstacle thinking." Opportunity thinking means focusing on the opportunities and exciting possibilities that a situation presents. (①) It is associated with optimism. (②) Many famous leaders, artists and inventors from history seem to have possessed this sort of thought pattern. (③) Their belief in positive future experiences encouraged them to try out new ideas and undertake new challenges. (④) This thought pattern is associated with pessimism. It is a way of thinking that tries to avoid risks in favor of more secure actions, often with much smaller benefits.

9. 글의 흐름으로 보아, 주어진 문장이 들어가기에 가장 적절한 곳을 고르시오.

Art also had an impact because it helped to create more realistic and lifelike images of the human body.

Printing helped doctors and medical professors to share their discoveries and research more efficiently with each other during the Renaissance. (①) Printing made it easier and cheaper to mass-produce copies of medical research, therefore improving communication among doctors from across Europe. (②) For example, the development of printing made it possible for Vesalius's collection of books On the Fabric of the Human Body to be sold widely among medical professionals. (③) Vesalius's books had over 200 illustrations which were drawn by artists from dissections he had carried out on the human body. (④) The books were different from the past ones, when artists had drawn in a more two-dimensional style and rarely from life. This meant that there were a lot more accurate portrayals of the human body available to doctors, who used this to improve their understanding of anatomy.

*dissection: 해부

10. 글의 흐름으로 보아, 주어진 문장이 들어가기에 가장 적절한 곳을 고르시오.

Many cultures have offered sacrificial animals to the god's, perhaps as a way to convince themselves that it was the god's desires that demanded the slaughter, not their own.

The idea that only in modern times have people become uneasy about killing animals is a flattering one. Taking a life is momentous, and people have been attempting to justify it for thousands of years. Religion and ritual have played a crucial part in helping us evaluate the moral costs. (①) Native Americans and other hunter-gatherers would give thanks to their prey for giving up its life so the eater might live. (②) For example, in ancient Greece, the priests responsible for the slaughter would sprinkle holy water on the sacrificial animal's brow. (③) The beast would promptly shake its head, and this was accepted as a sign of assent. (④) Slaughter doesn't necessarily preclude respect. For all these people, ceremony allowed them to accept what they ate.

*preclude: ~을 못 하게 하다, 불가능하게 하다

11. 글의 흐름으로 보아, 주어진 문장이 들어가기에 가장 적절한 곳을 고르시오.

It also explains why most English speakers struggle with the vowel sounds used in French.

Studies have shown that an infant's first year is a crucial period in the acquisition of language. (①) From birth, children have the ability to distinguish between nearly all of the sounds used in the world's languages. (②) However, over the course of their first year, as they listen to the way the people around them use language to communicate, they begin to focus only on the sounds used in their native language. (③) Eventually, they begin to ignore the differences in sounds that are not part of their own language. This is the reason that Japanese people of all ages tend to have trouble with the R and L sounds commonly used in English. (④) Due to their focus on their native language as infants, they can no longer hear any difference in these sounds.

12. 글의 흐름으로 보아, 주어진 문장이 들어가기에 가장 적절한 곳을 고르시오.

Instead, coaches and players have learned how to use gaps in the rules to gain a competitive advantage.

Dr. James Frey, a professor of sports and recreation, came up with the term "normative cheating" to refer to commonly used methods of cheating in sports today. (①) This refers to strategies used to create an advantage over an opponent. These strategies do not actually break the rules. (②) In baseball, for example, home teams often arrange their fields to play to their strengths and minimize the strengths of their opponents. (③) If facing a fast rival, a home team will spread water or sand between bases to slow down the runners of the other team. (④) And some even use psychological tricks to gain an advantage; for example, the opponent's locker room may be painted pink because this color is said to reduce strength and make people less aggressive.

13. 글의 흐름으로 보아, 주어진 문장이 들어가기에 가장 적절한 곳을 고르시오.

> The night owls, however, ate and slept inconsistently each day and, as a result, suffered "mini jet lag" symptoms.

When it comes to health, early birds have the advantage over night owls. (①) A study has found that early risers tend to be consistent in their habits, and that this regularity leads to better health. (②) The study noted that the early birds were more likely to eat, exercise, and sleep at about the same time each day. (③) It also noted that their regular routines promoted better sleep. Having better sleep meant they had more energy during the day. (④) They were advised to fix their irregular routines by going to bed 15 minutes earlier each night until they reached an 11 p.m. bedtime, not exercising or eating before sleep, and avoiding sleeping in on weekends.

14. 글의 흐름으로 보아, 주어진 문장이 들어가기에 가장 적절한 곳을 고르시오.

> This attribute of the tourism industry presents a significant challenge to tourism suppliers who must figure out how to advertise their products to potential customers.

Before making a purchase, it is always wise to compare products. Consumers can see, touch, and maybe smell or taste a product before deciding. to buy it. (①) On the other hand, services are difficult to compare because consumers cannot inspect them first before purchase. For example, the tourism industry — hotels, souvenir shops, and tourist attractions — is composed mostly of services. (②) Those products whose attributes can be determined only after purchase are called experience goods. (③) In buying experience goods, consumers must often rely on the reputation of the seller, a professional advisor, the experience of friends and relatives, and their own past experiences in making a purchase decision. (④) In sum, tourism is largely an information business prior to and through the actual sale of services.

15. 글의 흐름으로 보아, 주어진 문장이 들어가기에 가장 적절한 곳을 고르시오.

> They had attained academic, domestic, and social success—and they were always ready to capitalize on new opportunities that arose.

In 1989, a developmental psychologist named Emmy Werner published the results of a thirty-two-year longitudinal project. She had followed a group of 698 children, in Kauai, Hawaii, from before birth through their third decade of life. (①) Along the way, she'd monitored them for any exposure to stress: maternal stress in uteri, poverty, problems in the family, and so on. (②) Two-thirds of the children came from backgrounds that were, essentially, stable, successful, and happy; the other third qualified as "at risk." (③) She soon discovered that not all of the at-risk children reacted to stress in the same way. Two-thirds of them developed serious learning or behavior problems by the age of ten, or had delinquency records, mental health problems, or teen-age pregnancies by the age of eighteen. But the remaining third developed into competent, confident, and caring young adults. (④)

16. 글의 흐름으로 보아, 주어진 문장이 들어가기에 가장 적절한 곳을 고르시오.

> On the other hand, a single-celled amoeba, though it is unable to do anything remarkable such as transmitting electrical impulses, is quite comfortable living apart from other cells.

There are many different types of cells, and they all have different purposes. (①) A long time ago, very simple cells lived individually. (②) As life evolved, however, more effective cells appeared, and these joined together to form advanced organisms. (③) Today, for example, one of the furthest evolved and specialized cells on earth is the human brain cell. But even though brain cells have the amazing ability to send and receive the electrical signals that make our bodies function, they quickly die if removed from the brain. (④) As a general rule, then, simple cells are better able to survive on their own, while advanced cells can carry out intricate tasks.

17. 글의 흐름으로 보아, 주어진 문장이 들어가기에 가장 적절한 곳을 고르시오.

> If the person is still not breathing regularly, you should begin chest compressions.

CPR, which stands for cardiopulmonary resuscitation, is an important emergency medical procedure that should be learned by everyone. (①) In an emergency situation, you should first dial 119 and make sure professional help is on the way. (②) Next, you should tilt the person's head back so that his or her chin is pointing upward, and then listen carefully. (③) If the person is breathing irregularly or not at all, pinch the person's nose and blow from mouth to mouth until his or her chest begins to rise. Then blow two more breaths, with each breath lasting about one second. (④) Put your hands in the middle of the person's chest and quickly push down 30 times. Then alternate breaths and compressions until the person's breathing returns to normal or help arrives.

*cardiopulmonary resuscitation: 심폐소생술

18. 글의 흐름으로 보아, 주어진 문장이 들어가기에 가장 적절한 곳을 고르시오.

> However, contrary to popular belief, pirates did not routinely compel large numbers of prisoners to join them.

During the classical period of piracy, sailors from captured ships sometimes voluntarily joined pirate crews. (①) If the pirates needed extra hands, the volunteers might be accepted and allowed to sign the Articles of Agreement, or the Pirate's Code. (②) In cases where the pirates were in great need of men, they might force unwilling sailors into piracy. (③) Carpenters, navigators, and other men with valuable skills were especially likely to be forced to join a pirate crew. (④) This is because adding too many new crew members would overburden the pirates' existing supplies and decrease the value of each man's share of plunder. Therefore, even willing men might be turned away when not needed.

*plunder: 약탈품

19. 글의 흐름으로 보아, 주어진 문장이 들어가기에 가장 적절한 곳을 고르시오.

> Therefore, a respondent may not feel that consumer researchers are asking merely about a simple preference.

People may misrepresent themselves to interviewers when questioned about their opinions or surveyed about the products they prefer. (①) Because of this potential source of distortion, some consumer psychologists believe that it is not productive to ask persons directly for their opinions or preferences. (②) They claim that the direct question being asked may differ from what the respondents actually heard. (③) For example, by asking what brand of beverage a person prefers, we are, essentially, asking what kind of person he or she is. (④) Rather, he or she hears the question asking: "Do you drink the cheap stuff or the expensive, high-status brand?" Critics of the survey method argue that we cannot uncover true human motivations and feelings through direct questions that allow the respondents to distort their feelings.

20. 글의 흐름으로 보아, 주어진 문장이 들어가기에 가장 적절한 곳을 고르시오.

> To minimize their risk of brain damage, climbers should take extra precautions.

Recent research has shown that most mountaineers who reach high altitudes return from their expeditions with some degree of brain damage. In a study, MRI machines were used to examine the brains of 35 mountaineers. (①) Thirty-four of them were found to have lost brain cells after being exposed to low-oxygen environments for a prolonged period of time. (②) This included climbers who had never experienced severe mountain sickness yet still suffered brain damage. (③) These findings also indicate that brain damage may occur even in the absence of ongoing exposure to high-altitude environments. (④) These include descending as soon as they notice any symptoms of altitude sickness and always taking time to adjust to the conditions before climbing higher.

21. 글의 흐름으로 보아, 주어진 문장이 들어가기에 가장 적절한 곳을 고르시오.

> This encourages tourists to use far more water than local people.

The problem of droughts is serious and global. (①) Tourists in Africa will take a long shower without realizing that their showers cause local shortages. (②) There are villages in Africa with just a single tap, when each hotel has taps and showers in every room. (③) It has been calculated that an average tourist in Spain uses 880 liters of water a day, compared with 250 liters by a local. (④) An 18-hole golf course in a dry country can consume as much water per day as 10,000 people. In the Caribbean, hundreds of thousands of people go without piped water because the springs are piped to tourist hotels.

22. 글의 흐름으로 보아, 주어진 문장이 들어가기에 가장 적절한 곳을 고르시오.

> Unfortunately, the hybrid potato's sticky hairs also trap and kill beneficial insects.

The nutritious and tasty potato is an important food crop, feeding millions around the world. (①) But potatoes are vulnerable to insect pests that can destroy entire crops. (②) Therefore, plant researchers have developed a new potato species with unique sticky hairs that can trap and kill insects. (③) This sticky hair potato is a cross between the common potato and a wild Bolivian variety. It has been shown to lower populations of common insect pests by 40 to 60 percent, including the Colorado potato beetle, one of the most destructive potato pests. (④) The plant researchers are working on this problem now by trying to reduce the density of the sticky hairs.

23. 글의 흐름으로 보아, 주어진 문장이 들어가기에 가장 적절한 곳을 고르시오.

> CEOs should then meet with this cabinet periodically to see how its perspective on key strategic issues differs from what they are hearing from the members of the senior management team.

Young people often have a keen early understanding of important societal trends. (①) They tend to have great familiarity with the latest ideas and products in fields such as technology, fashion, healthy living, and the environment. (②) For that reason, Gary Hamel argues that CEOs should go out of their way to stay connected with the youngest and brightest in their organization. (③) He recommends that CEOs form a "shadow cabinet" of highly capable employees in their twenties and thirties. (④) Hamel believes that interacting with young people will help CEOs see opportunities and threats that senior leaders may not perceive. Moreover, Hamel recognizes that the perspectives of these young people are often filtered out if left to the normal machinations of the organizational hierarchy.

*shadow cabinet: (야당이 집권을 예상하고 만든) 예비 내각
**machination: 교묘한 술책

24. 글의 흐름으로 보아, 주어진 문장이 들어가기에 가장 적절한 곳을 고르시오.

> A fundamental trait of the blues, however, is that it makes people feel better.

American writer Washington Irving, author of "The Legend of Sleepy Hollow", created the term "the blues", meaning sadness. (①) The musical genre that took its name from this term evolved from African-American folk songs, which were sung in the fields and around slave quarters on southern plantations. (②) They were songs of pain and suffering, injustice, and longing for a better life. (③) Listening to the blues will drive the blues away; it is music that has the power to heal sadness. (④) Thus, "the blues" isn't really the correct term, for the music is moving but not melancholy. It is, in fact, music born of hope, not despair.

25. 글의 흐름으로 보아, 주어진 문장이 들어가기에 가장 적절한 곳을 고르시오.

> Yet it is essential to keep in mind that these triggers don't have the same effect on everyone.

Rosacea is a common inflammatory skin condition affecting the face. (①) In its initial stages, a general redness will overwhelm the face, making it appear as if the person is permanently blushing. (②) Later on, pimples and noticeable red lines will begin to develop as the condition progresses. (③) A number of behavioral and environmental factors have been fingered as causes of rosacea, including the consumption of spicy foods and alcohol and prolonged exposure to sun, rain or wind. (④) Therefore, to determine which specific factor is causing your rosacea, you should keep a diary of everything you eat and what the weather is like for a few weeks. This will help you match periods of rosacea severity to a single trigger.

*rosacea: 【병리】 주사(얼굴에 생기는 만성 피지선 염증)

26. 글의 흐름으로 보아, 주어진 문장이 들어가기에 가장 적절한 곳은?

> So it is with culture — each person within a school or a district will have a different perspective on the culture of the organization; some maybe close in their perspectives, and some may have vastly different views.

Culture takes into account not only the actions but also the collective values of its members. (①) Gaining a comprehensive understanding of culture requires that members observe well beyond their own limited perspectives. (②) A good example of this can be found using the famous Indian legend of the three blind men who came upon an elephant and tried to describe what they found. (③) One approached and touched the elephants trunk, and identified it as a snake; another touched the elephants tail, and announced that it was a branch; and the third man found the elephants ear, and called it a leaf. None could agree on what the elephant looked like since each lacked the perspective of the others. (④) We become so embedded in our views of culture that, much like the three blind men describing the elephant, it would be difficult to imagine anything outside of our current perspectives.

27. 글의 흐름으로 보아, 주어진 문장이 들어가기에 가장 적절한 곳은?

They rush into this person's conscious mind and seem to be coming from powers far beyond and greater than this person believes her capabilities to be.

As a person goes through life reading, observing, and learning through experiences, lessons and ideas begin to accumulate. (①) Like a body of water dammed up, these ideas, lessons, and insights are stored in the memory. (②) There they move about, each having the potential to encounter another and spawn further lessons, insights, and ideas. (③) Then one day, as this person wrestles with a problem or tries to compose a work of art, the flow of creative thoughts begins. Out they flow, as if the dam that had held them in place had been breached. (④) Yet these ideas were there all along, stored away until a problem or creative challenge presented itself and needed expression.

28. 글의 흐름으로 보아, 주어진 문장이 들어가기에 가장 적절한 곳은?

We need more and logically connected words to fully understand a message.

All language, whether spoken or written, is representational. A single letter or word outside of its context tells us almost nothing. (①) To understand the letter or word, we need to see it as part of a meaningful pattern, positioned within a series of letters abstracting a pattern of language. (②) The pattern of letters together makes a word and its sound evokes the actual thing, thought, or idea it represents. (③) But by itself the word tells only part of the story. (④) So we link the word with other words and create a chain in a recognizable pattern to make a sentence and complete a thought. And only by stringing many sentences together into a story within a complete context can we have greater insight and understanding into larger themes.

29. 글의 흐름으로 보아, 주어진 문장이 들어가기에 가장 적절한 곳은?

The interesting thing is that although the upsurge in obesity has a number of causes, genetics doesn't appear to be among them.

A recent study found that the rate of obesity is increasing in every American state, regardless of gender, age, race, or educational level. (①) In 1991, only four states had obesity rates of 15 percent or higher; today at least 37 states do. (②) The makeup and structure of American genes has not changed in the past few decades. (③) What has changed is the nations diet and way of life: when people eat more and do less, they get fat. (④) In America, people drive everywhere rather than walk; they even drive to places within easy walking distance. When this addiction to the car is combined with a daily diet that is exceptionally high in fat and calories, widespread obesity is sure to occur.

30. 글의 흐름으로 보아, 주어진 문장이 들어가기에 가장 적절한 곳은?

However, it could be argued that our ability to manipulate things is just as unique, and that the hand with its flexible thumb is as good a symbol of human intelligence as the head with its large brain.

When we discuss knowledge, we often focus on theoretical "knowledge of the head" and overlook practical "knowledge of the hand." (①) Indeed, there seems to be something of a prejudice against the latter. (②) For example, the abstract knowledge of the scientist is generally held in higher esteem than the practical knowledge of the car mechanic or the craftsman. (③) This prejudice may derive from the widespread assumption that our capacity for reason is what distinguishes us from the rest of the animal kingdom. (④) There is a sense in which practical knowledge is prior to, and more fundamental than, abstract knowledge. After all, we need basic skills, such as the ability to speak and manipulate objects, before we can acquire any kind of knowledge.

31. 글의 흐름으로 보아, 주어진 문장이 들어가기에 가장 적절한 곳은?

> However, farmers were hit especially hard.

The Great Depression of the United States was the worst and longest economic crisis in the modern industrial world. (①) At its worst point, more than 16 million people were unemployed, and over 85,000 businesses had failed. (②) Millions of Americans lost their jobs, their savings, and even their homes. (③) A severe drought coupled with the economic crisis ruined small farms throughout the Great Plains. (④) Productive farmland turned to dust, and crop prices dropped by 50 percent. Prices dropped so low that many farmers went bankrupt and lost their jobs. With the start of World War II, crop prices began to rise, and the nation simultaneously saw a return to a stable job market.

32. 글의 흐름으로 보아, 주어진 문장이 들어가기에 가장 적절한 곳은?

> They would also need to perform all the other tasks associated with a successful plumbing system, such as metalwork to make the pipes and digging of the drains.

The extent to which an economic actor can specialize in a particular good or service depends upon the level to which it is needed by the rest of the group. (①) In a group of 100 people, it is possible to specialize exclusively in a service that is required on average 1 percent of the time by each individual but not in anything that is required less often. (②) Thus, a large city can provide opportunities for all sorts of specialist services that simply could not survive in a village or small town. (③) A small band of foragers, say, cannot support a full-time plumber, simply because the two or three families in the group would not generate enough demand. If foragers wanted plumbing, they would need to be their own plumbers. (④) It is simply not feasible for a handful of people to supply all the necessary skills and labor, while still procuring the food and other essentials that are needed for day-to-day survival.

*forager: 수렵 채집인

33. 글의 흐름으로 보아, 주어진 문장이 들어가기에 가장 적절한 곳은?

To ensure that every research project has this protection, investigators must submit their proposed studies for formal review by a local panel of experts and community representatives prior to any data collection.

Choosing a good research design requires more than just selecting a particular method. (①) Researchers must determine whether the methods they plan on using are ethical. (②) That is, when designing a research study, investigators must do so in a way that does not violate the rights of people who participate. (③) Only with the approval of this panel can scientists begin their study. (④) If the review panel doesn't approve of some aspects of the proposed study, the researcher must revise those aspects and present them again for the panels approval. Likewise, each time a component of a study is altered, the review panel must be informed and give its approval.

Actual Test 해설

1. 정답 ④

④의 앞 문장에서는 식물과 동물이 공생 관계를 맺어 왔다고 했는데 ④의 다음 문장에서는 식물이 씨앗이 완전히 익을 때까지는 동물에게 달콤한 과육을 제공하지 않는 행동을 보여 주고 있으므로 두 문장이 논리적으로 연결되지 않는다. '식물이 포식자에게 착취당하지 않기 위해 조치를 취한다'는 주어진 문장이 ④에 위치하면, 이러한 식물의 행동에 대한 이유가 제시되어 글의 흐름이 자연스럽게 연결된다.

해석

달콤함은 진화에서 힘이 된다는 점이 입증되었다. 씨앗을 당분과 영양분이 많은 과육 속에 덮어둠으로써 사과와 같은 열매를 맺는 식물들은 단것을 좋아하는 포유류의 성향을 이용하는 기발한 방법을 생각해 냈다. 과육과 교환하여 동물들은 씨앗에 운송을 제공하여 식물이 자신의 범위를 확장하게 해 준다. 이러한 웅장한 공진화 거래의 당사자들로서, 단맛에 대한 가장 강한 기호를 가진 동물들과 가장 크고 가장 달콤한 과일을 제공하는 식물들은 함께 번성하고 증식했으며, 오늘날 우리가 보는 종 그리고 현재의 우리라는 종으로 진화했다. <u>식물은 예방책으로 자신을 먹는 자들의 탐욕으로부터 씨앗을 보호하기 위해 확실한 조치를 취했다.</u> 그것들(=식물)은 씨앗이 완전히 익기 전까지 달콤함과 색깔을 발달시키는 일을 연기했다. 그 전에(=씨앗이 완전히 익기 전에) 과일은 주의를 끌지 않는 녹색이며 입에 안 맞는 경향이 있다. 사과와 같은 일부의 경우, 식물은 달콤한 과육만 섭취되는 것을 확실히 하기 위해 씨앗에 독을 발달시켰다.

어휘

precaution 예방책 take a step 조치를 취하다
greed 탐욕, 식탐 evolution 진화
nutritious 영양분이 많은 flesh 과육, 살
hit on ~을 (우연히) 생각해 내다 ingenious 기발한
exploit 이용하다 mammalian 포유류의
sweet tooth 단것을 좋아함 in exchange for ~와 교환하여
transportation 운송 expand 확장하다
co-evolutionary 공진화의 bargain 거래
inclination 기호, 좋아함 prosper 번성하다
multiply 증식하다 hold off 미루다
mature 익다, 숙성하다 inconspicuously 주의를 끌지 않게
unpalatable 입에 안 맞는

2. 정답 ④

주어진 문장은 Jenner의 백신 기법을 다른 과학자들은 사용할 수 없었다는 내용으로 Jenner의 기법의 단점을 기술하고 있으므로, Jenner의 발견의 성공적인 측면만을 기술하다가 However로 내용이 전환된 이후인 ④에 들어가는 것이 알맞다.

해석

1796년 Edward Jenner의 천연두 백신 접종법의 발견은 천연두 예방에 매우 중요했다. 이 일이 있기 전에도 일부 사람들은 그 병(천연두)을 피하기 위해 자신의 몸을 약한 케이스의 천연두에 노출시키는 예방접종법을 시도했지만, 더 약한 형태의 천연두와 천연두에 대한 저항력을 연결해 본 사람은 아무도 없었다. Jenner의 발견은 영국 정부에 의해 채택되어 모든 사람에게 백신 접종을 무료로 제공했고 마침내 그것(백신 접종)을 의무화해서 그 결과 많은 생명을 구했다. Jenner의 연구는 또한 백신 접종이 성공할 수 있음을 보여 주었는데, 이는 다른 과학자들을 고무시켰다. 그러나 그것(백신 접종)은 천연두 외의 질병을 예방하는 데 있어서는 특별히 중요하지 않았다. 천연두 백신은 특수한 경우였고 후대의 백신은 다른 방식으로 효과적인데, <u>이는 다른 과학자들이 Jenner와 동일한 방법을 사용할 수 없음을 의미했다.</u> 이것은 Jenner가 백신이 작용하는 방식을 이해하지 못했고, 따라서 그 이론이 다른 질병에 적용될 수 없었기 때문이다.

어휘

vaccination 백신 접종 prevention 예방
expose 노출시키다 resistance 저항력
compulsory 의무적인 inspire 고무하다
other than ~외에 be applied to ~에 적용되다

3. 정답 ④

해설

주어진 문장은 의사들이 정상적인 크기의 흉선들을 '확대된' 것으로 잘못 생각했다는 내용으로, ④ 뒤에 나오는 의사들의 실수를 서술하는 문장이므로 ④에 오는 것이 자연스럽다.

해석

의료 역사상 가장 슬프고 혹독한 대가를 치른 실수들 가운데 하나가 1920년대와 1930년대에 일어났는데, 이때 영아돌연 사증후군(SIDS)을 예방하려는 시도들이 이루어졌다. 아기가 밤중에 알 수 없는 이유로 사망하는 병인 SIDS를 조사했던 연구원들은 그들이 그 원인을 밝혀냈다고 생각했다. 조사 결과, 사망한 영아 중 다수가 확대된 흉선이라고 설명되었던 것을 보았다. 흉선은 식도 옆에 있는데, 만일 자는 아이의 목에 압력이 있으면 지나치게 큰 흉선이 폐로 가는 공기의 흐름을 막을 수 있다고 추정되었다. 따라서, 의사들은 아이들의 흉선을 많은 양의 방사선에 노출함으로써 줄어들게 하고자 했다. 안타깝게도, 이 확대된 흉선 이론은 불충분한 자료를 토대로 했다. 의사들이 '확대된' 것으로 여긴 흉선들이 실제로는 정상적인 크기였다. 이 실수는 그 후 수십 년간 방사선에 의해 유발된 인후암으로 2~3만 명 사이의 사람들이 사망하는 결과를 초래했다.

어휘

enlarged 확대된 infant 유아 investigate 조사하다
condition 상태, 질환 inexplicably 이해할 수 없게
examination 조사 deceased 사망한 exhibit 전시하다
excessively 지나치게 shrink 줄어들다
dose (약의) 복용량 radiation 방사선
insufficient 불충분한 induced 유도된

4. 정답 ③

해설

주어진 문장은 교도소 수감자 수의 증가가 기업 수익의 증가로 이어진다는 내용이며 ③의 뒤에서 이 수익이 늘어남에 따라 생기는 결과에 대해 기술하고 있으므로 ③이 적절한 위치이다.

해석

우리 모두는 재계와 정계의 불건전한 관계가 고질적인 문제임을 알고 있다. 미국에서는 입법자들과 기업주들이 수감 제도를 이용하여 이런 식으로 서로 한통속이 되어 이득을 취하는 관계를 강화하려고 하고 있다. 그들은 어떻게 이것을 하고 있는가? 입법자들은 더 긴 형량을 선고하는 법률들을 통과시키고 있고, 그 결과로 수감자 수가 점점 늘어나고 있다. 수감자 수의 급격한 증가는 교도소를 건설하고 교도소에 서비스를 제공하는 기업들의 수익이 늘어나게 해 준다. 그들의 수익이 증가함에 따라 이 기업들은 협조적인 정치 후보자들에게 큰 재정적 기부금을 제공한다. 이런 후보자들이 의회에 선출되면, 그들의 기업 후원자들은 그들의 법률상 결정에 영향을 미치게 된다. 이런 부도덕한 순환을 깨기 위해 조치가 취해지지 않는 한 미국의 수감자 수는 계속해서 증가할 것이다.

어휘

chronic 만성적인 legislator 입법자
backscratching 서로 한통속이 되어 도움
command 명령하다 sentence 판결
financial 재정적인, 재정의 contribution 기부금
cooperative 협조적인 candidate 후보자 congress 국회
sponsor 후원자 immoral 부도덕한

5. 정답 ④

해설

④를 전후로 논리 구조를 살펴보면, ④의 앞 문장에서는 '우주 배경 복사가 예전에는 에너지가 높고 뜨겁고 밝았다'고 했지만, ④의 다음 문장에서는 '그것이 희미하여 연구하기 어렵다'고 하여 두 문장 간에 논리적인 괴리가 있다. 이 두 문장 사이에 But으로 시작하는 주어진 문장이 위치하면, '처음에는 에너지가 높았던 빛이 우주가 팽창함에 따라 파장이 길어졌고 그 결과 그 빛이 이제는 희미해져서 연구하기 어렵게 되었다'는 논리 구조로 자연스럽게 연결된다. ④ 다음 문장의 It은 주어진 문장의 microwave radiation을 지칭한다.

해석

중력 렌즈는 먼 우주를 탐색하기 위한 도구이다. 그것은 전자기 스펙트럼 전 범위의 빛에 작용하여, 우주 마이크로파 배경이라 불리는 빅뱅에서 나온 빛의 최후의 희미한 떨림을 연구하는 데 사용될 수 있다. 이것은 우주의 탄생으로부터 대략 37만 년 후에 우주 전역으로의 여정을 시작한 빛의 분산된 배경이다. 그것은 예전에는 매우 에너지가 높고 뜨거웠으며, 아마 별의 표면만큼 밝았을 것이다. <u>그러나 우주의 팽창은 그 빛의 파장을 늘렸고, 우리는 오늘날 그것을 마이크로파 복사로 본다.</u> 그것은 희미하여 연구하기 어렵다. 중력 렌즈는 빅뱅의 마지막 반향을 담고 있는 이러한 잔여 복사의 변화와 변동을 관찰할 수 있는 방법을 제공한다.

어휘

expansion 확장 stretch 늘이다 wavelength 파장
microwave radiation 마이크로파 복사 radiation 복사
gravitational lens 중력 렌즈 electromagnetic 전자기의
faint 희미한 tremor 떨림 cosmic 우주의
disperse 흩뜨리다 fluctuation 변동 remnant 나머지의
echo 반향

6. 정답 ④

해설

주어진 문장은 그림의 연대를 추측하는 것인데 Also라는 표현이 있으므로 주어진 문장 앞에는 그림의 연대와 관련된 내용이 선행되어야 한다. 또한 ④를 전후로 논리 구조를 살펴보면, '동굴 벽화가 약 35,000년 전의 것이다'와 '이것은 수백 세대가 수천 년에 걸쳐 그림에 수정과 첨가를 가했음을 의미한다'라고 했는데 두 문장은 논리적으로 연결되지 않는다. '벽화가 단일 시기에 그려진 것이 아니라 20,000년에 걸쳐서 그려진 것일 수 있다는 주어진 문장이 ④에 위치하면, '동굴 벽화들은 35,000년 전 것인 진품이다. 또한, 이 벽화들은 20,000년에 걸쳐 완성된 것 같다. 이것은 수백 세대가 그림의 완성에 기여했다는 의미이다.'라는 자연스러운 흐름이 완성된다.

해석

동굴 벽화에 대한 최초의 주요 발견은 고고학자 Marcelino de Sautuola가 스페인의 알타미라 동굴을 우연히 발견했을 때인 1876년에 나왔다. 소재는 대개 사슴, 말과 들소 떼를 포함한 거대 동물로 구성되었고, 그것들은 숯과 황토로 만들어진 물감을 사용하여 창작되었다. 그 그림들은 아주 세세하고 정교해서 Sautuola의 동시대인들은 그에게 위조를 했다고 비난했다. 그들은 고대인들이 그렇게 비범한 예술 작품을 만들 능력이 있었다는 것을 믿지 않으려고 했다. 나중에 드러난 것처럼, 그 그림들은 완전히 진품이었으며 우리는 이제 그것들이 3만 5천 년이나 이전에 그려졌다는 것을 알고 있다. <u>또한, 방사성 탄소에 의하면 그 그림들은 단일 시기가 아닌 2만 년의 세월에 걸쳐 완성되었을지도 모른다.</u> 그 연대 결정이 정확하다면, 이것은 초기 인류의 수백 세대가 수천 년에 걸쳐 그림을 수정하고 그들 자신이 그린 형상들을 더했음을 의미할 것이다.

어휘

opposed to ~와 반대로 session 시간
archaeologist 고고학자
stumble upon ~을 우연히 발견하다 subject matter 주제
consist of ~으로 구성되다 herd 떼 bison 들소
charcoal 숯 elaborate 정교한 contemporary 동시대인
accuse A of B B의 이유로 A를 비난하다 forgery 위조
authentic 진짜의 dating 연대 결정 retouch 수정하다
millennia 천 년

7. 정답 ②

해설

현실의 공포와 공포영화에는 차이가 있다고 설명한 후, 영화 관람이라는 행위의 환경을 구체적으로 설명하고 있다. 구체적으로 설명하기 전에, 여러 차이점 중 가장 중요한 것이 환경이라는 말이 들어가야 하므로 주어진 문장은 ②에 들어가는 것이 적절하다.

해석

공포영화의 명백한 목적은 우리를 무섭게 하는 것인데 왜 그렇게 많은 사람이 공포영화를 보는 것을 즐길까? 현실에서 공포를 느끼는 것은 기분 좋은 경험이 아님이 사실이지만, 공포영화를 보는 행위는 여러 가지 중요한 면에서 다르다. 그중 가장 중요한 것은 아마도 공포가 발생하는 환경일 것이다. 우리 대부분에게 영화관은 익숙한 장소이고 우리는 그곳에 갈 때 무엇을 기대할지를 알고 있다. 우리는 극장에 들어가 특정 영화를 보기 위해 돈을 내고 무서운 장면들이 펼쳐지는 것을 볼 때 비슷한 취향의 사람들에게 둘러싸여 있다. 이러한 안전한 환경이 스크린에 나타나는 내용에 의해 발생하는 공포를 상쇄한다. 그 결과, 우리를 아주 즐겁게 하기에는 충분하지만, 현실의 공포 반응을 일으킬 만큼 충분하지는 않은 공포가 생긴다.

어휘

explicit 명백한 terrify 무섭게 하다 surround 둘러싸다
like-minded 같은 생각 horrific 끔찍한 unfold 펼쳐지다
offset 상쇄하다 fright 공포 generate 발생시키다
content 내용 exhilarate 아주 신나게 만들다

8. 정답 ④

해설

주어진 문장은 장애 사고에 대한 설명을 시작하는 내용이므로 기회 사고에 대한 설명에서 장애 사고에 대한 설명으로 전환되는 부분인 ④에 들어가는 것이 적절하다.

해석

사람이 취할 수 있는 두 가지 유형의 사고방식이 있다. 하나는 '기회 사고'라고 불리며, 다른 하나는 '장애 사고'라고 불린다. 기회 사고는 어떤 상황이 제시하는 기회나 흥미로운 가능성에 초점을 맞추는 것을 의미한다. 그것은 낙관주의와 관계가 있다. 역사 속의 많은 유명한 지도자들이나 예술가들 그리고 발명가들은 이러한 유형의 사고방식을 갖고 있었던 것 같다. 긍정적인 미래의 경험에 대한 그들의 믿음이 새로운 발상을 시험해 보게 하고 새로운 도전을 시작하도록 독려했다. 반면에, 장애 사고는 새로운 모험을 시작하는 것에 대한 위험에 초점을 맞춘다. 이런 사고방식은 비관주의와 관계가 있다. 이것은 더 안전한 행동을 위해 위험을 피하려고 애쓰는 사고방식으로, 흔히 훨씬 더 적은 이익을 가져오게 된다.

어휘

obstacle 장애 risk 위험 undertake 착수하다
venture 모험 adopt 입양하다
be associated with ~와 관련되다 optimism 낙천주의
possess 소유하다 try out 시험해 보다
pessimism 비관주의 in favor of ~을 위해
secure 안전한 benefit 이익

9. 정답 ③

③ 이전은 인쇄술의 발달이 유럽 전역의 의료 전문가들 간의 소통을 향상시키고 지식을 공유하는 데 도움이 되었다는 내용이고, ③ 이후는 Vesalius의 책에 실제로 사실적인 삽화가 많이 담겨 해부학의 이해를 향상시키는 데 도움이 되었다는 내용이다. 즉, ③ 이후부터는 그림의 역할을 강조하고 있으므로 '예술이 사실적인 상을 구상하는 데 도움이 되어 예술도 의학에 기여했다'는 내용의 주어진 문장은 ③에 들어가는 것이 가장 적절하다.

인쇄술은 르네상스 동안 의사들과 의학 교수들이 그들의 발견과 연구를 서로 더 효율적으로 공유하는 데 도움이 되었다. 인쇄술은 의학 연구의 사본을 대량 생산하는 것을 더 쉽고 더 저렴하게 만들었고, 따라서 유럽 전역의 의사들 간의 의사소통을 개선했다. 예를 들어, 인쇄술의 발달은 Vesalius(베살리우스)의 책 모음인「인간 신체의 구조」가 의료 전문인들 사이에서 널리 판매되는 것을 가능하게 해 주었다. 예술이 인간 신체의 더 사실적이고 실물과 똑같은 상을 만드는 데 도움이 되었으므로 예술 또한 영향을 미쳤다. Vesalius의 책에는 그가 인간 신체에 수행했던 해부로부터 화가들이 그린 200점이 넘는 삽화가 들어 있었다. 이 책들은 과거의 것과 달랐는데, 과거에는 화가들이 좀 더 이차원적인 양식으로 그렸고 실물로는 좀처럼 그리지 않았다. 이것은 의사들이 이용할 수 있는 인간 신체의 훨씬 더 정확한 묘사가 나타났음을 의미했으며, 그들은 해부학에 대한 이해를 향상시키기 위해 이것을 사용했다.

어휘

have an impact 영향을 미치다 lifelike 실물과 똑같은
mass-produce 대량 생산하다 illustration 삽화
carry out 수행하다 two-dimensional 이차원의
style 양식 accurate 정확한 portrayal 묘사
anatomy 해부학

10. 정답 ②

주어진 문장은 신들에게 동물을 바친 것이 도축이 인간의 욕망이 아닌 신의 바람인 것으로 돌려 도축을 정당화하기 위함이었다는 내용이다. 이에 대한 예시가 ② 뒤에 'For example, in ancient Greece'에서 이어지므로 주어진 문장은 ②에 들어가는 것이 가장 적절하다.

현대에만 사람들이 동물을 죽이는 것에 대해 점차 불편하게 느끼게 되었다는 생각은 (현대의 사람들을) 우쭐하게 하는 생각이다. 생명을 빼앗는 것은 중대하며, 사람들은 수천 년간 그것을 정당화하려고 시도해 왔다. 종교와 의식은 우리가 도덕적 비용을 평가하도록 돕는 데에 결정적인 역할을 해 왔다. 북미 원주민들과 그 밖의 다른 수렵 채집인들은 생명을 포기해 줘서 먹는 이들이 살도록 해 준 것에 대해 그들의 먹잇감에 감사해하곤 했다. 많은 문화는 희생된 동물들을 신들에게 바쳐 왔는데 아마도 도축을 요구한 것이 자신들의 욕망이 아니라 바로 신들의 바람이었다는 것을 스스로 확신하게 하는 방법으로써였다. 예를 들어, 고대 그리스에서 도축을 책임진 사제들은 제물로 바쳐진 동물의 이마에 성수를 뿌리곤 했다. 그 짐승은 곧바로 머리를 흔들었고 이것은 승인의 표시인 것으로 받아들여졌다. 도축이 반드시 존중받지 못하는 것은 아니다. 이러한 모든 사람에게 의식은 그들이 먹은 것을 받아들이도록 허용했다.

어휘

sacrificial 희생의 convince 확신시키다 slaughter 도살
uneasy 불안한 flattering 아첨하는 momentous 중대한
ritual 의식 crucial 결정적인 moral 도덕의 priest 사제
sprinkle 뿌리다 holy water 성수(聖水) brow 이마
promptly 지체 없이, 즉시 assent 찬성

11. 정답 ④

유아가 첫해를 보내면서 모국어의 소리에만 집중하고 모국어에서 사용되지 않는 소리들은 무시하게 된다고 설명하고 있고, 그 예시로 일본 사람들의 경우가 나와 있다. 주어진 문장은 이에 이어지는 두 번째 예시에 해당하므로 ④에 들어가는 것이 적절하다.

해석

연구들은 유아의 첫해가 언어의 습득에서 매우 중요한 기간이라는 것을 보여 준다. 태어날 때부터 아이들은 세계의 언어들에서 사용되는 거의 모든 소리를 구별하는 능력을 가지고 있다. 하지만 그들이 첫해를 보내는 동안, 그들 주위의 사람들이 의사소통하기 위해 언어를 사용하는 방식을 들으면서, 그들은 자신의 모국어에서 사용되는 소리에만 집중하기 시작한다. 결국, 그들은 그들 자신의 언어의 일부가 아닌 소리의 차이점은 무시하기 시작한다. 이것이 모든 연령의 일본인들이 영어에서 흔히 사용되는 R 발음과 L 발음을 어려워하는 경향이 있는 이유다. 그것은 또한 왜 대부분의 영어 사용자들이 프랑스어에서 사용되는 모음을 어려워하는지를 설명해 준다. 유아일 때 그들의 모국어에 대한 집중 때문에, 그들은 더 이상 이 소리에서 어떠한 차이점도 듣지 못한다.

어휘

infant 유아 crucial 중대한 acquisition 습득
distinguish between ~을 구별하다
native language 모국어 eventually 결국
ignore 무시하다 have trouble with ~으로 고생하다

12. 정답 ②

해설

주어진 문장은 스포츠 경기에서 규칙을 어기는 것이 아니라 규칙의 결함을 이용한다는 내용이고 ②의 뒤에 이에 대한 예시가 나오므로 ②에 들어가는 것이 적절하다.

해석

스포츠와 레크리에이션 교수인 제임스 프레이 박사는 오늘날 스포츠에서 흔히 사용되는 부정행위의 방법들을 일컫기 위해 '규범적 부정행위'라는 용어를 만들어 냈다. 이는 상대방에 대해 우위를 점하기 위해 사용되는 전략을 의미한다. 이러한 전략은 실제로 규칙을 어기는 것은 아니다. 대신, 감독과 선수들은 경쟁 우위를 점하기 위해 규칙의 결함을 이용하는 법을 터득했다. 예를 들어, 야구 경기에서 홈팀은 종종 자신들의 강점에 효력을 발휘하고 상대의 강점은 최소화시키도록 경기장을 준비한다. 빠른 팀을 상대한다면 홈팀은 상대 팀 주자의 속도를 늦추기 위해 베이스 사이에 물이나 모래를 뿌려 둘 것이다. 또한, 몇몇은 우위를 점하기 위해 심리적 전략을 사용하기도 한다. 예를 들어, 상대편의 탈의실이 분홍색으로 칠해질 수도 있는데, 이는 이 색이 힘을 감소시키고 공격성을 약하게 만든다고 알려져 있기 때문이다.

어휘

gap 틈 competitive 경쟁의 advantage 이점
come up with ~을 고안하다, 생각해 내다 term 용어
normative 규범적인 cheating 속임수
refer to ~을 가리키다, 언급하다 strategy 전략
opponent 상대편 arrange 배열하다
minimize ~을 최소화하다 aggressive 공격적인

13. 정답 ④

해설

주어진 문장에 역접을 나타내는 However가 있고 저녁형 인간(Night Owls)의 생활상이 소개되고 있으므로, 아침형 인간(Early Birds)의 생활상과 그에 따른 건강상의 이점에 대한 소개가 끝나는 ④에 주어진 문장이 들어가는 것이 적절하다. 뒤에는 저녁형 인간의 불규칙한 일상을 규칙적으로 고치는 데 도움이 될 조언이 주어지고 있으므로 흐름이 자연스럽게 이어진다.

해석

건강에 관해서는 아침형 사람들이 저녁형 사람들보다 유리하다, 한 연구에 의하면 일찍 일어나는 사람들은 습관이 일관된 경향이 있고 이러한 규칙성은 더 좋은 건강으로 이어진다. 그 연구는 아침형 사람들이 매일 비슷한 시간에 먹고 운동하고 잘 가능성이 더 크다는 것에 주목했다. 그 연구는 또한 그들의 규칙적인 일상이 잠을 더 잘 자게 해 준다는 것도 주목했다. 잠을 더 잘 잔다는 것은 그들이 낮 동안 에너지를 더 많이 가졌다는 것을 의미했다. 하지만 저녁형 사람들은 매일 불규칙하게 먹고 잤으며 그 결과 '약한 시차' 증상을 겪었다. 그들은 매일 밤 11시 취침 시간에 이르게 될 때까지 1.5분 일찍 잠자리에 들고, 잠자기 전에 운동이나 음식 섭취를 하지 않으며, 주말에 늦잠 자는 것을 피함으로써 그들의 불규칙한 일상을 고치도록 권고받았다.

어휘

night owl 밤늦은 시간에 깨어 있는 사람
early bird(riser) 아침에 일찍 일어나는 사람
inconsistently 변덕스럽게   consistent 일관된
jet lag 시차로 인한 피로   symptom 증상
tend to R ~하는 경향이 있다   regularity 규칙성
note 주목하다   routine 일과   promote 증진하다
sleep in 늦잠을 자다

14. 정답 ④

해설

주어진 문장은 관광 산업이 지닌 '어떤 특징'이 관광 서비스 공급자에게 도전 과제를 제시한다는 내용이므로, 관광 산업이 지닌 특징을 설명하는 내용 다음에 오는 것이 자연스럽다. 따라서 구매 전에 직접 경험해 볼 수 없어서 소비자가 구매 결정을 할 때 평판, 조언, 경험 등에 의존한다는 내용 뒤인 ④에 주어진 문장이 들어가는 것이 적절하다.

구매하기 전에 제품을 비교해 보는 것은 항상 지혜로운 일이다. 소비자는 그것을 사기로 결정하기 전에 제품을 보고, 만지고, 어쩌면 냄새를 맡거나 맛을 볼 수도 있다. 반면에, 서비스는 소비자들이 구매 전에 먼저 살펴볼 수 없으므로 비교하기 어렵다. 예를 들어 호텔, 기념품 가게, 관광 명소 같은 관광 산업은 주로 서비스로 이루어져 있다. 구매 후에야 특징이 결정될 수 있는 이런 상품들은 경험재로 불린다. 경험재를 구매할 때 소비자는 구매 결정을 하는 데 있어 판매자의 평판, 전문 조언자, 친구나 친지의 경험 그리고 자신의 과거 경험에 자주 의존해야 한다. 관광 산업의 이런 특징은 잠재 고객들에게 자신의 상품을 광고하는 법을 생각해 내야 하는 관광 서비스 공급자들에게 중요한 도전 과제를 제시한다. 요컨대 관광 산업은 서비스의 실제 판매 이전과 실제 판매하는 과정의 많은 부분에서 정보 산업이다.

어휘

attribute 특징   significant 중요한   supplier 공급자
figure out 알아내다   potential 잠재적인, 잠재력
compare 비교하다   consumer 소비자   inspect 검사하다
souvenir 기념품   tourist attraction 관광명소
be composed of ~로 구성되다
experience goods 경험재(직접 구입해서 체험을 해 봐야 품질을 알 수 있는 상품)
reputation 평판   advisor 조언자   relative 친척

15. 정답 ④

해설

(D) 앞부분에 청소년 때 심각한 학습 또는 행동 문제나 청소년 범죄 기록을 갖거나, 정신 건강 문제, 10대 임신을 겪은 3분의 2와 달리, 나머지 3분의 1은 유능하고 자신감 있고 배려하는 청소년으로 성장했다는 내용이 있으므로, (D) 자리에 그들(나머지 3분의 1)이 학문적, 가정적, 사회적 성공을 이루었으며 새로운 기회들을 이용할 준비가 항상 되어 있었다는 문장이 나와야 지문이 자연스럽게 연결된다. 따라서 ④번이 정답이다.

해석

1989년에, Emmy Werner라는 발달 심리학자는 32년간의 장기적인 프로젝트의 결과를 발표했다. 그녀는 하와이 카우아이에서 698명의 아이로 이루어진 집단을, 그들이 태어나기 전부터 30년을 사는 동안 내내 유심히 지켜보았다. 그 과정에서 그녀는 그들이 태어나기 전의 어머니로부터 받은 스트레스, 가난, 가족 간의 문제 등의 스트레스에 노출되는 것을 관찰했다. 아이들의 3분의 2는 기본적으로 안정적이고 성공하고 행복한 배경 출신이었다. 나머지 3분의 1은 "위험한 상태"라고 여겨졌다. 그녀는 위험한 환경에 있는 아이들이 모두 같은 방식으로 스트레스에 반응하지는 않았다는 것을 이내 발견했다. 그들 중 3분의 2는 10살쯤에 심각한 학습 또는 행동 문제가 생겼거나, 18살쯤에 청소년 범죄 기록을 갖거나, 정신 건강 문제나 10대 임신을 겪었다. 하지만 나머지 3분의 1은 유능하고 자신감 있고 배려하는 청소년으로 성장했다. 그들은 학업적, 가정적 그리고 사회적 성공을 얻었고, 그리고 그들은 언제나 새로 발생한 기회를 이용하려는 준비가 되어 있었다.

어휘

attain 이루다   domestic 가정적
capitalize on ~을 이용하다   longitudinal 장기적인
maternal 어머니로부터 받은   in utero 태어나기 전의
at risk 위험한 상태   delinquency 청소년 범죄
pregnancy 임신   competent 유능한   caring 배려하는

16. 정답 ④

해설

주어진 문장에서 '반면에'라는 표현과 함께 단세포인 아메바의 특징에 대한 설명이 등장하는데, 이는 고등 세포의 예시로 언급된 뇌세포의 특징과 대조되는 내용이므로 이를 설명하는 문장 뒤인 ④에 오는 것이 적절하다.

해석

다양한 종류의 세포들이 많이 있는데, 그것들은 모두 서로 다른 목적을 가지고 있다. 오래전에는 매우 단순한 세포들이 개별적으로 살았다. 하지만 생물체가 진화함에 따라 더 효과적인 세포들이 나타났고, 이들이 합쳐져서 고등 유기체를 형성하였다. 예를 들어, 오늘날 지구상에서 가장 진화되고 분화된 세포 중 하나는 인간의 뇌세포이다. 그런데 뇌세포는 우리의 몸을 기능하게 하는 전기적 신호들을 주고받는 놀라운 능력을 갖고 있지만, 뇌에서 분리되면 순식간에 죽는다. 반면에, 단세포인 아메바는 전기 자극을 전송하는 것과 같은 어떤 놀랄 만한 일은 할 수 없지만, 다른 세포들로부터 떨어져 사는 것을 꽤 수월하게 여긴다. 그렇다면 일반적으로, 고등 세포는 복잡한 일을 수행할 수 있는 반면, 단세포는 혼자서 생존하는 것을 더 잘할 수 있다.

어휘

cell 세포   remarkable 놀랄 만한   transmit 전송하다
impulse 충동   individually 개별적으로   evolve 진화하다
advanced 진보한   organism 유기체
specialized 전문적인   electrical 전기의   signal 신호
function 기능   carry out 수행하다   intricate 복잡한

17. 정답 ④

주어진 문장에서 흉부 압박을 시작하라는 말이 나오는데 ④ 이후 문장이 흉부 압박을 하는 방법에 대한 설명이므로 주어진 문장은 ④에 오는 것이 적절하다.

'심폐소생술'을 의미하는 CPR은 모든 사람이 배워야 하는 중요한 응급 의료 절차이다. 응급 상황에서, 당신은 먼저 119에 전화를 걸어 전문가의 도움이 진행되도록 해야 한다. 다음으로, 당신은 그 사람의 머리를 뒤로 젖혀 턱이 위를 향하도록 해야 하고, 그리고 나서 (숨소리를) 주의 깊게 들어 보아야 한다. 만약 그 사람이 불규칙적으로 숨을 쉬거나 전혀 숨을 쉬지 않는다면, 그 사람의 코를 집고 가슴이 올라오기 시작할 때까지 입에서 입으로 숨을 불어 넣어라. 그다음에 두 번 더 숨을 불어 넣되, 숨을 불어 넣을 때마다 1초 정도 지속하도록 한다. 그 사람이 여전히 규칙적으로 숨을 쉬지 않는다면 흉부 압박을 시작해야 한다. 당신의 손을 그 사람의 가슴 중앙에 놓고 빠르게 30번을 눌러라. 그러고 나서 그 사람의 숨이 정상으로 돌아오거나 구조가 도착할 때까지 숨 불어 넣기와 (흉부)압박을 번갈아서 하라.

어휘

compression 압축 stand for 상징하다 tilt 기울이다
irregularly 불규칙적으로 pinch 집다
alternate 번갈아서 하다

18. 정답 ④

주어진 문장은 해적이 항상 포로들에게 자신들과 한패가 되도록 강요한 것은 아니라는 내용이고 역접의 연결어 However가 있으므로, 앞에는 이와 반대되는 내용, 즉 해적이 선원들을 강제로 자신들에게 합류시킨다는 내용이 나와야 한다. 또한, 뒤에는 한패가 되도록 강요하지 않은 이유(This is because ~ plunder.)가 이어지는 것이 흐름상 자연스럽다. 따라서 정답은 ④이다.

해적질이 있던 옛날에, 포획된 배의 선원들은 때때로 해적 선원에 자발적으로 합류했다. 해적들이 추가적인 일손이 필요하면 자원자들은 받아들여지고 합의 조항 즉, 해적 법전에 서명하도록 허락되었을 것이다. 해적들이 일손이 많이 필요한 경우에는 원하지 않는 선원들을 강제로 해적질에 합류시켰을 것이다. 목수, 항해사 그리고 유용한 기술을 지닌 사람들이 특히 해적 선원에 합류하도록 강요당했을 가능성이 있었다. 하지만, 일반적인 믿음과는 반대로 해적들은 일상적으로 수많은 포로에게 그들과 한패가 되도록 강요한 것은 아니다. 이는 너무 많은 신입 선원을 추가하는 것이 해적이 현재 가지고 있는 비축물자에 지나친 부담을 가하고, 약탈품에서 각 선원이 나눠 갖는 할당 몫의 가치를 줄이기 때문이다. 그래서 자원하는 사람들조차도 필요가 없을 땐 거부당할 수 있었을 것이다.

어휘

pirate 해적 routinely 일상적으로
compel A to R A가 R 하도록 시키다 classical 고전주의의
capture 포획하다 voluntarily 자발적으로 crew 선원
article 조항 항목 code 법규, 규정
unwilling 마음이 내키지 않는 꺼리는 carpenter 목수
navigator 항해사 overburden 과중한 부담을 주다
existing 현존하는 supply 비축물자
turn A away A를 거부하다

19. 정답 ④

주어진 문장은 응답자가 조사원이 단순히 선호도에 관해서만 묻는다고 생각하지 않을 수 있다는 내용이다. 문장이 Therefore로 시작하므로 앞에는 이에 대한 원인이 나올 것을 짐작할 수 있다. 따라서 무슨 상표의 음료를 좋아하느냐는 질문이 사실상 응답자가 어떤 사람인지를 묻는 것과 같음을 설명한 문장 다음인 ④에 오는 것이 적절하다. 또한, 뒤에는 응답자가 질문을 실제로 어떻게 듣는지에(Rather, he or she hears~) 관한 부연 설명이 이어지는 것이 자연스럽다.

해석

사람은 자신의 의견에 대해 질문을 받거나 자신이 좋아하는 제품에 관한 설문조사를 받을 때 인터뷰 담당자에게 자기 자신을 잘못 표현할 수도 있다. 이와 같은 왜곡의 잠재적 요소 때문에 몇몇 소비자 심리학자들은 사람들에게 그들의 의견이나 선호하는 것을 직접 묻는 것은 생산적이지 못하다고 믿는다. 그들(소비자 심리학자들)은 (응답자들이) 받고 있던 직접적인 질문은 그 응답자들이 실제로 들은 것과는 다를 수 있다고 주장한다. 예를 들어, 어떤 사람에게 무슨 상표의 음료를 좋아하느냐고 물음으로써, 우리는 본질적으로 그 사람이 어떤 종류의 사람인가를 묻게 된다. 그래서 응답자는 소비자 조사원이 단순히 선호도에 관해서만 묻고 있다고 느끼지 않을 수도 있다. 오히려 그 사람(응답자)은 그 질문을 "당신은 싼 것을 마시나요, 아니면 비싸고 품격 높은 상표의 제품을 마시나요?"라고 묻는 것으로 알아듣는다. 설문조사 방법을 비판하는 사람들은 응답자가 자신의 감정을 왜곡하게 하는 직접적인 질문을 통해서는 우리가 진정한 인간의 동기와 감정을 밝혀낼 수 없다고 주장한다.

어휘

respondent 응답자 merely 단지 preference 선호
misrepresent 잘못 표현하다 potential 잠재적인
distortion 왜곡 productive 생산적인 claim 주장하다
high-status 높은 지위의 critic 비판하는 사람
motivation 동기

20. 정답 ④

등반가들에게 뇌 손상이 쉽게 발생한다는 내용이 나오고, 마지막에 이를 예방할 방법들이 나와 있으므로 손상을 최소화하기 위해 예방조치를 취해야 한다는 내용의 주어진 문장은 그 사이인 ④에 오는 것이 적절하다.

해석

최근 연구는 높은 고도에 도달하는 대부분의 등반가가 그들의 원정에서 어느 정도의 뇌 손상을 입은 채 돌아온다는 것을 보여 준다. 한 실험에서, MRI 기계가 등반가 35명의 뇌를 조사하는 데 사용되었다. 그중 34명의 뇌가 장시간 저산소 환경에 노출된 후 뇌세포가 줄어든 것으로 발견되었다. 이 중에는 심한 고산병을 전혀 겪지 않았지만 뇌 손상을 입은 등산가들도 포함되었다. 이 연구는 또한 고도가 높은 환경에 지속적으로 노출되지 않고도 뇌 손상이 일어날 수 있다는 것을 보여 준다. 그들의 뇌 손상 위험을 최소화하기 위해서, 등반가들은 추가적인 예방조치를 취해야 한다. 그중에는 어떤 고산병 증상을 조금이라도 알아차리면 바로 내려오는 것과 더 높이 올라가기 전에 항상 환경에 적응하는 시간을 가지는 것이 포함된다.

어휘

minimize 최소화하다 take precaution 조심하다
mountaineer 등반가 altitude 고도 expedition 탐험
degree 정도 expose 드러내다 prolonged 장기의
mountain sickness 고산병, 산악병(=altitude sickness)
indicate 나타내다 absence 부재
ongoing 계속 진행 중인 descend 내려오다
symptom 증상 adjust 적응하다

21. 정답 ③

해설

주어진 문장의 This가 가리키는 것은 ③의 앞 문장 내용이므로. 주어진 문장은 ③에 들어가는 것이 자연스럽다.

해석

가뭄 문제는 심각하고 전 세계적이다. 아프리카의 관광객들은 샤워로 인해 그 지역에 물 부족을 야기할 수 있다는 것을 인식하지 못한 채 오랫동안 샤워를 한다. 아프리카에는 한 마을에 수도꼭지가 단 한 개뿐인 마을들도 있는 한편, 호텔에는 방마다 수도꼭지와 샤워기가 갖추어져 있다. 이는 관광객들이 지역 주민들보다 훨씬 더 많은 물을 사용하도록 조장한다. 스페인의 주민 한 사람이 하루에 250ℓ의 물을 사용하는 것에 비해, 스페인에 온 관광객 한 사람은 하루 평균 880ℓ의 물을 사용하는 것으로 추산된 바 있다. 물이 부족한 나라에서 18홀 골프장은 하루에 만 명의 사람들이 사용하는 양만큼의 물을 소비할 수 있다. 카리브해에서는 수원지가 수도관을 통해 관광객들의 호텔로 연결되기 때문에, 수십만 명의 사람들이 수돗물 없이 지내고 있다.

어휘

local 지방의 drought 가뭄 shortage 부족
tap 수도꼭지 calculate 계산하다
go without ~없이 지내다 pipe 관을 설치하다
spring 샘, 수원지

22. 정답 ④

해설

주어진 문장이 감자의 끈적이는 털의 문제점을 설명하고 있고, Unfortunately(불행히도)로 시작하므로 이 문장 앞에 끈적이는 털의 긍정적인 사례가 언급되어야 한다. 또한, 마지막 문장에 나온 this problem은 끈적이는 털이 이로운 곤충을 죽이는 문제점을 가리킨다. 따라서 주어진 문장은 ④에 들어가는 것이 가장 적절하다.

해석

영양가 많고 맛있는 감자는 중요한 식용 작물로 전 세계적으로 수백만 명을 먹여 살리고 있다. 하지만 감자는 작물 전체를 파괴할 수 있는 해충의 피해를 받기 쉽다. 그래서 식물 연구가들은 곤충을 잡아서 죽일 수 있는 끈적이는 독특한 털이 난 새로운 감자종을 개발했다. 끈적이는 털이 난 이 감자는 보통 감자와 볼리비아산 야생 변종을 교배한 것이다. 그것은 가장 해로운 감자 해충 중의 하나인 콜로라도 감자 풍뎅이를 포함하여 일반적인 해충들의 수를 40~60%까지 줄이는 것으로 나타났다. 불행히도, 그 잡종 감자의 끈적이는 털들은 이로운 곤충들도 잡아서 죽인다. 식물 연구가들은 이 끈적이는 털의 밀도를 줄이려는 노력을 하며 이 문제를 연구하고 있다.

어휘

hybrid 교배종, 잡종 sticky 끈적거리는 trap 덫으로 잡다
beneficial 유익한, 유용한 nutritious 영양분이 풍부한
feed 먹이다 vulnerable 피해를 받기 쉬운 pest 해충
species 종 cross 이종교배 variety 변종
beetle 풍뎅이, 딱정벌레 destructive 해로운
work on 연구하다 density 밀도

23. 정답 ④

주어진 문장의 this cabinet은 ③ 뒤의 문장에서 언급된 "a shadow cabinet"을 가리키는 것이므로 ④에 내각을 만나야 한다는 내용의 주어진 문장이 오는 것이 자연스럽다.

해석

젊은 사람들은 흔히 사회의 중요한 풍조에 대해 예리하고 빠른 이해력을 가진다. 그들은 기술, 패션, 건강 생활 그리고 환경과 같은 분야의 최신 아이디어와 제품에 큰 친숙함을 가지고 있는 경향이 있다. 그런 이유로, Gary Hamel은 최고경영자들이 그들의 조직 속에 있는 가장 어리고 가장 똑똑한 사람들과의 관계를 유지하기 위해 특별한 노력을 해야 한다고 주장한다. 그는 최고경영자들에게 이십 대와 삼십 대의 매우 유능한 직원으로 구성된 '예비 내각'을 구성할 것을 권한다. 그런 다음에 최고경영자들은 핵심적인 전략 쟁점에 관한 그들의 시각이 상급 관리팀의 구성원들로부터 자신들이 듣고 있는 것과 어떻게 다른지 보기 위해 정기적으로 이 내각을 만나야 한다. Hamel은 젊은 사람들과의 상호 작용이 최고경영자들로 하여금 상급 임원들이 인지하지 못할 수도 있는 기회와 위협을 보도록 도울 것이라고 믿는다. 더욱이 Hamel은 이 젊은 사람들의 시각이 조직 계층의 전형적인 교묘한 술책에 맡겨진다면 흔히 걸러지고 만다는 것을 알고 있다.

어휘

periodically 주기적으로 perspective 시각, 관점
strategic 전략적인 keen 예리한 societal 사회의
familiarity 친숙함 latest 최신의
go out of one's way 비상한 노력을 하다 capable 유능한
threat 위협 perceive 인식하다 filter out 걸러내다
hierarchy 계급, 계층

24. 정답 ③

해설

주어진 문장은 블루스가 사람들의 기분을 나아지게 한다는 내용이며, ③의 뒤에서 블루스를 통해 우울함이 사라지고 치유의 힘이 생긴다고 기술하고 있으므로 ③이 적절한 위치이다.

해석

'슬리피 할로우의 전설'의 저자인 미국 작가 워싱턴 어빙은 슬픔을 의미하는 '블루스'라는 용어를 만들었다. 이 용어에서 그 명칭을 차용한 음악 장르는 아프리카계 미국인의 민속 노래에서 발달한 것으로, 이 음악은 남부 대농장의 들판과 노예 막사 주변에서 불렸다. 그것들은 아픔과 시련, 불공평함 그리고 더 나은 삶에 대한 갈망의 노래였다. 그러나 블루스의 근본적인 특징은 사람들의 기분을 더 나아지게 한다는 것이다. 블루스를 듣는 것은 우울함을 사라지게 할 것이다. 그것은 슬픔을 치유하는 힘을 지닌 음악인 것이다. 그러므로 '블루스'는 사실 정확한 용어가 아닌데, 이는 그 음악이 감동적이지만 우울하지는 않기 때문이다. 그것은 사실 절망이 아닌 희망에서 태어난 음악이다.

어휘

fundamental 근본적인 trait 특징 blues 블루스
legend 전설 evolve 진화하다 slave 노예 quarter 막사
plantation 대농장 suffering 고통 injustice 불공평
long for ~을 갈망하다 drive away 날려 버리다
heal 치유하다 moving 감동적인
melancholy 우울한, 구슬픈 despair 절망

25. 정답 ④

 해설

주사의 발생단계와 여러 원인들에 대한 설명이 나오고, 이러한 요인들이 모든 사람에게 같은 영향을 미치는 것은 아니라는 주어진 문장이 ④에 전개된 뒤, 그중 어떤 요인이 주사를 일으키는 것인지 알아내는 방법에 대한 설명으로 이어지는 것이 자연스럽다.

 해석

주사는 얼굴에 영향을 미치는 흔한 염증성 피부병이다. 초기 단계에서는 전반적인 붉은 기가 얼굴 전체를 뒤덮어 마치 그 사람이 지속적으로 얼굴을 붉히고 있는 것처럼 보이게 만든다. 나중에는 병이 진행됨에 따라 뾰루지와 눈에 띄는 붉은 선이 생기기 시작한다. 매운 음식과 술의 섭취 그리고 태양, 비, 또는 바람에의 장시간의 노출을 포함하는 많은 행동적, 환경적 요소가 주사의 원인으로 지적되어 왔다. 그러나 이런 요인들이 모든 사람에게 똑같은 영향을 미치는 것은 아니라는 것을 명심하는 것이 중요하다. 그러므로 어떤 특정 요인이 당신의 주사를 일으키는 것인지 알아내기 위해서는 당신이 먹은 모든 것과 몇 주간 날씨가 어떤지에 대해 기록해 두어야 한다. 이것은 당신이 주사가 심해진 기간과 단일 요인을 연결 짓는 데 도움을 줄 것이다.

어휘

trigger 방아쇠 inflammatory 선동적인 condition 상태
initial 초기의 overwhelm 압도하다
permanently 영구적으로 blush 얼굴을 붉히다
pimple 뾰루지, 여드름 finger 만지작거리다
prolonged 장시간의 severity 격렬

26. 정답 ④

해설

주어진 문장은 앞선 글과 비슷하게 학교나 교육구의 각 사람이 조직 문화에 대해 매우 다른 관점을 가질 수 있다는 내용을 제시한다. ④의 앞선 내용은 코끼리에 대해 서로 다른 관점을 가지고 서로의 관점을 받아들이려 하지 않았던, 눈이 보이지 않는 사람들에 관한 내용이다. ④ 뒤에서는 우리가 우리의 관점에 너무 깊이 박혀 있어서 타인의 관점을 상상하지 못한다는 내용이 제시되므로 ④에 주어진 문장이 들어가야 코끼리의 우화에서 우리의 문화 관점에 대한 언급으로 자연스럽게 글이 이어진다.

해석

문화는 구성원들의 행동뿐 아니라 집단적인 가치를 고려한다. 문화를 포괄적으로 이해하는 것은 구성원들이 그들의 제한된 관점을 훨씬 넘어서 관찰하는 것을 필요로 한다. 이것의 좋은 예는 우연히 코끼리를 만나서 그들이 발견한 것을 묘사하려 했던, 세 명의 눈이 보이지 않는 사람들에 대한 인도의 유명한 전설을 사용해서 발견할 수 있을 것이다. 한 사람이 다가가서 코끼리의 코를 만지고 그것을 뱀이라고 파악했고, 다른 사람은 코끼리의 꼬리를 만지고 그것이 나뭇가지라고 알렸으며, 세 번째 사람은 코끼리의 귀를 발견한 다음 그것이 잎사귀라고 말했다. 각자 다른 사람들의 관점을 결여했기 때문에 아무도 코끼리가 어떻게 생겼는지에 대해 동의할 수 없었다. 문화에서도 그래서 학교나 교육구의 각 사람은 조직의 문화에 대해 다른 관점을 가질 수 있는데 몇몇은 자신들의 관점과 가까울 수도 있고, 몇몇은 대단히 다른 관점을 가질 수 있다. 우리는 코끼리를 묘사하는 세 명의 맹인과 매우 비슷하게 문화에 대한 우리의 관점에 너무나 깊이 박혀 있어서 우리의 현재의 관점 밖에 있는 어떤 것은 상상하는 것이 힘들 수도 있다.

어휘

perspective 관점 vastly 광대하게 collective 집단적인
comprehensive 종합적인 blind 맹인의 trunk 몸통
tail 꼬리 branch 가지 leaf 나뭇잎 embed 배어들다

27. 정답 ④

인간의 생각과 통찰을 댐에 비유하여 설명하고 있다는 것에 착안해야 한다. 물줄기가 수원지에서 나와 댐이 있는 하류로 계속 쇄도하여 쌓이다가 어느 시점에 방류되는 것처럼, 인간의 생각과 통찰 또한 처음 생겨난 다음 자신의 마음속에 저장되어 있다가 문제나 창의적 도전이 제기될 때 자신의 능력을 뛰어넘어 밖으로 흘러나갈 만큼 계속 축적된다는 내용이 되어야 한다. 따라서 주어진 문장의 위치는 ④가 가장 적절하다.

해석

한 사람이 책을 읽고, 관찰하고, 경험을 통해 배우며 삶을 살아갈 때 교훈과 생각이 축적되기 시작한다. 댐에 모인 물줄기처럼 이러한 생각, 교훈 그리고 통찰이 기억 속에 저장된다. 거기에서 그것들은 돌아다니고 각각이 다른 것과 만나 더 깊은 교훈, 통찰, 생각을 낳을 가능성을 가진다. 그러다 어느 날, 이 사람이 문제를 해결하려고 애쓰거나 아니면 예술 작품을 구성하려고 할 때 창의적 사고의 흐름이 시작된다. 그것들을 그 자리에 가두어 두었던 댐에 마치 구멍이 난 것처럼 그것들은 밖으로 흘러 나간다. <u>그것들은 이 사람의 의식적인 마음속으로 흘러들어 오고 이 사람이 자신의 능력이라고 믿는 것을 훨씬 넘어서는 더 커다란 힘에서 나오는 것처럼 보인다.</u> 하지만 이런 생각들은 문제나 창의적 도전이 나타나고 표현을 필요로 할 때까지 비축된 채로 그곳에 내내 머물러 있었다.

어휘

rush 돌진   conscious 의식의   observe 관찰하다
accumulate 축적되다   insight 통찰력
encounter 직면하다   wrestle with ~와 씨름하다
compose 작곡하다   store 비축하다

28. 정답 ④

메시지를 완전히 이해하기 위해서 더 많이 그리고 논리적으로 연결된 단어들이 필요하다는 주어진 내용으로 보아, 앞에는 이야기를 이해하는 데 있어 단어만으로는 부족하다는 내용이 있다는 것을 알 수 있다. 따라서 주어진 문장이 들어가기에 가장 적절한 곳은 ④이다.

모든 언어는 말로 하든 글로 쓰든 묘사적이다. 문맥 밖의 단 하나의 글자나 단어는 우리에게 거의 아무것도 알려 주지 않는다. 그 글자나 단어를 이해하기 위해서 우리는 그것을 언어의 패턴을 추상하는 일련의 글자 안에 배치된 의미 있는 패턴의 일부로 고려할 필요가 있다. 다 합친 글자의 패턴은 단어가 되고 그것의 소리는 실질적인 것, 생각 혹은 그것이 의미하는 생각을 불러일으킨다. 그러나 단어 그 자체로는 이야기의 일부만을 알려 준다. <u>우리는 메시지를 완전히 이해하기 위해서 더 많은 그리고 논리적으로 연결된 단어들이 필요하다.</u> 그래서 우리는 문장을 만들고 생각을 완성하기 위해 그 단어를 다른 단어들과 잇고 인식될 수 있는 패턴으로 고리를 만들어 낸다. 그리고 많은 문장을 연결하여 완전한 문맥 안에서 이야기로 구성함으로써만 우리는 더 큰 주제를 보는 통찰력과 이해력을 가질 수 있다.

어휘

logically 논리적으로   representational 묘사적인
context 문맥   abstract 추상적으로 묘사하다
evoke 불러일으키다   recognizable 인식될 수 있는
sentence 문장   theme 주제

29. 정답 ②

해설

주어진 문장은 유전적 특징이 비만 증가의 원인이 아니라는 내용이므로, 지난 수십 년간 유전자 구성이 바뀌지 않았다는 ② 바로 뒤의 문장이 그 근거가 된다. 따라서 주어진 문장이 ②에 위치하고, 그 근거가 뒤따라 나오는 흐름이 되어야 자연스럽다.

해석

최근의 연구는 비만율이 미국의 모든 주(州)에서 성별, 연령, 인종 또는 교육 수준과 관계없이 증가하고 있음을 발견했다. 1991년에는 4개의 주(州)만 15% 이상의 비만율을 가지고 있었다. 하지만 오늘날에는 적어도 37개 주가 그러하다. 흥미로운 점은 비록 비만의 급증에 여러 원인이 있다 해도 유전적 특징은 그중 하나에 속하지 않는 것 같다는 점이다. 미국인의 유전자 구성과 구조는 지난 수십 년간 변하지 않았다. 변화한 것은 이 나라의 식단과 생활 방식이다. 사람들은 더 많이 먹고 덜 움직일 때 살이 찐다. 미국에서는 사람들이 어디든 걸어가기보다는 운전해서 간다. 그들은 쉽게 걸어갈 수 있는 거리에 있는 곳조차도 운전해서 간다. 자동차에 대한 이런 중독이 지방과 열량이 매우 높은 일상의 음식과 결합되면 비만이 널리 퍼지는 일이 일어나게 마련이다.

어휘

upsurge 급증 obesity 비만 genetics 유전적 특징
regardless of ~에 관계 없이 gender 성 makeup 구성
addiction 중독 be combined with ~와 결합되다
exceptionally 유난히 예외적으로 widespread 널리 퍼진
be sure to R 반드시 ~하다

30. 정답 ④

해설

이전까지는 이론적 지식에 비해 실용적 지식을 평가절하하는 편견에 대해 언급하고, ④ 이후에서는 실용적 지식이 이론적 지식보다 선행하며 더 근본적인 지식이라는 내용으로 글의 흐름이 전환되고 있다. 주어진 문장은 실용적 지식이 이론적 지식 못지않게 가치 있다는 내용이고, 역접의 연결어 However로 시작하므로 내용 전환이 이루어지는 ④에 들어가는 것이 적절하다.

해석

우리는 지식을 논할 때, 자주 이론적인 '머리의 지식'에 초점을 두고 실용적인 '손의 지식'은 간과한다. 정말로 후자(손의 지식)에 대한 편견이 약간 있는 듯하다. 예를 들어, 과학자의 추상적 지식은 자동차 정비공이나 수공예가의 실용적 지식보다 대체적으로 더 많은 존중을 받는다. 이런 편견은 이성에 대한 우리의 능력이 우리를 동물계의 나머지 들로부터 구별해 주는 것이라는, 널리 퍼진 가정에서 나온 것일지도 모른다. 하지만 사물을 조작하는 우리의 능력은 똑같이 독특하며, 또한 유연한 엄지손가락을 지닌 손은 커다란 뇌를 가진 머리만큼 인간 지능의 상징으로 훌륭하다고 주장할 수 있을 것이다. 어떤 의미에서는 실용적 지식이 추상적 지식보다 앞서며 더 근본적임을 뜻한다. 결국, 우리는 어떤 종류의 지식이라도 습득할 수 있기 전에, 말을 하는 능력과 사물을 조작하는 능력 같은 기본적 기술을 필요로 한다.

어휘

manipulate 조작하다 flexible 유연한
theoretical 이론상의 overlook 간과하다
practical 실용적인 prejudice 편견 the latter 후자
abstract 추상적인 esteem 존중 craftsman 공예가
derive from ~에서 나오다 assumption 가정
distinguish A from B A를 B와 구별하다 reason 이성
there is a sense in which 어떤 의미에서는
fundamental 근본적인 acquire 습득하다

31. 정답 ③

해설

③ 뒤에 대공황으로 타격을 입은 농가들에 대한 구체적인 내용이 나오므로, 농부들의 타격이 특히 컸다는 내용의 주어진 문장의 위치로는 ③이 가장 적절하다.

해석

미국의 대공황은 근대 산업 사회에서 발생한 최악이자 최장 기간 지속된 경제 위기였다. 최악의 시기에는 1천 6백만 명 이상이 실업자였고, 8만 5천 개 이상의 기업이 도산했다. 수백만 명의 미국인이 직장, 저축한 돈, 심지어 집까지 잃었다. 그러나, 농부들이 특히 타격을 크게 받았다. 경제 위기와 겹친 극심한 가뭄은 대평원 전역의 소규모 농가들을 붕괴시켰다. 생산성이 높았던 농지는 사라졌고, 농작물 가격이 50%까지 하락했다. (농작물의) 가격이 너무 많이 하락해서 농부들은 파산했고 직업을 잃었다. 제2차 세계대전의 발발로 인해, 농작물의 가격이 오르기 시작했고 동시에 그 나라의 취업 시장도 안정을 찾았다.

어휘

The Great Depression 미국 대공황 crisis 위기
industrial 산업의 unemployed 실업의 drought 가뭄
couple with ~와 함께 ruin 망치다 dust 먼지
crop 작물 simultaneously 동시에

32. 정답 ④

해설

주어진 문장은 배관시설과 관련된 모든 다른 작업을 수행할 필요가 있다는 내용이므로 주어진 문장 앞에는 배관과 관련된 언급이 있어야 한다. 또한, 마지막 문장에 제시된 all the necessary skills and labor(모든 필요한 기술과 노동)가 지칭하는 내용이 주어진 문장의 all the other tasks(모든 다른 작업)와 연결되므로, 주어진 문장이 들어가기에 가장 적절한 곳은 ④이다.

해석

한 경제적 주체가 특정한 재화나 용역에서 전문화될 수 있는 범위는 그것(재화 나 용역)을 그 집단의 나머지가 필요로 하는 수준에 달려 있다. 100명이 있는 집단에서, 각 개인이 덜 자주 요구하는 것에서가 아니라, 그 시기에 평균 1%가 요구하는 오로지 한 용역에서 전문화될 수 있다. 따라서, 큰 도시는 한 마을이나 작은 도시에서는 살아남을 수 없는 모든 종류의 전문 용역에 기회를 제공할 수 있다. 가령, 작은 무리의 수렵 채집인들은 단순히 그 집단 내의 둘 또는 세 가족만으로는 충분한 수요를 만들지 못하기 때문에 전업 배관공을 지원할 수 없다. 만약 수렵 채집인들이 배관을 원한다면, 그들 스스로가 배관공이 되어야 할 것이다. 그들은 또한 파이프를 만들기 위한 금속 가공과 배수관을 파는 것과 같은 성공적인 배관시설과 관련된 모든 다른 작업들을 수행해야 할 것이다. 소수의 사람이 매일 생존을 위해서 필요한 식량과 다른 필수품도 구하면서, 모든 필요한 기술과 노동을 제공하는 것은 전혀 실행 가능하지 않다.

어휘

plumbing 배관 dig 파다 drain 배수관
specialize in ~을 전문으로 하다 exclusively 독점적으로
plumber 배관공 generate 발생시키다
feasible 실행 가능한 a handful of 한 줌의, 약간의
procure 확보하다

33. 정답 ③

해설

주어진 문장의 this protection이 ②의 뒤에 나오는 a way that does not violate the rights of people who participate 를 가리키고 있고, ③ 이후에 나오는 this panel은 주어진 문 장의 a local panel을 가리키므로 주어진 문장은 ③에 들어가 는 것이 가장 적절하다.

해석

좋은 연구 설계를 선택하는 것은 단지 어떤 특정 방법을 선택 하는 것 이상을 요구한다. 연구원들은 자신들이 사용하려고 하는 방법이 윤리적인지 알아내야 한다. 즉, 연구를 설계할 때 연구자들은 참가하는 사람들의 권리를 침해하지 않는 방식 으로 그렇게 해야(설계해야) 한다. 모든 연구 프로젝트가 이 러한 보호 조치를 가지고 있는지 확실히 하기 위해, 연구자들 은 모든 자료 수집 전에 전문가와 지역 사회 대표자들로 구성 된 지역 심사원단의 공식 검토를 위해 제안된 연구를 제출해 야 한다. 이 심사원단의 승인이 있어야만 과학자들은 자신들 의 연구를 시작할 수 있다. 만약 검토 심사원단이 제안된 연 구의 어떤 측면을 승인하지 않는다면, 그 연구원은 심사원단 의 승인을 얻기 위해 그 측면들을 수정하여 다시 제출해야 한 다. 마찬가지로, 연구의 한 구성 요소가 바뀔 때마다 검토 심 사원단은 반드시 통지를 받고 승인을 해야 한다.

어휘

ensure 확실히 하다 investigator 연구자
proposed 제안된 formal review 공식 검토
panel 심사원단 representative 대표자 ethical 윤리적인
violate 위반하다 approval 승인 aspect 측면
revise 수정하다 component 구성 요소 alter 바꾸다

독해를
합격이

잡으면

보인다

글의 흐름 파악하기- ③ 문장 삭제 문제

1. 문제 유형

　문제 삭제 유형은 전체 지문을 관통하는 전체 흐름이 존재하는 가운데, 흐름과 관계없는 문장이 한 가지씩 삽입되어 있다. 그렇기에 전체적인 흐름을 파악하며 전개되는 내용과 일맥상통하지 않는 문장을 찾아내면 되겠다.

2. 전략

　전략 1 첫 문장의 내용을 정확히 파악한다.
　문장삭제 유형은 처음 한두 문장에서 전체 흐름을 제시해 준다. 따라서 앞부분에서 '소재 + 관점'의 주제문을 잡는 것이 중요하다. 이러한 주제문과 맞지 않은 문장을 제거하는 것이 이 문제 유형의 핵심이다.

　전략 2 첫 문장의 중심 내용과 관련이 없거나 흐름상 어색한 보기를 정답에서 선택한다.
　앞부분에서 파악한 글의 주제문(전체 흐름)을 생각하면서 나머지 글을 읽어야 한다. 이때 글쓴이의 관점은 (+), (−)의 기호로, 긍정적인 것과 부정적인 것을 표시하면서 읽는 것이 도움이 된다.

> ◆ 글의 흐름과 적합하지 않은 문장의 유형
> ① 소재가 다른 경우: 이 경우는 다른 소재를 말하는 것이므로 쉽게 답을 찾을 수 있다.
> ② 관점이 다른 경우: 같은 소재지만 주제문과 관점이 다른 경우인데, 이 경우 (+), (−)로 답을 도출할 수 있다.
> ③ 지나치게 일반화된 문장
> ④ 지나치게 구체적이거나 자세한 문장
> ⑤ 주변 문장과의 흐름은 자연스러우나 전체적인 주제에서 벗어나는 문장

　• 가장 많이 출제되는 오답 유형이 바로 앞 문장에서 사용된 단어를 그대로 사용해서, 흐름상 자연스러워 보이지만 제시된 첫 문장과 관계없는 내용을 다루는 유형이다.

　전략 3 선택한 보기를 제외하고 지문을 읽을 때, 지문의 흐름이 어색한 부분이 없는지 확인한다.
　삭제되는 문장은 원문에 추가로 삽입된 것이므로, 이 문장을 제외한 나머지 문장들의 연결이 잘 되는지를 확인해 본다. 예를 들어 ③을 정답으로 선택했다면, ②와 ④의 문장이 자연스럽게 연결되는지를 확인하는 것이 좋다.

1. 다음 글에서 전체 흐름과 관계없는 문장은?

Linguistics makes a distinction between the surface structure of a sentence (the way the sentence is spoken or written) and the deep structure of a sentence (the way the sentence is to be understood). ① For instance, the surface structure of the sentence "Jane talked to the doctor on Tuesday." has one clear meaning, or deep structure. ② But the sentence "Jane hit the man with a bat." can either mean that Jane hit a man who was holding a bat, or that she used a bat to hit a man. ③ Good writers know that if the same idea can be expressed in a simple way or a complex way, the simple way is better, to avoid ambiguity. ④ The sentence has two deep structures, but you probably automatically understood the sentence to mean just one or the other. Because you automatically processed that particular meaning, you probably didn't even consider the other meaning until we showed it to you.

2. 다음 글에서 전체 흐름과 관계없는 문장은?

Because breast cancer can be caused by a myriad of factors, doctors may never be able to pinpoint the exact cause of any individual case. However, it is possible to show that exposure to certain substances or conditions significantly increases a woman's risk of contracting this cancer. ① Being exposed to artificial light at night is theorized to be one such risk factor. ② The connection between this stimulus and the disease lies in melatonin, a hormone that governs our sleep-wake cycle. ③ Exposure to artificial nighttime light is known to cause decreased melatonin levels, which are often seen in breast cancer patients. ④ Since melatonin production slows down as people age, older adults tend to have lower levels. The credibility of this theory is strengthened by the fact that women in developing countries, where artificial nighttime light is less common, have lower rates of breast cancer than women living in industrialized nations.

*melatonin: 멜라토닌(피부색의 변화를 초래하는 호르몬)

3. 다음 글에서 전체 흐름과 관계없는 문장은?

The people who inhabit the world's harshest environment, the land above the Arctic Circle, are diverse in culture and language and, by necessity, extremely tough and resourceful. ① Scarcity is the word that best describes the Arctic ecosystem, where life-giving solar energy is not the only resource that is in short supply. ② Even during the summer months when it is light for 20 hours per day, the sun's rays are not strong enough to thaw the frozen subsurface soil. ③ But more than the severe cold, a lack of resources defines the kind of life led by the people of the Arctic. ④ Changes in the food web not only threaten life in the Arctic region, they also could have impacts on Earth's climate. Very few plants can grow here, and there are no trees, no wood, no shops, no cars, nothing that we in the developed world take for granted every day.

4. 다음 글에서 전체 흐름과 관계없는 문장은?

We tend to assume that we are safest from harm when we are in our homes, but sadly this is not always the case. ① Potentially more difficult to detect and get rid of the toxic material from which your home is constructed can negatively affect your health. ② For example, paints produced in the U.S. prior to 1978 may contain lead, which causes learning disabilities and brain damage in children. ③ Also, the construction materials of the time were generally of low quality, so houses made from these materials are at risk of collapse. But even modern lead-free paints are not entirely safe, as many give off gases known as volatile organic compounds (VOCs). ④ When VOCs are inhaled, they build up in the body and can lead to breathing trouble or, in some cases, problems with the immune system.

*volatile organic compound: 휘발성 유기 화합물

Desertification is an environmental issue affecting many regions around the world. It is currently occurring in more than 100 countries and threatens an estimated 900 million people, many of whom are poor and live in rural areas. ① As once-fertile soil dries up and blows away, crops die in the fields and farm animals begin to starve. ② Then, food supplies dwindle and the land falls into ruin, forcing people to leave their homes and head to the nearest cities to start new lives. ③ These migrations into cities leave the elderly in the rural areas without the support they need. ④ However, in these cities, they may be forced to live in dirty, overcrowded conditions. If the rate of desertification is not slowed, it could result in massive droughts and famines, which would then lead to serious refugee crises as people flee the affected areas.

Each autumn, when daylight hours become fewer and temperatures fall, animals take action against the coming cold. Many species travel thousands of kilometers to spend the winter in warmer southern lands or oceans. ① Earthworms, which cannot survive in freezing temperatures, start on a vertical migration from soil at the surface of the earth to soil deeper underground. ② Having no eyes, earthworms respond to changes in light through their skin, which is so sensitive that chemicals can easily kill them. ③ Meters below the surface of the earth, the temperature remains comfortable for earthworms. ④ Using little barbs that stick out of their bodies to grasp the earth, they dig deep down to an area where the soil will not freeze. When they reach the safe area, they curl up into a ball and spend the entire winter inactive and warm.

*barb: (동식물에 난) **수염 모양의 것**

7. 다음 글에서 전체 흐름과 관계없는 문장은?

The spotted hyenas of Africa are social animals. While living in clans of up to 90 individuals, they frequently hunt, migrate, and spend time in smaller packs. ① When packs from different clans meet, a battle for dominance may ensue. ② Of course, the larger pack is more likely to win the battle and the hyenas are aware of this fact. ③ Therefore, when confronted by an unknown pack, they immediately calculate their odds of success by counting the members of the opposing pack, using both their excellent night vision and high aural ability. ④ Furthermore, hyenas can break down nutrients from the skin and bones of animals they kill thanks to their powerful jaws and digestive tract. If the opposing pack is larger than their own, they will attempt to retreat rather than attack.

8. 다음 글에서 전체 흐름과 관계없는 문장은?

In Australia, failure to vote is punishable by fines or even by imprisonment. Some of us think this is an abusive exercise of power, while many others insist that our government consider adopting the same system to secure greater democratic involvement of the population. ① Currently, our democracy is deeply endangered through a lack of participation in elections. ② If local elections are held simultaneously with national elections, generally a higher voter turnout is achieved. ③ Low participation rates mean our politicians are not representative of the population as a whole. ④ Since the poor and disadvantaged are far less likely to vote than any other socio-economic group, they can safely be ignored by mainstream politicians. Liberal democracy relies upon a balance of rights, and thus the resolution of such a democratic crisis may in a small way restrict some personal liberties, but it is in the interests of society as a whole.

9. 다음 글에서 전체 흐름과 관계없는 문장은?

Fluoride, a mineral that occurs naturally in many foods and water, is known to have positive effects on dental health. ① As teeth develop, fluoride can help strengthen the enamel to form a hard, cavity-resistant outer coating. ② Once teeth are fully grown, it can combine with saliva to protect enamel from sugar and harmful bacteria. ③ It is no surprise, then, that in order to improve dental health, fluoride has been added to public water supplies in many areas. ④ However, one study has shown that the dental health of people in areas with fluoridated water is essentially identical to that of people living in other areas. For similar reasons, fluoride is often added to commercial toothpastes.

*fluoride: 불소

10. 다음 글에서 전체 흐름과 관계없는 문장은?

Many plants depend on the help of animals to transfer pollen from their stamens to other plant's ova. Such plants have flowers that use either color or scent to attract pollinating animals. ① In an exchange that benefits both parties, nectar from the flower provides nutrition for the pollinator, usually an insect or a bird. ② When the creature proceeds to another flower for more nectar, it inadvertently carries pollen there, thus accomplishing the plant's aim of pollination. ③ There are also some plants that have both sexes in the same flower, allowing them to self-pollinate. ④ Over time, some animals even develop unique physical features, such as specially shaped beaks, to extract nectar as efficiently as possible from certain flowers. The flowers, in turn, may develop in shapes that only allow certain animal species to get nectar from them.

*stamen: 【식물】 (꽃의) 수술
**ovum: 【생물】 난세포, 난자

11. 다음 글에서 전체 흐름과 관계없는 문장은?

The consensus among anthropologists is that pure pastoralists — those who get all of their food from livestock — are either extremely rare or nonexistent. ① Because livestock alone cannot meet all the nutritional needs of a population, most pastoralists need some grains to supplement their diets. ② Many pastoralists either combine the keeping of livestock with some form of cultivation or maintain regular trade relations with neighboring agriculturalists. ③ Moreover, literature is filled with examples of nomadic pastoralists who produce crafts for sale or trade or find other wage-paying work. ④ According to anthropologists, human population cannot grow beyond the carrying capacity, which is the maximum number, density, or biomass of a population that a specific area can support sustainably. Even though many pastoralists have long engaged in non-pastoral activities, they have always considered animal husbandry to be their identity and their livelihood.

*anthropologist: 인류학자
**pastoralist: 목축민

12. 다음 글에서 전체 흐름과 관계없는 문장은?

With its otherworldly sweetness, the syrupy diet of bees was considered divine, appearing in legend nearly as often as the bees themselves. The mother of Zeus, for example, reportedly hid her infant son in a cave, where wild bees raised the young god to adulthood, passing sweet nectar and honey straight from their mouths to his. ① In Scandinavia, the baby Odin preferred his honey mixed with milk from a sacred goat. ② Whether found in divine sippy cups or baked into heavenly cakes, honey dominated menus from Valhalla to Mount Olympus and beyond. ③ For the faithful, it also featured in the prospect of a just reward. ④ Almost all the major religions had universal plots such as the fights between good and evil which were spread across many borders. Sources as varied as the Koran, the Bible, and Celtic legends all described Paradise as a place flowing with rivers of honey.

*sippy cup: (유아용의) 빨아먹는 컵

Contrast error occurs when an employee's evaluation is biased either upward or downward because of another employee's performance, evaluated just previously. For example, an average employee may appear especially productive when compared with a poor performer. However, that same employee may appear unproductive when compared with a star performer. ① Contrast errors happen most likely when raters are required to rank employees in order from the best to the poorest. ② Employees are evaluated against one another, usually on the basis of some organizational standard or guideline. ③ Most companies have guidelines that encourage innovation, respect the employees, serve the customers, and advocate more practices. ④ For example, they may be compared on the basis of their ability to meet production standards or their "overall" ability to perform their job. As with other types of rating errors, contrast error can be reduced through training that focuses on using objective standards to appraise performance.

The exploitation of labor was not just a matter of keeping the wage bill down but also involved the disciplining of the worker. Industrial capitalism required regular and continuous work, if costs were to be minimized. Expensive machinery had to be kept constantly in use. ① Idleness and drunkenness, even wandering around and conversation, could not be allowed. ② The cotton mills did indeed have trouble recruiting labor because people simply did not like long, uninterrupted shifts and close supervision. ③ In 1812, the first decent weaving machine, Robert's Power Loom, was invented, which meant that all stages in the processing of cotton could now be done in one factory. ④ Employers had to find ways of enforcing a discipline that was quite alien to the first generation of industrial workers. They commonly used the crude and negative sanctions of corporal punishment (for children), fines, or the threat of dismissal, but some developed more sophisticated and moralistic ways of controlling their workers.

15. 다음 글에서 전체 흐름과 관계없는 문장은?

Our society is rapidly becoming cashless as more and more people are using bank cards and credit cards to pay for goods. ① People can get a free loan for up to a month because they do not have to pay for the goods until the credit card bill comes in a month later. ② This allows people to earn interest on the savings in the bank that have technically already been spent. ③ When people use their credit card for nonessential items, they usually lose track of how much they spend. ④ Also, if a person loses his or her card or it is stolen, he or she can contact the bank and have the card canceled so the finder or thief cannot use the card. Credit cards can be an advantage to consumers as they are inherently useful in the respect that they offer both financial and security benefits.

16. 다음 글에서 전체 흐름과 관계없는 문장은?

A new development in medicine may give hope to millions of cancer patients around the world. The treatment, which will be ready for large-scale testing soon, utilizes an unlikely partnership to target cancerous tumors. ① First, the patient is injected with a strain of bacteria that thrives in low-oxygen environments, such as the insides of solid tumors. ② Once the bacteria have established themselves in the tumor or tumors, the patient receives an injection of a cell-destroying drug in an inactive state. ③ The drug can only be activated when it comes in contact with an enzyme contained within the bacteria. ④ These bacteria find it difficult to survive in parts of the body with higher levels of oxygen. In other words, the drug becomes active when it reaches the bacteria-infested tumor, destroying the cancerous growth while leaving the healthy cells that surround it unharmed.

17. 다음 글에서 전체 흐름과 관계없는 문장은?

When we ask someone 'How are you?' we are usually aware that they are likely to take different things into account in replying. We know from qualitative research that many different things matter to people in the United Kingdom. ① There are some common themes: health, good connections with family and friends, job satisfaction and economic security, present and future conditions of the environment, and education and training. ② Methods and styles of greeting vary greatly around the world, as do dining customs, and it is important to know what is expected in differing circumstances. ③ The reply to our greeting from someone in the United Kingdom is therefore likely to be influenced mostly by their health and those of people around them, by their work or by their job prospects. ④ Different things may matter to people in other countries. There may w also be cultural differences in how open, or not, people are in responding to such questions.

18. 다음 글에서 전체 흐름과 관계없는 문장은?

Facebook has added a new security feature to increase levels of privacy and security on the website for its millions of users worldwide. ① The change came after mass complaints and negative public opinion about the lack of privacy protection on the world's biggest social networking site. ② With the addition of this new feature, users now have the option of security that's of a similar level to that of online banking websites. ③ Furthermore, online banking is an easy and safe way to manage your money and provides fast and easy access to all your accounts. ④ Using this feature, a user can make their account accessible only through specific computers and mobile phones they've personally authorized. If access is attempted through an unauthorized device, the user is notified by e-mail or SMS and can block the attempt before it has a chance to succeed.

19. 다음 글에서 전체 흐름과 관계없는 문장은?

The idea of offering citizens free transportation is getting a lot of attention these days. Though there are a number of people who are not in favor of this concept, there certainly is enough data to show the benefits it provides. ① Many cities are expanding their subway systems to reduce traffic. ② Making all public transportation free reduces the number of cars on the road as well as lowers carbon emissions and noise pollution that affect the environment. ③ In addition, with fewer cars on the street, there will be less need for maintenance on roads and highways. ④ This could save a city millions of dollars a year, and citizens will personally benefit by spending less on fossil fuel, which is running out and becoming more and more expensive. In places like Belgium, where the residents have been using a fare-free transit system for years, they are already enjoying these advantages.

20. 다음 글에서 전체 흐름과 관계없는 문장은?

In a recent research paper Strategies for feeding the world more sustainably with organic agriculture, the authors say that a 100% conversion to organic agriculture from conventional farming is theoretically possible if combined with less food waste, less animal feed production and therefore less meat consumption. ① They suggest that cattle should be grass-fed for it, too. They also say that organic agriculture can restore soils and ecosystems degraded by conventional farming. ② As commonly known, the yield of organic agriculture is less than conventional yield. ③ Conventional farming of the chemical-industrial approach does a lot of damage to ecosystems. ④ It depends on a finite reserve of fossil fuel and brings large risks for food security. In the long run it is clear that natural resources must be maintained in order to feed the world sustainably. This means that we need conservation agriculture and organic farming techniques. They provide advantages such as better health for farmers, better water storage in the soil, less damage to the climate, and more biodiversity, apart from food security.

21. 다음 글에서 전체 흐름과 관계없는 문장은?

Tsunamis are caused by earthquakes on the seafloor and commonly occur along faults called subduction zones. ① Against this unpredictable disaster, several countries expanded the use of a tsunami-detecting system called a tsunameter to detect pressure changes. ② The Japanese warning system employs seismometers, besides tsunameters. Seismometers help to forecast the scale of a tsunami based on the magnitude and location of the quake. However, when the tsunami hit Minamisanriku in 2011, the system did not work perfectly. The waves reached much higher than the capacity of the system. ③ The earthquake didn't cause much damage, but the sea had just begun to be subdued. Human nature is another factor that can delay reactions to tsunami warnings. This was not the first large tsunami to hit Minamisanriku. ④ In 1960, people in Minamisanriku suffered from a big tsunami, with 41 people dead, and then a seawall 18 feet high was built. They say the seawall gave them a false sense of security. Many people who lived above the high-water mark of the 1960 tsunami didn't bother to run.

*subduction zone: 섭입대
(판구조론에서 오래된 해양저가 대륙 지괴 아래로 밀려 들어가는 대륙 연변의 해구 지역)
**tsunameter: 지진해일계
***seismometer: 지진계

22. 다음 글에서 전체 흐름과 관계없는 문장은?

If a frog is dropped into hot water, it will react very quickly to the sudden change of heat and jump out, unharmed. But if it is put into cold water, which is then warmed up very slowly, it will stay there until it boils to death. ① It's useful to bear the frog in mind when considering problems. ② Many of the most challenging and important problems in our own lives sneak up on us gradually. ③ Before we even recognize that they are there, we are deeply immersed in them. ④ A lack of motivation or patience is an especially difficult problem to deal with because it limits your ability to solve other problems as well. Being aware of problems is essential to finding solutions to them, and dealing with small problems as they arise is better than ignoring them until they build up into problems too big to fix.

23. 다음 글에서 전체 흐름과 관계없는 문장은?

People are described as consumers because they buy and use, store and maintain, manage and fantasize commodities. ① Yet we rarely ask ourselves to what extent people actually conceive themselves as consumers while they perform these assorted activities. ② Awareness of this issue should sensitize us to the multiplicity of meanings of consumption. ③ We all consume, but we all do it differently, and certainly we think of it differently. ④ This should mean that we ought to maintain the notion of 'consumer culture'. While conventionally we speak of consumer culture, in the singular, there are a variety of different, situated, institutionalized consumer cultures in the plural.

24. 다음 글에서 전체의 흐름과 관련이 없는 문장은?

While all dinosaurs were thought of as enormous, scaly monsters in the past, recent findings now prove otherwise. Fossil discoveries show that some species, bodies were covered with another kind of exterior layer feathers. ① Paleontologists believe that dinosaurs and birds have a common trait like egg laying. Carnivorous theropods like velociraptors and even the mighty Tyrannosaurus appear to have had the earliest versions of the plumage, which are called proto-feathers. ② The idea of fluffy, feathered dinosaurs has taken a strong hold in both the public's and academia's imagination. ③ However, several paleontologists say that we shouldn't envision every dinosaur in this manner. ④ Although a few clearly did possess feathers like modern birds do, careful analysis of dinosaur remains reveals that the vast majority were still scaled creatures.

25. 글의 흐름상 가장 어색한 문장은?

The Revolution Will Not Be Televised is a 2003 documentary film that was praised by critics. The film focused on the military's attempt to overthrow the Venezuelan government. ① Hugo Chavez, the country's president from 1999 until 2013, has long been a fan of documentary films. ② Film critics gave the documentary a positive review, stating that it had an interesting narrative that matched most fictional political thrillers. ③ Moreover, the film's camerawork and editing were applauded by numerous filmmakers. ④ In particular, its use of shaky, handheld cameras as opposed to professional, steady shots successfully conveyed the panic and fear felt by Venezuelan citizens during this event.

1. 정답 ③

 해설

언어의 표층 구조와 심층 구조를 설명하는 글로, ①, ②에 그 개념을 설명하는 예시 문장이 나오고 ④의 The sentence는 ②에 나온 "Jane hit the man with a bat."을 가리킨다. 그런데 ③은 글을 쓸 때 애매함을 피하기 위해 단순하게 쓰는 것이 좋다는 내용이므로 글의 흐름을 단절시킨다.

 해석

언어학은 문장의 표층 구조(문장을 말하거나 쓰는 방식)와 문장의 심층 구조(문장을 이해하는 방식)의 차이를 두어 구별한다. 예를 들어, 'Jane이 화요일에 의사에게 말했다.'라는 문장의 표층 구조는 하나의 분명한 의미 즉, 심층 구조가 있다. 그러나 'Jane hit the man with a bat'이라는 문장은 'Jane이 방망이를 들고 있는 남자를 때렸다.'나 'Jane이 방망이를 사용하여 남자를 때렸다.'를 의미할 수 있다. 훌륭한 작가는 같은 생각이 단순한 방식이나 복잡한 방식으로 표현될 수 있다면 애매모호함을 피하기 위해 단순한 방식이 더 낫다는 것을 알고 있다. 그 문장은 두 개의 심층 구조가 있지만, 당신은 무의식적으로 그 문장이 어느 한쪽만 의미하는 것으로 이해했을 것이다. 당신은 그 특정한 의미를 무의식적으로 처리했기 때문에, 우리가 나머지 다른 의미를 당신에게 제시할 때까지 아마도 당신은 그 다른 의미를 생각조차 못 했을 것이다.

어휘

linguistics 언어학
make a distinction between A and B A와 B를 구별하다
surface structure 표층 구조   deep structure 심층 구조
ambiguity 애매모호함

2. 정답 ④

해설

유방암 발병과 인공 야간 조명에 노출되는 것의 상관관계에 대한 글이므로, 나이가 들면서 멜라토닌 수치가 낮아진다는 내용의 ④는 글의 흐름과 무관하다.

 해석

유방암은 무수한 요인들에 의해서 발생할 수 있기 때문에, 의사들이 어떤 개별적인 경우의 정확한 원인을 결코 정확히 찾아낼 수 없을지도 모른다. 그러나, 특정 물질이나 환경에 노출되면 여성이 이 암에 걸릴 위험을 상당히 증가시킨다는 것을 보여 주는 것은 가능하다. 야간에 인공 조명에 노출되는 것이 그러한 하나의 위험 요소라는 이론이 제시된다. 이 자극과 그 질병 사이의 관련성은 우리의 수면 각성 주기를 통제하는 호르몬인 멜라토닌에 있다. 인공 야간 조명에 노출되면 멜라토닌 수치가 감소한다고 알려져 있는데, 이는 유방암 환자들에게서 종종 발견된다. 멜라토닌 생성은 사람들이 나이가 들면서 둔화하기 때문에, 나이 든 성인들이 더 낮은 수치를 보이는 경향이 있다. 이 이론의 신빙성은 인공 야간 조명이 덜 흔한 개발 도상국의 여성들이 산업 국가에 사는 여성보다 유방암에 걸리는 비율이 더 낮다는 사실에 의해 강화된다.

어휘

breast cancer 유방암   a myriad of 무수한   factor 요인
pinpoint 정확히 찾아내다   exposure 노출
substance 물질   contract 계약하다, 걸리다
artificial 인공의   theorize 이론을 제시하다
connection 관련성   stimulus 자극   govern 지배하다
credibility 신뢰성   strengthen 강화하다
industrialize 산업화하다

3. 정답 ④

해설

북극 지역의 척박한 자연환경과 자원 부족에 대해 설명하는 글이다. 자원의 부족에 대한 내용이 이어지는 가운데 먹이 그물의 변화로 인한 영향을 언급한 ④는 글의 흐름에 어울리지 않는 문장이다.

해석

세계에서 가장 척박한 환경인 북극권 위쪽 지역에 사는 사람들은 문화와 언어가 다양하고, 필요에 의해 매우 강인하고 기략이 풍부할 수밖에 없다. 결핍은 북극 생태계를 가장 잘 묘사하는 단어인데, 그곳에서는 활력을 불어넣는 태양 에너지만이 부족한 자원인 것은 아니다. 심지어 하루에 20시간 동안 (햇빛이 비쳐서) 밝은 여름철 동안에도 태양 광선은 얼어붙은 심토를 녹일 정도로 강하지 않다. 그러나 극심한 추위보다도, 자원의 부족이 북극 사람들이 살아가는 삶의 방식을 잘 보여 준다. 먹이 그물의 변화는 북극지방의 삶을 위협하는 것뿐만 아니라 지구의 기후에도 나쁜 영향을 줄 수 있다. 이곳에서는 식물이 거의 자랄 수 없고, 나무도, 목재도, 상점도, 자동차도, 발전된 세상에서 우리가 매일 당연히 여기는 것이 아무것도 없다.

어휘

inhabit 살다 harsh 황량한 the Arctic Circle 북극권
necessity 필요(성) resourceful 기략이 풍부한
scarcity 결핍, 부족 ecosystem 생태계
life-giving 활기를 띠게 하는 in short supply 부족한
ray 광선 thaw 녹이다 subsurface 지표 밑의
severe 심한 define 명백히 보여 주다
food web 먹이 그물 take A for granted A를 당연시하다

4. 정답 ③

해설

집의 건축에 사용되는 자재의 화학적인 위험성에 관해 설명하는 글이므로, 과거 건축 자재의 내구성에 대해 언급한 ③은 글의 흐름과 무관하다

해석

우리는 집 안에 있을 때 위험으로부터 가장 안전하다고 생각하는 경향이 있지만, 애석하게도 이것이 항상 사실인 것은 아니다. 당신의 집이 건축되는 데 쓰인 유독성 자재들은 어쩌면 탐지하고 제거하기 더 어려우며, 당신의 건강에 부정적으로 영향을 미칠 수 있다. 예를 들어, 1978년 이전에 미국에서 생산된 페인트는 납을 함유할지도 모르는데, 납은 아이들에게 학습 장애와 뇌 손상을 일으킨다. 또한, 당시의 건축 자재들은 일반적으로 품질이 낮아서, 이러한 자재로 만들어진 집들은 붕괴의 위험이 있다. 하지만 납이 첨가되지 않은 최신 페인트조차도 완전히 안전하지는 않은데, 많은 것들이 휘발성 유기 화합물(VOCs)이라고 알려진 가스를 방출하기 때문이다. VOCs를 들이마시면 이것들이 몸에 축적되어 호흡 곤란이나 어떤 경우에는 면역 체계에 문제를 일으킬 수 있다.

어휘

assume 추정(추측)하다 case 실정
potentially 잠재적으로 detect 발견하다
get rid of ~을 제거하다 toxic 유독성의
construct 건설하다 lead 납 disability 장애
at risk of ~의 위험에 처한 collapse 붕괴
lead-free 납이 첨가되지 않은 give off ~을 방출하다
inhale 숨을 들이쉬다 immune system 면역 체계

5. 정답 ③

해설

사막화로 인해 토지가 황폐해져 사람들이 고향을 떠나 도시로 들어가 난민이 된다는 내용이므로 도시로의 이주 때문에 시골에 남겨지는 노인들의 상황에 대해 언급하는 ③은 글의 흐름과 무관하다.

해석

사막화는 전 세계적으로 많은 지역에 영향을 미치는 환경 문제이다. 이것은 현재 100개 이상의 국가들에서 발생하고 있으며 9억 명으로 추정되는 사람들을 위협하는데, 그들 중 다수는 가난하며 시골 지역에 산다. 한때는 비옥했던 토양이 말라붙어 날아가 버리면, 밭에 있는 농작물이 죽고 가축들이 굶어 죽기 시작한다. 그러면 식량 공급이 감소하고 토지는 폐허가 되어, 사람들은 어쩔 수 없이 고향을 떠나 새 삶을 시작하기 위해 가장 가까운 도시로 향하게 된다. <u>도시로의 이러한 이주는 시골 지역의 노인들이 자신들이 필요로 하는 도움을 받지 못한 채 남겨지게 한다.</u> 하지만 이러한 도시에서 그들은 지저분하고 혼잡한 환경에서 살아야만 하게 될지도 모른다. 만약 사막화 속도가 늦춰지지 않는다면, 그것은 대규모의 가뭄과 기근을 초래할 수 있으며, 이는 사람들이 피해 지역을 떠남에 따라 심각한 난민 위기로 이어질 것이다.

어휘

desertification 사막화 region 지역 threaten 위협하다
estimated 견적의 rural 시골의 fertile 비옥한 crop 작물
starve 굶어 죽다 dwindle 줄어들다 ruin 파멸
head 향하다 migration 이주 overcrowded 너무 붐비는
massive 대규모의 drought 가뭄 famine 기근
refugee 난민 crisis flee 달아나다

6. 정답 ②

해설

지렁이는 추운 겨울을 보내기 위해 토양이 얼지 않는 땅속 깊은 곳으로 이동한다는 내용의 글이다. 지렁이가 눈이 없어서 피부에 닿는 빛에 반응하고, 피부가 민감해서 화학 물질이 닿으면 쉽게 죽는다는 내용은 지렁이가 겨울을 나는 방법과는 무관하므로 정답은 ②이다.

해석

매해 가을, 햇빛이 비추는 시간이 점점 짧아지고 기온이 떨어질 때, 동물들은 다가오는 추위에 대비하여 조치를 취한다. 많은 종이 더 따뜻한 남쪽 땅이나 대양에서 겨울을 보내려고 수천 킬로미터를 여행한다. 지렁이는 영하의 기온에서는 생존할 수 없어서 지표면에서 더 아래 깊숙한 땅속까지 수직 이동을 시작한다. <u>지렁이는 눈이 없어서 피부를 통해 빛의 변화에 반응하는데, 지렁이의 피부는 너무나 민감해서 화학 물질은 지렁이를 쉽게 죽일 수 있다.</u> 지표에서 수 미터 아래에서는, 기온이 지렁이에게 편안한 상태로 유지된다. 지렁이는 흙을 붙잡으려고 몸에서 빠져나온 작은 수염을 이용하며, 토양이 얼지 않는 곳까지 아래로 깊숙이 파고 들어간다. 안전한 장소에 다다르면, 지렁이는 공처럼 몸을 말아서 겨우내 활동하지 않고 따뜻한 상태로 보낸다.

어휘

autumn 가을 daylight 일광 earthworm 지렁이
freezing 영하의 vertical 수직의 migration 이주
surface 표면 sensitive 민감한 chemical 화학 물질
stick out 튀어나오다 grasp 붙잡다, 파악하다
curl up 동그랗게 말다 dig deep 깊이 파고들다
inactive 활동하지 않는

7. 정답 ④

해설

하이에나가 다른 무리와 세력 다툼을 할 때 어떻게 위험을 가늠하고 결정을 내리는지에 관한 글이므로 하이에나의 소화 능력을 언급한 ④는 글의 흐름과 무관하다.

해석

아프리카의 점박이 하이에나는 사회적인 동물이다. 최대 90마리로 이루어진 집단에서 살지만, 그들은 종종 더 작은 무리를 지어 사냥하고 이동하며 시간을 보낸다. 서로 다른 집단에서 온 무리들이 만나면 지배권을 위한 싸움이 뒤따를 수도 있다. 물론 더 큰 무리가 싸움에서 이길 가능성이 더 큰데, 하이에나들은 이 사실을 알고 있다. 따라서, 모르는 무리와 마주치면, 그들은 그들의 뛰어난 야간 시력과 매우 발달한 청력을 모두 사용해서 상대 무리의 구성원의 수를 셈으로써 자신들의 성공 가능성을 즉시 계산한다. 게다가, 하이에나는 튼튼한 턱과 소화관 덕분에 자기들이 죽인 동물의 가죽과 뼈로부터 얻은 영양분을 분해할 수 있다. 만약 상대 무리가 자기 무리보다 더 크면 그들은 공격하기보다는 후퇴하려고 할 것이다.

어휘

spotted 점무늬가 있는 clan 집단 migrate 이주하다
pack 무리 dominance 권세, 지배 ensue 뒤따르다
confront 직면하다 calculate 계산하다 odds 가능성
opposing 대항하는 aural 청각의 break down 분해하다
jaw 턱 digestive tract 소화관 retreat 후퇴하다

8. 정답 ②

해설

낮은 선거 참여율은 민주주의에 위기를 초래할 수 있으므로, 사회 전체의 이익을 위해 개인의 자유를 일부 제한하는 것이 불가피하다고 주장하는 내용의 글이다. 반면에 ②는 지방 선거와 총선을 동시에 실시하면 투표율을 높일 수 있다는 내용으로, ①의 a lack of participation in elections와 ③의 Low participation rates가 연결되는 글의 흐름을 방해하는 문장이다.

해석

호주에서 투표하지 않는 것은 벌금이나 심지어 징역으로 처벌받을 수 있다. 우리 중 일부는 이것이 권력의 남용이라고 생각하는 반면, 다른 많은 사람은 주민의 민주적 참여를 더 많이 확보하기 위해 우리 정부가 그와 같은 체제를 도입하는 것을 고려해야 한다고 주장한다. 현재 우리 민주주의는 선거 참여 부족으로 몹시 위기에 처해 있다. 지방 선거를 총선과 동시에 실시한다면, 일반적으로 더 높은 투표율이 얻어진다. 낮은 참여율은 우리 정치인들이 주민 전체를 대표하지 않는다는 것을 의미한다. 빈곤층과 사회적 약자들은 다른 사회 경제 집단보다 투표할 가능성이 훨씬 더 낮으므로 이들은 주류 정치인들에게서 별문제 없이 도외시될 수 있다. 자유민주주의는 권리의 균형을 필요로 하고 따라서 그러한 민주주의와 위기에 대한 해결이 작게는 개인의 자유를 일부 제한할 수도 있지만, 그것은 사회 전체를 위한 것이다.

어휘

punishable 처벌할 수 있는 imprisonment 투옥, 감금
abusive 남용하는 adopt 채택하다 involvement 참여
simultaneously 동시에 turnout 투표
the disadvantaged 사회적약자들 mainstream 주류(主流)
liberal 자유민주적인 resolution 해결 restrict 제한하다
in the interest(s) of ~을 위하여

9. 정답 ④

불소가 치아 건강 향상에 도움이 된다는 내용이므로 불소가 첨가된 물이 있는 지역과 그렇지 않은 지역에 사는 사람들의 치아 건강에 차이가 없다는 내용의 ④는 글의 흐름에서 벗어난다.

불소는 많은 식품과 물에서 자연적으로 생기는 광물질로, 치아 건강에 긍정적인 영향을 주는 것으로 알려져 있다. 치아가 자랄 때 불소는 단단하고 충치를 방지하는 외부 막을 형성하는 법랑질을 강화하는 데 도움을 줄 수 있다. 일단 치아가 다 자라고 나면 불소는 침과 섞여 당분과 해로운 박테리아로부터 법랑질을 보호할 수 있다. 그러므로 여러 지역에서 치아 건강을 개선하기 위해 공공 상수도에 불소를 첨가해 온 것은 놀라운 일이 아니다. 그러나, 한 연구에서 불소가 첨가된 물이 있는 지역에 사는 사람들의 치아 건강이 다른 지역에 사는 사람들의 그것과 기본적으로 동일한 것으로 나타났다. 비슷한 이유로, 불소는 종종 상업용 치약에도 첨가된다.

어휘

fluoridate 수돗물에 불소를 넣다   mineral 광물질
dental 치아의   strengthen 강화하다
enamel 법랑질 cavity 충치 resistant 저항하는
outer 외부의 coating 칠 saliva 침, 타액
essentially 근본적으로 identical 동일한
commercial 상업의

10. 정답 ③

동물에 의해 수분되는 식물의 경우 동물과 식물이 상호 이익이 되는 교환 과정에 더 유리하도록 형태가 변하기도 한다는 내용이므로, 자가수분하는 식물에 대해 언급하는 ③은 글의 흐름과 무관하다.

많은 식물이 자신의 수술에서 다른 식물의 난세포로 꽃가루를 옮기기 위해 동물의 도움에 의존한다. 그런 식물들에는 수분(受粉)을 해 주는 동물들을 끌어들이기 위해 색이나 향기를 이용하는 꽃들이 있다. 쌍방에게 이익이 되는 교환에서, 꽃에서 나오는 꿀은 보통 곤충 또는 새인 꽃가루 매개자에게 영양분을 제공한다. 그 생물이 더 많은 꿀을 얻기 위해 다른 꽃으로 나아갈 때, 그것은 무심코 그곳으로 꽃가루를 가지고 가서 그 식물의 목적인 수분을 완수한다. 하나의 꽃 안에 양성을 모두 지녀 자가수분을 가능하게 하는 식물들도 있다. 시간이 지나면서, 어떤 동물들은 특정 꽃들로부터 가능한 한 효율적으로 꿀을 추출하기 위해서, 특별한 모양의 부리와 같은 독특한 신체적 특징들을 발달시키기도 한다. 결과적으로 꽃들은 특정 종의 동물만이 자신들에게서 꿀을 가져가도록 하는 형태로 변할지도 모른다.

transfer 옮기다 pollen 꽃가루 scent 향기
pollinate 수분하다 nectar (꽃의) 꿀, 과즙
nutrition 영양분 pollinator 꽃가루 매개자
proceed 나아가다 inadvertently 무심코
extract 추출하다 in turn 차례차례

11. 정답 ④

해설

오로지 목축만을 통해 생계를 모두 해결하는 목축민은 없으며, 문헌을 통해서도 그러한 사례들이 많이 보인다는 내용의 글이므로, (환경) 수용력과 인구 증가에 관한 인류학자들의 견해를 다룬 ④는 글의 흐름과 관계없다.

해석

인류학자들 사이에 합의된 바는 순수한 목축민 즉, 자신의 모든 음식을 가축으로부터 얻는 사람들은 극도로 드물거나 아예 존재하지 않는다는 것이다. 가축만으로는 인구 집단의 모든 영양학적인 필요를 충족할 수 없기 때문에 대부분의 목축민은 자신들의 식단을 보완할 약간의 곡식을 필요로 한다. 많은 목축민은 일종의 경작 형태를 가축 돌보기와 결합하거나 인근의 농경민들과의 정기적인 교역을 유지한다. 게다가 문헌은 팔거나 교역하기 위한 공예품을 만들거나 임금을 받을 수 있는 다른 일을 찾는 유목하는 목축민의 사례로 가득하다. 인류학자들에 의하면 인구는 (환경) 수용력을 넘어서 증가할 수 없는데, 그것은 특정한 지역이 지속 가능하게 부양할 수 있는 생물 집단의 최대 수, 밀도, 또는 생물 자원이다. 비록 많은 목축민은 오랫동안 목축 외의 활동에 종사해 왔지만, 그들은 항상 동물의 낙농이 자신들의 정체성이자 생계라 여겨 왔다.

어휘

consensus 일치, 합의 anthropologist 인류학자
pastoralist 목축민 livestock 가축
meet the need 필요를 충족시키다 grain 곡물
supplement 보충하다 cultivation 경작
nomadic 유목의 capacity 수용 능력 biomass 생물 집단
density 밀도 sustainably 지속 가능하게
animal husbandry 동물의 낙농 livelihood 생계

12. 정답 ④

해설

꿀은 신과 연관 지어 신성한 음식으로 여겨졌으며, 그것은 많은 종교에서 천국의 이미지와 연결되었고, 때로는 정당한 보상으로 여겨지기도 했다는 내용의 글이다. 선과 악의 싸움과 같은 종교의 보편적 줄거리를 언급하는 ④는 글의 흐름과 관계없다.

해석

비현실적인 단맛을 가진 벌의 시럽 같은 식단은 신성하다고 여겨졌고 거의 벌 자체만큼이나 신화에 자주 등장했다. 예를 들어, 전해지는 바로는 제우스의 어머니는 자신의 젖먹이 아들을 동굴에 숨겼는데, 그곳에서 야생 벌들이 단물과 꿀을 자신들의 입에서 그의 입으로 바로 전해 주며 그 어린 신을 성인이 될 때까지 키웠다고 한다. 스칸디나비아 지방에서 아기였던 오딘은 그의 꿀이 신성한 염소의 젖과 섞이는 것을 선호했다. 신성한 (아기용) 빨아먹는 컵에서 발견되든, 천국의 케이크로 구워졌든, 꿀은 발할라로부터 올림퍼스, 그리고 그것을 넘어선 메뉴까지 지배했다. 신앙심이 깊은 사람들에게, 그것은 정당한 보상의 선망에서 특징적으로 나타났다. 거의 모든 주요 종교는 선과 악의 싸움과 같이 많은 국경을 넘어 전파된 보편적인 줄거리를 갖추었다. 코란, 성경, 켈트족의 전설처럼 다양한 원천들은 모두 천국을 꿀의 강이 흐르는 장소로 묘사했다.

어휘

otherworldly 비현실적인 sweetness 달콤함
divine 신성의 reportedly 보고되는 바에 따르면
adulthood 성인 sweet nectar 단물 sacred 신성한
goat 염소 dominate 지배하다 faithful 신앙심이 깊은
plot 줄거리 border 국경

13. 정답 ③

대비 오류는 바로 전에 평가받은 사람과의 비교로 편향이 될 때 발생하는 오류라고 설명하는 내용 뒤에 '회사 운영 방침'에 대한 내용이 소개되는 것은 어색하다.

대비 오류는 직원 평가가 바로 전에 평가받은 다른 직원의 실적 때문에 상향 혹은 하향으로 편향되어 있을 때 발생한다. 예를 들어, 평균적인 직원은 실적이 낮은 사람과 비교하면 특별히 생산적인 것으로 보일 것이다. 하지만 그 똑같은 직원이 최고의 실적을 내는 사람과 비교되면 비생산적인 것으로 보일 것이다. 대비 오류는 평가자가 직원을 최고에서 최하까지 순서를 매기도록 요구될 때 가장 발생하기 쉽다. 직원은 대개 어떤 조직의 기준이나 지침을 기반으로 하여 서로 대비되어 평가된다. 대부분의 회사는 혁신을 장려하고, 직원을 존중하고, 고객에게 봉사하고, 더 많은 실행을 지지하는 지침을 가지고 있다. 예를 들어, 그들은 생산 기준을 충족시키는 능력 혹은 자신들의 일을 수행하는 '전반적인' 능력을 기초로 하여 비교될 수도 있을 것이다. 다른 유형의 평가 오류의 경우와 마찬가지로 대비 오류는 실적을 평가하기 위한 객관적 기준을 사용하는 데 집중하는 훈련을 통해 줄일 수 있다.

어휘

contrast error 대비 오류 biased 편향된
rank 순위를 매기다 on the basis of ~의 기준으로
advocate 지지하다, 옹호하다 overall 전반적인
rating error 평가 오류 objective 객관적인
appraise 평가하다

14. 정답 ③

노동 착취가 노동자들을 징계하는 것과 관련되어 있다는 것을 보여 주는 내용이므로, 최초의 재봉틀에 관한 내용인 ③은 글의 흐름과 관계가 없다.

노동의 착취는 임금 계산서를 낮게 유지시키는 문제일 뿐만 아니라 노동자에 대한 훈육과 관련된 문제이기도 하다. 비용을 최소화하려면, 산업 자본주의는 규칙적이고도 지속적인 노동을 필요로 한다. 비싼 기계는 끊임없이 사용되어야만 한다. 나태함과 술 취함, 심지어는 어슬렁거림이나 대화조차도 용납될 수 없었다. 면직 공장들은 노동자들을 고용하는 데 진짜로 어려움을 겪었다. 왜냐하면, 사람들은 그저 오래, 연속되는 교대 근무와 밀착 감독을 좋아하지 않았기 때문이다. 1812년에 최초의 제대로 된 재봉틀인 Roberts Power Loom 이 발명되었는데 이는 면을 가공하는 모든 공정이 이제 한 공장에서 행해질 수 있다는 것을 의미했다. 고용주들은 1세대의 산업 노동자들에게는 대단히 낯선 규율을 실행할 방법을 찾아야만 했다. 그들은 흔히 (아이에 대해서는) 체벌, 벌금, 혹은 해고하겠다는 위협과 같은 거칠고도 부정적인 제재 방법을 사용했지만 몇몇은 그들의 노동자들을 통제하는 보다 세련되고도 윤리적인 방법을 발전시켰다.

어휘

exploitation 착취 wage bill 임금 계산서
discipline 훈육하다 capitalism 자본주의
idleness 나태함 wander 어슬렁거리다
cotton mill 면직 공장 uninterrupted 중단되지 않는
shift 교대 조 supervision 감독
weaving machine 재봉틀 alien 낯선 crude 잔인한
sanction 제재 조치 corporal punishment 체벌
dismissal 해고 sophisticated 정교한, 세련된

15. 정답 ③

해설

직불카드와 신용카드의 사용이 증가하고 있다고 말한 뒤, 신용카드 사용 시 금융적인 이득과 보안상의 안전성이라는 두 가지 이점을 설명하고 있다. 반면에 ③은 무분별한 신용카드 사용으로 인해 생길 수 있는 문제점에 관한 내용이므로 글의 흐름에서 벗어난다.

해석

점점 더 많은 사람이 직불카드와 신용카드를 사용해 상품 대금을 지불함에 따라 우리 사회는 빠르게 현금이 불필요해지고 있다. 사람들은 한 달 후 신용카드 청구서가 올 때까지 상품의 값을 지불하지 않아도 되기 때문에 한 달 가까이 이자 없이 돈을 빌려 쓸 수 있다. 이로 인해 사람들은 엄밀히 말하면 이미 써 버린 은행 예금에 대한 이자를 벌게 된다. 사람들이 불필요한 물건들을 사는 데 신용카드를 사용하는 경우, 그들은 보통 자신이 얼마나 쓰는지도 모르고 소비하게 된다. 또한, 어떤 사람이 카드를 잃어버리거나 도난당하면 습득한 사람이나 절도범이 그 카드를 사용할 수 없도록 은행에 연락해 카드를 취소할 수 있다. 신용카드는 소비자들에게 유리할 수 있는데, 이는 신용카드가 금융과 보안상의 이점을 모두 제공해 준다는 점에서 본질적으로 유용하기 때문이다.

어휘

cashless 현금이 불필요한 goods 상품 loan 대출(금)
interest 이자 saving 저축액 technically 엄밀히 따지면
nonessential 불필요한 l ose track of ~의 흐름을 놓치다
inherently 본질적으로 in a respect that ~라는 점에서

16. 정답 ④

해설

저산소 환경에서 번식하는 변종 박테리아를 주사한 후 이 박테리아의 내부에 함유되어 있는 효소와 접촉해야 활성화되는 약물 주사를 투여하는 암 치료법에 관한 내용이므로, 고산소 환경에서 이 박테리아의 상태에 대해 언급하는 ④는 글의 흐름과 무관하다.

해석

의학에서의 새로운 발달 하나가 전 세계의 수백만 명의 암 환자들에게 희망을 줄지도 모른다. 곧 대규모 실험을 할 준비가 된 이 치료법은, 암 종양을 겨냥하기 위해 예상 밖의 동반자 관계를 이용한다. 우선, 환자는 단단한 종양의 내부처럼 저산소 환경에서 번식하는 변종 박테리아 주사를 맞는다. 일단 그 박테리아가 종양 또는 종양들에 자리를 잡으면, 환자는 세포를 파괴하는 비활성 상태의 약물 주사를 맞는다. 이 약물은 박테리아 내부에 함유된 효소와 접촉할 때만 활성화될 수 있다. 이러한 박테리아는 산소 수치가 더 높은 신체 부위에서 생존하는 것이 어렵다는 것을 느낀다. 다시 말해서, 이 약물은 박테리아가 들끓는 종양에 닿을 때 활성화되어, 그것을 둘러싸고 있는 건강한 세포들은 손상되지 않게 하면서 암 종양을 파괴한다.

어휘

cancer 암 utilize 활용하다 unlikely 있을 것 같지 않은
partnership 동반자 관계 target 겨냥하다 tumor 종양
inject 주사하다 strain 종족 thrive 번성하다
establish 설립하다 inactive 활동하지 않는 state 상태
activate 활성화시키다
come in contact with ~와 접촉하다 enzyme 효소
infest 들끓다 surround 둘러싸다
unharmed 손상되지 않은

17. 정답 ②

안부 인사에 대한 대답에서 고려하는 것이 여러 가지이며 자신이 속한 나라에 따라 또는 사람들의 개방성에 따라 대답이 달라질 수도 있다는 내용이다. 그러므로 인사의 방법과 유형에 관한 ②는 글의 흐름과 관계없다.

우리가 누군가에게 '어떻게 지내세요?'라고 물을 때 우리는 대개 그가 대답할 때 서로 다른 것들을 고려할 가능성이 있다는 것을 알고 있다. 우리는 질적 연구를 통해 영국에서는 서로 다른 많은 것들이 사람들에게 중요하다는 것을 안다. 몇 가지 공통된 주제들이 있는데, 건강, 가족 및 친구와의 좋은 관계, 직업에 대한 만족과 경제적인 보장, 현재 및 미래의 환경 상태. 그리고 교육과 훈련 등이다. 식사 풍습이 그러한 것처럼 인사의 방법과 유형은 전 세계적으로 매우 다양하며, 다양한 상황에서 무엇이 기대되는지를 아는 것은 중요하다. 따라서 영국에서 우리의 인사에 대한 어떤 사람의 응답은 대체로 그와 그의 주변 사람의 건강, 그의 일, 또는 그의 직업 전망에 영향을 받을 가능성이 크다. 다른 나라에서는 사람들에게 다른 것들이 중요할 수 있다. 또한, 그러한 질문에 응답할 때 사람들이 얼마나 개방적인지 혹은 그렇지 않은지에 대한 문화적인 차이가 있을 수도 있다.

어휘

different 다른 qualitative 질적인 greet 환영하다
dining customs 식사 풍습 prospect 전망
matter 중요하다

18. 정답 ③

소셜 네트워크 사이트인 페이스북이 보안 수준을 강화하는 새로운 기능을 추가했다는 내용의 글이다. 반면에 ③은 온라인 뱅킹의 장점에 관한 내용이므로 글의 흐름과 무관하다.

페이스북은 전 세계 수백만 명의 사용자들을 위해 웹사이트에 사생활과 보안 수준을 향상시키는 새로운 보안 기능을 추가했다. 그 변화는 세계에서 가장 큰 소셜 네트워크 사이트에서 사생활 보호가 미흡한 것에 대한 많은 불만과 부정적 여론 이후에 생겨났다. 이렇게 새로운 기능이 추가됨에 따라 사용자들은 이제 온라인 뱅킹 웹사이트와 비슷한 수준의 보안 옵션을 갖게 되었다. 게다가 온라인 뱅킹은 당신의 돈을 관리하는 쉽고 안전한 방법이며 당신의 모든 계좌로 빠르고 쉬운 접근을 제공한다. 이 기능을 사용하여, 사용자는 자신이 개인적으로 권한을 부여한 특정 컴퓨터와 휴대전화에서만 자신의 계정에 접근하도록 할 수 있다. 만약 승인되지 않은 장치를 통해 접근이 시도되면, 사용자는 이메일이나 SMS로 통지받아 그것이 성공하기 전에 그 시도를 차단할 수 있다.

feature 특징, 얼굴 생김새 mass 대량의
public opinion 여론 account 계정
accessible 접근 가능한 personally 개인적으로
authorize 권한을 부여하다 attempt 시도(하다)
notify 알리다

19. 정답 ①

 해설

무료 교통수단 제공으로 얻을 수 있는 여러 가지 이득을 논하고 있는 글이므로 지하철 확충에 관한 내용은 흐름상 부적절하다.

해석

시민들에게 무료 교통수단을 제공한다는 발상이 요즘 많은 주목을 받고 있다. 이러한 개념에 찬성하지 않는 사람들이 많지만, 그것이 제공하는 혜택을 보여 주는 충분한 사료가 분명히 있다. 많은 도시는 교통량을 줄이기 위해 지하철 체계를 확충하고 있다. 모든 대중교통을 무료로 만드는 것은 환경에 영향을 미치는 탄소 배출물과 소음 공해를 감소시킬 뿐만 아니라 도로의 자동차 수도 줄인다. 더욱이 도로에 차가 줄어들면 도로와 고속도로의 정비에 대한 필요가 더 적을 것이다. 이는 한 도시가 연간 수백만 달러를 절약하게 해 줄 수 있고, 고갈되고 있고 점점 비싸지는 화석 연료에 돈을 덜 소비함으로써 시민들도 개인적으로 이득을 얻을 것이다. 여러 해 동안 무임 교통 체계를 사용하고 있는 벨기에 같은 곳에서는 주민들이 이미 이러한 장점들을 누리고 있다.

어휘

in favor of ~을 찬성하는   lower 낮추다
carbon emissions 탄소 배출물   noise pollution 소음 공해
maintenance 정비   fare-free 무임의
transit system 교통 체계

20. 정답 ②

 해설

이 글에서 필자는 인류가 이제는 지속 가능한 식량 공급을 위해서 재래 농법에서 유기 농법으로 전환해야 한다고 주장하고 있다. 이와 같은 글의 흐름 속에서 ①번 다음에 이어지는 내용은 재래 농법이 가진 문제를 지적하고 있는 부분이다. 따라서 ②번 문장은 그 내용의 진위와 관계없이 글의 전체적인 흐름에 맞지 않는다.

해석

"유기 농업으로 인류에게 지속 가능한 식량을 공급하기 위한 전략"이라는 최근의 연구 보고서에서 저자들은 식량 낭비와 동물 사료 생산 저감 그리고 이를 통한 육류 소비 저감 등이 함께 이루어지면, 재래 농법에서 유기 농업으로의 100% 전환하는 것이 이론적으로 가능하다고 이야기한다. 그들은 가축에게 목초 사료를 먹여야 한다고도 제안한다. 그들은 또한 재래 농법에 의해 악화된 토양과 생태계를 유기 농업이 회복시킬 수 있다고 말한다. 흔히 알려진 것처럼, 유기 농업을 통한 수확량은 재래 농법의 경우보다 적다. 화학적, 산업적 접근 방식에 의한 재래 농법은 생태계에 큰 손실을 입힌다. 재래 농법은 화석 연료의 유한한 보유량에 의존한다. 결국, 모든 인류에게 지속 가능한 식량을 공급하기 위해서는 자연 자원이 잘 보존되어야 한다. 이 말은 우리에게 보존 농업과 유기 농법 기술이 필요하다는 뜻이 된다. 이러한 것들은 식량 안전 이외에도 농부들의 건강 개선, 토양 속에 저장되는 수분량의 증가, 기후 변화에 대한 영향 감소, 더욱 다양한 생물 다양성 등과 같은 이점을 제공한다.

어휘

sustainably 지속 가능하게   conversion 전환, 변환
conventional 재래의   theoretically 이론적으로
combined with ~와 결합된   consumption 소비
restore 회복하다   degrade 악화시키다   yield 수확, 수익
approach 접근   finite 유한한   reserve 보유
security 보안
in the long run conservation storage biodiversity 생물 다양성
apart from ~와는 별개로

21. 정답 ③

이 글은 전체적으로 쓰나미에 대한 대비와 피해 사례와 원인 등을 설명하는 글이다. 이러한 관점에서 볼 때 '③ The earthquake didn't cause much damage, but the sea had just begun to be subdued(지진은 커다란 손실을 끼치지는 않았지만, 바다의 파도는 수그러들기 시작했다).'는 전체적인 글의 흐름에 맞지 않는다.

해석

쓰나미는 해저에서의 지진에 의해서 일어나며 보통 섭입대라고 불리는 단층을 따라서 일어난다. 이 예측할 수 없는 재난에 대비해서 몇몇 국가에서는 지진해일계라고 하는 쓰나미 탐지 시스템을 확대 사용하여 압력 변화를 탐지하고 있다. 일본은 지진해일계 외에 지진계도 경보 시스템에 사용하고 있다. 지진계는 진도와 지진의 위치에 기초해서 쓰나미의 규모를 예측하는 데 도움을 준다. 그러나 2011년에 쓰나미가 미나미산리쿠쵸를 강타했을 때, 이 시스템은 완벽하게 작동하지 못했다. 파도는 경보 시스템이 작동할 수 있는 범위 이상으로 높았다. 지진은 커다란 손실을 끼치지는 않았지만, 바다의 파도는 수그러들기 시작했다. 인간의 본성이 쓰나미 경고에 대한 반응을 지연시킬 수 있는 또 하나의 요인이다. 이번 쓰나미는 미나 미산리쿠쵸에 큰 피해를 준 첫 번째 큰 쓰나미가 아니었다. 1960년에 이미 미나미산리쿠쵸 주민들은 41명이 사망하는 큰 쓰나미를 겪은 바 있었고, 그 이후에 18피트에 달하는 방조벽이 세워졌다. 사람들은 그 방조벽이 안전에 대한 잘못된 생각을 갖게 했다고 말한다. 1960년 쓰나미 때 파도 높이보다 높은 곳에 살던 많은 사람은 굳이 도피하려고 하지 않았던 것이다.

어휘

seafloor 해저 occur 발생하다 fault 단층
unpredictable 예측할 수 없는 disaster 재난 표
expand 확대하다 detect 추적하다 employ 활용하다
besides ~ 이외에 forecast 예보하다
magnitude 진도, 엄청난 규모 capacity 용량
subdue 누그러뜨리다 suffer from ~을 겪다
seawall 방조벽 security 안전, 보안
bother 번거롭게 ~하다

22. 정답 ④

해설

개구리를 찬물에 넣고 물을 서서히 덥히면 개구리가 온도 변화를 못 느끼고 죽는 것처럼, 우리 삶의 문제도 천천히 몰래 다가와서 우리가 그것을 인식하기도 전에 그 문제에 매몰되어 버릴 수 있으므로, 문제점을 인식하고 작은 문제라도 바로 처리하는 것이 바람직하다는 내용의 글이다. 따라서 동기나 인내 부족에 관한 내용인 ④는 글의 흐름과 무관하다.

해석

개구리가 뜨거운 물 속에 빠지면. 개구리는 갑작스러운 열 변화에 매우 빨리 반응해서 해를 입지 않은 채로 뛰어나올 것이다. 하지만 개구리가 차가운 물에 넣어진 후에 그 물을 매우 천천히 덥힌다면, 개구리는 익어서 죽을 때까지 거기에 계속 머물러 있을 것이다. 문제점들을 고려할 때 그 개구리를 염두에 두는 것이 유용하다. 우리 삶에서 가장 어렵고 중요한 문제 중 다수가 서서히 몰래 우리에게 다가온다. 심지어 그 문제점들이 거기에 존재한다는 것조차 인식하기 전에 우리는 그 문제들에 깊이 빠진다. 동기나 인내의 부족은 특히 다루기 어려운 문제인데, 그 이유는 그러한 것이 다른 문제들을 해결할 수 있는 당신의 능력 또한 제한하기 때문이다. 문제점들을 인지하는 것은 그에 대한 해결책을 찾는 데 필수적이며, 소소한 문제점들이 발생할 때 처리하는 것이 그 문제점들이 고칠 수 없는 문제로 커질 때까지 무시하는 것보다 낫다.

어휘

sudden 갑작스러운 bear A in mind A를 명심하다
sneak up on ~에게 몰래 다가오다 gradually 서서히
be immersed 빠지다 arise 발생하다
build up into ~으로 커지다

23. 정답 ④

첫 문장에서 사람들은 상품에 대한 다양한 활동을 하기 때문에 소비자로 묘사된다고 언급한 뒤, ①번에서 우리는 사람들이 어느 정도까지 그들 스스로를 소비자라고 생각하는지 우리 자신에게 물어보지 않는다고 하고, ②번에서 그러한 인식의 문제로 인해 우리가 소비의 의미의 다양성에 대해 민감하게 된다고 한다. 이어서 ③번에서 우리는 소비를 다르게 하고 그것에 대해 다르게 생각한다고 했으므로 모두 지문의 첫 문장과 관련이 있다. 그러나 ④번은 '소비 문화'라는 개념을 유지해야 한다는 것에 대한 내용으로, 소비 문화의 다양성에 대해 설명하는 지문 전반의 내용과 관련이 없으므로 ④번이 정답이다.

해석

사람들은 그들이 상품을 구매하여 사용하고, 보관 및 보존하며, 관리하고 공상하기 때문에 소비자로 묘사된다. 그러나 우리는 그들이 이러한 여러 가지의 활동을 행하는 동안에 사람들이 실제로 어느 정도까지 그들 스스로를 소비자라고 생각하는지 자신에게 좀처럼 물어보지 않는다. 이러한 문제의 인식은 우리가 소비의 의미의 다양성에 대해 민감하도록 만들 것이다. 우리는 모두 소비를 하지만, 우리는 모두 그것을 다르게 하며, 분명히 우리는 그것에 대해 다르게 생각한다. <u>이것은 우리가 '소비 문화'라는 개념을 유지해야 한다는 것을 의미할 것이다.</u> 우리는 관례적으로 '소비 문화'를 단수형으로 말하는 반면, 여러 가지의, 자리 잡힌, 제도화된 다양한 소비 문화들이 복수형으로 있다.

어휘

maintain 보존하다 fantasize 공상하다
commodity 상품 conceive ~라고 생각하다
assorted 여러 가지의 sensitize 민감하게 하다
multiplicity 다양성 conventionally 관례적으로, 전통적으로
singular 단수(의) situated 자리 잡힌
institutionalized 제도화된 plural 복수(의)

24. 정답 ①

지문 앞부분에서 '일부 공룡 종의 몸이 깃털로 덮여있었다는 것을 보여 주는 연구 결과'에 대해 언급하고, ②번은 공룡에게 깃털이 있었다는 개념이 대중과 학계에 확립되었다는 내용, ③, ④번은 하지만 모든 공룡에게 깃털이 있었다고 일반화해서는 안 된다는 내용으로 지문 앞부분과 관련이 있다. 그러나 ①번은 '알 낳기와 같은 공룡과 새의 공통적인 특징'이라는 내용으로, 지문 앞부분의 내용과 관련이 없으므로 ①번이 정답이다.

해석

과거에는 모든 공룡이 거대하고 비늘로 뒤덮인 괴물로 여겨졌지만, 최근의 연구 결과는 이제 그와 다르게 증명한다. 화석 발견물들은 일부 종의 몸이 다른 종류의 외부 층 즉, 깃털로 덮여 있었다는 것을 보여 준다. <u>고생물학자들은 공룡과 새가 알을 낳는 것과 같은 공통적인 특징을 가진다고 생각한다.</u> 벨로키랍토르 같은 육식성 수각류 공룡과 심지어 거대한 티라노사우루스도 깃털의 초기 형태를 가지고 있었던 것으로 보이는데, 이는 원시 깃털로 불린다. 북슬북슬하고 깃털이 난 공룡에 대한 개념은 대중과 학계의 생각에 모두 강력히 확립되었다. 하지만, 몇몇 고생물학자들은 우리가 모든 공룡을 이런 식으로 상상해서는 안 된다고 말한다. 비록 몇몇은 분명히 현대 조류가 가지고 있는 것처럼 깃털을 가지고 있었지만, 공룡 화석에 대한 주의 깊은 분석은 대다수가 여전히 비늘이 있는 생물이었음을 밝혀낸다.

어휘

enormous 거대한 scaly 비늘로 뒤덮인
paleontologist 고생물학자 carnivorous 육식성의
theropod 수각류 공룡(육식성이며 두 발로 보행)
mighty 거대한 plumage 깃털 fluffy 북슬북슬한
envision 상상하다 remains 화석, 유해

25. 정답 ①

 해설

첫 문장에서 평론가에게 호평받은 영화「혁명은 TV에 나오지 않는다」에 대해 언급하고, ②, ③, ④번에서 이 영화의 서술 및 촬영 기법과 편집에 대해 설명했다. 그러나 ①번은 '다큐멘터리 영화의 팬인 베네수엘라 대통령'이라는 내용으로, 첫 문장의 내용과 관련이 없으므로 ①번이 정답이다.

해석

「혁명은 TV에 나오지 않는다」는 평론가들에게 호평받은 2003년 작 다큐멘터리 영화이다. 이 영화는 베네수엘라 정부를 전복시키려는 군부의 시도에 초점을 맞추었다. 1999년부터 2013년까지 그 나라의 대통령이었던 우고 차베스는 오래전부터 다큐멘터리 영화의 팬이었다. 영화 평론가들은 이 다큐멘터리가 대부분의 허구적 정치 스릴러물에 필적하는 흥미로운 서술 기법을 가졌다고 말하며 이것에 긍정적인 평가를 했다. 게다가, 이 영화의 촬영 기법과 편집은 수많은 영화 제작자로부터 갈채를 받았다. 특히, 전문적이고 흔들림 없는 촬영이 아닌 흔들리는 휴대용 카메라의 사용은 이 사건 동안 베네수엘라 시민들이 느꼈을 공포와 두려움을 성공적으로 전달했다.

어휘

critic 평론가 overthrow 전복시키다 narrative 서술 기법
match 필적하다 fictional 허구적인
camerawork 촬영 기법 editing 편집
applaud 갈채를 보내다 shaky 흔들리는
steady 흔들림 없는 convey 전달하다 panic 공포

독해를

합격이

잡으면 보인다

① 내용어(단어, 구, 절) 추론 문제

빈칸 완성 문제- ① 내용어(단어, 구, 절) 추론 문제

1. 문제 유형

　지문의 흐름이 자연스럽게 이어질 수 있도록 지문의 빈칸에 적절한 단어, 구, 절을 보기에서 골라 넣는 유형이다. 지문에 제시된 모든 문장은 글쓴이의 생각이나 의견에서 벗어나지 않는다. 따라서 내용어를 묻는 문제는 글쓴이의 의견과 연관된 문제가 출제된다.

> 빈칸 추론 문제를 풀기 위해서는 다음과 같은 기본적인 영어 실력을 갖추고 있어야 한다.
> ① 개별 문장의 해석 능력(어휘+구문)
> ② 문장과 문장의 논리적인 관계를 파악하는 능력(문장 간 응집성)
> ③ 단락 전체의 흐름을 파악하는 능력(통일성)

2. 출제 방식

① 주제문 누락: 빈칸이 첫 문장에 있는 경우로, 빈칸 다음에 나오는 세부 사항을 읽으며 중심 내용을 파악해야 한다.

② 동의어 반복: 빈칸이 뒷부분에 있는 경우로, 앞 문장에서 반복되고 있는 내용에 주목해야 한다. 주제 혹은 소재가 반복되는 경우가 많지만, 그 이외에도 반복되는 내용이 출제될 수 있다.

③ 연결어 추론: 앞 문장과 뒤 문장의 문맥상의 흐름으로 빈칸에 들어가는 연결어를 추론하는 유형이다. 앞뒤 문장이 인과 관계인지, 역접 관계인지, 추가 또는 예시 관계인지 등 지문의 흐름을 파악하는 것이 중요하다.

전략 1 빈칸이 첫 번째 문장에 있는 경우

빈칸이 있는 문장이 주제문인 경우가 대부분이므로 빈칸 다음에 나오는 부연이나 예시를 읽고 주제문을 완성하면 된다. 이때 빈칸 앞 문장이 특히 중요하다.

빈칸
부연
예시 1
예시 2

전략 2 빈칸이 마지막 문장에 있는 경우

① 글 전체의 주제문을 묻는 문제(미괄식 구성)

미괄식 구성의 글이므로, 주제문이 지문의 마지막에 위치하는 구조이다. 이때 앞에 제시된 부연이나 예시를 읽고 빈칸이 있는 주제문을 완성하면 된다.

부연
예시 1
예시 2
빈칸

② 지문 전체의 내용을 요약한 내용(주제문 강조)

빈칸이 지문의 마지막에 있는 경우는 양괄식 구조 또는 주제문이 지문의 맨 앞에 위치하고 마지막에 강조를 위해서 주제문이 반복되는 경우이다. 이런 경우 주제문에서 사용된 단어나 표현이 마지막에 있는 빈칸에서 재표현(Paraphrasing)되는 것이 정답이 된다.

주제문

부연

예시 1

예시 2

빈칸

• 빈칸 다음에 마지막 문장이 제시된다면, 그 마지막 문장이 정보의 중요한 단서가 될 수 있다.

전략 **3** 빈칸이 지문의 중간에 있는 경우

빈칸이 지문의 중간에 있는 경우는 난도가 가장 높다. 빈칸이 있는 지문에서 추상적인 개념이 제시되고, 이어지는 글에서 구체적인 설명(부연, 예시)이 제시되는 구조이다. 이런 경우에는 뒤에 나오는 구체적 설명을 근거로 해서 빈칸의 추상적 개념을 추론해야 한다.

특히 빈칸이 지문의 중간에 있는 경우, 연결사를 단서로 주는 경우가 많으므로 그 연결사를 잘 활용해서 정답을 도출해야 한다.

주제문

빈칸(추상적 개념)

구체적 설명(근거)

1. 다음 빈칸에 들어갈 말로 가장 적절한 것을 고르시오.

In some rural African communities, manual labor is considered to be a cornerstone of survival, for the more strong, healthy bodies a village has, the more easily it can accomplish vital tasks. Because of this, these communities generally place heavy emphasis on _____. Any woman who fails to conceive a child, whether by personal choice or as the result of a medical condition, is judged an outcast by the male members of her community, regardless of whatever valuable talents, abilities or personal qualities she may possess. The bottom line is that a woman who doesn't become a mother is thought to have something wrong with her. No matter how they feel about this situation, few women dare stand up or speak out against it, fearing the punishment they might face.

① the cohesion of the family unit
② the protection of women's rights
③ the health and welfare of women
④ the importance of female fertility

2. 다음 빈칸에 들어갈 말로 가장 적절한 것을 고르시오.

Upon closer examination, the phenomenon of blushing seems quite strange. Why did humans develop a process that shows people we are feeling embarrassed? Some psychologists contend that blushing evolved as a method to enforce the various social behaviors that are needed for society to function smoothly. Blushing indicates to others that we know we have made a mistake and we're suffering because of it. Furthermore, it shows that we emotionally understand how to empathize with people in certain difficult situations, a trait that humans develop around the time they begin schooling and encounter their peers in society. Psychologists have deduced from this empathy intelligence that blushing from embarrassment evolves along with consciousness of others, thus supporting the concept that _____.

① people are not social by nature
② it can be consciously controlled
③ blushing is often misunderstood
④ blushing has a purely social basis

3. 다음 빈칸에 들어갈 말로 가장 적절한 것을 고르시오.

> Whether we think of ourselves as _____ _____ is important in understanding consumer choice. In Western cultures, consumer choice is viewed as an act of self-expression: uniqueness is desirable and consumption is a way to represent yourself to the outside world, so we vary our purchases in an attempt to gain a sense of "specialness." In behavioral economics, this is called diversification bias. When this choice is an act of self-expression, it becomes extremely important for the individual, and the psychological impact of either lack of choice or failed choice is larger, which leads to strategies such as variety-seeking. However, in cultures that emphasize groups over individuals, consumer choice is often an interpersonal task, which means the success or failure of making a decision that portrays oneself in the most favorable light is not as big a concern. Subsequently, recent research has shown that the diversification bias is weaker in these cultural contexts.

① fashion-conscious or unconscious
② aware of the impacts of marketing
③ a member of the upper class or lower class
④ separate individuals or connected with others

4. 다음 빈칸에 들어갈 말로 가장 적절한 것을 고르시오.

> The urge to _____ _____ is as old as music itself. Plato's concern with the potential moral damage to be found in types of music marks one of the earliest recorded examples. "The overseers", Plato is recorded as saying, "must constantly be watchful against innovation in music counter to the established order, and to the best of their power guard against it." In seventeenth-century England, the performance of unlicensed ballads could lead to fines or imprisonment, while in nineteenth-century Italy the scripts of all operas were subject to a review process. Throughout human history, music has been the source of terror and the object of repression. Every century on every continent has seen those in authority — whether as church or as state — use their powers to silence certain sounds or performers.

① use music to manipulate others
② censor music for fear of its effects
③ surprise people with unheard-of melodies
④ control those with unusual musical ability

5. 다음 빈칸에 들어갈 말로 가장 적절한 것을 고르시오.

Philosophers have for centuries debated the nature of "reality" and whether the world we experience is real or an illusion. But modern neuroscience teaches us that all our perceptions must be considered illusions. That's because we perceive the world only indirectly, by processing and interpreting the raw data of our senses. Our unconscious processing creates a model of the world. For example, when you look around, you have the feeling that you are looking into a three-dimensional space. But you don't directly sense those three dimensions. Instead, your brain reads a flat, two- dimensional array of data from your retinas and creates the sensation of three dimensions. Your unconscious mind is so good at processing images that if you were fitted with glasses that turn the images in your eyes upside down, after a short while you would see things right side up again. If the glasses were then removed, you would see the world upside down again, but just for a while. Therefore, when we say, "I see a chair", what we really mean is that _____ _____.

① there is a physical object of a chair before us
② our brain has created a mental model of a chair
③ all we can see is the light reflected from the chair
④ we can only see what's visible from where we're standing

6. 다음 빈칸에 들어갈 말로 가장 적절한 것을 고르시오.

Recent research into saliva has revealed _____. For example, doctors commonly draw blood to look for signs of disease based on the presence of particular substances, but it turns out that your saliva holds the same information. Moreover, your saliva contains DNA, which is unique in every individual. By analyzing the DNA in saliva, doctors can tell whether you are susceptible to certain diseases. Police investigators can also tell whether you were the person who drank a glass of water or licked an envelope to seal it at the scene of a crime. Dentists, too, can use information from your saliva to predict your chances of getting cavities.

① how complex and amazing DNA is
② which role saliva plays in digestion
③ how rich in information the liquid is
④ why DNA analysis is used in criminal investigations

다음 빈칸에 들어갈 말로 가장 적절한 것을 고르시오.

Some people are reluctant to approach others in social situations. They feel as though they are essentially asking "Do you like me?" In this kind of interaction, the other person seemingly has all the power. However, you can seize control of the encounter by starting out by asking the other person to make a small investment. Simply put, _____. It doesn't need to be anything important. Just ask the person to pass you a piece of cake or to hold your drink while you go to the bathroom. You will likely find that this causes the person to have a more positive impression of you. Contrary to what most people think, people will like you more after having done you a favor rather than the other way around.

① leave him or her alone
② listen to what he or she says
③ invite him or her to donate money
④ ask him or her to do something for you

8. 다음 빈칸에 들어갈 말로 가장 적절한 것을 고르시오.

We all know that life is a mixture of pleasure and pain, of comfort and hardship. Probably, you tend to cling to pleasure, hoping that it will never leave you, and you are overwhelmed by pain, fearing that it will never end. But when you start practicing _____, you will be able to endure difficult moments with even a certain sense of humor, knowing that — as a wise saying goes — this too shall pass. All this doesn't mean that you need to live in constant insecurity, fearing that everything you rely upon could crumble at any given moment. Quite the opposite; keeping distance from success and failure, from pleasure and pain, will bring you back into connection with the only thing that is invariably present, stable, and safe: your center of pure awareness and pure love. In the same way, you will enjoy the beautiful moments of life without being tainted by the fear that they will end — as they undoubtedly will.

① detachment
② flexibility
③ observation
④ optimism

9. 다음 빈칸에 들어갈 말로 가장 적절한 것을 고르시오.

We see the effects of lack of knowledge on creative performance every day, when people come up with ideas that are original for them but that nevertheless have been thought of before. A strikingly pitiful case of this phenomenon is that of the Indian mathematician Srinivasa Ramanujan, considered one of the most brilliant mathematical thinkers ever. Because of his lack of contact with the outside world, he unknowingly spent much of his lifetime independently "rediscovering" much of what was already known in Western mathematics. Had he first _____, he could have avoided this amazing yet useless career and instead turned his considerable talents to advancing, not reworking, the mathematical knowledge base.

① overcome his lack of creativity
② built confidence in his abilities
③ gained a broad perspective of his field
④ calmed his mind and increased creativity

10. 다음 빈칸에 들어갈 말로 가장 적절한 것을 고르시오.

Elephants have been found to _____. "The social complexity of the elephant, its well-known altruistic behavior and, of course, its huge brain, made the elephant a logical candidate species for testing in front of a mirror.", said Joshua Plotnik, a psychologist at Emory University in Atlanta. In the past, only a few apes (including humans) and bottlenose dolphins were thought to possess this faculty. As with previous research carried out in this area on apes and dolphins, it was measured by putting a paint mark on a place the subject would normally be unable to see, and then observing his reaction to a mirror-image touching himself indicates that the animal identifies the mirror-image as himself, whereas touching the mirror shows social behavior suggesting the subject is investigating another individual. The tested elephant looked in the mirror and then touched the paint mark on his head.

① develop a positive self-image
② communicate with other animals
③ operate in a self-conscious manner
④ have the capacity for self-awareness

11. 다음 빈칸에 들어갈 말로 가장 적절한 것을 고르시오.

London taxi drivers famously navigate one of the most complex cities in the world. British neurologist Eleanor Maguire and her colleagues conducted MRI scans on their brains and compared them with the brain scans of others. In contrast with non-taxi drivers, experienced taxi drivers had a greatly enlarged posterior hippocampus — that part of the brain that specializes in recalling spatial representations. What's more, the size of taxi driver's hippocampi correlated directly with each driver's experience: the longer the driving career, the larger the posterior hippocampus. That strongly suggested that spatial tasks were actively changing taxi driver's, brains. This was perfectly consistent with studies of violinists, Braille readers, meditation practitioners, and recovering stroke victims. Our brains _____ _____.

*posterior hippocampus: (두뇌에서) 해마의 뒤쪽

① identify patterns by connecting some information
② adapt in response to the demands we put on them
③ prefer traveling down familiar pathways to new ones
④ have the capacity to control unexpected events quickly

12. 다음 빈칸에 들어갈 말로 가장 적절한 것을 고르시오.

Food does more than fill our stomaches. It also satisfies feeling. So you may look for steak or pizza when you're happy. Same goes for ice cream and chocolates when you're sad. This kind of eating in response to our feelings instead of our hunger is known as "emotional eating." Some doctors estimate that 75% of overeating is caused by emotional eating. Such feelings as depression, loneliness, anger, anxiety, frustration, stress, poor self-esteem, and problems with personal relationships are all triggers which can lead to emotional eating. However, turning to food each time we face a problem can become _____ that hinders us from acquiring the skills we need to deal with life's problems. We know that we are harming ourselves by excessive overeating, but we continue anyway because we are unhappy with ourselves or the people around us.

① an especially positive trigger
② a highly self-destructive habit
③ a good way of relieving stress
④ a good reason to build self-esteem

13. 다음 빈칸에 들어갈 말로 가장 적절한 것을 고르시오.

Though there are several things needed for a photographer, one of the most important things he or she must learn is to see things _____. For example, when trying to take a perfect landscape photo at a lake, the photographer might find the reflection on the water's surface more interesting. Or when creating a portrait, he or she might select an unusual background or catch the subject in a natural posture. Instead of framing the picture in the usual horizontal or vertical fashion, the photographer might take a different angle for a more dramatic effect. He or she might look beyond the subject in focus and discover an abstract work of art.

① in perfect focus
② in the right light
③ as they really are
④ from a different point of view

14. 다음 빈칸에 들어갈 말로 가장 적절한 것을 고르시오.

The term "red herring" comes from an old hunting tradition. A herring is a fish that was often used by hunters when they trained young hunting dogs to follow a hunted animal's scent. The hunters would test the dogs by dragging the smelly fish across their path to see if it would distract them. Today, we most often use the term in discussions about literature or debates. In fiction, a red herring can be an event or a character that appears important but is really just used by the author to trick the reader. In debates, a red herring is an argument that takes the audience's focus away from the actual topic of debate. Although the definition of a red herring has changed from real to abstract, it still refers to something that diverts someone's attention by _____.

① pointing out a critical error
② suggesting a dangerous threat
③ explaining the situation in detail
④ introducing an irrelevant element

15. 다음 빈칸에 들어갈 말로 가장 적절한 것을 고르시오.

As human history demonstrates, _____ is a very useful survival strategy, a type of risk management. It is an ancient technique. Without it, humanity-and countless species of animals—would be long extinct. We see it in all species whose food supplies are subject to change in availability. Imagine you are a hunter-gatherer. One day you are fortunate and kill a deer. You can't possibly eat all of it in a day, and refrigerators are still a few centuries away. You decide to share the deer with the group, which ensures that you will benefit from others' success when your luck is less impressive. The bellies of your friends serve as your refrigerator. It is a necessary ingredient for economic growth and wealth creation. There would be no global economy without it—there would be no economy at all.

① cooperative interchange
② cultural adaptability
③ competitive rivalry
④ staying alert

16. 다음 빈칸에 들어갈 말로 가장 적절한 것을 고르시오.

The current consensus in child development research is that children as young as two or three have an elementary ability _____. I've seen it in my own twins. When they were around eighteen months old, if my son was crying, his sister would try to comfort him by giving him her toy dog. But once they reached twenty-four months, if he was crying she would no longer offer him her own little dog, but realized he would be much happier if she passed him his favorite toy cat. This is what cognitive empathy or perspective-taking is all about. It involves making an imaginative leap and recognizing that other people have different tastes, experiences and worldviews from our own. The very fact that cognitive empathy develops naturally in early childhood—just at the time when the distinction between self and other begins to emerge—tells us that human beings are inherently social creatures that are wired for empathy.

① to explore external stimuli on their own
② to make their untold intentions understood
③ to mimic emotions and expressions of others
④ to imagine perspectives other than their own

17. 다음 빈칸에 들어갈 말로 가장 적절한 것을 고르시오.

Green consumer behavior has come to function as a prism for disputes among environmentalists and social scientists. One debate, as simple as it is straightforward, sets "liberal consumerists" against "counter-consumerists." For the former, the roots of environmental crisis lie in the nature of mass consumption. They emphasize the ability of consumers to make a difference. As the awareness of environmental crisis spreads, and as individual consumers respond by opting for environmentally-friendly products and services, the purchasing power of the mass market will come to force businesses to "green" their products and their manufacturing and distribution processes for fear of being avoided in the marketplace by greenleaning consumers. In contrast, for ascetically inclined "deep greens," the crisis results less from the quality than from the quantity of consumption. For them, the primary aim _____ ___.

*ascetically: 금욕적으로

① is to let consumers buy as much as possible
② might be to apply techniques from social scientists
③ is to share knowledge regarding eco -friendly goods
④ doesn't mean consuming discerningly but consuming less

18. 다음 빈칸에 들어갈 말로 가장 적절한 것을 고르시오.

In his 1901 book, The Psychopathology of Everyday Life, Sigmund Freud discussed what he called "Freudian slips." According to Freud, Freudian slips are _____ _____. Here's an example. A young woman goes for a job interview and immediately notices that the interviewer has a huge bandage on his nose. Because she needs to leave a favorable impression, she promises herself not to mention it for fear of upsetting him. At that moment, she sees a rose in a vase on his desk and decides to make a remark about the rose to break the ice. She looks at him and says, "Oh, my, what a nice nose. Where did you get it?"

*psychopathology: 정신 병리학

① verbal errors that people make regularly
② nervousness experienced in public situations
③ psychological studies that analyze consciousness
④ mistakes that reveal thoughts we would prefer to keep to ourselves

19. 다음 빈칸에 들어갈 말로 가장 적절한 것을 고르시오.

Margaret Fuller, the 19th century writer, was respected for her great learning, but she had to endure severe headaches and eyestrain. Louisa May Alcott suffered depression and anxiety despite the fact that she, unlike the majority of 19th century American writers, could support herself with money earned from her most famous novel, Little Women. Another well-known female writer of that period, Harriet Beecher Stowe, suffered a similar fate. Although her novel Uncle Tom's Cabin was an international success, Stew's life was haunted by mysterious sicknesses. In order to survive as female authors in a hostile environment, they needed to conquer many barriers. But, on top of that, it seems a number of the most famous 19th century female authors also had to _____.

① suffer from economic difficulties
② wait a long time to achieve success
③ fight against discrimination against women
④ overcome both physical and emotional problems

20. 다음 빈칸에 들어갈 말로 가장 적절한 것을 고르시오.

Although nanotechnology has been around for many years, practical applications are only now being developed. These applications are expected to have an impact on a wide-range of products, potentially affecting everything from clothing to batteries. Nanotechnology may lead to the development of strange new materials, since, when reduced to nanosize, _____. If aluminum foil, for example, is reduced to a small enough size — about 20 to 30 nanometers — it stops behaving as we would expect aluminum foil to behave. In fact, nanosized pieces of aluminum foil can explode. Although not all nanosize materials change their properties so dramatically, scientists are eager to work with ones that do, in the interest of creating new and useful materials.

① it is possible to create stronger aluminum foil
② there haven't been any practical applications yet
③ scientists are conducting many new experiments
④ familiar materials begin to develop odd properties

21. 다음 빈칸에 들어갈 말로 가장 적절한 것을 고르시오.

As children, the most common problem-solving strategy we employed was likely _____. For instance, let's say the problem a child faces is how to retrieve a toy his mother has put up on a shelf. The child may try to stretch his arms to reach the toy. That doesn't work. Next, he tries to climb up on the shelf to reach the toy. He falls; that doesn't work. When he can't get it on his own, he asks his mother for the toy. She says no; that doesn't work. Still undeterred, the child cries a bit for the toy. The mother ignores the cries; that doesn't work. Finally, he throws a full-blown tantrum, complete with screams, kicks, and tears. Exasperated, the mother gives the child the toy to appease him. Bingo — the tantrum worked.

① trial and error
② copy and imitation
③ reasoning and analysis
④ association and visualization

22. 다음 빈칸에 들어갈 말로 가장 적절한 것을 고르시오.

The experience of live performance is _____. As an example, let's look at a live theater performance and the three main parties involved: the playwright or director, the actors, and the audience. The playwright means the play to express certain ideas, and this meaning is affected by both the actors' performances and audience responses. Actors add layers of meaning to the playwright's words with the personal experiences they bring to their roles, and their performances are affected in turn by audience reactions. Audiences respond to the playwright's ideas not only through the actors but also through the physical experience of being in the theater. During any performance, something amazing happens: each party experiences the action not only from that party's perspective but also from the perspective of two others.

① often challenging for certain audiences
② a wild gathering of the most creative people
③ a mutual experience for the parties involved
④ like an amazing party that everyone will remember

23. 다음 빈칸에 들어갈 말로 가장 적절한 것을 고르시오.

Aggression, an act of hostility by one person toward another, is something that is seen everywhere. In fact, it's one of the defining characteristics we have in common with other species within the animal kingdom. While the cause of aggression in animals is mainly about scarce food resources and land territory, human beings usually show aggressive behavior _____.
Think of a little brother and his teenage sister, who are constantly arguing with each other because the younger sibling won't leave the teenage sibling alone, bothering her with questions about this or that and constantly looking over her shoulder. Or recall a situation where an acquaintance came too close to you during a conversation, in which you felt your comfort zone had been violated so you had to take a few steps back or you might have pushed the person away from you.

① when reacting to being treated badly
② to other people who are smaller and weaker
③ in regard to violations of their personal space
④ when necessary to protect their family and property

24. 다음 빈칸에 들어갈 말로 가장 적절한 것을 고르시오.

The concept of an independent tribunal set out in Article 6 of the Convention implies the power of a court to adopt a binding decision, which cannot be subject to any change, approval or ratification by a non-judicial authority. Failure to execute judicial decisions, or their protracted non-execution, puts the credibility and stability of the justice system at risk and can ultimately undermine the key values necessary to preserve our democracies. Enforcement is especially important when it comes to maintaining public trust in the judicial system. Such trust cannot be sustained if _____ promptly and in full. Member states have a duty to ensure that all persons who receive a final and binding court judgment have the right to its enforcement. Public entities are bound to respect and to implement judicial decisions in a rapid way ex officio. The very idea of a state body refusing to obey a court decision undermines the concept of primacy of the law.

① judicial decisions are not executed
② democratic values are disintegrated
③ public policies are not implemented
④ legislative processes do not proceed

25. 다음 빈칸에 들어갈 말로 가장 적절한 것을 고르시오.

More than a century ago, Henry David Thoreau went to jail to protest the Mexican War. Many people followed Thoreau's example and openly broke the law to ____ _____.
For example, when convicted of breaking the law, the great Indian leader Gandhi served his prison sentence and went on hunger strikes instead of paying a small fine. He did this to draw attention to his cause — the independence of India from Great Britain. When highly respected people are thrown into jail for their beliefs, it often makes people reconsider the justness of the situation. When Martin Luther King Jr. went to jail to protest for racial equality, he helped many Americans realize that segregation was wrong. His example helped abolish laws that kept segregation alive.

① settle the hunger strike
② resist the colonization of India
③ raise money for political activity
④ bring public attention to injustice

26. 다음 빈칸에 들어갈 말로 가장 적절한 것을 고르시오.

Seeking to defeat the British by _____, Napoleon issued the Berlin Decrees in 1806. These decrees allowed him to create an impenetrable blockade around the British isles, preventing both the import and export of any products. The initial effect was a damaging one, inflicting a great deal of hardship on the people of Britain and causing some businesses to collapse. However, by 1811, it had become clear that the strategy initiated by the Berlin Decrees had backfired on Napoleon. The economy of France was actually suffering more, deprived of its access to several key British goods. Facing revolts from both his own countrymen and his European neighbors, Napoleon was eventually forced to abandon the strategy; soon after, his armies were defeated by the British on the battlefield.

① using military force
② destroying their economy
③ executing political strategies
④ encouraging the public revolt

27. 다음 빈칸에 들어갈 말로 가장 적절한 것을 고르시오.

If a buzzard is placed in an eight foot square cage without a ceiling, it will be trapped. This is because a buzzard only flies after running about ten feet first. Without space to run, it will not know how to fly out of its cage. Likewise, if a bumblebee is dropped into a glass, it will never be able to get out. Instead of realizing that there is an exit above it, it will keep trying to find a way out through the sides of the glass. It will persist in its futile attempts at escape until it dies. If you think about it, some people are just like buzzards and bees. They expend all of their energy uselessly struggling with their problems, never realizing that _____.

① they should make greater efforts
② they are not as smart as they think
③ the answer is right there above them
④ it is impossible to identify the core of their problems

28. 다음 빈칸에 들어갈 말로 가장 적절한 것을 고르시오.

In the 20th century, architects in major cities in Europe designed structures in a way that reduced noise and yet made living as comfortable as possible. They used techniques such as making walls hollow and filling this wall space with materials that absorb noise. Thick carpets and heavy curtains were used to cover floors and windows. Air conditioners and fireplaces were designed to filter air through soundproofing materials. However, after much time and effort had been spent in making buildings less noisy, it was discovered that people also reacted negatively to _____. Now, architects are designing structures that reduce undesirable noise but retain the kind of noise that people seem to need.

① poor designs
② extreme noise
③ low-quality materials
④ a lack of sound

29. 다음 빈칸에 들어갈 말로 가장 적절한 것을 고르시오.

A to-do list, a tool to help us plan and prepare our day, can be made with an appointment calendar, a schedule planner, or a host of electronic devices. Even though we are thorough when making these 'to-do lists', inevitably something else, which cannot be pushed to the side, comes up and at the end of the day we're left with an unfinished 'to-do' list, which becomes a source of great tension and unhappiness. It's time to rethink how we plan our days so that we _____ _____. The key is not to say, "I have to deal with this important task today.", but rather to say, "I need to find a good day for this important task." This will mean that what we do is actually up to us and were not emotionally committed to actually finishing something that will just never get finished.

① have more free time to do our household chores
② choose the right form of tool to make our list with
③ make time planning a real tool that is under our control
④ have completely finished our 'to-do' list at the end of the day

30. 다음 빈칸에 들어갈 말로 가장 적절한 것을 고르시오.

While electrical energy is an exceptionally clean and convenient form of energy for a wide array of uses, it is _____ _____. Generating stations have to be built and operated, and high-voltage transmission lines constructed, all of which consume a substantial amount of energy. The earliest generating stations lost all but 4 percent of what they produced, and this rose to about 13 percent in the mid-1920s, and then to about 25 percent by the 1950s. However, since then there has been almost no further improvement. This means that although a third of the world's energy is used to produce electricity, at least two-thirds of it is wasted in generation and transmission. Furthermore, since it is exceedingly difficult to store, electricity is generally produced on demand. When demand does not meet predictions, the result is a blackout which can affect thousands of people and cost millions of dollars.

① an outdated method of transmitting power
② a highly inefficient way of powering our world
③ the leading cause of today's world energy crisis
④ a misapplication of the law of supply and demand

31. 밑줄 친 부분에 들어갈 말로 가장 적절한 것은?

Two numbers are, to me, particularly emblematic of what science had to tell us about fitness this year. The first is 42% and represents the extent by which people's risk for premature death rises if they are out of shape, according to a study published in July. That number almost equals the risk of early death associated with heavy smoking. The second figure is $2,500 and is the amount of money that each of us most likely could save annually on medical costs related to heart disease if we walked for 30 minutes most days, according to a wonderfully pragmatic study released in September. In other words, exercise science this year taught us that_____
_____.

① strength training and balance exercises could prevent sports injuries
② high blood pressure is more dangerous to our health than low blood pressure
③ no matter how much we try to cut medical costs, there are certain expenses that we can't avoid
④ being inactive could potentially cost us years from our lives and many thousands of dollars from our wallets

32. 밑줄 친 부분에 들어갈 말로 가장 적절한 것은?

Like a computer, the human mind is equipped with two basic types of memory: working memory for judging information in the present moment and long-term memory for storing it over extended periods. Contrary to popular belief, our brains don't record everything that happens to us. There is no reason for people to remember everything, so the human memory works as a filter that enables us to forget most of the information that we receive during a given day. Most of what we perceive stays briefly in our working memory, which is similar to a computer's RAM, and then gets deleted. Working memory enables us to perform simple calculations in our heads or retain phone numbers long enough to dial them. Like RAM, it lets us analyze and invent things, while
_____.

① dialing the telephone
② leaving no lasting record
③ working on our computer
④ recording everything in detail

33. 밑줄 친 부분에 들어갈 말로 가장 적절한 것은?

Words that sound the same but have different meanings are called homonyms. Some homonyms - two, to, and too, for example — are very familiar, but others are not as well-known even though they are frequently used. For example, "team" and "teem." You probably know what a team is, but do you know "teem - to be full of or to swarm?" The human brain likes _____, so learning homonyms in pairs or groups makes it easier to remember them. You could note that the word "teem" means a bigger amount than its homonym "team." Or you could create sentences that highlight the different meanings of homonyms. Memorize the sentences, and the meanings of both words will follow.

① specific patterns and rules
② the integration of five senses
③ the appropriate use of images
④ connected pieces of information

34. 밑줄 친 부분에 들어갈 말로 가장 적절한 것은?

Colors are important to us because, in addition to making things look more appealing, they also change our behavior. People seem to have powerful emotional responses to color all around the world. However, these responses are based on culture. For example, black is the color of mourning in Europe and the United States. White represents death in Chinese culture, but purple does so in Brazil. Yellow is the color of jealousy in France, whereas green is typically associated with jealousy in North America. In this way, _____, so marketers need to take into account the attitudes and preferences of their target customers when planning the design of any promotional material. Otherwise, they won't be able to share their ideas effectively, and they'll lose valuable customers.

① color preferences are universal
② colors describe personalities of people
③ Western colors are different to Eastern ones
④ the effects of color differ among different cultures

35. 밑줄 친 부분에 들어갈 말로 가장 적절한 것은?

A certain amount of bureaucracy, accountability and organization is vital for the world we live in. The benefits of bureaucracy do not need urging. Yet the hidden costs are very considerable. A harmful effect of over-active bureaucracies is that they _____. In almost all organizations, the higher the pay and the higher the status, the less practical work and the more administration. A head teacher who was perhaps an excellent communicator does not teach any more. An excellent surgeon ends up doing paperwork as head of a hospital. A brilliant academic is finally the administrative head of a university. None of them any longer do the thing they most enjoy or are good at. They spend their time as fundraisers, personnel officers, and chairs of committees. It is a widespread tendency: if you can do anything really well, stop doing it and become an administrator.

① divert talent
② waste budgets
③ justify injustices
④ provoke corruption

36. 밑줄 친 부분에 들어갈 말로 가장 적절한 것은?

I sometimes try to explain to people who don't use a computer how a computer could make their job easier. Often enough, their attitude is a perfect expression of the words "Thanks, but no thanks." Why do some people resist learning something that could make their job better or easier? In most cases, the reason is fear. People who don't know much about technology may worry that computers will replace them, or that a computer will make them look incompetent. That's why it's a good idea to see teaching as like asking someone to go on a trip. Just as nobody would accept an invitation to go to a place that they've heard is dangerous or unpleasant, people are reluctant to learn things that they think will make them worse off. When you try to teach anyone something new, you have to make it clear from the start that _____ _____.

① every job will be changed by computers
② enjoyable trips can give our lives energy
③ you promise to make his or her job easier
④ the destination is a place we'd all like to go to

37. 밑줄 친 부분에 들어갈 말로 가장 적절한 것은?

We all have a natural rhythm in our bodies that is created by the beating of our heart. According to one expert in Japan, Kiyoko Yokoyama, listening to music that has its basis in this beat can _____. Yokoyama has already designed a program that can analyze a person's heartbeat and, using a complex algorithm, convert the timing, fluctuations and variations of that beat into chill-out music. In his studies, he has noticed that people exposed to the music generated by their heartbeat experience higher levels of relaxation than people who hear no music. Yokoyama is hopeful that his discovery can lead to practical applications, such as the formulation of stress- and fatigue-reducing programs for workers in high-stress environments.

*algorithm: 【수학, 컴퓨터】 연산(법), 알고리즘

① interrupt deep rest
② improve overall health
③ decrease feelings of stress
④ break one's concentration

38. 밑줄 친 부분에 들어갈 말로 가장 적절한 것은?

A lot of people think an empty stomach causes hunger. But it is not true. In fact, it's a small area inside the brain called the hypothalamus that really tells us when we are hungry. In studying the behavior of rats, scientists discovered that when a certain part of the brain was stimulated, rats kept on eating even though their stomaches were full. They further found that when a different part of the brain was stimulated, the rats would not eat at all even though they hadn't eaten for several days. These experiments indicate that, contrary to popular belief, _____ _____.

*hypothalamus: 시상하부

① you will be defined by what you eat
② food is one of the most basic human needs
③ eating quickly is not that bad for your health
④ hunger is controlled by the brain, not by the stomach

39. 빈칸에 들어갈 문장으로 가장 적절한 것은?

One dichotomy that is sometimes discussed in the literature is whether emotions are disorganizing or organizing. Examples are given of people who become tongue-tied with stage fright, or who lose control of themselves during periods of intense anger, or who forget the name of close friends or what they were about to say when embarrassed. In contrast, there are many cases of organized planning for revenge, of organized planning for aggression, and of organized planning for courtship in the interest of love. _____

_____

. If an event occurs that seems important to an individual, a complete change of direction or action may occur with the result that one ongoing activity is stopped and another begun. This may appear as the disruption of one focus of attention, but it becomes an organized effort to create another focus of attention.

① Organizing emotions cannot become disorganizing emotions
② An intense emotional experience can be mitigated
③ The possibility exists that emotions can be both
④ Scientific accuracy will always take a back seat to storytelling

40. 빈칸에 들어갈 말로 가장 적절한 것은?

Social scientists have found that they can prepare people into certain forms of behavior by offering simple and apparently _____ cues. It turns out that if certain objects are made visible and salient, people's behavior can be affected. Objects characteristic of business environments, such as briefcases and boardroom tables, make people more competitive, less cooperative, and less generous. Smells matter too: mere exposure to s the scent of an all-purpose cleaner makes people keep their environment cleaner while they eat. In both cases, people were not consciously aware of the effect of the cue on their behavior. Or consider this one: people's judgments about strangers are affected by whether they are drinking iced coffee or hot coffee! Those given iced coffee are more likely to see other people as more selfish, less sociable, and colder than those given hot coffee. This, too, happens quite unconsciously.

① familiar
② invisible
③ symbolic
④ irrelevant

41. 다음 빈칸에 들어갈 말로 가장 적절한 것은?

Analysis at multiple levels maximizes explanatory power. While Galileo was right to observe that the complexity and difficulty in operationalizing the Aristotelian model limited the ability to study causality in nature, many of the tools and methods developed in the centuries since Galileo have enabled scientists to identify and characterize multiple causal factors. As several well-known examples illustrate, a detailed examination of causal relationships at multiple levels is now both possible and fruitful. For example, the tools of the molecular biologist, the population geneticist, the infectious disease specialist, the epidemiologist, and the health planner were necessary to eliminate smallpox from the earth because they were able to identify the causal steps at which intervention needed to be targeted. Galileo was not wrong. Rather, this is the first time in human history that the methodological and conceptual tools needed to understand multiple agents operating at multiple levels are _____.

*geneticist: 유전학자
**epidemiologist: 전염병학자

① scarce
② outdated
③ available
④ diverging

1. 정답 ④

 해설

앞부분에 아프리카에서는 힘세고 건강한 이들이 많이 필요했다는 내용이 나오고, 뒤에 여성의 임신을 못 하면 지역 사회로부터 버림받을 사람으로 평가된다고 했으므로 빈칸에는 '여성의 다산의 중요성'이 들어가는 것이 적절하다.

 해석

아프리카의 일부 시골 공동체에서는 육체 노동이 생존의 기본으로 여겨지는데, 이는 마을에 더 힘세고 건강한 이들이 많을수록 중요한 일들을 더 쉽게 해낼 수 있기 때문이다. 이 때문에 이러한 공동체에서는 일반적으로 여성의 다산의 중요성을 매우 강조한다. 임신에 실패한 여성은 그것이 개인의 선택이든 또는 의학적 건강 상태의 결과이든 간에, 그녀가 어떠한 가치 있는 재능이나 능력, 또는 개인적인 자질을 갖추었는지에 상관없이, 그녀가 속한 지역 사회의 남자 구성원들에 의해 버림받을 사람으로 평가된다. 결론은, 어머니가 되지 못하는 여성은 무언가 문제가 있는 것으로 여겨진다는 것이다. 이러한 상황에 대해 그들이 어떻게 생각하든지, 그들이 받게 될지도 모르는 처벌을 두려워하여 그것에 대해 감히 반항하거나 목소리를 내는 여성은 거의 없다.

① 가족 단위의 단결
② 여성 권리의 보호
③ 여성의 건강과 복지
④ 여성의 다산의 중요성

 어휘

community 공동체 cornerstone 초석
accomplish 이루다 vital 생명에 관한
place emphasis on ~에 중점을 두다
conceive 품다, 임신하다 outcast 버림받은 사람
bottom line 결말 dare 감히 ~하다 cohesion 단결
fertility 비옥, 다산 contribution 공헌, 기여

2. 정답 ④

 해설

얼굴 붉힘은 다양한 사회적 행동을 시행하는 한 방법으로서 타인에 대한 의식과 함께 진화했다는 심리학자들의 주장을 설명하고 있으므로, 빈칸에는 '④ 얼굴 붉힘이 순전히 사회적 기반을 가진다.'가 가장 적절하다.

 해석

자세히 관찰하면, 얼굴이 붉어지는 현상은 상당히 이상해 보인다. 왜 인간은 우리가 당황하고 있다는 것을 사람들에게 보여 주는 과정을 발달시켰을까? 일부 심리학자들은 얼굴 붉힘이 사회가 원활하게 기능하기 위해 필요한 다양한 사회적 행동들을 시행하는 한 방법으로서 진화했다고 주장한다. 얼굴 붉힘은 우리가 실수한 것을 알고 그것 때문에 괴로워한다는 것을 다른 사람들에게 나타내 준다. 게다가, 그것은 어떤 어려운 상황에 처한 사람들과 공감하는 방식을 우리가 감정적으로 이해한다는 것을 보여 주는데, 이것은 인간이 학교 교육을 시작하고 사회에서 동료를 만나는 시기 즈음에 발달시키는 특징이다. 심리학자들은 당혹감에서 오는 얼굴 붉힘이 타인에 대한 의식과 함께 진화한다는 것을 이 공감 지능으로부터 추론하였고, 따라서 얼굴 붉힘이 순전히 사회적 기반을 가진다는 개념을 뒷받침한다.

① 사람들은 선천적으로 사교적이지 않다.
② 그것은 의식적으로 통제될 수 있다.
③ 얼굴 붉힘은 종종 오해를 산다.
④ 얼굴 붉힘이 순전히 사회적 기반을 가진다.

 어휘

phenomenon 현상 blush 얼굴을 붉히다
contend 주장하다 evolve 진화하다 enforce 실시하다
smoothly 매끄럽게 indicate 나타내다
empathize 감정 이입하다 encounter 만나다
consciousness 의식 purely 순전히
have nothing to do with ~와 관계가 없다

3. 정답 ④

해설

서양에서는 선택이 자기표현의 일환이며 소비를 통해 자신만의 개성과 특별함을 나타내 보이려는 다양화 편향을 드러내지만, 집단을 강조하는 문화권에서는 소비가 대인 관계적 과제여서 개인 표현에 별 관심을 두지 않는다고 하였다. 이렇듯 문화권에 따라 소비자 선택의 의미가 달라지므로 소비자 선택을 이해할 때는 소비자가 자신을 '별개의 개인 혹은 타인과 연결된' 것으로 생각하는지가 중요하다는 것을 알 수 있다.

해석

우리가 우리 자신을 별개의 개인 혹은 타인과 연결된 것으로 생각하는지는 소비자 선택을 이해함에 있어서 중요하다. 서양 문화에서 소비자 선택은 자기표현의 행위로 여겨진다. 고유성은 바람직하며 소비는 외부 세계에 당신 자신을 표현하는 한 방법이며, 그래서 우리는 '특별함'의 느낌을 얻기 위한 시도로 우리의 구매를 다양화한다. 행동경제학에서 이것은 다양화 편향이라 한다. 이 선택이 자기표현의 한 행위일 때 그것은 개인에게 대단히 중요해지고, 선택이 결여되거나 선택하지 못한 것이 미치는 심리적 영향은 더 커지게 되어, 다양성 추구와 같은 전략으로 이어지게 된다. 그러나 개인보다 집단을 강조하는 문화에서는 소비자 선택이 종종 대인관계적 과제인데, 이것은 자기 자신을 가장 우호적인 관점에서 보여 주는 결정을 하는 것의 성공 혹은 실패가 그렇게 큰 관심사는 아님을 뜻한다. 이어서 최근 연구는 다양화 편향이 이러한 문화적 맥락에서는 더 약하다는 것을 보여 주었다.

① 유행에 민감한 혹은 민감하지 않은
② 마케팅의 영향을 알고 있는
③ 상류층의 일원 혹은 하류층의 일원인
④ 별개의 개인 혹은 타인과 연결된

어휘

uniqueness 고유성 diversification 다양화 bias 편향
interpersonal 대인관계에 관한 portray 보여주다
favorable 호의적인 concern 관심 subsequently 이어서
rational 이성적인 fashion-conscious 유행에 민감한

4. 정답 ②

해설

빈칸 문장의 '어떤' 충동이 음악만큼 오래된 것인지를 글에서 추론해야 한다. 고대 그리스 철학자인 Plato의 언급은 빈칸 문장을 상술하는 구체적인 예시에 해당한다. 또한, 17세기 영국, 19세기 이탈리아의 사례를 종합하면, 빈칸에 가장 적절한 것은 '② 음악의 영향력을 두려워하여 음악을 검열하려는'이다.

해석

음악의 영향력을 두려워하여 음악을 검열하려는 충동은 음악 그 자체만큼이나 오래된 것이다. 음악의 유형에서 발견된 잠재적인 도덕적 손상에 대한 Platon(플라톤)의 우려는 기록상 가장 오래된 사례 중 하나를 나타낸다. Platon은 "감시자들은 기존의 질서에 반하는 음악의 새로운 흐름을 끊임없이 감시해야 하고, 그들의 권력을 최대로 활용하여 그것을 경계해야 한다."라고 말한 것으로 기록되어 있다. 17세기 영국에서 허가받지 않은 발라드는 벌금이나 징역에 이를 수 있었던 한편, 19세기 이탈리아에서 모든 오페라의 대본은 검열 과정의 대상이었다. 인류의 역사 내내, 음악은 두려움의 원천이었고 억압의 대상이었다. 모든 대륙에서 모든 세기에 걸쳐 특정한 소리나 연주자들을 침묵하게 하려고 자신들의 권력을 이용하는, 교회로서든 국가로서든 권력 안에 있는 사람들을 봐 왔다.

① 음악을 다른 사람을 조종하기 위해 사용하려는
② 음악의 영향력을 두려워하여 음악을 검열하려는
③ 지금까지 들어 본 적 없는 멜로디로 사람들을 놀라게 하려는
④ 비범한 음악적 재능이 있는 사람들을 통제하려는

어휘

urge 충동 moral 도덕적인 overseer 감독자
watchful 경계하는 innovation 혁신
counter to ~에 반대인 established 기존의
to the best of ~하는 한 unlicensed 무허가의
imprisonment 구금 be subject to ~의 대상이다
repression 억압 manipulate 조종하다 censor 검열하다
unheard-of 지금까지 들어 본 적 없는 soothe 위로하다

5. 정답 ②

우리는 세상을 직접적으로 감지하는 것이 아니라 감각기관을 통해 들어온 데이터를 두뇌에서 가공한 후 두뇌가 형성하여 제시해 준 세상의 모형을 인식하는 것이므로, '의자를 본다'는 말은 자신이 직접 의자를 본다는 말이 아니라 '② 우리의 두뇌가 의자의 정신적인 모형을 창조했고' 우리는 그 모형을 인지할 뿐이라는 의미이다.

철학자들은 '현실'의 본질, 그리고 우리가 경험하는 세계가 진짜인지 환상 인지에 대해 수 세기 동안 논해 왔다. 그러나 현대 신경 과학은 우리의 모든 인식은 환상으로 여겨져야 한다는 점을 우리에게 가르쳐 준다. 그것은 우리가 우리 감각의 미가공 데이터를 처리하고 해석하여 오직 간접적으로만 세상을 인식하기 때문이다. 우리의 무의식적 처리는 세상의 모형을 형성한다. 예를 들어 당신은 주변을 둘러볼 때 3차원 공간을 들여다보고 있다는 느낌을 가질 것이다. 그러나 당신은 그러한 삼차원을 직접적으로 감지하는 것이 아니다. 대신에 당신의 두뇌가 망막으로부터 들어온 다수의 편평한 이차원 데이터를 읽고 삼차원의 감각을 형성한다. 당신의 무의식적 정신은 이미지를 가공하는 일을 너무 잘해서 당신이 당신 눈의 이미지를 거꾸로 전환시키는 안경을 쓴다면, 잠시 후에 당신은 사물을 바른 면이 위에 있는 모습으로 다시 보게 될 것이다. 그리고 나서 안경을 벗으면 당신은 세상을 다시 거꾸로 보겠지만, 잠시뿐이다. 그러므로 '의자가 보여'라고 말할 때, 우리가 진정으로 의미하는 바는 <u>우리의 두뇌가 의자의 정신적인 모형을 창조했다</u>는 것이다.

① 우리 앞에 의자라는 물리적 물체가 있다.
② 우리의 두뇌가 의자의 정신적인 모형을 창조했다.
③ 우리가 볼 수 있는 것은 의자에서 반사된 빛뿐이다.
④ 우리는 우리가 서 있는 곳에서 눈에 보이는 것을 볼 수 있을 뿐이다.

어휘

illusion 환상 neuroscience 신경 과학
perception 인식, 인지 process 처리하다
interpret 해석하다 raw data 미가공 데이터
three-dimensional 삼차원의 an array of 다수의
retina 망막 sensation 감각 be fitted with ~로 장착되다
upside down 거꾸로 physical 물리적인 mental 정신의
visible 보이는

6. 정답 ③

해설

빈칸이 있는 문장이 주제이며, 뒤에 있는 예시들은 타액에 들어 있는 여러 가지 정보에 관한 것이다.

해석

타액에 관한 최근의 연구는 <u>그 액체가 얼마나 풍부한 정보를 가지고 있는지를 보여 주었다.</u> 예를 들어, 의사들은 특정 물질의 존재 여부를 근거로 병의 징후를 찾기 위해 흔히 피를 뽑지만, 타액도 똑같은 정보를 가지고 있다는 것이 밝혀졌다. 게다가 타액은 개개인에게 고유한 DNA를 포함하고 있다. 타액 속의 DNA를 분석함으로써, 의사들은 당신이 특정 질병에 걸리기 쉬운지를 알아낼 수 있다. 경찰 수사관들은 또한 당신이 범죄 현장에서 물 한 잔을 마셨던 사람인지, 봉투를 핥아서 봉했던 사람인지도 알 수 있다. 치과 의사들 또한 타액에서 비롯된 정보를 이용해 당신에게 충치가 생길 가능성을 예측할 수 있다.

① DNA가 얼마나 복잡하고 놀라운지
② 소화에서 타액이 어떤 역할을 하는지
③ 그 액체가 얼마나 풍부한 정보를 가지고 있는지를 보여 주었다.
④ 왜 DNA 분석이 형사 사건에 사용되는지

어휘

saliva 타액 reveal 드러내다 presence 존재
substance 물질 turn out 결국 ~임이 드러나다
contain 포함하다 analyze 분석하다
susceptible 영향받기 쉬운 investigator 수사관
lick 핥다 envelope 봉투 seal 봉하다 predict 예측하다
cavity 충치 digestion 소화 liquid 액체

7. 정답 ④

빈칸 이후에 상대방에게 간단한 부탁을 하는 예시들이 언급된 것을 통해 빈칸에 적절한 말을 추론할 수 있다.

해석

어떤 사람들은 사회적 상황에서 다른 사람들에게 다가가는 것을 주저한다. 그들은 마치 본질적으로 "저를 좋아하세요?"라고 묻고 있는 것처럼 느낀다. 이러한 종류의 상호작용에서, 겉으로 보기에는 상대방이 모든 힘을 갖고 있다. 그러나 당신은 상대방에게 작은 투자를 할 것을 권하는 것으로 시작함으로써 그 만남을 장악할 수 있다. 간단히 말해서, 그 혹은 그녀에게 당신을 위해 뭔가를 해 달라고 부탁하라. 그것이 중요한 것일 필요는 없다. 그 사람에게 그저 당신한테 케이크 한 조각을 건네어 달라거나 당신이 화장실에 가는 동안 당신의 음료를 들어 달라고 요청하라. 당신은 아마 이것이 그 사람으로 하여금 당신에 대하여 더 긍정적인 인상을 갖게 한다는 것을 발견할 것이다. 대부분의 사람이 생각하는 것과는 달리, 사람들은 아마도 반대의 방법(당신이 상대방의 부탁을 들어주는 것)보다는 오히려 당신의 부탁을 들어준 이후에 당신을 더 좋아하게 될 것이다.

① 그나 그녀를 혼자 두라.
② 그나 그녀가 무엇을 말하는지 들어라.
③ 그나 그녀에게 돈을 기부하도록 청하라.
④ 그 혹은 그녀에게 당신을 위해 뭔가를 해 달라고 부탁하라.

어휘

be reluctant to R ~하는 것을 주저하다
essentially 근본적으로   interaction 상호작용
seemingly 외견상으로   seize control of ~을 장악하다
encounter 만남   make an investment 투자하다
simply put 간단히 말해서   the other way around 반대로

8. 정답 ①

성공과 쾌락에 집착하고 실패와 고통을 두려워하며 살지 말고 이것들로부터 거리를 두면, 삶에서 진정으로 중요한 것에 집중할 수 있고 인생의 아름다운 순간을 순수하게 즐길 수 있다는 삶의 전략을 가장 잘 나타낸 표현은 '① Detachment(거리 두기, 초연)'이다.

우리 모두는 삶이 쾌락과 고통. 위안과 역경의 혼합임을 안다. 아마 당신은 쾌락이 당신을 결코 떠나지 않기를 바라 쾌락에 매달리는 경향이 있을 것이고. 고통이 결코 끝나지 않으리라 두려워하며 고통에 압도될 것이다. 그러나 초연을 연습하기 시작하면, 현명한 속담에서 말하듯이 이 또한 지나가리라는 것을 알고서, 심지어 어떤 유머 감각마저 갖고 어려운 순간을 견뎌낼 수 있을 것이다. 이 모두는 당신이 의지하는 모든 것이 어떤 특정 순간에라도 바스러질 수 있음을 두려워하며 끊임없는 불안 속에서 살 필요가 있다는 것을 의미하지 않는다. 오히려 그 반대다. 성공과 실패로부터, 쾌락과 고통으로부터 거리를 두는 것은 당신을 언제나 존재하고 안정적이고 안전한 유일한 것: 당신의 순수한 의식과 순수한 사랑의 중심과 다시 연결되게 해 줄 것이다. 마찬가지로 당신은 인생의 아름다운 순간이 끝나리라는 두려움으로 더럽혀지지 않은 상태로 그것을 즐길 것이다. 그것은 의심할 여지 없이 끝날 것이므로.

① 거리 두기(초연)
② 융통성
③ 관찰
④ 낙천성

어휘

hardship 역경   cling to 매달리다
overwhelmed 압도된   endure 견디다
as a saying goes 속담에서 말하듯이   insecurity 불안
crumble 바스러지다   invariably 언제나   stable 안정적인
taint 더럽히다   undoubtedly 틀림없이

9. 정답 ③

인도의 한 수학자가 고립된 상태로 연구 활동을 한 결과 수학의 지식 기반을 새로이 넓히지 못하고 이미 알려진 지식을 재발견했을 뿐이라는 내용의 글로, 빈칸 문장은 처음에 '③ 자기 분야에 대한 폭넓은 관점을 얻었더라면' 헛된 수고를 하지 않아도 되었을 것이라는 내용이 되는 것이 가장 적절하다.

해석

사람들이 자신들에게는 독창적이지만 전에 이미 생각된 적이 있는 아이디어를 떠올릴 때, 우리는 (어떤 분야에 대한) 지식의 결여가 창의적인 성과에 미치는 영향을 매일 본다. 이러한 현상의 눈에 띄게 비참한 사례는 지금까지 가장 뛰어난 수학적 사상가 중 한 명으로 여겨지는 인도의 수학자 Srinivasa Ramanujan의 경우이다. 외부 세계와의 접촉이 없었기 때문에, 그는 모르고 서양 수학에서는 이미 알려진 것 중 많은 것을 단독으로 '재발견하는' 데 인생의 많은 시간을 보냈다. 만약 처음에 자기 분야에 대한 폭넓은 관점을 얻었더라면, 그는 이러한 대단하지만 헛된 일을 피할 수 있었을 것이고, 대신에 자신의 상당한 재능을 수학의 지식 기반을 다시 만들어 내는 것이 아니라 발전시키는 데로 향하게 했을 것이다.

① 자신의 창의성 부족을 극복했다면
② 자신의 능력에 대한 확신을 쌓았다면
③ 자기 분야에 대한 폭넓은 관점을 얻었더라면
④ 자신의 마음을 진정시키고 창의성을

어휘

come up with ~을 생각해 내다   original 독창적인
strikingly 눈에 띄게   pitiful 측은한   phenomenon 현상
brilliant 뛰어난   unknowingly 모르고
considerable 상당한   advance 발전시키다
get ahead 성공하다   perspective 관점

10. 정답 ④

해설

동물이 거울 속 자신의 이미지를 보고 자신을 만지는 것은 자기 자신을 인식할 수 있다는 것인데, 코끼리가 거울을 본 후에 자신의 머리에 있는 페인트 자국을 만졌다는 것은 코끼리도 이러한 능력을 가지고 있다는 것을 의미한다. 따라서 빈칸에 가장 적절한 것은 '④ 자기 인식 능력을 가지고 있다.'이다.

해석

코끼리는 자기 인식 능력을 가지고 있다는 것이 밝혀졌다. "코끼리의 사회적 복잡성, 잘 알려진 이타적인 행동, 그리고 말할 것도 없는 큰 뇌는 코끼리를 거울 앞에서 검사를 받을 타당한 후보 동물이 되도록 만들었다."라고 애틀랜타에 있는 Emory 대학의 심리학자 Joshua Plotnik가 말했다. 과거에는 (인간을 포함한) 소수의 유인원과 큰 돌고래만이 이런 능력을 지니고 있다고 여겨졌다. 이 분야에서 유인원과 돌고래에게 행해졌던 이전의 실험처럼 실험 대상 동물이 보통 볼 수 없는 곳에 페인트 자국을 남긴 다음, 거울 속의 이미지에 대한 그 동물의 반응을 관찰함으로써 그 능력이 판단되었는데, 자신을 만지는 것은 그 동물이 거울 속의 이미지를 자기 자신으로 동일시하는 것을 나타내고, 반면에 거울을 만지는 것은 실험 대상 동물이 다른 동물을 살펴보고 있다는 것을 암시하는 사회적 행동을 보여 준다. 실험된 코끼리는 거울을 본 후에 자기 머리에 있는 페인트 자국을 만졌다.

① 긍정적인 자아 이미지를 발달시킨다.
② 다른 동물들과 의사소통을 한다.
③ 남의 시선을 의식하는 방식으로 행동한다.
④ 자기 인식 능력을 가지고 있다.

어휘

complexity 복잡성   altruistic 이타적인, 이타주의의
logical 타당한   ape 유인원   faculty 능력, 교수진
measure 판단하다   subject 실험 대상자
indicate 나타내다   identify 동일시하다   whereas 반면에
investigate 조사하다   operate 행동하다
self-conscious 남의 시선을 의식하는   capacity 능력
self-awareness 자기 인식

11. 정답 ②

해설

공간 능력을 특히 필요로 하는 런던 택시 기사의 후위 해마를 조사해 보니 경력이 오래된 택시 기사일수록 후위 해마의 크기가 더 컸다는 내용의 글이다. 결국, 우리의 뇌는 일정한 것이 아니라 필요에 따라 적응하는 것이므로 빈칸에는 '② 우리가 부과하는 요구에 반응하여 적응한다.'가 들어가는 것이 가장 적절하다.

해석

런던의 택시 운전사들은 세계에서 가장 복잡한 도시 중 하나를 훌륭하게 운전한다. 영국의 신경과학자인 Eleanor Maguire와 그녀의 동료들은 그 택시 기사들의 뇌를 MRI 정밀검사를 했고 그것들을 다른 사람들의 뇌 검사와 비교했다. 택시 기사가 아닌 다른 사람들과 대조적으로, 숙련된 택시 기사들은 상당히 큰 후위 해마를 갖고 있었는데, 그것은 공간 표상을 기억해 내는 것을 전문적으로 하는 뇌의 부분이다. 더욱이 택시 기사의 해마의 크기는 각 운전자의 경험과 직접적인 상관관계가 있었다. 즉, 운전 경력이 길수록 후위 해마의 크기는 더 컸다. 그것은 공간 업무가 택시 기사들의 뇌를 활발하게 바꾸고 있다는 것을 강력하게 시사했다. 이것은 바이올린 연주자들, 점자를 읽는 사람들, 명상 수련하는 사람들에 관한 연구와 완벽하게 일치했다. 우리의 뇌는 <u>우리가 부과하는 요구에 반응하여 적응한다.</u>

① 정보를 연결하여 패턴을 식별한다.
② 우리가 부과하는 요구에 반응하여 적응한다.
③ 새로운 길보다 익숙한 길을 따라가는 것을 선호한다.
④ 예기치 못한 사건을 신속하게 통제할 수 있는 능력을 가지고 있다.

어휘

famously 훌륭하게 navigate 운전하다
neurologist 신경과학자 colleague 동료
conduct 수행하다 posterior 뒤의
specialize in ~을 전문으로 하다 spatial 공간의
representation 표현 correlate 상관관계를 보여 주다
consistent 일치된, 조화된 Braille 점자 meditation 명상
practitioner 실천하는 사람 adapt 적응하다
in response to ~에 응하여 reward 보상

12. 정답 ②

해설

빈칸 앞뒤에서 부정적인 감정이 감정적 식사로 이어질 수 있고, 이것은 우리 자신을 해칠 수 있다고 했으므로 ②가 가장 적절하다.

해석

음식은 우리의 배를 채우는 것 이상의 일을 한다. 그것은 감정 또한 만족시킨다. 그래서 당신은 기분이 좋을 때 스테이크나 피자를 찾게 될지 모른다. 마찬가지로 슬플 때는 아이스크림과 초콜릿을 찾을 것이다. 이렇듯 배고픔 대신 감정에 반응하여 먹는 것은 '감정적 식사'로 알려져 있다. 몇몇 의사들은 과식의 75%가 감정적 식사로 인한 것이라고 추정한다. 우울함, 외로움, 분노, 걱정, 좌절, 스트레스, 낮은 자존감, 그리고 인간관계에서의 문제와 같은 감정들이 모두 감정적 식사로 이어질 수 있는 자극들이다. 하지만 어떤 문제에 직면할 때마다 음식에 의존하는 것은 우리가 인생의 문제에 대처하는 데 필요한 기술을 습득하는 것을 방해하는 <u>매우 자기 파괴적인 습관</u>이 될 수 있다. 우리는 지나친 과식으로 인해 자신을 해치고 있음을 알지만, 자신에게나 주변 사람들에게 만족하지 못하기 때문에 결국 계속해서 과식을 한다.

① 특별히 긍정적인 자극
② 매우 자기 파괴적인 습관
③ 스트레스를 줄이는 좋은 방법
④ 자존감을 쌓는 좋은 이유

어휘

in response to ~에 응하여 estimate 추산하다
frustration 좌절 self-esteem 자존감
trigger 방아쇠, 자극 turn to ~에 의존하다
hinder 방해하다 acquire ~을 습득하다
deal with ~에 대처하다 self-destructive 자기 파괴적인
relieve 경감하다

13. 정답 ④

 해설

빈칸 다음의 예들을 살펴보면 사진작가가 작품을 위해 다양한 시각으로 사물을 보는 방법을 제시하고 있으므로 빈칸에는 ④가 가장 적절하다.

해석

사진작가에게 여러 가지가 필요하기는 하지만, 그들이 반드시 배워야 하는 가장 중요한 것 중 하나는 사물을 다른 시각에서 보는 것이다. 예를 들어, 호수에서 완벽한 풍경 사진을 찍으려고 할 때, 사진작가는 수면에 비친 영상이 더 흥미롭다는 점을 발견하게 될지도 모른다. 혹은 인물 사진을 찍을 때, 색다른 배경을 선택하거나 자연스러운 자세를 취하고 있는 피사체를 잡아낼 수도 있다. 평상시처럼 수평이나 수직의 방법으로 사진의 구도를 잡는 대신, 사진작가는 좀 더 극적인 효과를 위해서 다른 각도를 택할 수도 있다. 사진작가는 초점을 맞추고 있는 피사체 너머를 보고 한 점의 추상적인 예술 작품을 발견할 수도 있다.

① 완전한 초점에서
② 정확한 조명에서
③ 있는 그대로
④ 다른 시각에서

어휘

landscape 풍경 reflection 반사 surface 표면 수면
portrait 초상화 subject 주제 posture 자세
frame 구도를 잡다 horizontal 수평의 vertical 수직의
fashion 방법, 방식 angle 각도 abstract 추상적인
by the book 규칙대로

14. 정답 ④

 해설

레드헤링이 과거에는 사냥개들의 주의를 흐트러뜨리기 위해 사용된 생선을 뜻했고. 오늘날에는 독자나 청중의 관심을 다른 곳으로 돌리기 위해서 사용되는 사건이나 등장인물, 주장 등을 뜻한다고 했으므로 빈칸에는 '무관한 요소를 도입함으로써'가 적절하다.

 해석

'레드헤링'이라는 용어는 오래된 사냥 전통에서 비롯되었다. 청어는 사냥꾼들이 어린 사냥개들에게 사냥할 동물의 냄새를 따라가도록 훈련을 시킬 때 종종 사용했던 생선이다. 사냥꾼들은 냄새나는 생선이 개들의 주의를 흐트러뜨리는지 알아보기 위해 그들의 길을 가로질러 냄새나는 생선을 끌고 감으로써 개들을 시험해 보곤 했다. 오늘날, 우리는 그 용어를 문학에 대한 논의나 토론에서 가장 흔히 사용한다. 소설에서, 레드헤링은 중요해 보이지만 사실은 단순히 독자를 속이기 위해 작가에 의해 사용된 사건이나 등장인물일 수 있다. 토론에서, 레드헤링은 토론의 실질적인 주제로부터 청중의 주목을 흐트러뜨리는 주장이다. 비록 레드헤링의 의미가 실제적인 것에서 추상적인 것으로 바뀌었지만, 그것은 여전히 무관한 요소를 도입함으로써 누군가의 주의를 다른 데로 돌리는 것을 지칭한다.

① 치명적인 실수를 지적함
② 위험한 위협을 제안함
③ 그 상황을 자세히 설명함
④ 무관한 요소를 도입함

 어휘

herring 청어 drag 끌다 distract 흐트러뜨리다
discussion 논의 literature 문학 debate 토론
fiction 소설 trick 속이다 argument 논거
abstract 추상적인
divert 방향을 바꾸게 하다, 다른 데로 돌리다
critical 결정적인 irrelevant 무관한, 상관없는
element 요소

15. 정답 ①

 해설

빈칸 문장으로 보아, 위기 관리의 일종이면서 생존 전략인 것이 무엇인지를 찾아야 한다. 이어지는 수렵 채집인들의 예시에서 사냥 성공으로 얻은 동물을 함께 나누는 것이 추후 다른 이의 (사냥의) 성공에서 자신의 이익을 보장한다고 했으므로, 빈칸에는 '① 협조적인 상호 교환'이 들어가는 것이 가장 적절하다.

해석

인간의 역사가 보여 주듯이 협조적인 상호 교환은 위기 관리의 일종으로, 매우 유용한 생존 전략이다. 그것은 아주 오래된 기술이다. 그것 없이는, 인류 그리고 수많은 동물의 종은 오래전에 멸종되었을 것이다. 우리는 (먹이의) 이용 가능 여부에서 먹이 공급이 변화되기 쉬운 모든 종에서 그것(협조적인 상호 교환)을 보게 된다. 당신이 (원시시대의) 수렵 채집인이라고 상상해 보자. 어느 날 당신은 운이 좋아 사슴 한 마리를 잡는다. 당신은 그것을 하루 만에 전부 먹을 수는 없을 것이고 냉장고는 여전히 수 세기 떨어져 있다. 당신은 사슴을 집단과 나누기로 결정하는데, 그것은 당신의 운이 굉장하지 않을 때 다른 이의 (사냥의) 성공에서 이익을 보게 될 것을 보장해 준다. 당신 친구들의 배는 당신의 냉장고 역할을 한다. 그것은 경제적 성장 및 부의 창출을 위한 필수적인 요소이다. 그것 없이 세계 경제는 없을 것이고 경제도 전혀 없을 것이다.

① 협조적인 상호 교환
② 문화적 적응
③ 경쟁적인 대립 관계
④ 경계 태세에 있는 것

어휘

availability 이용할 수 있음 hunter-gatherer 수렵·채집인
ensure 보장하다 belly 배 serve 역할을 하다
ingredient 재료 cooperative 협동의 interchange 교환
adaptability 적응성, 융통성 rivalry 경쟁

16. 정답 ④

 해설

24개월 이전의 어린아이들은 인지적 공감 능력이 없어서 자기 자신의 관점으로 생각하지만 24개월 이후부터는 인지적 공감 능력이 발달하여 다른 사람의 관점에서 생각할 수 있다는 내용이다. 즉, 2~3세의 아이들은 '④ 자기 자신의 관점 외의 관점을 상상하는 능력을 가지고 있음을 알 수 있다.

해석

아동 발달 연구에서 현재 합의된 사항은 2~3세만큼 어린아이들이 자기 자신의 관점 외의 관점을 상상하는 초보적 능력을 가지고 있다는 것이다. 나는 그것을 내 쌍둥이 아이들에게서 보았다. 그들이 18개월 정도 되었을 때, 내 아들이 울고 있으면 (쌍둥이) 누이가 그에게 자신의 장난감 강아지를 주어서 그를 달래려고 애쓰곤 했다. 그러나 그들이 24개월에 이르게 되자, 그가 울면 그녀는 더 이상 그에게 자신의 작은 강아지를 주지 않았고, 그에게 그가 가장 좋아하는 장난감 고양이를 건네주면 그가 훨씬 더 기뻐할 거라는 것을 깨달았다. 이것이 인지적 공감 혹은 관점 취하기에 관한 모든 것이다. 그것은 상상력의 도약을 이루고 다른 사람들은 우리 자신의 것과는 다른 취향, 경험, 세계관을 가지고 있다는 것을 인식하는 것을 포함한다. 인지적 공감이 딱 자아와 타자 간의 구별이 나타나기 시작하는 때인 유년기 초반에 자연스럽게 발달한다는 바로 그 사실은 인간이 공감 능력이 내재된, 선천적으로 사회적인 생물임을 우리에게 말해 준다.

① 혼자서 외부 자극을 탐색하는
② 그들이 말하지 않은 의도를 이해시키는
③ 다른 사람들의 감정과 표정을 흉내 내는
④ 자기 자신의 관점 외의 관점을 상상하는

어휘

consensus 합의 elementary 초보의, 초급의
comfort 위로하다 cognitive 인지의 empathy 공감
perspective 관점 leap 도약 worldview 세계관
distinction 차이 emerge 나타나다
inherently 선천적으로 wired 내재된 유선의
external 외부의 intention 의도 mimic 흉내 내다
immerse 몰두하다

17. 정답 ④

해설

친환경 소비자는 '진보적 소비자 운동가' 유형과 '반 소비자 운동가' 유형으로 구분할 수 있는데, 전자는 친환경적인 제품을 소비하고 그렇지 않은 제품은 불매함으로써 기업의 제조 및 유통 관행을 바꾸는 '질적' 접근법을 택하지만, 후자는 이와 대조적으로 '양적' 접근법을 택한다고 하였다. 즉, '반소비자 운동가'의 주요 목표는 '④ 분별 있게 소비하는 것이 아니라 덜 소비하는 것을 의미'한다고 할 수 있다.

해석

녹색(친환경) 소비자 행동은 환경주의자들과 사회과학자들 간 논쟁의 프리즘으로 기능하게 되었다. 간단한 만큼이나 단순한 한 논쟁은 '진보적 소비자 운동가'와 '반소비자 운동가'를 맞붙게 한다. 전자(진보적 소비자 운동가)에게는 환경 위기의 뿌리가 대중 소비의 속성에 있다. 그들은 변화를 이끌어 내는 소비자의 능력을 강조한다. 환경 위기에 대한 인식이 확산됨에 따라, 그리고 개인 소비자들이 친환경 제품과 서비스를 선택하며 반응함에 따라, 대중 시장의 구매력은 기업이들이 친환경 성향 소비자에 의해 시장에서 회피될까 봐 두려워서 그들의 제품과 제조 및 유통 과정을 '친환경적으로 하도록' 강요하게 될 것이다. 대조적으로, 금욕적 경향의 극렬 친환경론자(반소비자 운동가)에게 위기는 소비의 질보다는 양에서 비롯된 것이다. 그들에게 있어서 주요 목표는 <u>분별 있게 소비하는 것이 아니라 덜 소비하는 것을 의미한다.</u>

① 소비자들이 가능한 한 많이 구매하게 하는 것이다.
② 사회과학자의 기법을 적용하는 것이 될지도 모른다.
③ 친환경적인 제품에 관하여 지식을 공유하는 것이다.
④ 분별 있게 소비하는 것이 아니라 덜 소비하는 것을 의미한다.

어휘

straightforward 간단한
set A against B A를 B와 맞붙게 하다 liberal 진보적인
counter 반대의 mass 대중 opt for ~을 선택하다
distribution 유통 for fear of ~할까 봐 (두려워서)
leaning 성향, 경향 inclined 경향이 있는 primary 주요한
self-image 자아상 discerningly 분별 있게

18. 정답 ④

해설

면접관의 코에 대한 언급을 피하려다가 무의식중에 Rose를 Nose로 발음했다는 예를 통해 프로이트적 실언이 마음속에 간직하고자 했던 생각을 발설하는 것임을 추론할 수 있다.

해석

1901년 저서 『일상생활의 정신 병리학』에서, 지그문트 프로이트는 그가 '프로이트적 실언'이라고 칭한 것에 대해 논했다. 프로이트에 따르면, 프로이트적 실언은 <u>마음속에 간직하고자 했던 생각을 발설하는 실수</u>이다. 여기 한 예가 있다. 한 젊은 여성이 면접을 보러 가서 면접관이 코에 커다란 반창고를 붙이고 있는 것을 즉시 알아챈다. 그녀는 좋은 인상을 남겨야 하기 때문에, 그의 기분을 상하게 하는 것을 두려워하여 그것을 언급하지 않겠다고 마음먹는다. 그때, 그녀는 그의 책상 위 꽃병에 있는 장미 한 송이를 보고 분위기를 풀어보고자 그 장미에 대한 언급을 하기로 한다. 그녀는 그를 보고 말한다. "어머, 멋진 코네요. 어디서 났나요?"

① 사람들이 자주 하는 언어적 실수
② 대중들과 있는 상황에서 경험되는 불안감
③ 의식을 분석하는 심리적 연구
④ 마음속에 간직하고자 했던 생각을 발설하는 실수

어휘

slip 미끄럼, 실수 bandage 붕대 favorable 호의적인
mention 언급하다 for fear of ~을 두려워하여
make a remark 말하다 break the ice 딱딱한 분위기를 깨다
verbal 말의 subconscious 무의식적인 analyze 분석하다
consciousness 의식 keep to oneself 남에게 알리지 않다

19. 정답 ④

19세기 미국의 유명 여성 작가들이 겪었던 신체적 질병과 정신적인 문제들을 나열하고 있는 것을 통해 당대 여성 작가들이 이러한 질병과 문제들을 극복해야 했음을 추론할 수 있다.

해석

19세기 작가인 마가렛 풀러는 대단한 학식으로 존경받았지만, 심한 두통과 눈의 피로를 견뎌내야 했다. 루이자 메이 올컷은 대부분의 19세기 미국 작가들과는 달리, 자신의 가장 유명한 소설인 「작은 아씨들」을 통해 번 돈으로 생계를 꾸려 나갈 수 있었음에도 불구하고, 우울증과 불안감에 시달렸다. 그 시기의 또 다른 유명 여류 작가인 해리엇 비처 스토우도 비슷한 운명을 겪었다. 그녀의 소설 「톰 아저씨의 오두막집」이 세계적인 성공을 거두었음에도 불구하고, 알 수 없는 질병들이 그녀의 삶에서 떠나지 않았다. 호의적이지 않은 환경에서 여성 작가로서 살아남기 위해, 그들은 많은 장애물을 이겨내야 했다. 하지만 무엇보다, 많은 19세기의 유명 여성 작가들은 <u>신체적, 정서적 문제 모두를 극복해야</u> 했던 것 같다.

① 경제적인 어려움을 겪다.
② 성공을 달성하기 위해서 오래 기다리다.
③ 여성에 대한 차별과 맞서 싸우다.
④ 신체적, 정서적 문제 모두를 극복하다.

어휘

learning 학식 endure 참다 eyestrain 눈의 피로
depression 우울증 anxiety 걱정 majority 다수
support 부양하다 female 여성의 fate 운명
haunt 괴롭히다 hostile 적대적인 conquer 극복하다
barrier 장벽 achieve 성취하다 discrimination 차별
overcome 극복하다

20. 정답 ④

알루미늄 포일의 예를 통해 친숙한 물질들도 나노 사이즈가 되면, 평소와는 다른 특징들을 보이는 것을 알 수 있다.

비록 나노 기술이 수년간 존재했지만, 실용적인 응용은 이제야 개발되고 있다. 이러한 응용은 잠재적으로는 의류에서 배터리에 이르기까지 모든 것에 영향을 미치며, 광범위한 상품에 영향을 미칠 것으로 예상된다. 나노 사이즈로 축소되면, <u>친숙한 물질들도 특이한 특징을 나타내기 시작하기</u> 때문에, 나노 기술은 색다른 새로운 물질의 개발로 이어질 수도 있다. 예를 들어, 만약 알루미늄 포일이 약 20~30나노미터의 충분히 작은 크기로 축소되면, 그것은 우리가 알루미늄 포일이 반응하리라 예측한 대로 반응하기를 멈춘다. 사실, 나노 사이즈의 알루미늄 포일 조각은 폭발할 수 있다. 비록 모든 나노 사이즈 물질들이 그렇게 급격하게 특성을 변화시키는 것은 아니지만, 과학자들은 새롭고 유용한 물질들을 만들기 위해, 그렇게 변하는 물질을 가지고 작업하기를 간절히 원한다.

① 더 강한 알루미늄 포일을 만드는 것은 가능하다.
② 아직 어떠한 실용적인 응용은 없었다.
③ 과학자들은 많은 새로운 실험을 하고 있다.
④ 친숙한 물질들도 특이한 특징을 나타내기 시작하다.

어휘

nanotechnology 나노 기술 practical 실용적인
application 적용 have an impact on ~에 영향을 미치다
dramatically 극적으로
be eager to R 간절히 ~하고 싶어 하다
conduct ~을 실행하다 odd 기이한, 기묘한

21. 정답 ①

해설

아이였을 때 사용했던 문제 해결 전략이 '무엇'이었을지는 이어지는 예시를 통해 파악한다. 아이가 장난감을 가져오기 위해 어떤 방법을 시도해 보고, 실패하면 다른 방법을 고안하여 실행해 보는 과정을 반복하며 여러 번의 '① 시행착오'를 통해 문제를 해결했다는 것을 알 수 있다.

해석

어렸을 때 우리가 사용했던 가장 일반적인 문제 해결 전략은 아마 시행착오였을 것이다. 예를 들어 한 어린이가 직면한 문제가 아이의 어머니가 선반에 올려 둔 장난감을 어떻게 회수할 것인지에 관한 것이라고 해 보자. 어린이는 장난감에 닿으려고 팔을 뻗으려 애쓸 수 있다. 그것은 효과가 없다. 다음으로 그 아이는 장난감에 닿기 위해 선반에 올라가려고 노력한다. 그는 떨어진다. 그것은 효과가 없다. 혼자 힘으로 그것을 얻을 수 없을 때, 그는 어머니에게 장난감을 달라고 부탁한다. 그녀는 안 된다고 말한다. 그것은 효과가 없다. 여전히 단념하지 않고 아이는 장난감을 달라고 약간 울어 본다. 어머니는 울음을 무시한다. 그것은 효과가 없다. 마지막으로 그는 비명과 발차기, 눈물로 완성되는 완전한 성질을 부린다. 몹시 짜증이 나서 어머니는 아이를 날래기 위해 장난감을 준다. 빙고. 성질부리기는 효과가 있었다.

① 시행착오
② 복제와 모방
③ 추론과 분석
④ 연상과 시각화

어휘

employ 사용하다 retrieve 회수하다
on one's own 혼자서 undeterred 단념하지 않는
full-blown 모든 특성을 갖춘 tantrum 성질을 부림
exasperate 몹시 화를 내다 appease 달래다

22. 정답 ③

해설

빈칸이 글의 첫 한두 문장에 있는 경우 주제문일 가능성이 크므로 이어지는 글의 구체적인 예시나 상술에서 빈칸에 들어갈 말의 추론 근거를 찾도록 한다. 빈칸이 포함된 문장은 라이브 공연 경험이 '무엇'인지 정의하고 있고, 뒤에 이어지는 예시는 공연장 안에서 극작가와 감독, 배우, 관객이 서로에게 영향을 주고받으며 라이브 공연을 경험한다는 내용이므로, 정답은 '③ (그것과) 관계된 사람들의 공동 경험'이다.

해석

라이브 공연의 경험은 (그것과) 관계된 사람들의 공동 경험이다. 예를 들어, 라이브 공연장의 공연과 세 부류의 주요 관계자들을 보자. 이들은 극작가 또는 감독. 배우, 관객이다. 극작가는 각본이 어떤 생각을 표현하도록 의도하고, 이런 의도는 배우의 연기나 관객의 반응 모두에 의해 영향을 받는다. 배우는 자신의 역할에 가져오는 개인적인 경험들로 극작가의 대사에 여러 의미를 덧붙이고, 다음에는 그들의 연기가 관객의 반응에 영향을 받는다. 관객은 배우를 통해서 뿐만 아니라 극장에 와 있는 신체적인 경험을 통해 극작가의 생각에 반응한다. 어떤 공연 중에든 무언가 놀라운 일이 일어난다. 각각의 관계자들은 자신의 관점에서뿐 아니라 다른 두 관계된 사람들의 관점에서도 공연을 경험하는 것이다.

① 어떤 관객들에게는 종종 도전적인 일
② 가장 창의적인 사람들의 엉뚱한 모임
③ 관계된 사람들의 공동 경험
④ 모두가 기억할 깜짝 파티와 같은 것

어휘

party 관계자 playwright 극작가 director 감독
audience 관객 affect 영향을 끼치다 layer 층
in turn 다음에는 reaction 반응 physical 신체의
perspective 관점 gathering 모임 mutual 공동의
interpret 해석하다 individually 개별적으로

23. 정답 ③

해설

빈칸에는 인간이 공격성을 보이는 이유가 '무엇'인지가 들어가야 한다. 빈칸 뒤에 이어지는 두 가지 예시 모두 인간은 개인 공간을 침해당했을 때(your comfort zone had been violated) 공격성을 보인다는 내용이므로 정답은 '③ 개인 공간 침해와 관련해'이다.

해석

공격성 즉, 어떤 사람이 다른 사람에 대해 보이는 적대적 행동은 어디에서나 볼 수 있다. 실제로, 공격성은 우리가 동물계의 다른 생물 종과 함께 공통적으로 지니고 있는 분명한 특징 중 하나이다. 동물들에 있어서 공격성의 원인이 주로 부족한 식량 자원과 영토 세력권에 관한 것인 반면, 인간은 보통 개인 공간 침해와 관련해 공격적인 행동을 보인다. 어린 남동생과 십 대인 누나를 생각해 보라. 이들은 서로 끊임없이 말다툼하는데, 동생이 이런저런 것에 대한 질문으로 누나를 성가시게 하거나 누나의 어깨너머로 (누나가 하는 일을) 끊임없이 훔쳐보면서 십 대인 누나를 가만 내버려 두지 않을 것이기 때문이다. 또는 어떤 지인이 대화 중 당신에게 너무 바짝 다가온 상황을 떠올려 보자. 그 상황에서 당신은 당신이 안락함을 느끼는 영역을 침해당했다고 느꼈고, 그래서 당신은 몇 걸음 물러나야 했거나 그 사람을 당신에게서 밀쳐냈을지도 모른다.

① 형편없이 대우받는 것에 대해 대응할 때
② 체구가 더 작고 힘이 더 약한 타인에게
③ 개인 공간 침해와 관련해
④ 자신의 가족과 재산을 보호할 필요가 있을 때

어휘

aggression 공격(성)(cf. aggressive 공격적인)
hostility 적대감, 적개심 defining 분명한
have A in common with ~와 A를 공통적으로 지니다
species 종(種) scarce 부족한, 드문, 희귀한
territory 세력권 constantly 끊임없이 sibling 형제자매
leave A alone A를 내버려 두다
look over A's shoulder A의 어깨너머로 보다
recall 기억해 내다 acquaintance 지인 comfort 안락
violate 침해하다 take a step back 한 걸음 물러서다
push A away A를 밀쳐내다
in(with) regard to A A와 관련하여 react to ~에 반응하다
property 재산

24. 정답 ①

해설

빈칸이 있는 문장을 통해 빈칸에 만약 무엇이 신속하고 완전하게 어떻게 되지 않는다면, 그러한 신뢰(사법제도에 대한 국민의 신뢰)가 지속될 수 없는지에 대한 내용이 나와야 적절하다는 것을 알 수 있다. 빈칸 앞에서 사법적 결정을 실행하지 못하는 것이 사법제도의 신뢰성을 위험에 빠뜨릴 수 있다고 하고, 이어서 사법제도에 대한 국민의 신뢰를 유지하는 데 있어서 집행이 특히 중요하다고 했으므로, '사법적 결정이 신속하고 완전하게 집행되지 않는다면' 그러한 신뢰가 지속될 수 없다고 한 ①번이 정답이다.

해석

협약 제6조에 제시된 독립적인 재판소의 개념은 구속력 있는 판결을 채택할 법원의 권한을 내포하는데, 이것은 비사법기관의 어떠한 변경이나 승인, 비준의 지배를 받을 수 없다. 사법적 결정을 실행하지 못하는 것, 즉 장기간에 걸친 비집행은 사법제도의 신뢰성과 안정성을 위험에 빠뜨리고 궁극적으로 우리 민주주의를 보호하기 위해 필요한 핵심 가치를 훼손할 수 있다. 사법제도에 대한 국민의 신뢰를 유지하는 데 있어서 집행은 특히 중요하다. 만약 사법적 결정이 신속하고 완전하게 집행되지 않는다면 그러한 신뢰는 지속될 수 없다. 회원국은 최종적이고 구속력 있는 법원의 판결을 받는 모든 사람이 그것의 집행에 대한 권리를 반드시 갖게 해야 할 의무가 있다. 공공기관은 사법적 결정을 존중하고 '직권에 의해' 신속하게 이행해야 한다. 법원의 결정에 따르기를 거절하는 국가 기관의 바로 그 생각이 법의 우선권 개념을 훼손하는 것이다.

① 사법적 결정이 집행되지 않다.
② 민주적 가치가 붕괴되다.
③ 공공 정책이 이행되지 않다.
④ 입법 절차가 진행되지 않다.

어휘

tribunal 재판소 set out in ~에 제시된 convention 협약
binding 구속력 있는 be subject to ~의 지배를 받을 수 있는
ratification 비준 judicial 사법의 protracted 장기간에 걸친
execution 집행 credibility 신뢰성 stability 안정성
undermine 훼손하다 enforcement 집행 in full 완전하게
ensure 반드시 ~하게 하다 public entity 공공기관
be bound to ~해야 한다 implement 이행하다
ex officio 직권에 의해 primacy 우선권, 최고
disintegrate 붕괴시키다 legislative 입법의
parliamentary procedure 의회 운영 절차

25. 정답 ④

해설

빈칸 뒤에서 간디와 마틴 루터 킹 2세가 대중들의 관심을 촉구하기 위해 감옥에 갔던 예를 들고 있으므로, 빈칸에는 '④ 불의에 대한 대중의 관심을 불러일으키기 위해'라는 내용이 적절하다.

해석

1세기보다 더 이전에, 헨리 데이비드 소로는 멕시코 전쟁에 항의하기 위해 감옥에 갔다. 많은 사람이 소로의 본보기를 따랐고 불의에 대한 대중의 관심을 불러일으키기 위해 공개적으로 법을 어겼다. 일례로, 위법 판결을 받았을 때, 위대한 인도의 지도자 간디는 약간의 벌금을 내는 대신 형을 살면서 단식 투쟁에 들어갔다. 그는 영국으로부터의 인도의 독립이라는 자신의 대의에 관심을 끌기 위해 그렇게 했다. 매우 존경받는 사람들이 그들의 신념으로 인해 투옥될 때, 이는 흔히 사람들로 하여금 그 상황의 정당성에 대해 다시 생각하게 만든다. 마틴 루터 킹 2세가 인종 평등을 주장하려고 감옥에 갔을 때, 그는 많은 미국인이 인종 차별이 잘못된 것임을 깨닫는 데 기여했다. 그의 본보기는 인종 차별을 유지시켰던 법을 폐지하는 데 도움이 되었다.

① 단식 투쟁을 진압하다.
② 인도의 식민지에 저항하다.
③ 정치적인 활동을 위해 돈을 모금하다.
④ 불의에 대한 대중의 관심을 불러일으키다.

어휘

protest 항의하다 convict ~의 유죄를 판결하다
serve 복역하다 sentence 판결, 형벌
hunger strike 단식 투쟁 fine 벌금 cause 주의, 대의
justness 올바름 equality 평등 segregation 분리
abolish 폐지하다 resist ~에 저항하다
colonization 식민지화 raise 올리다, (기금을) 모금하다
maintain 유지하다 security 안전, 안보

26. 정답 ②

해설

베를린 칙령이 영국과의 무역 금지를 골자로 하는 내용이므로 나폴레옹의 전략은 영국의 '경제 체계를 훼손하는 것'이었음을 유추할 수 있다.

해석

경제를 파괴함으로써 영국을 패배시키고자 했던 나폴레옹은 1806년에 베를린 칙령을 공포했다. 이 칙령은 그로 하여금 영국 제도 주변에 침입할 수 없는 장벽을 만들어, 어떤 제품이든 수입과 수출을 모두 금지할 수 있게 하였다. (베를린 칙령의) 초기 영향은 영국 국민에게 큰 어려움을 가하고, 일부 기업들이 붕괴하도록 하면서 손해를 끼쳤다. 그러나 1811년, 베를린 칙령에 의해 시작된 그 전략이 나폴레옹에게 역효과를 가져왔다는 것이 명백해졌다. 몇몇 주요 영국 제품들에 대한 접근이 허용되지 않아, 프랑스의 경제가 실제로 더 고통받고 있었다. 그의 자국민들과 이웃 유럽 국가들로부터의 반란에 직면한 나폴레옹은 결국 그 전략을 포기할 수밖에 없었고, 얼마 후 그의 군대는 전쟁에서 영국에게 패배했다.

① 군사력의 이용함
② 그들의 경제를 파괴함
③ 정치적인 전략을 실시함
④ 대중의 봉기를 고무함

어휘

defeat 패배시키다 decree 법령
impenetrable 꿰뚫을 수 없는 blockade 봉쇄
initial 처음의, 최초의 inflict 주다 hardship 고충
collapse 무너지다 backfire 역효과를 내다 revolt 반란
abandon 버리다, 포기하다 battlefield 전장, 전쟁터
execute 실행하다 absorb 흡수하다

27. 정답 ③

문제 상황에 처했을 때 해결책이 가까이에 있음을 깨닫지 못하고 쓸데없이 문제와 씨름하는 독수리와 호박벌의 예를 들고 있으므로, 빈칸에는 '③ 답이 바로 그들 위에 있다'가 가장 적절하다.

만약 독수리가 천장이 없는 8제곱 피트의 우리 안에 놓이면, 그것은 갇힐 것이다. 독수리는 먼저 10피트가량을 달린 후에만 날기 때문이다. 달릴 공간이 없으면, 그것은 우리 밖으로 날아가는 방법을 모를 것이다. 마찬가지로, 만약 호박벌이 컵 안에 떨어지면, 그것은 결코 밖으로 나갈 수 없을 것이다. 출구가 위쪽에 있다는 것을 알아차리지 못하고 그것은 컵의 측면을 통과하여 나갈 방법을 알아내려고 계속 노력할 것이다. 그것은 죽을 때까지 이 헛된 탈출 시도를 계속할 것이다. 생각해 보면, 어떤 사람들은 꼭 독수리와 호박벌 같다. 그들은 답이 바로 그들 위에 있다는 것을 결코 알아채지 못한 채, 쓸데없이 문제와 씨름하는 데 모든 에너지를 소비한다.

① 그들은 엄청난 노력을 해야 한다.
② 그들은 그들이 생각하는 것만큼 똑똑하지 않다.
③ 답이 바로 그들 위에 있다.
④ 그 문제들의 핵심을 확인하는 것은 불가능하다.

buzzard 독수리 square 평방의 trap 함정에 빠뜨리다
bumblebee 호박벌 persist 고집하다 futile 헛된
struggle 분투하다

28. 정답 ④

빈칸 포함 문장 앞에는 건축가들이 예전에는 소음을 제거하는 데 관심을 기울여 건물을 설계했다는 내용이 나오고, 뒤에는 이제 필요한 소리는 보존하고 불필요한 소음은 줄여 건물을 설계한다는 내용이 나온다. 따라서 이러한 변화의 원인에 해당하는 빈칸 문장은 사람들이 '④ 소리의 부족'에 부정적인 반응을 보였다는 내용이 되어야 한다.

20세기에는 유럽 주요 도시의 건축가들이 소음을 줄이면서도 가능한 한 쾌적하게 생활할 수 있는 방식으로 건물을 설계했다. 그들은 벽체(벽을 이루는 구조 부분)를 비우고 그 공간에 소음을 흡수하는 자재를 채우는 것과 같은 기법을 사용했다. 두꺼운 카펫과 무거운 커튼을 이용하여 바닥과 창을 덮었다. 에어컨과 벽난로는 방음재를 통해 공기를 걸러낼 수 있도록 고안되었다. 그러나 건물을 덜 시끄럽게 만들기 위해 많은 시간과 노력을 들인 후에 사람들이 소리의 부족에도 부정적으로 반응한다는 것이 밝혀졌다. 이제 건축가들은 원치 않는 소음을 줄이면서도 사람들이 필요로 할 것 같은 소리는 보존하는 건물을 설계하고 있다.

① 형편없는 디자인
② 극심한 소음
③ 질 낮은 자재
④ 소리의 부족

architect 건축가 structure 건물 hollow 속이 빈
material 자재 absorb 흡수하다 filter 거르다
soundproofing 방음이 되게 하는 undesirable 원하지 않는
retain 보유하다 excessive 과도한, 지나친
furnishings (가구, 카펫, 커튼 등의) 세간, 비품

29. 정답 ③

빈칸 문장 이전에 해결하지 못한 할 일 목록이 불행의 원천이 된다는 문제를 제기한 후, 빈칸 문장에서 '무엇'을 위해 일상을 계획해야 할지 생각해야 한다고 제안하고 있다. 이어지는 내용에서 우리가 하는 일은 우리 자신에게 달려 있다(what we do is actually up to)고 생각함으로써 업무 일정에 휘둘리기보다 자신의 통제하에 업무 계획을 세우라는 의미를 전달하고 있으므로, 빈칸에 가장 적절한 것은 '③ 시간 계획을 우리의 통제하에 있는 실질적인 도구로 만들기'이다.

우리가 계획을 세우고 하루를 준비하게 도와주는 도구인 할 일 목록은 약속을 기록하는 달력이나 일정 관리표, 또는 많은 전자기기로 작성될 수 있다. 우리가 이러한 '할 일' 목록들을 만들 때 꼼꼼할지라도, 불가피하게 한쪽으로 미뤄 둘 수 없는 다른 일이 생겨서 하루가 저물 때면 다 끝마치지 못한 '할 일' 목록이 남게 되는데, 이것은 엄청난 불안과 불행의 원천이 된다. 이제는 시간 계획을 우리의 통제하에 있는 실질적인 도구로 만들기 위해 일상을 어떻게 계획할지 다시 생각해야 할 때이다. 핵심은 "이 중요한 업무는 오늘 처리해야 해."라고 말하는 것이 아니라, 오히려 "이 중요한 업무를 할 만한 적절한 날을 찾아야겠다."라고 말하는 것이다. 이것은 우리가 하는 일이 사실 우리 자신에게 달려 있으며, 절대로 끝내지 못할 일을 정말로 끝마치려는 데 감정적으로 얽매이지 않는 것을 의미할 것이다.

① 집안일을 할 수 있는 여유 시간을 더 많이 갖기
② 목록을 작성하기에 알맞은 형식의 도구를 선택하기
③ 시간 계획을 우리의 통제하에 있는 실질적인 도구로 만들기
④ 하루가 저물 때까지 '할 일' 목록을 완벽하게 마치기

어휘

a host of 많은 electronic 전자의 device 기구, 장치
thorough 꼼꼼한 inevitably 불가피하게
push A to the (one's) side A를 한쪽으로 미뤄두다
come up 발생하다 tension 긴장
deal with ~을 처리하다(다루다) up to A A에 달려 있는
be committed to A A에 전념(헌신)하다
household 가정의 chore 잡일
be under one's control ~의 통제하에 있다

30. 정답 ②

빈칸 이후 내용을 보면, 전력 발전소 구축에 상당한 에너지가 소비되고 전기 에너지의 송전 과정에서도 에너지 손실이 크다고 했다. 또한, 수요량에 맞춰 생산하지 못하면 막대한 금전적 손실도 발생한다고 했다. 이러한 설명은 모두 전기 에너지의 비효율성을 보여 주므로 빈칸에 가장 적절한 것은 '② 세계에 전력을 공급하는 대단히 비효율적인 방식'이다.

전기 에너지는 다용도로 사용되는 매우 깨끗하고 편리한 형태의 에너지이지만, 그것은 세계에 전력을 공급하는 대단히 비효율적인 방식이다. 발전소가 지어지고 가동되어야 하며 고전압의 송전선이 구축되어야 하는데, 이 모든 것들은 상당한 양의 에너지를 소비한다. 초기의 발전소들에서는 생산한 에너지의 4%를 제외한 모든 에너지를 손실했고, 이것은 1920년대 중반에 약 13%로 올랐으며, 이후 1950년대에 이르러 약 25%로 향상되었다. 하지만 그 이후로는 (효율성에서) 더 이상의 발전이 거의 없었다. 이것은 세계 에너지의 3분의 1이 전기를 생산하는 데 사용되지만, 적어도 그것의 3분의 2는 발전과 송전 과정에서 낭비되고 있다는 것을 의미한다. 게다가, 전기는 저장이 매우 어려워서 보통 수요에 맞춰 생산된다. 수요가 예측과 맞지 않을 경우, 그 결과는 수천 명의 사람에게 영향을 미치고 수백만 달러의 손실을 입힐 수 있는 블랙아웃(대규모 정전 사태)이다.

① 시대에 뒤떨어진 송전 방식
② 세계에 전력을 공급하는 대단히 비효율적인 방식
③ 오늘날 세계 에너지 위기의 주원인
④ 수요와 공급 법칙을 오용한 것

어휘

exceptionally 매우 a wide array(range) of 다양한
generating station 발전소 generation 발생
high-voltage 고전압의 transmission line 송전선
substantial 상당한 blackout 정전 outdated 구식의
leading 주요한 misapplication 오용
commodity 원자재, 상품

31. 정답 ④

해설

빈칸이 있는 문장을 통해 빈칸에 올해 운동 과학이 우리에게 무엇을 가르쳐 주었는지에 대한 내용이 나와야 적절하다는 것을 알 수 있다. 지문 전반에서 걸쳐, 두 가지 숫자에 대해 언급하며, 첫 번째로 42%는 사람들이 건강하지 않으면, 그들의 조기 사망 위험성이 증가하는 정도를 나타낸다고 하고, 두 번째로 2,500달러는 우리가 평상시에 30분을 걷는다면, 매년 심장 질환과 관련된 의료 비용에서 절약할 가능성이 있는 돈의 양이라는 내용이 있으므로, '활동하지 않는 것은 잠재적으로 우리에게 우리의 수명에서 수년의 시간을, 그리고 우리 지갑에서 수천 달러를 대가로 치르게 할 수 있다.'라고 한 ④번이 정답이다.

해석

나에게 두 가지 숫자는 올해 과학이 건강에 대해 우리에게 무엇을 말해 주어야 했는지를 특별히 상징한다. 첫 번째는 42%이고, 7월에 발표된 연구에 따르면, 만약 그들이 건강하지 않으면, 그들의 조기 사망 위험성이 증가하는 정도를 나타낸다. 이 숫자는 과도한 흡연과 관련된 조기 사망의 위험성과 거의 동일하다. 두 번째 수치는 2,500달러이고, 9월에 발표된 아주 실용적인 연구에 따르면, 우리가 각자 평상시에 30분을 걷는다면 매년 심장 질환과 관련된 의료 비용에서 절약할 가능성이 있는 돈이다. 다시 말해서, 올해 운동 과학은 <u>활동하지 않는 것은 잠재적으로 우리에게 우리의 수명에서 수년의 시간을, 그리고 우리 지갑에서 수천 달러를 대가로 치르게 할 수 있다는 것을 우리에게 가르쳐 주었다.</u>

① 근력 운동과 균형 운동은 스포츠 외상을 예방해 줄 수 있다.
② 고혈압은 저혈압보다 우리의 건강에 더 위험하다.
③ 우리가 아무리 많이 의료 비용을 줄이기 위해 노력해도, 우리가 피할 수 없는 특정한 비용들이 있다.
④ 활동하지 않는 것은 잠재적으로 우리에게 우리의 수명에서 수년의 시간을, 그리고 우리 지갑에서 수천 달러를 대가로 치르게 할 수 있다.

어휘

particularly 특별히 emblematic 상징의
represent 나타내다 extent 정도 premature 조기의
out of shape 건강하지 않은, 몸매가 엉망인
associated with ~와 관련된 annually 매년
wonderfully 아주 pragmatic 실용적인
strength training 근력 운동 sports injury 스포츠 외상

32. 정답 ②

해설

빈칸이 있는 문장의 주어 it이 가리키는 것이 working memory이므로 이에 해당하는 특징은 지속적인 기록을 남기지 않는 것이다.

해석

컴퓨터와 마찬가지로, 인간의 정신은 두 가지 기본적인 종류의 기억을 갖고 있다. 현 순간의 정보를 판단하는 작동 기억과 오랜 기간에 걸쳐서 정보를 저장하는 장기 기억이다. 일반적인 생각과 달리, 우리의 뇌는 우리에게 일어나는 모든 일을 기록하지는 않는다. 사람들이 모든 것을 기억할 필요는 없기에 인간의 기억은 특정한 날에 받아들인 정보 대부분을 우리가 잊어버릴 수 있도록 하는 여과 장치로 작용한다. 우리가 인지하는 것의 대부분은 컴퓨터의 램과 유사한 작동 기억에 잠깐 머물렀다가 지워져 버린다. 작동 기억은 우리가 머릿속으로 간단한 암산을 하거나 다이얼을 누를 때까지 전화번호를 기억할 수 있도록 해 준다. 램과 마찬가지로, 작동 기억은 우리가 무언가를 분석하고 발명해 낼 수 있게 하지만, <u>지속적인 기록은 남기지 않는다.</u>

① 전화 다이얼을 돌리다.
② 지속적인 기록은 남기지 않는다.
③ 우리의 컴퓨터에서 작업하다.
④ 모든 것을 자세하게 기록하다.

be equipped with ~을 갖추다 judge 판단하다
long-term 장기적인 extended 넓은
contrary to ~와 대조적으로 filter 여과 장치
given 정해진 perceive 지각하다 briefly 간단히
delete 지우다 perform 수행하다 calculation 계산
retain 보유하다

33. 정답 ④

빈칸의 뒷부분에서 동음이의어를 함께 학습하면 기억하기가 쉬워진다고 말하고 있으므로 인간의 뇌가 서로 연관성이 있는 정보를 더 쉽게 처리한다는 것을 유추할 수 있다.

소리는 같게 들리지만 다른 의미를 지닌 단어들은 동음이의어라 불린다. 예를 들어, two와 too 그리고 too와 같은 몇몇 동음이의어들은 매우 친숙하지만, 다른 것들은 빈번하게 사용됨에도 불구하고 그만큼 잘 알려져 있지 않다. 예를 들어 'team'과 'teem'이 있다. 당신은 아마 team이 무엇인지는 알겠지만, '가득 차다, 꽉 차다'라는 의미의 'teem'이라는 단어는 알고 있는가? 인간의 뇌는 연관된 정보들을 좋아하므로, 쌍이나 여러 개의 동음이의어를 함께 학습하는 것은 그것들을 기억하기가 더 쉽게 한다. 당신은 'teem'이라는 단어가 동음이의어인 'team'보다 더 큰 양을 의미한다는 데에 주목할 수 있을 것이다. 또는 동음이의어의 다른 의미를 부각시키는 문장을 만들 수도 있다. 그 문장을 외우면, 두 단어의 의미는 (자연히) 따라올 것이다.

① 특정한 패턴과 규칙들
② 5가지 감각의 통합
③ 이미지의 적절한 사용
④ 연관된 정보들

homonym 동음이의어 · frequently 빈번하게
teem 충만하다 swarm 꽉 차다 note ~에 주목하다
highlight 돋보이게 하다 memorize 암기하다
integration 통합 stimulus 자극 external 외부의

34. 정답 ④

빈칸 앞에 In this way가 있으므로 빈칸에는 앞의 내용을 요약하는 내용인 '색의 효과는 문화마다 다르다'는 말이 적절하다.

색깔은 사물을 더욱 매력적으로 보이게 할 뿐만 아니라 우리의 행동을 변화시키기도 하기 때문에 중요하다. 전 세계적으로 사람들은 색깔에 강한 정서적 반응을 보이는 것 같다. 그러나 이러한 반응은 문화에 기초한다. 예를 들어, 검은색은 유럽과 미국에서 애도의 색이다. 중국 문화에서는 흰색이 죽음을 상징하지만, 브라질에서는 보라색이 그러하다. 노란색은 프랑스에서 질투의 색인 반면, 북미에서는 녹색이 흔히 질투와 연관된다. 이렇게 색깔의 효과는 문화마다 다르므로, 마케팅 담당자들은 모든 판촉 자료의 디자인을 기획할 때 목표 고객의 태도와 선호도를 고려해야 한다. 그렇지 않으면, 그들은 자신의 생각을 효과적으로 공유할 수 없을 것이며, 소중한 고객을 잃게 될 것이다.

① 색깔의 선호가 보편적이다.
② 색깔은 사람들의 성격을 나타낸다.
③ 서양의 색깔은 동양의 것과 다르다.
④ 색깔의 효과가 문화마다 다르다.

appealing 매력적인 mourning 애도 represent 상징하다
jealousy 질투 whereas ~하는 반면
be associated with ~와 연관되다 marketer 마케팅 담당자
take into account ~을 고려하다 preference 선호
promotional 판촉의 interpret 해석하다

35. 정답 ①

해설

이 글에서 제시된 관료주의의 해로운 영향은 직급이 오를수록 실무는 줄고 행정 업무가 늘어서, 잘 가르치는 교수나 수술을 잘하는 의사가 자신이 잘하는 일을 더 이상 하지 못하고 행정 업무를 하게 된다는 것이므로, 이러한 단점을 정리하면 '① 재능을 딴 데로 돌린다.'가 된다.

해석

일정량의 관료주의, 책임과 조직은 우리가 사는 세상에서 필수적이다. 관료주의의 이점은 재촉을 필요로 하지 않는다. 그러나 숨겨진 비용이 상당히 많다. 과도한 관료주의의 해로운 영향은 그것이 재능을 딴 데로 돌린다는 점이다. 거의 모든 조직에서 급료가 높아지고 지위가 오를수록, 실무는 줄고 행정은 늘어난다. 아마 뛰어난 전달자였을 교장은 더 이상 가르치지 않는다. 뛰어난 외과 의사는 결국 병원 원장으로서 서류 업무를 한다. 훌륭한 교수는 결국 대학의 행정 책임자가 된다. 그들 중 누구도 자신이 가장 즐기는 혹은 잘하는 것을 더 이상 하지 않는다. 그들은 기금 모금자, 인사 사무관, 위원회 의장으로 시간을 보낸다. 그것은 널리 퍼진 경향이다. 어떤 일을 정말로 잘할 수 있다면, 그 일을 멈추고 행정가가 되라는 것 말이다.

① 재능을 딴 데로 돌리다.
② 예산을 낭비한다.
③ 불의를 정당화한다.
④ 부패를 유발한다.

어휘

bureaucracy 관료주의 accountability 책임, 의무
urge 재촉하다 considerable 상당한 over-active 과도한
administration 관리, 행정 head teacher 교장
surgeon 외과 의사 end up -ing 결국 ~하게 되다
paperwork 서류 작업 academic 교수
fundraiser 기금 모금자 personnel officer 인사 사무관
chair 의장 divert 딴 데로 돌리다 provoke 유발하다
reinforce 강화하다

36. 정답 ④

해설

무언가를 가르치는 것을 여행을 권유하는 것에 비유한 글이다. 새로운 여행지가 위험하다고 들었던 적이 있는 곳이라면 가길 꺼리는 것과 같이 새로운 것을 배울 때도 사람들에게 두려움이 있다고 하였으므로, 사람들에게 가르칠 때 그것이 불쾌한 것이 아닌 좋은 것임을 알려줘서 두려움을 낮춰야 한다는 내용이 되어야 한다. 따라서 빈칸에는 '④ 목적지는 우리 모두가 가고 싶어 하는 곳'이 가장 적절하다.

해석

나는 컴퓨터를 사용하지 않는 사람들에게 컴퓨터로 어떻게 일을 더 쉽게 할 수 있는지를 설명하려고 때때로 노력한다. 그들의 태도는 "고맙지만 괜찮아."란 말로 완벽하게 표현될 때가 꽤 자주 있다. 왜 어떤 사람들은 일을 더 잘, 또는 더 쉽게 할 수 있게 하는 것을 배우기를 거부할까? 대부분의 그 이유는 두려움이다. 기술에 대해 잘 알지 못하는 사람들은 컴퓨터가 그들을 대신하거나 컴퓨터가 그들을 무능력하게 보이게 할 것이라고 걱정할지 모른다. 이것이 바로 가르치는 것이 다른 사람에게 여행을 가도록 요구하는 것과 같다고 보아도 좋은 이유다. 위험하거나 유쾌하지 않다고 들은 장소에 가는 초대에 누구도 응하지 않는 것과 마찬가지로, 사람들은 그들이 생각하기에 자신을 더더욱 궁색하게 할 것들을 배우길 꺼린다. 누군가에게 새로운 것을 가르치려고 할 때, 목적지는 우리 모두가 가고 싶어 하는 곳이라는 것을 처음부터 분명히 해야 한다.

① 모든 직업은 컴퓨터에 의해 바뀔 것이라는
② 즐거운 여행은 우리의 삶에 에너지를 줄 수 있다는
③ 그 사람이 일을 더 쉽게 할 수 있게 하겠다고 약속하는
④ 목적지는 우리 모두가 가고 싶어 하는 곳

어휘

resist 꺼리다 replace 대체하다 incompetent 무능한
unpleasant 유쾌하지 않은 reluctant to R ~하기를 꺼리는
worse off 더 나빠지는 destination 목적지
obligation 의무

37. 정답 ③

자신의 심장 박동에 기초하여 만들어진 음악을 들을 경우 더 높은 수준의 휴식을 경험할 수 있으며 스트레스를 줄일 수 있다는 내용이다.

우리 모두는 심장 박동에 의해 생겨나는 신체의 자연적 리듬을 가지고 있다. 일본의 한 전문가인 키요코 요코야마에 따르면, 이 (심장) 박동에 기초한 음악을 듣는 것은 스트레스를 줄일 수 있다고 한다. 요코야마는 이미 사람의 심장 박동을 분석하고, 복잡한 알고리즘을 사용하여 그(심장) 박동의 타이밍, 파동, 변동을 편안한 음악으로 전환할 수 있는 프로그램을 설계했다. 그의 연구에서 그는 자신의 심장 박동에 의해 생성된 음악에 노출된 사람들은 음악을 듣지 않은 사람들보다 더 높은 수준의 휴식을 경험한다는 것을 발견했다. 요코야마는 그의 발견이 스트레스가 심한 환경의 근로자들을 위한 스트레스 및 피로 경감 프로그램의 형성과 같은 실용화로 이어질 수 있기를 희망한다.

① 깊은 휴식을 방해하다.
② 전체 건강을 개선하다.
③ 스트레스를 줄이다.
④ 집중을 깨다.

어휘

heartbeat 심장 박동 convert 전환하다 fluctuation 변동
chill-out 편안한 application 적용 formulation 공식화
fatigue 피로 concentration 집중 maximize 극대화하다

38. 정답 ④

쥐를 이용한 실험을 통해 배고픔은 위가 아니라 뇌에 의해 조절된다는 것을 증명했다는 내용이다.

많은 사람은 위가 비어서 배가 고파진다고 생각한다. 그러나 이것은 사실이 아니다. 사실, 우리에게 언제 배가 고픈지를 알려주는 것은 시상하부라고 불리는 뇌 안의 작은 부분이다. 쥐의 행동 연구에서 과학자들은 쥐가 뇌의 특정 부위에 자극을 받으면 위가 가득 차 있는데도 계속 먹는다는 것을 밝혀냈다. 그들은 나아가 뇌의 다른 부위에 자극을 받으면, 며칠 동안 굶었더라도 쥐가 전혀 먹으려 하지 않는다는 것도 발견했다. 이러한 실험들은 일반적인 생각과 달리 배고픔은 위가 아니라 뇌에 의해 조절된다는 것을 보여 준다.

① 당신은 먹는 것에 의해 결정될 것이다.
② 음식은 인간의 가장 기본적인 필요이다.
③ 빨리 먹는 것은 당신의 건강을 위해 그리 나쁘지 않다.
④ 배고픔은 위가 아니라 뇌에 의해 조절된다.

stomach 위 stimulate 자극하다 further 더 나아가
experiment 실험 indicate 나타내다 balanced 균형 잡힌

39. 정답 ③

지문 처음에서 감정이 혼란에 빠뜨리는 것인지 조직화하는 것인지에 대한 이분법을 언급하고 있고, 이어서 무대 공포증으로 말문이 막히거나 분노로 인해 스스로를 제어할 수 없는 것과 같은 감정이 혼란에 빠뜨리는 것인 사례와 복수, 공격의 계획과 같은 감정이 조직화하는 것인 사례를 언급하고 있으므로 '감정은 둘 다 될 수 있다는 가능성이 존재한다.'라고 한 ③번이 정답이다.

해석
문헌에서 때때로 논의되는 하나의 이분법은 감정이 혼란에 빠뜨리는 것인지 조직화하는 것인지이다. 무대 공포증으로 말문이 막히게 되거나 극심한 분노 단계 동안 그들 스스로를 제어할 수 없는 사람들, 혹은 당황했을 때 친한 친구들의 이름이나 뭐라고 말하려고 했는지 잊어버리는 사람들에 관한 사례들이 제시된다. 반대로, 복수에 대한 조직된 계획, 공격에 대한 조직화된 계획, 그리고 사랑을 위한 구혼에 대한 조직된 계획의 많은 사례가 있다. <u>감정은 둘 다 될 수 있다는 가능성이 존재한다.</u> 만약 개인에게 중요한 것처럼 보이는 일이 일어나면, 방향이나 행동의 완전한 변화가 계속 진행 중인 하나의 활동이 중단되고 다른 것이 시작되는 결과로 생길지도 모른다. 이것은 하나의 관심의 초점에 대한 혼란으로 보일지도 모르지만, 그것은 또 다른 관심의 초점을 만드는 조직화된 노력이 된다.

① 감정을 조직화하는 것은 감정을 혼란에 빠뜨릴 수 없다.
② 강렬한 감정적 경험은 완화될 수 있다.
③ 감정은 둘 다 될 수 있다는 가능성이 존재한다.
④ 과학적인 정확성은 항상 이야기하는 것에 밀린다.

어휘
dichotomy 이분법 literature 문헌
stage fright 무대 공포증
lose control of ~을 제어할 수 없다 intense 극심한
revenge 복수 aggression 공격 courtship 구혼
ongoing 계속 진행 중인 disruption 혼란
mitigate 완화시키다

40. 정답 ④

해설
사람들이 접하는 사물이나 냄새 또는 마시는 커피가 무의식적으로 사람들의 행동이나 판단에 영향을 주지만, 그러한 것들은 사람들의 행동과는 전혀 관련이 없다는 내용의 글이다. 따라서 빈칸에 들어갈 말로 가장 적절한 것은 '④ 관련이 없는'이다.

사회과학자들은 간단하고 명백히 관련이 없는 단서들을 제공함으로써 사람들이 특정한 형태의 행동을 하도록 '대비를 할 수 있다'는 사실을 발견했다. 만일 특정한 사물들이 가시적이고 두드러지게 만들어지면, 사람들의 행동에 영향을 줄 수 있는 것으로 드러나고 있다. 서류가방이나 회의 탁자와 같이 기업 환경적 특징을 지닌 물건들은 사람들의 경쟁심을 부추기고 협동심과 관용을 떨어뜨린다. 냄새도 중요하다. 다목적 세정제의 냄새에 노출시키는 것만으로도 식사 중인 사람들이 그들의 주변을 더 깨끗하게 유지하도록 만든다. 이 두 가지 경우 모두에서, 사람들은 그러한 단서가 그들의 행동에 미치는 효과를 의식적으로 인식하지 못했다. 혹은 다음의 것을 생각해 보자. 낯선 사람에 대한 사람들의 판단은 그들이 아이스커피를 마시고 있는지 아니면 뜨거운 커피를 마시고 있는지에 의해서 영향을 받을 수 있다. 아이스커피가 제공된 사람들은 뜨거운 커피를 제공받은 사람들에 비해 상대방을 좀 더 이기적이고, 덜 사교적이며, 더 차가운 사람으로 평가하기가 쉽다. 이것 역시 아주 무의식적으로 일어난다.

① 익숙한
② 보이지 않는
③ 상징적인
④ 관련이 없는

어휘
apparently 명백하게 cue 단서 salient 두드러진
briefcase 서류 가방 boardroom table 회의 탁자
mere 단순한 exposure 노출 scent 향
aoo-purpose 다용도의 consciously 의식적으로
judgement 판단 selfish 이기적인 sociable 사교적인
unconsciously 무의식적으로

41. 정답 ③

 해설

갈릴레오는 아리스토텔레스 모델을 운용할 수 있게 하는 데에서 발생하는 복잡성과 어려움이 자연의 인과 관계를 연구하는 능력을 제한한다고 진술했지만, 그 이후로 많은 도구를 사용할 수 있게 되어서 복잡성과 어려움을 극복하게 되었다는 내용이므로, 빈칸에 들어갈 말로 가장 적절한 것은 '③ 사용할 수 있는'이다.

해석

다수의 수준에서의 분석은 설명력을 최대로 만든다. 아리스토텔레스 모델을 운용할 수 있게 하는 데에서 발생하는 복잡성과 어려움이 자연의 인과 관계를 연구하는 능력을 제한한다고 갈릴레오가 진술한 것은 맞는 말이지만, 갈릴레오 이래 여러 세기 동안 개발된 많은 도구와 방법들은 과학자들이 다수의 인과 관계를 가진 요소들을 파악하고 그 특성을 묘사할 수 있게 해 주었다. 잘 알려진 몇 개의 사례가 분명히 보여 주듯, 다수의 수준에서의 인과 관계의 자세한 검사는 이제 가능하고도 유익하다. 예를 들어, 분자생물학자, 인구 유전학자, 감염병 전문가, 전염병학자, 헬스 플래너의 도구들은 개입할 표적이 되는 인과 관계상의 관계를 파악할 수 있기 때문에 지구상에서 천연두를 없애는 데 필요했다. 갈릴레오가 틀린 것이 아니었다. 그보다는 이것은 인류 역사상 다수의 수준에서 작동하는 다수의 작동 주체를 이해하는 데 필요한 방법론적인 도구와 개념적인 도구를 <u>사용할 수 있게</u> 된 최초의 시기이다.

① 부족한
② 구식의
③ 사용할 수 있는
④ 분기하는

어휘

analysis 분석 explanatory power 설명력
complexity 복잡함 operationalize 운영하다
causality 인과 관계 illustrate 묘사하다 fruitful 유익한
molecular 분자의 biologist 생물학자
geneticist 유전학자 infectious 감염의
epidemiologist 전염병학자 smallpox 천연두
intervention 개입 methodological 방법론적인
conceptual 개념상의

독해를

함격이

짬으면 보인다

7 빈칸 완성 문제

② 연결어 넣기

빈칸 완성 문제- ② 연결어 넣기

1. 문제 유형

지문의 흐름이 자연스럽게 이어질 수 있도록 빈칸에 적절한 연결어를 넣어서 빈칸을 완성하는 문제 유형이다.

> 빈칸 추론 문제를 풀기 위해서는 다음과 같은 기본적인 영어 실력을 갖추고 있어야 한다.
> ① 개별 문장의 해석 능력(어휘+구문)
> ② 문장과 문장의 논리적인 관계를 파악하는 능력(문장 간 응집성)
> ③ 단락 전체의 흐름을 파악하는 능력(통일성)

2. 전략

전략 1

빈칸 앞뒤에 있는 문장을 읽고 두 문장 사이의 논리적 관계를 추론한다. 이때 빈칸 앞뒤의 문장만 보고 논리적 관계를 파악할 수 없는 경우, 지문 전체를 읽고 지문의 흐름에 따라 두 문장의 논리적 관계를 추론한다.

전략 2

빈칸 앞뒤 문장의 논리적 관계를 나타내는 연결어를 보기에서 고른다.

관계	적용	종류
1. 반대(역접)	앞 문장과 뒤 문장의 내용이 반대되는 경우	But(그러나), Yet(그러나), However(그러나), Still(그러나), Nevertheless(그럼에도 불구하고), Nonetheless(그럼에도 불구하고), In spite of this(그럼에도 불구하고), Even so(하지만), And yet(그렇다 하더라도)
2. 대조	비교 대상이 다른 것을 진술할 때	In contrast(대조적으로), On the other hand(그와는 반대로), On the contrary(그와는 반대로)

3. 인과	앞 문장이 원인이고 뒤 문장이 결과일 때	Therefore(따라서), So(따라서), Thus(따라서), Hence(따라서), Accordingly(따라서), As a result(그 결과로), Consequently(결과적으로), Thereby(by which 그것에 의하여)
4. 예시	앞 문장에 큰 개념이 나오고 뒤 문장에 작은 개념이 예시로 제시될 때	For example(예를 들어), For instance(예를 들어), To illustrate(예를 들면), In some cases(경우에 따라서는)
5. 유사	앞 문장과 뒤 문장이 같은 내용이지만 다른 사례가 제시될 때	Similarly(마찬가지로), Likewise(마찬가지로), In a similar vein(비슷한 맥락에서), In the same way(마찬가지로)
6. 나열	앞 문장과 같은 소재(성질)이지만 뒤 문장에서 다른 내용이 나열될 때	Also(또한), Besides(게다가), In addition(게다가), Moreover(게다가), Furthermore(게다가)
7. 요약	뒤 문장에서 앞의 내용을 요약할 때	In summary(요약하면), In short(요약하면), In sum(요컨대), Overall(대체로), In other words(다시 말해서), That is(즉)
8. 강조	뒤 문장에서 앞의 내용을 강조하는 경우	In fact(사실상), Indeed(사실)
9. 대안	앞의 내용과 반대되거나 다른 말을 도입할 때	Instead(대신에), Rather(오히려, 차라리)
10. 반대가정	앞에 언급된 내용과 반대로 가정할 때	Otherwise(그렇지 않으면)

• 접속부사는 접속사 역할을 하는 부사이므로 문장의 앞부분만 아니라 문장의 중간에도 위치할 수 있다. 접속부사가 문장의 중간에 있는 경우, 빈칸 앞 문장과 빈칸이 있는 문장 간의 관계를 파악하는 것이 중요하다. 반면에 전치사와 접속사와 같은 연결어는 한 문장 안에서 관계를 파악하는 것이 중요하다. 이때, ⊕와 ⊖와 같이 긍정적인 내용과 부정적인 내용을 기호로 표시해서 접근하면 실수를 줄일 수 있다.

1. 다음 글의 빈칸 (A), (B)에 들어갈 말로 가장 적절한 것은?

At most workplaces in the U.S., if the boss catches you napping on the job, you're likely to be in serious trouble. ___(A)___, the management of one company has opted to take a different view of the matter and is actively encouraging its employees to take short naps at work. The decision was based on a variety of scientific research which shows the benefits of napping. One study, for example, concluded that employees who take a one-hour nap function just as well at day's end as they do at the beginning. ___(B)___ experts in the field warn that a lack of proper sleep represents a serious workplace hazard, causing a large number of errors and even injuries on the job.

	(A)	(B)
①	Therefore	Similarly
②	Therefore	Moreover
③	However	Moreover
④	However	Nevertheless

2. 빈칸 (A)에 들어갈 말로 가장 적절한 것은?

Many different sports events take place in the Olympics, and each appeals to a different audience. For example, while track events appeal to some viewers, archery appeals to others. If both events are taking place simultaneously, then it is the job of gatekeepers to decide which event to televise. Gatekeepers estimate whether the demand for track events is greater than the demand for archery. If the demand to see both is equal, then gatekeepers consider broadcasting both events by continually switching between the two. However, if possible, gatekeepers try to avoid this option as it costs twice as much as covering just one event. ___(A)___, the majority of Olympics television coverage is of a single event at a time. Events such as table tennis are given a lot of coverage because they last for hours, and television companies only have to pay a lump sum to cover them. Shorter events such as pole-vaulting are avoided by smaller TV channels because they are relatively more expensive to cover.

① For example
② In fact
③ As a result
④ Nevertheless

3. 다음 글의 (A)와 (B)에 들어갈 말로 가장 적절한 것은?

Some historians emphasize the necessity of constructing formulas in history. They insist that it is possible to ascertain historical laws and draw meaningful lessons from them, much the same as we do with scientific laws such as the laws of Kepler, the laws of wave theory, and so on. A historical law might specify that "whenever x happens, y is certain to follow" so that, ___(A)___, "whenever a nation's resources are insufficient to maintain its population, that nation turns to war" is a historical law. For those who suppose that it is meaningful to talk of such laws, systematic historical investigation would be the way to validate the claim. Can anyone show that history develops according to historical laws? Karl Popper, one of the greatest social and political philosophers of 20th century, doubts it. According to him, the error lies in assuming that history is similar to science, when in fact, it differs greatly: scientific laws apply to closed systems, whereas history, which is composed of the actions of many individuals, is neither closed nor even a system at all. _____(B)_____, since the growth of scientific knowledge affects human behavior and hence history, the use of scientific laws to predict history is only possible if we can also predict the growth of the scientific knowledge. If we could do that, however, we would already know it. As a result, there can be no historical laws.

	(A)	(B)
①	as a result	Moreover
②	for instance	Moreover
③	however	Nonethelessr
④	for instance	Naturally

4. 다음 글의 (A)와 (B)에 들어갈 말로 가장 적절한 것은?

So-called shallow environmentalism still dominates the mainstream. It encourages continuous economic growth and environmental protection through technological ideas, resources management such as replanting forests and recycling, and small changes in lifestyles. _____(A)_____, the Deep Ecology approach aims to achieve a major ecological change of our sociocultural systems, collective actions, and lifestyles. The Deep Ecology approach says that we must rethink our present culture and character, which threatens the earth. Deep Ecology does not separate humans from the natural environment. It sees the world as a network where all living things are connected. It calls for the protection of natural areas and areas of biodiversity in order to protect and sustain the environment and the value of everything in it. The Sustainable Environmental System manages all of nature's problems at all levels. (These, socio-economic problems, concerns, include, usual, as well as, the, physical and scientific, environmental). The environment is complex and has many different dimensions to it. As such, any attempt is to resolve environmental problems must also have many dimensions. _____(B)_____, air pollution is not just a problem of cars, but also of people using cars too much and too often. People drive for many reasons, ranging from commuting to work to grocery shopping. So a solution to this cause of air pollution must also include alternatives to driving. We could also provide economic incentive systems to discourage too much driving, or the location of services and employment could be changed so as to minimize the need to drive long distances. The Sustainable Environmental System is basically about trying to change all of the causes that lead to environmental problems.

	(A)	(B)
①	However	Moreover
②	In contrast	For instance
③	In contrast	That is to say
④	Meanwhile	As a result

5. 밑줄 친 부분에 들어갈 가장 적절한 것을 고르시오.

When the Inuit first explored the Arctic in their kayaks, they faced freezing temperatures, angry polar bears and the risk of being crushed between shifting ice flows. _____, kayaking in Asia is a much more pleasant affair. The highly mobile craft—now made of fiberglass and plastic rather than the traditional sealskin-is a handy vehicle for exploring Asia's tiny islands and hidden beaches, and a growing number of adventure travel companies are offering trips that don't require exceptional courage.

① By comparison
② In addition
③ In particular
④ At first glance

6. (A), (B)에 들어갈 가장 적절한 것은?

The temperature and ventilation in workplaces can lead to more issues than one might imagine. Feeling too cold in the winter not only increases vulnerability to illness but can be a major distraction that makes it difficult for employees to get anything done. __(A)__, being too hot in the summer can make workers drowsy and uncomfortable, leading to lower motivation and reduced productivity. While most offices do use air conditioning, this can be problematic, too. If air is continually recycled, viruses are able to spread throughout the office more efficiently. __(B)__, it's best to constantly keep temperatures between 19 and 21 degrees at all times and have windows that open to let in fresh air.

	(A)	(B)
①	Furthermore	Be that as it may
②	Likewise	For these reasons
③	Conversely	In spite of this
④	Specifically	By the same token

7. 다음 글의 빈칸에 들어갈 가장 적절한 것은?

I grew up in a very small town in the countryside. Looking back, I don't think there was a single foreigner in my town. The only time I saw people who looked different from me was when I went to the big city, but my family rarely made that four-hour drive. At the time, I had little interest in foreign languages, cuisine, or cultures. Then I graduated from high school and went to college in a big, diverse city. There, I had roommates from India and classmates from a variety of cultures. For most of my life, I hadn't realized what I had been missing out on. _____, the differences between us are what make the world an interesting place.

① Lastly
② In contrast
③ After all
④ Furthermore

8. 다음 글의 (A), (B)에 들어갈 가장 적절한 것은?

It is said that "knowledge is power", and our society indeed places great importance on gathering knowledge. School curricula have long been based on the acquisition of facts and complex theories, and these days, all the information we could ever want is right at our fingertips thanks to the Internet. ___(A)___, knowledge by itself does not help us, no matter how much knowledge we have, unless it is complemented by relevant experience. For example, one can spend years reading books and articles about how to run a business successfully. But without actually trying to run one — and inevitably making mistakes and learning from them throughout the process — that knowledge will be of little practical use. To consider this from another angle, a writer can look at photos of coral reefs and try to describe their beauty in words, yet they will never truly "feel" what they are writing about unless they have actually dived into the ocean and seen them with their own eyes. ___(B)___, it is only when we take the ideas we have heard, read, or learned about and combine them with real-world experience that we gain valuable knowledge that benefits us.

	(A)	(B)
①	However	In other words
②	In contrast	Despite this
③	For instance	Accordingly
④	Otherwise	Nevertheless

9. 다음 글의 (A), (B)에 들어갈 말로 가장 적절한 것을 고르시오.

> Exercise can be simply defined as "bodily exertion", or an activity in which one has an elevated heart rate. ___(A)___, playing a team sport like basketball or soccer, which involves running around and constantly moving, is a valid form of exercise. Additionally, lifting weights makes use of muscles that otherwise are not put through much daily stress. ___(B)___, activities such as short walks and lifting household objects do not really qualify as exercise, because they are easy to do and involve relatively little exertion, sweating, or heavy breathing.

	(A)	(B)
①	However	On the other hand
②	Instead	Similarly
③	However	In general
④	Therefore	On the other hand

10. 다음 글의 (A), (B)에 들어갈 말로 가장 적절한 것끼리 짝지은 것은?

> Though the world has changed a lot in the last few decades, the teaching system has remained relatively the same. Students go to school, listen to lectures, complete homework, and cram for tests. (A) _____, a growing belief among educators is that this system only teaches students to memorize information. To gain and retain knowledge, students must be able to master the subjects they are studying. This would involve actively engaging with the material and demonstrating that they do not merely know the information, but can also use it. One proposed method is to assign video lectures as a prerequisite that students must view at home, and at their own pace. Class time could be used for discussions that encourage students to apply what they have learned. (B) _____, they would be able to develop a deeper comprehension of the information, and ultimately, master it.

	(A)	(B)
①	Otherwise	Instead
②	After all	Nevertheless
③	Yet	Consequently
④	As a result	However

11. 다음 빈칸에 들어갈 말로 적절한 것은?

Collateral damage refers to the harm and destruction inflicted on civilians during the course of a military operation. This same term, however, also applies when the undertaking involves training as its objective. Although there are usually no human casualties, environmental damage does occur. For instance, hundreds of thousands of bullet shells are left behind after a shooting exercise. These shells become rusty, producing toxic by-products that enter the soil and groundwater. _____, the US Department of Defense has funded the manufacture of biodegradable casings that not only prevent environmental damage, but also restore the areas where training was held. These unusual shells contain specialized plant seeds, and as the casings break down, the seeds take root and grow.

① Particularly
② Accordingly
③ Regardless
④ By all means

12. 밑줄 친 부분에 들어갈 가장 적절한 것은?

Coal mining is a long-established industry that served as the driving force behind the Industrial Revolution. Today coal remains a popular source of energy, fueling 30 percent of the world's energy consumption. Yet, coal mining is criticized because of its negative impact on the environment. Critics say that the process of taking coal from the ground damages plant and animal habitats. They also claim that it alters natural landscapes and lowers the quality of the soil. _____, coal mining can destroy entire ecosystems. Now that ecological issues have become important to the public, mining companies have begun devoting resources to rehabilitating the environment.

① Meanwhile
② Interestingly
③ Nevertheless
④ Moreover

13. 다음 글의 (A), (B)에 들어갈 표현으로 가장 적절한 것은?

In the management arena, managers with an idealist style are known to be energetic achievers with a less structured approach to attaining goals. In fact, it is this anything-goes outlook that removes barriers and opens the way to achievement. The idealist is known to be free of rules and restraints, and when workers see that their boss welcomes opinions, they feel confident about speaking up and contributing ideas whenever they want. Work in an environment with an idealist at the helm,   (A) , does not proceed in a controlled manner. Indeed, the ideas that come with brainstorming hardly materialize according to a set schedule. Those with a steward style,   (B) , provide employees with stability and order. They appreciate rules, procedures and careful consultation among the members of a team, thus ensuring that every member is nurtured and ready for a supervised discussion.

	(A)	(B)
①	furthermore	for this reason
②	accordingly	on the other hand
③	nevertheless	in like manner
④	consequently	in other words

14. 다음 글의 (A), (B)에 들어갈 말로 가장 적절한 것은?

Does terrorism ever work? 9/11 was an enormous tactical success for Al Qaeda, partly because it involved attacks that took place in the media capital of the world and the actual capital of the United States,   (A)   ensuring the widest possible coverage of the event. If terrorism is a form of theater where you want a lot of people watching, no event in human history was likely ever seen by a larger global audience than the 9/11 attacks. At the time, there was much discussion about how 9/11 was like the attack on Pearl Harbor. They were indeed similar since they were both surprise attacks that drew America into significant wars. But they were also similar in another sense. Pearl Harbor was a great tactical success for Imperial Japan, but it led to a great strategic failure. Within four years of Pearl Harbor the Japanese empire lay in ruins, utterly defeated.   (B) , 9/11 was a great tactical success for Al Qaeda, but it also turned out to be a great strategic failure for Osama bin Laden.

	(A)	(B)
①	thereby	Similarly
②	while	Therefore
③	while	Fortunately
④	thereby	On the contrary

15. 다음 글의 (A), (B)에 들어갈 말로 가장 적절한 것은?

The most obvious salient feature of moral agents is a capacity for rational thought. This is an uncontested necessary condition for any form of moral agency, since we all accept that people who are incapable of reasoned thought cannot be held morally responsible for their actions. (A) , if we move beyond this uncontroversial salient feature of moral agents, then the most salient feature of actual flesh-and-blood (as opposed to ridiculously idealized) individual moral agents is surely the fact that every moral agent brings multiple perspectives to bear on every moral problem situation. (B) , there is no one-size-fits- all answer to the question "What are the basic ways in which moral agents wish to affect others?, Rather, moral agents wish to affect 'others' in different ways depending upon who these 'others' are.

	(A)	(B)
①	However	That is
②	Furthermore	Otherwise
③	To put it briefly	After all
④	In particular	Even so

16. 밑줄 친 (A), (B)에 들어갈 말로 가장 적절한 것을 고르시오.

Today the technology to create the visual component of virtual-reality (VR) experiences is well on its way to becoming widely accessible and affordable. But to work powerfully, virtual reality needs to be about more than visuals. (A) what you are hearing convincingly matches the visuals, the virtual experience breaks apart. Take a basketball game. If the players, the coaches, the announcers, and the crowd all sound like they're sitting midcourt, you may as well watch the game on television — you'll get just as much of a sense that you are "there." (B) , today's audio equipment and our widely used recording and reproduction formats are simply inadequate to the task of re-creating convincingly the sound of a battlefield on a distant planet, a basketball game at courtside, or a symphony as heard from the first row of a great concert hall.

	(A)	(B)
①	If	By contrast
②	Unless	Consequently
③	If	Similarly
④	Unless	Unfortunately

17. 다음 글의 빈칸 (A), (B)에 들어갈 말로 가장 적절한 것은?

The chairperson should seek to have a progressive discussion that leads towards a consensus view. As the discussion develops, the chairperson should be searching to find the direction in which the weight of members views is pointing. If, ___(A)___ , there are five members and the chair senses that two want to follow course A and a third follow course B, the focus should quickly be turned towards the remaining two members. The chair turns to member 4. If he or she wants course A, the chairperson simply has the job of getting first the other neutral (member 5) and then the dissenting member 3 to assent to the fact that course A is the majority view. If, ___(B)___ , member 4 wants course B, then member 5's view is the critical one, which the chairperson must now bring in. And so, very quickly, you can sense where the balance of opinion is pointing, and lead the meeting towards unanimous assent.

*consensus: 의견 일치
**unanimous: 만장일치의

	(A)	(B)
①	whereas	likewise
②	for example	therefore
③	whereas	for instance
④	for example	on the other hand

18. 다음 빈칸(A), (B)에 들어갈 말로 가장 적절한 것은?

The motivating concepts that guide disaster management — the reduction of harm to life, property, and the environment — are largely the same throughout the world. ___(A)___ , the capacity to carry out this mission is by no means uniform. Whether due to political, cultural, economic, or other reasons, the unfortunate reality is that some countries and some regions are more capable than others at addressing the problem. But no nation, regardless of its wealth or influence, is advanced enough to be fully immune from disaster's negative effects. ___(B)___ , the emergence of a global economy makes it more and more difficult to contain the consequences of any disaster within one country's borders.

	(A)	(B)
①	However	Furthermore
②	Otherwise	Furthermore
③	However	In contrast
④	Otherwise	In contrast

19. 다음 글의 빈칸 (A), (B)에 들어갈 말로 가장 적절한 것은?

Many people find it difficult to relate to someone who has a physical disability, often because they have not had any personal interaction with anyone with a disability. ___(A)___, they might be unsure what to expect from a person who has a mobility impairment and uses a wheelchair because they have never spent any time with wheelchair users. This lack of understanding can create additional challenges for people with disabilities. If society responded more adequately to people who have impairments, they would not experience nearly as many challenges and limitations. Consider office workers who happen to use wheelchairs. Provided that there is only one level or there are ramps or elevators between levels, they may need no assistance whatsoever in the workplace. ___(B)___, in an adapted work environment, they do not have a disability.

	(A)	(B)
①	However	Thus
②	In contrast	Similarly
③	Furthermore	In addition
④	For example	In other words

20. 다음 글의 빈칸 (A), (B)에 들어갈 말로 가장 적절한 것은?

Before the creation of money, people used to exchange something they had for something they needed. This system of exchange is called bartering. People traded things like animal furs, shells, beads for necklaces, and cloth. Later, people realized that some items were easier to trade than others, and those items became more common in bartering. ___(A)___, people could trade gold for almost any other item because most people knew that it was valuable and that they could easily trade it again if they needed to. After some time, certain goods became the standard goods of exchange, and everyone began to trade with the same items. Eventually, the standard goods became money — one common unit of trade most people accepted and used in business and for their daily lives. ___(B)___, some people still use the barter system today, especially in developing countries, where people exchange different kinds of food in order to survive.

	(A)	(B)
①	Furthermore	For instance
②	In other words	Besides
③	In contrast	However
④	For example	Nevertheless

1. 정답 ③

해설

(A) 뒤의 문장은 앞 문장에서 언급된 내용과 상반되는 '낮잠을 장려하는 회사'에 대해 언급하고 있으므로 However가 적절하다. (B)의 앞에서는 연구를 통해 입증된 적절한 낮잠의 장점에 대해 언급하고 있고, 뒤에서는 추가로 수면 부족의 악영향에 대해 언급하고 있으므로 Moreover가 적절하다.

해석

미국의 직장 대부분에서 상사가 당신이 업무 중에 졸고 있는 것을 본다면, 당신은 매우 곤란하게 될지도 모른다. 그러나, 어느 회사의 경영진은 그 문제를 다른 시각으로 바라보기로 했고, 직원들이 업무 중에 잠시 낮잠을 자도록 적극적으로 장려하고 있다. 이러한 결정은 낮잠이 주는 이점들을 보여 주는 여러 과학적 연구에 근거를 두었다. 예를 들어 한 연구에서는 한 시간의 낮잠을 자는 직원들이 일과가 끝날 때도 시작할 때 그런 것만큼 업무를 잘 수행한다는 결론이 나왔다. 게다가 이 분야의 전문가들은 적절한 수면의 부족은 심각한 직장 내 위험 요소를 의미하여, 근무 중에 많은 실수와 심지어 부상까지도 초래한다고 경고한다.

어휘

nap 잠깐 졸다   opt 선택하다   benefit 이익
function 기능을 다 하다   proper 적절한
hazard 위험(요소)

2. 정답 ③

해설

이글은 올림픽 경기방송 시 게이트키퍼의 역할에 대해 설명하고 있다. 빈칸 앞의 내용이 한 번에 두 경기를 방송하면 비용이 두 배로 든다는 내용이고, 빈칸 뒤의 내용이 올림픽 중계 대부분이 한 번에 한 경기를 중계한다는 내용이므로, (A)에는 결과를 나타내는 연결 어구인 As a result가 적절하다.

해석

많은 다양한 스포츠가 올림픽에서 열리고, 각각의 스포츠는 여러 청중에게 흥미를 준다. 예를 들어, 트랙 종목은 일부의 시청자들에게 흥미를 주지만, 양궁은 다른 시청자들에게 흥미를 준다. 만약 두 경기가 동시에 있으면, 그러면 어떤 종목을 방송할지는 방송국의 역할이다. 방송국은 양궁의 수요보다 트랙 종목의 수요가 클지 결정한다. 만약 수요가 같다면, 방송국은 두 경기를 돌아가면서 지속해서 방송할 것을 고려한다. 그러나 가능하면 방송국은 이 선택은 하나의 종목을 방송하는 것보다 두 배의 비용이 들 것이므로 피하려고 노력할 것이다. 결과적으로, 대부분의 올림픽 TV 방송은 한 번에 한 가지 종목을 방송한다. 탁구와 같은 종목은 수 시간 동안 지속되기 때문에 상당히 많은 방송이 되고 TV 회사들은 그 종목들을 방송하기 위해 일시불로 결제하면 된다. 장대 높이 뛰기와 같은 짧은 종목은 규모가 작은 TV 채널들은 그것들을 방송하는 데 비용이 상대적으로 더 비싸므로 이러한 종목을 피한다.

① 예를 들어
② 사실상
③ 결과적으로
④ 그럼에도 불구하고

어휘

take place 개최되다, 열리다   appeal to ~의 관심을 끌다
audience 시청자   viewer 시청자   archery 양궁
simultaneously 동시에   gatekeeper 문지기, 게이트키퍼
televise 텔레비전으로 방송하다   estimate 어림하다
demand 수요   track event 트랙 경기   equal 동등한
broadcast 방송하다   continually 계속   switch 바꾸다
avoid 피하다

3. 정답 ②

 해설

두 개의 지문이 각각 역사를 법칙화할 수 있는지에 대해서 상반된 입장을 취하고 있다. 위 단락에서는 역사도 과학처럼 법칙화가 가능하다는 입장으로, 역사가 법칙화 될 수 있는 예를 제시하고 있다. 아래 단락에서는 역사는 폐쇄된 조직이 아닌 인간을 대상으로 하는 것이기 때문에 법칙화가 불가능하다고 보고, 역사를 법칙화하는 데 과학적 지식을 이용하기 위해서는 과학적 지식의 성장도 예측 가능해야 한다는 모순을 그 근거로 제시하고 있다.

(A)의 빈칸 뒤의 내용은 빈칸 앞에 제시된 역사 법칙의 예에 해당되므로, (A)에는 예시를 위한 연결 어구인 For instance가 적절하다. (B)의 빈칸 뒤의 내용은 역사에는 법칙이 있을 수 없다는 빈칸 앞의 주장을 뒷받침하기 위한 또 하나의 추가 설명이므로, (B)에 는 '더욱이, 게다가'라는 뜻의 접속부사인 Moreover가 와야 문맥상 자연스럽다.

 해석

일부 역사가들은 역사에 있어 공식을 세울 필요성을 강조한다. 그들은 우리가 케플러의 법칙, 파동 이론의 법칙 등과 같은 과학적 법칙에 대해 하는 것과 마찬가지로, 역사적 법칙들을 알아내어 그것들로부터 의미 있는 교훈을 도출해 내는 게 가능하다고 주장한다. 한 역사적 법칙은 "x가 일어날 때마다 y가 반드시 뒤따른다."라고 명시할 수도 있으므로, 예를 들어 "한 나라의 자원이 그 나라 인구를 유지하는 데 부족할 때마다 그 나라는 전쟁을 일으킨다."라는 것이 하나의 역사적 법칙이 된다. 그와 같은 법칙에 대해 논하는 것이 의미 있는 일이라고 생각하는 사람들에게는 체계적인 역사 연구가 그 주장의 정당성을 입증하는 방법일 것이다. 역사가 역사적 법칙에 따라 발전해 나간다는 것을 누군가 입증해 보일 수 있을까? 20세기 최고의 사회 정치 철학자 중 한 명인 칼 포퍼는 이를 의심한다. 그에 따르면. 역사가 과학과 유사하다고 가정하는 것에 오류가 있는데, 사실 역사는 (과학과) 많이 다른 것이 과학적 법칙은 폐쇄된 조직에 적용되는 반면, 수많은 개인의 행동들로 구성된 역사는 폐쇄적이지도 않을뿐더러 조직도 전혀 아니기 때문이다. 더욱이 과학적 지식의 성장이 인간의 행동과 그리하여 역사에 영향을 미치기 때문에, 역사를 예측하기 위한 과학 법칙의 이용은 우리가 과학적 지식의 성장도 예측할 수 있는 경우에만 가능한 것이다. 그러나 만약 우리가 그렇게 할 수 있다면 우리는 이미 그것(역사)을 알고 있는 것이 된다. 결과적으로, 어떠한 역사적 법칙도 존재할 수가 없는 것이다.

 어휘

emphasize 강조하다   construct 세우다   formula 공식
insist 주장하다   ascertain 확인하다   draw 그리다
specify 명시하다   resource 자원   insufficient 불충분한
maintain 유지하다   population 인구
turn to ~에 의지하다   suppose 가정하다
systematic 체계적인   investigation 조사
validate 정당성을 입증하다   claim 주장
lie in ~에 (놓여)있다   assume 추정   apply 적용되다
whereas ~에 반해서   be composed of ~으로 구성되다
hence 따라서, 그러므로

4. 정답 ②

 해설

위의 단락은 심층 생태학에 대해 설명하고 있고, 아래 단락은
지속 가능한 환경제도의 개념을 소개하고 있다. (A)에서, 빈
칸의 앞부분에서는 얄팍한 생태학에 대해 이야기하고 있고,
빈칸의 뒷부분에서는 그와는 반대 개념인 심층 생태학에 대
해 이야기하고 있으므로, 빈칸에는 대조를 표현하는 연결어
인 In contrast가 적절하다. 글 (B)의 빈칸 뒤에는 환경 문제
해결을 위한 다양한 예가 나오므로 For instance가 적절하다.

 해석

소위 얄팍한 환경 보호주의가 아직도 대세를 좌우하고 있다.
그것은 끊임없는 경제 성장과 과학기술적 사고, 삼림 이식과
재활용 같은 자원 관리, 생활양식의 작은 변화를 통한 환경
보호를 장려한다. 이와는 반대로, 심층 생태학적 접근은 사회
문화적 구조, 집단적 행동 및 생활양식의 주요한 생태학적 변
화를 달성하는 것을 목표로 삼고 있다. 심층 생태학적 접근에
서는 우리가 지구를 위협하는 현재의 문화와 성격을 재고해
야 한다고 한다. 심층 생태학은 인간을 자연환경과 분리하지
않는다. 그것은 세상을 모든 생물이 연결되어 있는 그물망으
로 본다. 그것은 환경과 그 안에 있는 모든 것의 가치를 보호
하고 유지하기 위해 자연 지역과 다양한 생물이 있는 지역의
보호를 요구한다.
지속 가능한 환경제도는 모든 자연 문제를 모든 차원에서 관
리한다. 이것은 보통의 물리, 과학적인 환경 문제뿐만 아니
라 사회 경제적인 문제들도 포함한다. 환경은 복잡하고 다양
한 상(相)을 가진다. 그런 만큼, 환경 문제를 해결하려는 어떠
한 시도도 다양한 상을 가져야 한다. 예를 들어, 대기 오염은
자동차 문제일 뿐만 아니라 자동차를 너무 많이 그리고 너무
자주 사용하는 사람들에 대한 문제이기도 하다. 사람들은 직
장 출퇴근에서 식료품 구매에 이르는 여러 가지 이유로 운전
을 한다. 따라서 대기 오염의 이러한 원인에 대한 해결책은 운
전에 대한 대안도 포함하고 있어야만 한다. 우리는 또한 너무
많은 운전을 억제하기 위해 경제적 보상 제도를 제공할 수 있
고, 또는 장거리 운전의 필요를 최소화하기 위해 서비스와 직
장의 위치를 변화시킬 수 있다. 지속 가능한 환경제도는 기본
적으로 환경 문제로 이어지는 모든 원인을 변화시키려고 노
력하는 것에 관한 것이다.

① 그러나 – 게다가
③ 이와는 반대로 – 다시 말해서
④ 다른 한편으로는 – 결과적으로

 어휘

so-called 소위 shallow 얄은
environmentalism 환경보호주의 dominate 지배하다
mainstream 주류 continuous 계속적인 protection 보호
resource 자원 replant 이식하다 ecology 생태학
ecological 생태학적인 approach 접근(법)
threaten 위협하다 separate 분리하다
call for ~을 요구하다 biodiversity 생물의 다양성
sustain 떠받치다 sustainable 지속할 수 있는
complex 복잡한 dimension 규모 attempt 시도(하다)
resolve 해결하다
range from A to B 범위가 A에서 B에 이르다
commute 통근하다 alternative 대안의
discourage 낙담시키다 location 위치
employment 고용 minimize 최소화하다
basically 근본적으로 lead to ~에 이르게 하다

5. 정답 ①

빈칸 앞 문장은 이누이트족이 카약을 타고 북극을 최초로 탐험했을 때 여러 가지 위험에 직면했다는 내용이고, 빈칸 뒤 문장은 아시아에서 카약을 타는 것은 훨씬 더 즐거운 일이라는 대조적인 내용이다. 따라서 대조를 나타내는 연결어인 ① By comparison(이에 비해)이 정답이다.

이누이트족이 그들의 카약을 타고 북극을 최초로 탐험했을 때, 그들은 혹한의 기온, 화난 북극곰들 그리고 이동하는 얼음들 사이에서 으스러질 위험에 직면했다. 이에 비해, 아시아에서 카약을 타는 것은 훨씬 더 즐거운 일이다. 현재는 전통적인 물개 가죽 대신에 유리 섬유와 플라스틱으로 만들어지는, 이동성이 매우 높은 그 배는 아시아의 작은 섬과 숨겨진 해변을 탐험하기에 편리한 탈것이며, 점점 더 많은 모험 여행 회사들이 특출한 담력을 필요로 하지 않는 여행을 제공하고 있다.

① 이에 비해
② 게다가
③ 특히
④ 처음에는

어휘

Arctic 북극 freezing 혹한의 polar bear 북극곰
crush 으스러뜨리다 pleasant 즐거운 mobile 이동성의
craft 배, 보트 fiberglass 유리 섬유 sealskin 물개 가죽
exceptional 특출한, 예외적인 at first glance 처음에는

6. 정답 ②

(A) 빈칸 앞 문장은 직장이 너무 추워서 생기는 문제에 대한 내용이고, (A) 빈칸 뒤 문장은 너무 더워서 생기는 문제에 대한 유사한 내용이다. 따라서, 유사한 내용이 이어진다는 것을 암시하는 연결어인 Likekewise(마찬가지로)를 넣어야 한다.
(B) 빈칸 앞 문장은 공기가 계속해서 재순환되면, 바이러스가 사무실 내에 더욱 효율적으로 퍼질 수 있다는 내용이고, (B) 빈칸 뒤 문장은 적절한 온도를 유지하고 신선한 공기가 들어오도록 열리는 창문을 갖추는 것이 가장 좋다는 결론적인 내용이다. 따라서 결론을 나타내는 연결어인 For these reasons(이러한 이유들로)를 넣어야 한다. 따라서 ②번이 정답이다.

직장에서의 온도와 환기 상태는 사람들이 상상할 수 있는 것보다 더 많은 문제로 이어질 수 있다. 겨울에 너무 춥다고 느끼는 것은 질병에 대한 취약성을 증가시킬 뿐만 아니라 직원들이 일을 처리하는 것을 어렵게 만드는 주요 방해 요소가 될 수도 있다. 마찬가지로, 여름에 너무 더운 것은 근로자들을 졸리고 불편하게 만드는 데, 이는 낮은 열의와 감소된 생산성으로 이어진다. 대부분의 사무실에서 에어컨을 쓰긴 하지만, 이것 또한 문제가 될 수 있다. 만약 공기가 계속해서 재순환되면, 바이러스가 사무실 내에 더욱 효율적으로 퍼질 수 있다. 이러한 이유들로, 계속 온도를 19도에서 21도 사이로 항상 유지하고 신선한 공기가 들어오도록 열리는 창문을 갖추는 것이 가장 좋다.

어휘

ventilation 환기 상태, 통풍 vulnerability 취약성
drowsy 졸리는 motivation 자극
problematic 문제가 되는 efficiently 효율적으로
constantly 항상 at all times 언제나
be that as it may 그렇기는 하지만

7. 정답 ③

 해설

빈칸 앞 문장은 필자가 외국에 관심이 없었던 과거에는 자신이 무엇을 놓치고 있었는지 깨닫지 못했었다는 내용이고, 빈칸 뒤 문장은 다양한 문화권에서 온 사람들 사이의 차이가 세상을 흥미로운 곳으로 만들어 준다는 양보적인 내용이다. 따라서 양보를 나타내는 연결어인 ③ After all(어찌 되었든)이 정답이다.

해석

나는 시골에 있는 아주 작은 마을에서 자랐다. 되돌아보니, 우리 마을엔 외국인이 단 한 명도 없었던 것 같다. 내가 나와 다르게 생긴 사람들을 본 것은 큰 도시에 갔을 때뿐이었지만, 우리 가족은 좀처럼 그 4시간의 자동차 여행을 하지 않았다. 그 시기에, 나는 외국이나 외국 요리, 또는 외국 문화에 거의 관심이 없었다. 그러고 나서 나는 고등학교를 졸업했고, 크고 다채로운 도시에 있는 대학에 진학했다. 그곳에서, 나는 인도에서 온 룸메이트들과 다양한 문화권에서 온 반 친구들을 만났다. 나는 내 삶의 대부분 동안 내가 무엇을 놓치고 있었는지 깨닫지 못했었다. 어찌 되었든, 우리 사이의 차이들이 세상을 흥미로운 곳으로 만들어 주는 것이다.

어휘

grow up 자라다 rarely 좀처럼 ~않다 cuisine 요리
diverse 다채로운 a variety of 다양한

8. 정답 ①

 해설

(A) 빈칸 앞 문장은 학교 교과 과정이 오랫동안 정보와 이론의 습득을 기반으로 해 왔고, 오늘날에는 인터넷 덕분에 모든 정보가 즉시 이용 가능하다는 내용이고, (A) 빈칸 뒤 문장은 지식이 아무리 많다 해도 그것과 관련된 실제 경험으로 보완되지 않는 한 도움이 되지 않는다는 대조적인 내용이다. 따라서, 대조를 나타내는 연결어인 However(하지만)를 넣어야 한다. (B) 빈칸 앞 문장은 작가가 산호초의 사진을 보고 그것의 아름다움을 묘사할 수는 있지만 실제로 산호초를 보지 않는 한 자신이 쓰고 있는 것에 대해 정말로 느끼지는 못한다는 내용이고, (B) 빈칸 뒤 문장은 우리가 지식을 받아들이고 현실 세계의 경험과 결합시키는 때에만 가치 있는 지식을 얻는다는 앞서 설명한 것을 요약하는 내용이다. 따라서 요약을 나타내는 연결어인 In other words(다시 말하면)를 넣어야 한다. 따라서 ①번이 정답이다.

해석

'아는 것이 힘'이라고 하고, 우리 사회는 실제로 지식을 축적하는 것에 큰 중요성을 둔다. 학교 교과 과정은 오랫동안 정보와 복잡한 이론의 습득을 기반으로 해왔고, 오늘날, 인터넷 덕분에 우리가 이제까지 원하는 모든 정보는 바로 즉시 이용할 수 있다. 하지만, 우리가 얼마나 다양한 지식을 가지고 있든 상관없이, 이것이 관련된 경험으로 보완되지 않는 한 지식 그 자체로는 도움이 되지 않는다. 예를 들어, 어떤 사람은 성공적으로 사업을 운영하는 방법에 대한 책과 기사를 읽는 데 몇 년을 보낼 수 있다. 그러나 실제로 사업을 운영해 보고 그 과정을 통해 필연적으로 실수를 하고 그것들로부터 배우지 않으면, 그 지식은 그다지 실용적이지 않을 것이다. 이를 다른 관점에서 생각해 보면, 작가는 산호초의 사진을 보고 그것의 아름다움을 글로 묘사해 볼 수 있지만, 그들이 실제로 바다에 뛰어들어 자신의 눈으로 그것을 보지 않는 한 그들은 자신이 쓰고 있는 것에 대해 정말로 '느끼지'는 못할 것이다. 다시 말하면, 우리가 듣고, 읽고, 또는 배운 지식을 받아들이고 그것들을 현실 세계의 경험과 결합할 때에만 우리는 우리에게 도움이 되는 가치 있는 지식을 얻는다.

어휘

gather 축적하다 school curricula 학교 교과 과정
acquisition 습득 at one's fingertips 즉시 이용할 수 있는
by itself 그 자체로 implement 보완하다
relevant 관련된 inevitably 필연적으로
practical 실용적인 coral reef 산호초
combine 결합하다

9. 정답 ④

 해설

(A) 빈칸 앞 문장은 운동의 정의에 대한 내용이고, (A) 빈칸 뒤 문장은 농구나 축구와 같은 단체 경기는 운동의 한 형태라는 결론적인 내용이다. 따라서, 결론을 나타내는 연결어인 Therefore(따라서)를 넣어야 한다. (B) 빈칸 앞 문장은 무거운 물건을 들어올 리면 근육을 쓰게 된다는 내용이고, (B) 빈칸 뒤 문장은 단기간 걷기와 가정의 물건을 들어 올리는 것은 운동이 아니라는 대조적인 내용이다. 따라서, 대조를 나타내는 연결어인 On the other hand(반면에)를 넣어야 한다. 따라서 ④번이 정답이다.

해석

운동은 '신체의 격렬한 활동'이나, 사람이 높은 심박 수를 가지는 활동이라고 간단히 정의될 수 있다. 따라서, 이리저리 뛰어다니고 끊임없이 움직이는 것을 수반하는 농구나 축구와 같은 단체 경기를 하는 것은 틀림없는 운동의 한 형태이다. 게다가, 무거운 물건을 들어 올리는 것은 만약 그렇지 않으면 많은 일상적인 (신체적) 압력을 겪게 되지 않을 근육을 사용한다. 반면에, 단기간 걷기와 가정의 물건들을 들어 올리는 것과 같은 활동들은 실제로 운동으로서의 기준에 부합하지 않는데, 왜냐하면 그것들은 하기 쉽고 상대적으로 격렬한 활동, 땀 흘리는 것, 또는 숨을 거칠게 쉬는 것을 거의 수반하지 않기 때문이다.

어휘

exertion 격렬한 활동, (힘, 권력 등의) 행사
involve 수반하다   valid 틀림없는
qualify 기준에 부합하다   sweat 땀을 흘리다, 땀

10. 정답 ③

 해설

(A) 빈칸 앞 문장은 세상이 많이 바뀐 데 비해 교육제도는 학생들 이 학교에서 강의를 듣고 과제를 하며 시험을 보는 방식으로 여전히 동일하다는 내용이고, 빈칸 뒤 문장은 이 제도가 정보를 암기하는 것만 가르친다는 생각이 교육자들 사이에 커지고 있다는 내용이다. 따라서 전환을 나타내는 연결어인 Yet(하지만)을 넣어야 한다. (B) 빈칸 앞 문장은 학생들이 집에서 동영상 강의를 보고 오게 함으로써 수업 시간이 배운 것을 적용해 보는 토론을 위해 사용될 수 있다는 내용이고, 빈칸 뒤 문장은 학생들이 정보를 더 깊게 이해하고 궁극적으로는 완전히 익힐 수 있을 것이라는 결론적인 내용이다. 따라서 결론을 나타내는 연결어인 Consequently(그 결과)를 넣어야 한다. 따라서 ③번이 정답이다.

 해석

지난 몇십 년 동안 세상이 많이 바뀌었지만 교육 제도는 상대적으로 여전히 동일하다. 학생들은 학교에 가고, 강의를 듣고, 숙제를 완료하고, 시험을 위해 벼락치기 공부를 한다. 하지만, 이 제도가 학생들에게 오직 정보를 암기하는 것만을 가르친다는 생각이 교육자들 사이에서 커지고 있다. 지식을 얻고 유지하기 위해, 학생들은 그들이 공부하는 과목을 완전히 익힐 수 있어야 한다. 이것은 적극적으로 내용을 연관시키는 것과 그들이 그저 정보를 알고 있기만 한 것이 아니라 활용할 수도 있다는 것을 입증하는 것을 포함할 것이다. 한 가지 제안된 방법은 동영상 강의를 학생들이 자신에게 맞는 속도로 집에서 봐야 하는 필수 조건으로 지정하는 것이다. 수업 시간은 학생들이 배운 것을 적용해 보도록 장려하는 토론을 위해 사용될 수 있다. 그 결과, 그들은 정보에 대해 더 깊은 이해를 증진 시킬 수 있으며, 궁극적으로는 그것을 완전히 익힐 수 있을 것이다.

어휘

relatively 상대적으로   cram 벼락치기 공부를 하다
memorize 암기하다   retain 유지하다
master 완전히 익히다   engage with ~와 연관시키다
demonstrate 입증하다   assign 지정하다
prerequisite 필수 조건   comprehension 이해

11. 정답 ②

 해설

빈칸 앞 문장은 탄피가 녹슬어 유독성 부산물을 생성한다는 내용이고, 빈칸 뒤 문장은 미 국방부가 환경적인 피해를 예방하고, 훈련된 지역을 복구하기 위해 미생물에 의해 무해 물질로 분해되는 외피를 제조하는 데 자금을 지원해 왔다는 결론적인 내용이다. 따라서 결론을 나타내는 연결어인 ② Accordingly(따라서)가 정답이다.

해석

부수적 피해는 군사 작전 동안 민간인에게 가해지는 피해와 파괴를 나타낸다. 하지만 이 동일한 용어는 그 일(군사 작전)이 그것의 목적으로서 훈련을 수반할 때에도 적용된다. 일반적으로 인명 피해는 없지만 환경 피해가 발생한다. 예를 들어 사격 훈련 이후에 수십만 개의 탄피가 버려진다. 이 탄피들은 녹슬어서 토양과 지하수에 들어가는 유독성의 부산물을 생성한다. 따라서, 미 국방부는 환경적인 피해를 예방할 뿐만 아니라 훈련이 실시된 지역을 복구하는 미생물에 의해 무해 물질로 분해되는 외피의 제조에 자금을 제공해왔다. 이러한 특이한 탄피는 특수화된 식물 씨앗이 들어 있으며, 외피가 부서지면서 그 씨앗이 뿌리내리고 자란다.

어휘

collateral 부수적인 inflict 가하다, 입히다 civilian 민간인 undertaking 일 casualty 피해 bullet shell 탄피 leave behind 버리다 rusty 녹슨 by-product 부산물 groundwater 지하수 fund 자금을 제공하다 biodegradable 미생물에 의해 무해 물질로 분해되는 casing 외피 restore 복구하다 take root 뿌리내리다

12. 정답 ④

 해설

빈칸 앞 문장은 석탄 채굴이 자연경관을 바꾸고 토질을 떨어뜨린다는 내용이고, 빈칸 뒤 문장은 석탄 채굴이 생태계 전체를 파괴할 수 있다는 석탄 채굴이 자연에 미치는 부정적인 영향에 대한 추가적인 내용이다. 따라서 첨가를 나타내는 연결어인 ④ Moreover(게다가)가 정답이다.

해석

석탄 채굴은 산업혁명 배후에서 원동력 역할을 한 오랫동안 이어져 온 산업이다. 오늘날 석탄은 여전히 인기 있는 에너지원이며, 세계 에너지 소비의 30%에 연료를 공급한다. 하지만, 석탄 채굴은 환경에 끼치는 그 부정적인 영향 때문에 비판받는다. 비판론자들은 땅에서 석탄을 캐는 과정이 동식물의 서식지를 훼손한다고 말한다. 그들은 또한 그것이 자연경관을 바꾸어 놓고 토질을 떨어뜨린다고 주장한다. 게다가, 석탄 채굴은 생태계 전체를 파괴할 수 있다. 환경 보호 문제가 대중에게 중요해졌기 때문에, 채굴 회사들은 환경을 회복시키는 데 자산을 쏟기 시작했다.

어휘

coal 석탄 mining 채굴 driving force 원동력 fuel 연료를 공급하다 consumption 소비 damage 훼손하다 habitat 서식지 alter 바꾸다 ecosystem 생태계 devote 쏟다, 바치다 rehabilitate 회복시키다

13. 정답 ②

해설

(A) 빈칸 앞 문장은 이상주의자 스타일의 관리자는 규칙과 규제에 서 자유롭다는 내용이고, (A) 빈칸 뒤 문장은 이상주의자가 책임지고 있는 환경에서 업무는 규제를 받지 않는다는 결론적인 내용이다. 따라서, 결론을 나타내는 연결어인 Accordingly(그런 이유로) 또는 Consequently(그 결과로)를 넣어야 한다. (B) 빈칸 앞 문장은 브레인스토밍으로 나온 아이디어는 정해진 계획에 따라 실현되지 않는다는 내용이고, (B) 빈칸 뒤 문장은 사무장 스타일의 관리자들은 규칙, 절차, 그리고 회의를 높이 평가한다는 대조적인 내용이다. 따라서, 대조를 나타내는 연결어인 On the other hand(반면에)를 넣어야 한다. 따라서 ②번이 정답이다.

해석

경영계에서 이상주의자 스타일의 관리자들은 목표에 이르는, 덜 구조화된 접근법을 사용하는, 힘이 넘치는 성취자로 알려져 있다. 실제로 장벽을 허물고 달성하는 길을 열어 주는 것은 바로 무엇을 하든 상관없는 관점이다. 이상주의자는 규칙과 규제에서 자유롭다고 알려져 있으며, 근로자들은 그들의 상사가 의견들을 기꺼이 받아들이는 것을 보면, 그들이 원할 때마다 거리낌 없이 말하고 아이디어를 제공하는 것에 자신감을 느낀다. 그런 이유로, 이상주의자 가 책임지고 있는 환경에서 하는 업무는 규제받는 방식으로 진행되지 않는다. 실제로, 브레인스토밍으로 나온 아이디어는 거의 정해진 계획에 따라 실현되지 않는다. 반면에, 사무장 스타일의 관리자들은 직원들에게 안정감과 질서를 제공한다. 그들은 규칙, 절차, 그리고 팀 구성원들 간의 주의 깊은 회의를 높이 평가하므로, 반드시 모든 구성원이 양성되고 그들이 감독되는 토론을 준비하도록 한다.

어휘

attain 이르다, 획득하다
anything-goes 무엇을 하든 상관없는 outlook 관점
achievement 달성 restraint 규제, 제한
contribute 제공하다 at the helm 책임지고 있는
controlled 규제받는 materialize 실현되다 set 정해진
stability 안정감 order 질서 consultation 회의
nurture 양성하다 supervise 감독하다

14. 정답 ①

해설

(A) 앞에서는 행동을, (A)의 뒤에서는 그 행동의 결과를 다루기 때문에, 이를 연결해 주는 '그렇게 함으로써'를 의미하는 Thereby가 들어가는 것이 가장 적절하다. (B) 앞에서 진주만 공격과 9/11의 비슷한 점을 다루면서 진주만 공격의 특성을 제시한다. (B) 이후의 문장에서는 이와 비슷한 9/11의 특성을 제시하기 때문에 '유사하게'를 의미하는 Similarly가 들어가는 것이 가장 적절하다.

해석

테러리즘이 먹힌 적이 있는가? 9/11은 부분적으로 세계의 미디어 수도 그리고 미국의 실제 수도에서 일어난 공격을 수반했고, 그렇게 함으로써 그 사건의 가능한 가장 광범위한 보도를 보장했기 때문에 알카에다에게 막대한 전술적 성공이었다. 만약 테러리즘이 당신이 그곳에서 많은 사람이 보기를 원하는 극장의 형식이라면, 인류의 역사상 9/11 공격보다 더 많은 전 세계의 시청자들에 의해 시청된 것은 없었다. 그 당시에, 9/11이 진주만 공격과 얼마나 비슷한지에 대한 많은 논의가 있었다. 그 둘은 모두 미국을 커다란 전쟁으로 이끈 기습 공격이었다는 점에서 실제로 비슷하다. 하지만 그 둘은 다른 의미에서 또한 유사하다. 진주만은 일본 제국주의에게 엄청난 전술적 성공이었지만, 그것은 큰 전략적인 실패로 이어졌다. 진주만 이후 4년 이내에 일본 제국은 폐허가 되었고, 완전히 패배했다. 유사하게, 9/11은 알카에다에게 엄청난 전술적 성공이었지만, 그것은 또한 오사마 빈라덴에게 큰 전략적인 실패로 드러났다.

어휘

enormous 엄청난 tactical 전술적인 attack 공격
coverage 방송 significant 중대한 imperial 제국주의의
strategic 전략적인 failure 실패 empire 제국 ruin 명망
utterly 순전히, 완전히

15. 정답 ①

해설

처음 두 문장에서는 도덕 행위자인 인간이 이성적인 사고 능력을 가지고 있다는 일반적인 특징을 설명하지만, 빈칸 이후부터 이런 이상과 달리 실제로는 인간 개개인이 어떤 도덕적인 문제에 저마다 다양한 관점을 가지고 있다고 주장함으로써 앞의 일반적 진술을 반박한다. 따라서 ㉠ 빈칸에는 역접의 접속사 However가 오는 것이 문맥상 가장 적절하다. ㉡ 빈칸 앞에서는 어떤 도덕적인 문제에 대해 도덕 행위자들 각자가 서로 다른 관점을 가진다고 주장하고, 빈칸 뒤에서는 도덕 행위자들이 다른 사람들에게 영향을 미치고 싶어 하는 방식은 저마다 다르다고 내용을 재진술하고 있으므로 ㉡ 빈칸에는 That is가 오는 것이 가장 자연스럽다.

해석

도덕 행위자로서 인간의 가장 명백한 두드러진 특징은 이성적인 사고 능력이다. 이것은 어떤 형태의 도덕 행위능력에도 논란의 여지가 없는 필요조건인데, 왜냐하면 이 성적인 사고 능력이 없는 사람들이 그들의 행동에 대해 도덕적 책임을 질 수 없다는 것을 우리 모두가 받아들이기 때문이다. 하지만, 만약 우리가 이러한 논란의 여지가 없는 도덕 행위자의 두드러진 특징을 넘어선다면, (터무니없이 이상화된 것과는 반대로) 실제로 살아 있는 개별적인 도덕 행위자의 가장 두드러진 특징은 분명 모든 도덕 행위자가 모든 도덕적 문제 상황에 대해 다양한 관점을 적용한다는 사실이다. 즉, "도덕 행위자로서 인간이 다른 사람들에게 영향을 주고 싶어 하는 기본적인 방식은 무엇인가?"라는 질문에 두루 적용되는 대답은 없다. 오히려, 도덕 행위자로서 인간은 이러한 '다른 사람들'이 누구냐에 따라서 '다른 사람들'에게 다양한 방식으로 영향을 미치기를 바란다.

어휘

salient 두드러진   moral agent 도덕적 행위자
capacity 능력   rational 이성적인
uncontested 논란의 여지가 없는
moral agency 도덕 행위능력   incapable of ~할 수 없는
reasoned 이성적인
be held responsible for ~에 책임을 지다
uncontroversial 논란의 여지가 없는
flesh-and-blood 현재 살아 있는
as opposed to ~와는 대조적으로   ridiculously 터무니없이
bring A to bear on B   B에게 A를 적용하다
perspective 견해   one-size-fits-all 모두에게 적용되는

16. 정답 ④

해설

가상현실 체험은 시각적 요소뿐 아니라 청각적 요소 등 다른 요소의 도움으로 더 설득력 있게 완성된다는 내용의 글이다. (A) 종속절이 '소리가 시각적인 내용과 설득력 있게 들어맞는다'라는 의미이고, 주절은 '가상현실이 무너진다'는 내용이므로 (A)에 들어갈 접속사는 Unless이다. 즉, 이 문장은 소리가 시각적 장면과 일치하지 않을 때 가상현실 체험이 제 기능을 못 하게 된다는 것을 나타낸다.
(B) 빈칸 앞의 문장에서 농구 경기장에 정말 와 있는 듯한 소리가 구현된다면 텔레비전으로 경기를 보아도 손색이 없을 것이라는 내용을 언급하는데, 빈칸 뒤에서는 청각적 장비와 녹음, 재생 포맷 등의 한계로 인해 설득력 있는 소리가 구현되기 어렵다는 내용을 제시하고 있다. 즉, 빈칸 앞뒤는 '소리가 잘 구현된다면 좋겠지만 아직은 그렇게 하는 데 기술적 한계가 있다'는 내용으로 요약할 수 있으므로 (B)에는 부정적인 내용을 이끄는 Unfortunately가 적절하다.

해석

오늘날 가상현실(VR) 체험의 시각적 구성 요소를 만드는 기술은 순조롭게 접근성이 좋아지고 가격이 저렴해져 가는 중이다. 그러나 효과적으로 작용하기 위해서는 가상현실은 시각적인 것 이상에 관여한 것이어야 한다. 당신이 듣고 있는 것이 시각적인 것과 설득력 있게 들어맞지 않는다면 가상 체험은 무너지게 된다. 농구 시합을 생각해 보라. 만약 선수들, 코치들, 아나운서들, 그리고 관중들이 모두 미드코트에 앉아 있는 것처럼 들린다면, 여러분은 텔레비전으로 경기를 보는 편이 낫다. 여러분은 '그곳'에 있는 듯한 바로 그런 기분을 느낄 것이다. 불행히도 오늘날의 청각 장비와 널리 사용되는 녹음 및 재생 포맷은 먼 행성의 전장, 코트사이드의 농구 경기, 혹은 거대한 콘서트홀의 1열에서 들리는 대로의 교향곡 소리를 설득력 있게 재생산하는 일에 아주 부적합하다.

어휘

component 구성 요소   virtual-reality 가상현실
convincingly 설득력 있게   break apart 무너지다
midcourt 미드코트   equipment 장비   reproduction 재생
inadequate 부적합한   battlefield 전장
symphony 교향곡

17. 정답 ④

토론을 할 때 의견의 일치를 얻기 위하여 의장이 해야 하는 역할에 대해 설명하는 글이다. (A) 앞 문장에서는 토론에서 만장일치의 의견을 얻기 위해 의장이 해야 하는 역할을 기술한 후, (A) 뒤에서는 이를 구체적으로 설명하기 위해 다섯 명의 구성원들이 토론하는 경우를 예로 들고 있다. 따라서 (A)에는 예시할 때 쓰는 연결어 For example이 적합하다. 다섯 명 중 세 명의 의견이 2:1로 나뉘었다는 전제하에, (B) 앞에서는 네 번째 구성원의 의견이 A 방침을 원하는 경우, (B) 뒤에서는 B 방침을 원하는 경우 의장이 해야 할 일을 기술한다. 즉 (B) 앞뒤에 나온 조건이 다르므로 전환의 연결어 On the other hand로 이어져야 한다.

의장은 일치된 의견으로 이어지는 발전적인 토론을 하는 것을 추구해야 한다. 토론이 전개됨에 따라, 의장은 살펴보면서 구성원들의 의견의 비중이 향하고 있는 방향을 알아내야 한다. 예를 들어, 만약 다섯 명의 구성원들이 있고, 의장이 두 명은 A 방침을 따르기를 원하고 세 번째 사람이 B 방침을 따르기를 원한다는 것을 감지한다면, 초점은 신속히 남은 두 명의 구성원들 쪽으로 바뀌어야 한다. 의장은 네 번째 구성원에게 의지한다. 만약 그 혹은 그녀가 A 방침을 원한다면 의장은 단순히 다른 중립론자(다섯 번째 구성원)에게 우선적으로, 그러고 나서 반대하는 세 번째 구성원에게 A 방침이 다수의 의견이라는 사실에 동의하도록 하는 일을 담당하게 된다. 한편, 만약 네 번째 구성원이 B 방침을 원한다면, 다섯 번째 구성원의 의견이 아주 중요한데, 의장은 이에 대한 판단을 이제 내려야 한다. 그렇게 하여 매우 신속히, 당신은 의견의 균형점이 향하고 있는 곳을 감지하여 회의를 만장일치의 동의 쪽으로 이끌 수 있다.

seek to ~을 추구하다 progressive 전진적인
point 향하다 neutral 중립적인 dissent 반대하다
assent 동의하다 majority 다수 critical 아주 중요한
bring in 판단을 내리다 balance 균형

18. 정답 ①

(A) 빈칸 앞에서는 재난 관리에 영향을 미치는 동기 부여가 되는 개념이 대체로 전 세계적으로 동일하다고 했지만, 빈칸 뒤에서는 이 임무를 수행하는 역량은 결코 똑같지 않다고 했다. 즉 상반되는 내용이므로 However가 오는 것이 적절하다. Otherwise는 앞글 내용의 조건을 전제로 '그렇지 않으면' 어떠한 결과가 올 수 있다는 의미를 담고 있는 내용이 뒤따라야 하므로 적절하지 않다.
(B) 네 번째 문장의 But 전후로 글의 내용이 전환된다. But 앞은 재난 관리 역량이 국가별로 다르다는 내용이지만, But 뒤는 아무리 재난 관리 역량이 뛰어나도 재난의 영향을 완전히 피할 수 없다는 내용이다. 즉, But으로 시작하는 빈칸 앞 문장에서는 재난의 부정적인 결과에 전혀 영향을 받지 않을 정도로 충분히 발전한 국가는 없다고 했고, 빈칸 뒤에 나온 문장에서는 재난의 결과를 한 국가의 국경선 안으로 억제하는 것이 어렵다고 했다. 요약하면 빈칸 뒤는 어떤 국가도 재난을 완전히 피할 수 없음을 추가적으로 덧붙인 내용이므로 Furthermore가 빈칸에 들어갈 말로 적절하다.

생명, 재산, 그리고 환경에의 피해의 축소라는 재난 관리에 영향을 미치는 동기 부여가 되는 개념은 전 세계적으로 대체로 동일하다. 그러나 이 임무를 수행하는 역량은 결코 동일하지 않다. 정치적, 문화적, 경제적 이유 때문이든 아니면 다른 이유 때문이든, 불행한 현실은 일부 국가와 일부 지역이 다른 곳들보다 그 문제를 다루는 역량이 더 크다는 것이다. 그러나 그 국가의 부유함이나 영향력과 상관없이, 재난의 부정적인 결과에 영향을 받지 않을 정도로 충분히 발전된 국가는 없다. 게다가, 세계 경제의 출현은 어떤 재난의 결과를 한 국가의 국경선 안으로만 억제하는 것을 더 어렵게 만든다.

motivating 동기부여가 되는 disaster 재난
management 재난 관리 reduction 축소 property 재산
largely 대체로 capacity 역량 carryout ~을 수행하다
by no means 결코 ~아닌 uniform 동일한
address 다루다 regardless of ~와 상관없이
advanced 진보한 immune from ~에 영향을 받지 않는
emergence 출현 contain 억제하다
consequence 결과 border 국경

19. 정답 ④

해설

(A) 앞부분에서 많은 사람이 신체 장애를 가진 사람들을 이해하는 것을 어렵게 생각하는 이유가 직접적으로 그들과 교류해 본 적이 없어서 그렇다고 설명했다. (A) 뒤에서는 그에 대한 구체적인 예시로 휠체어 사용자들을 제시하고 있으므로 (A)에는 '예를 들어'가 들어가는 것이 적절하다. (B) 앞에서는 휠체어를 타게 된 사무원의 예를 들어 직장에 적절한 설비가 갖춰지기만 하면 다른 도움이 필요 없다고 설명했고, 빈칸의 뒤에서는 그 내용을 요약 정리한다. 즉, (B)의 앞과 뒤에 같은 내용이 들어가야 하므로 빈칸에는 '다시 말해서'가 가장 적절하다.

해석

많은 사람이 신체 장애를 가진 누군가를 이해하는 것을 어렵게 생각한다. 그것은 대개 그들이 장애를 가진 누군가와 개인적인 교류를 해 본 적이 없기 때문이다. 예를 들어, 그들은 휠체어 사용자들과 시간을 보낸 적이 없기 때문에 이동성 장애가 있어 휠체어를 사용하는 사람에게 무엇을 기대해야 할지 잘 모를 수도 있다. 이런 이해 부족이 장애를 가진 사람들에게 추가적인 문제를 빚을 수 있다. 만약 사회가 장애를 가진 사람들에게 좀 더 적절하게 대응한다면 그들은 그렇게 많은 도전과 한계를 경험하지 않을 것이다. 휠체어 신세를 지게 된 사무원을 생각해 보아라. 만약 단층 건물이거나 층간에 경사로나 승강기가 있다면 그들은 직장에서 어떠한 도움도 필요치 않을 것이다. 다시 말해서, 적합한 작업 환경에서 그들은 장애가 없는 것이다.

어휘

relate to ~을 이해하다, ~에 공감하다
physical disability 신체 장애   unsure 불확실한
mobility 이동성   impairment 운동장애   lack 부족
respond to ~에 대응하다   adequately 적절하게
happen to ~하게 되다   ramp 경사로   adapted 적합한

20. 정답 ④

해설

(A) 앞에서는 몇몇 품목이 물물교환에서 유리하고 보편적이라고 했고 빈칸 뒤에는 금이 물물교환에서 가치가 높고 용이하다고 설명했으므로 앞에 나온 내용의 구체적인 예시가 될 수 있다. 따라서 (A)에는 '예를 들어'가 들어가는 것이 알맞다. (B)의 앞에서는 이제 돈이 거래와 일상생활에서 보편적인 단위가 되었다고 했으나 빈칸 뒤에서는 몇몇 사람들이 오늘날에도 여전히 물물교환한다고 했으므로, (B)에는 역접을 의하는 접속사가 들어가야 한다. 따라서 정답은 (A)와 (B)를 모두 만족하는 ④이다.

해석

돈의 창조 전에 사람들은 그들이 가지고 있었던 무언가를 그들이 필요했던 무언가로 교환하곤 했다. 이런 교환 제도는 물물교환이라 불린다. 사람들은 동물 모피나 조개껍데기, 구슬과 같은 것들을 목걸이와 옷으로 교환했다. 훗날 사람들은 어떤 물품들이 다른 물품보다 교환하기 더 쉽다는 것을 깨달았고, 그 물품들은 물물교환에서 더 흔해졌다. 예를 들어, 사람들은 금을 거의 모든 물품과 교환할 수 있었는데, 이는 대부분의 사람은 금이 가치가 높고 만약 그들이 그럴 필요가 있다면 그것을 다시 쉽게 맞바꿀 수 있다는 것을 알았기 때문이다. 머지않아 특정 물품은 교환의 기준이 되었고, 모든 사람은 동일한 물품으로 교환하기 시작했다. 마침내 기준 물품은 대부분의 사람이 거래와 그들의 일상생활에서 받았고 사용한 보편적인 거래 단위인 돈이 되었다. 그럼에도 불구하고 일부 사람들은 오늘날에도 여전히 물물교환제도를 활용하고 있다. 특히 생존을 위해 다양한 종류의 음식을 교환하는 개발도상국에서 그러하다.

어휘

creation 창조   exchange 교환하다   bartering 물물교환
animal fur 동물 모피   necklace 목걸이   goods 물품
business 거래

독해를

함격이

잡으면 보인다

8 단락형 문법 문제

단락형 문법 문제

공무원 시험에서 출제되는 문법/어법 문제는 3가지 유형이 있다.

1. 문장형

　해당 유형은 4개의 보기와 영어로 된 문장을 주고 '어법상 옳은 것은?' 혹은 '어법상 옳지 않은 것은?'을 묻는 문제다. 쉬울 것 같지만, 문법과 어법을 확실히 정리하지 못한 수험생들은 제시된 문장에 밑줄이 없으므로 무엇을 묻는지, 어디를 봐야 하는지 모르는 경우가 많다. 이런 유형의 문제를 풀 때 가장 중요한 것은 무엇을 묻고 있고, 어디를 봐야 하는지를 파악하는 것이다. 제대로 배우고 꾸준히 연습하면 충분히 극복할 수 있는 유형이다.

2. 영작형

　우리말을 먼저 제시하고 해당 문장을 영어로 제대로 또는 잘못 옮긴 것을 묻는 유형이다. 이 문제 유형을 직접 영작하라는 것으로 받아들이면 안 된다. 이 유형을 풀이할 때, 대부분 우리말은 볼 필요가 없다. 영어로 번역된 문장이 문법과 어법상 바르게 사용되고 있는지를 파악하면 된다.

3. 단락형

　독해 지문과 같이 긴 단락에서 네 군데에 줄이 있어서, 어법상 옳지 않은 것을 고르는 유형이다. 이 유형은 예전 공무원 영어 시험에는 출제되지 않았고, 2017년부터 출제되기 시작해서 꾸준히 출제되는 유형이다. 문법이나 어법상으로는 네 군데에 줄이 있으므로 어디를 봐야 할지를 확실히 알 수 있으므로 부담감이 덜하다. 하지만, 이 문제는 문법 지식만으로는 접근할 수 없다. 길이가 긴 지문을 읽어야 하므로 기본적인 구문 독해, 구조 분석, 해석이 안 되면 접근하기 힘든 유형이다. 따라서 이 책에서는 해당 유형을 독해 유형에 넣어서 연습하기로 한다. 아래의 문법 요소는 항상 출제되는 것이므로 철저하게 학습하자!

1) 동사에 밑줄이 있는 경우
가장 많이 출제된다. 3가지를 확인해야 한다.
　① 수(진짜 주어 찾기) → ② 태(해석+목적어의 유무) → ③ 시제

2) 분사와 분사구문

분사는 수식받는 명사와의 관계를 파악해서 능동이면 현재분사, 수동이면 과거분사를 사용한다.
분사구문은 주절 주어와의 관계를 파악해서 능동이면 현재분사, 수동이면 과거분사를 사용한다.

그리고 구조적으로는 분사와 분사구문 모두 동사의 성격이 있어서 3형식 동사에서 만들어진 경우, 뒤에 목적어가 있으면
현재분사, 뒤에 목적어가 없고, 전명구나 to-R가 제시되면 과거분사를 사용한다.

3) to 부정사 vs 동명사

특정 동사 뒤에 to 부정사가 오고, 특정 동사 뒤에 동명사가 오는데, 이런 동사들은 미리 암기하고 있어야
한다.

4) 명사절 That과 What

That 뒤에는 완전한 문장이 수반되고, What 뒤에는 불완전한 문장이 수반된다.

5) 관계대명사의 쓰임

관계대명사는 선행사(사람, 사물 등)가 있는지를 먼저 파악한 후, 그 뒤에 나오는 절의 빠진 요소를 보고 관계
대명사의 격을 결정한다.

• 이때, 명사 뒤에는 What이 올 수 없고, 콤마(,)와 전치사 뒤에는 That이 올 수 없다.

• 선행사가 앞 문장 전체인 경우 관계대명사 Which를 사용한다.

6) 관계절 동사의 수 일치

주격 관계대명사 뒤에 있는 동사에 밑줄이 있는 경우, 그 관계대명사의 선행사를 확인하고, 그 선행사에 따
라 관계절 동사의 수를 일치시킨다.

7) 관계대명사 vs 전치사 + 관계부사

예를 들어, 관계대명사 Which와 전치사+관계대명사 In which와 같은 모양은 항상 밑줄이 있다. 이때 확인
해야 하는 것은 Which 뒤에는 주어나 목적어가 빠져 있는 불완전한 문장이 수반되고, 전치사+관계대명사
뒤에는 완전한 문장이 수반된다는 것이다.

8) 관계대명사 vs 관계부사

가장 대표적인 예시가 Which와 Where에 밑줄이 있거나 둘 중 하나를 골라야 하는 경우다. 관계대명사
Which 뒤에는 불완전한 문장이, 관계부사 Where 뒤에는 완전한 문장이 수반된다.

9) 형용사 vs 부사

명사를 수식하거나 보어(주격 보어, 목적격 보어) 자리에는 형용사를 사용하고, 그 외의 수식어 자리에는 부사를 사용한다.

① 타동사+명사+_____

타동사가 5형식 동사(Make, Keep, Find, Leave, Consider)이면 빈칸에는 목적격 보어 자리이므로 형용사를 사용하고, 타동사가 그 외 모든 3형식 동사의 경우, 빈칸에는 부사가 들어간다.

> make the data <u>available</u>
>
> tackle the issue <u>efficiently</u>

② as _____ as

앞에 있는 as를 없다고 보고, 동사가 be 동사가 제시되면 빈칸에는 형용사를, 일반동사가 제시되면 부사를 사용한다.

> She **is** as <u>proficient</u> as his predecessor.
>
> She **works** as <u>assiduously</u> as his predecessor.

③ However _____ S + V, S V

'아무리 ~하더라도'라는 의미의 양보 부사절로, 뒤에 나오는 동사가 be 동사 이면 빈칸에는 주격 보어가 도치되어 앞으로 온 것이므로 형용사가 들어가고, 뒤에 나오는 동사가 일반동사이므로 그 동사를 수식하는 부사가 들어가야 한다.

> However <u>careful</u> he may **be**, he can make a mistake.
>
> However carefully I explained, she still didn't understand.

10) 수식어구

① <u>very</u> + **형용사/부사**: '매우'
② <u>much</u> + **more** 형용사/부사: '훨씬'
③ <u>so</u> + 형용사/부사 + **that** S V : '매우 ~해서 ~하다'
④ as + 형용사/부사 + **as**: '~만큼 ~한/~하게'
⑤ <u>too</u> + 형용사/부사 + **to R**: '지나치게 ~해서 ~할 수 없다'
⑥ 형용사/부사 + <u>enough</u> + **to R**: '~할 만큼 충분히 ~한/~하게'

1. 다음 글의 밑줄 친 부분 중, 어법상 틀린 것은?

Typically, the thinkers that change the world dramatically ① are those who dare to counter the prevailing views of their times. When astronomer Nicolaus Copernicus first presented his theory of a universe ② in which the Earth orbits the Sun instead of the other way around, he was scorned by his contemporaries. Now, we recognize him to ③ have started a new era in the study of the cosmos, Similarly, Abraham Lincoln broke with his nation's precedent when he abolished slavery in America, He did this in the middle of the Civil War, which was fought over states' right to permit slavery. We now remember the Emancipation Proclamation as Lincoln's greatest achievement. More than a century later, Mikhail Gorbachev channeled this spirit ④ then, as head of the USSR, he ended Russia's 70-year experiment in communism and promoted the spread of democracy throughout the former Soviet Union.

2. (A), (B), (C)의 각 네모 안에서 문맥에 맞는 낱말로 가장 적절한 것은?

Honey badgers are not easily scared. They do not need to be afraid of traditional weapons since their thick, tough skin cannot be easily pierced. Furthermore, the (A) [loose / tight] skin of honey badgers makes it relatively easy for a badger to move within its skin even while a predator is attacking. The badger can often move enough to harm the predator with its long claws and sharp teeth. Therefore, it is quite (B) [safe / unsafe] for a predator to hold a honey badger without killing it instantly. The jaws of honey badgers are quite strong, which is very useful when honey badgers eat their prey, since they can easily eat an entire animal including the bones or a turtle's shell. Another weapon used by honey badgers is a pouch in their back. Researchers have observed badgers as they turned this pouch inside out, releasing a strong odor which can cause even the largest predators to (C) [attack / run away]. Together, these abilities leave honey badgers with few reasons to fear predators.

	(A)	(B)	(C)
①	loose	safe	attack
②	loose	unsafe	run away
③	loose	safe	run away
④	tight	unsafe	attack
⑤	tight	safe	run away

3. 다음 글의 밑줄 친 부분 중, 어법상 틀린 것은?

There is a rather large difference between the concepts of empathy and sympathy, with the latter ① being a rather well-known word that people use. ② Similar as they may appear, they have a very distinct meaning and usage. According to Chloe Chong, a social media expert, the feeling of sympathy emerges from the recognition that another person is suffering, in contrast to empathy ③ where the other person's pain or suffering is felt. Sympathy requires giving unasked advice or being told what to do. Empathy requires active listening. In this case, empathy means the ability to feel what it's ④ likely to be in someone else's shoes. Sympathy's favorite expression is "poor you." It creates a sense of pity over the plight of the person. Empathy's favorite expression is "I can understand how it feels. It must be really hard." This helps a person to feel heard.

4. 다음 글의 밑줄 친 부분 중, 문맥상 낱말의 쓰임이 적절하지 않은 것은?

Certain types of news are significantly overreported, and others are significantly underreported. This ① imbalance leads to major problems such as distortion of rational public policy. But it is reason to be ② optimistic. Once you realize you're being brainwashed to believe that things are worse than they are, you can, with a little courage, step out into the sunshine. How does the deception take place? The problem starts with a deep human ③ psychological response. We're wired to react more strongly to dramatic stories than to abstract facts. One can readily imagine possible historical and evolutionary reasons why this might be so. The news that an invader has just set fire to a hut in your village demands immediate response. Genes promoting ④ agitation in such circumstances would have burned up long ago. Although our village is now global, we still instinctively react the same way.

5. 다음 글의 밑줄 친 부분 중, 어법상 틀린 것은?

Research has found that ① learning can be divided into two categories: incidental learning and intentional learning. The former happens by chance, meaning there is no clearly defined intention to learn. For instance, a student who ② is trying to memorize the names of the 50 U.S. states may ask a friend to listen while they are named. During the naming, the friend may by chance also learn the names of these 50 states. On the other hand, intentional learning happens when there's a clear purpose ③ present from the very beginning. For example, a student may sit down with a list of all the capital cities in Europe because she is taking a test. Research suggests that intentional learning ④ be more effective because it stays with us over time.

6. (A), (B), (C)의 각 네모 안에서 문맥에 맞는 낱말로 가장 적절한 것은?

One feature that distinguishes traditional Pueblo pottery from other types of clay art is that machinery is not used in the creative (A) [process / progress] The clay is gathered, treated and shaped by hand. Instead of using a potter's wheel to create (B) [subjects / objects], the Pueblo pottery artist rolls clay into long pieces and then painstakingly coils them into layers of circles. Paints are produced from plants and minerals (C) [found / founded] near the Pueblo villages and applied with a handmade brush fashioned from a yucca cactus. Due to this traditional process, art collectors can be sure that every piece of Pueblo clay art is unique. It also means that Pueblo pottery makes an excellent gift.

*yucca: 【식물】 실난초, 유카과(科)

	(A)	(B)	(C)
①	process	objects	found
②	process	subjects	found
③	process	subjects	founded
④	progress	objects	founded

7. 다음 글의 밑줄 친 부분 중, 어법상 틀린 것은?

An older guy I know told me a story of the first pizza place ① that moved into his little town. The pizza was lousy and the owner was rude, but he had the only game in town. So he made a ton of money and retired early. He left the pizza place to his two sons, who made the same bad pizza and were just as ② rude as their father. But now that time had passed, other competitors had come into the local marketplace and this was no longer the only pizza place in town. The place closed its doors in no time. The original owner was lucky because he was the first to do something where it had never been done before. But he never learned what his mistakes were, nor ③ did his sons. If they ④ did, they would have improved the quality of their product as well as their customer service. I can imagine those two sons are just moping around today, wondering what on earth went wrong.

*the only game in town: 유일하게 이용 가능한 것
**mope around: 침울하게 서성거리다

8. 다음 글의 밑줄 친 부분 중, 문맥상 낱말의 쓰임이 적절하지 않은 것은?

Human energy ① resembles the energy of light. When it is released, as in the average light bulb, it gets work done in an average way. But when that same energy is focused on a single target, as with a laser beam, it has the power to ② penetrate any kind of obstacle. In the same way, the average person ③ gathers his/her energy into a wide range of pursuits. In contrast, the person of "genius" is able to harness his or her energy, direct it toward one single pursuit at a time, and ④ accomplish much more than others. This principle of concentration of energy also applies when you are considering the efforts of a large group of people — an organization. The success of that organization is directly related to the amount of energy its people are willing to invest, and to its ability to harness and direct those energies toward a single, burning purpose.

9. 다음 글의 밑줄 친 부분 중, 어법상 틀린 것은?

Rotavirus is a virus ① that infects the stomach — and bowels. It is equally common in both developed and developing countries, and is the most frequent cause of severe diarrhea among infants and children around the world. Children between the ages of six and twenty-four months have the highest risk of catching ② it, and recurring infections with different viral strains are possible. While adults also contract the virus, their symptoms are usually milder than ③ those of children. The time period from when you are infected with the virus to when symptoms start appearing is around 48 hours. Fever, vomiting, and watery diarrhea are the most common symptoms. To prevent rotavirus infection, frequent hand washing is advised. ④ Infecting children should stay home from school or their day-care center until their diarrhea has ended.

10. (A), (B), (C)의 각 네모 안에서 문맥에 맞는 낱말로 가장 적절한 것은?

A website should be pleasing to the eye. To create a pleasant appearance that attracts users, web designers use graphic tools such as animation, flashing text and icons, scrolling images, and video clips. Still, color remains one of the most (A) [effective / defective] web design tools. A website is considered most attractive when the color scheme is well-balanced and consistent. The colors on the website must (B) [complement / contradict] each other well. They also need to go well with the website theme. For example, while the website of a cancer support group may use pastel or subtle colors because of the (C) [sensible / sensitive] subject matter, the website of a party supply store is likely to use bright colors to create a feeling of excitement.

	(A)	(B)	(C)
①	effective	complement	sensible
②	effective	complement	sensitive
③	effective	contradict	sensitive
④	defective	complement	sensible

11. 다음 글의 밑줄 친 부분 중 어법상 틀린 것은?

Suppose you went to a party with your camera, and you sat in one corner, focused on a group of people who were arguing. How would that party be represented? It would be pictured as an unpleasant, frustrating party ① where no one had a good time and everyone was fighting. This is why there is so much trouble over "unauthorized" biographies: they are only one person's perception of another's life. And often, this view is offered by people ② their jealousy gives them a vested interest in distorting things. The problem is, the biography's view is limited only to the authors "camera angle", and we all know that cameras distort reality — that a close-up can make things look bigger than they really ③ are. And when manipulated expertly, a camera can minimize or blur important parts of the reality. As Ralph Waldo Emerson says, each of us sees in others ④ what we carry in our own hearts.

12. 다음 글의 밑줄 친 부분 중, 문맥상 낱말의 쓰임이 적절하지 않은 것은?

For human beings, children are linked to optimism in a way that runs deeper than just the biological continuation of the species. Optimism isn't essentially a matter of the ① rational assessment of the future-it's an attitude rather than a judgment. And it's the most characteristically human attitude, the one that's built into our DNA. The greatest human evolutionary advantage is our ② innate ability to imagine possible universes that could exist in the future and to figure out how to make them real. It's the ability to find better ③ alternatives to the current world, and we can see it in the fantastic pretend play of even the youngest children. This ability to change the physical and social world in unprecedented and unpredictable ways is deeply bound up with our characteristically extended human childhood - that long period of protected immaturity. We change the world bit by bit, generation by generation. The ④ gradual changes have never transformed human lives for the better. We pass on our own innovations and the new worlds they create to our children who - imagine new ideas.

13. 다음 글의 밑줄 친 부분 중, 어법상 틀린 것은?

While fats have recently acquired a bad image, one should not forget how essential they are. Fats provide the body with the best means of storing energy, and they are a ① far more efficient energy source than either carbohydrates or proteins. They act as protection against cold and as cushioning for the internal organs, and they make the body ② operate more smoothly. Also, they maintain the health of skin and hair, and keep cells functioning properly. Without fats, there ③ would have been no way to utilize several important vitamins that require fat in order to ④ be absorbed into the body. Furthermore, some fats contain fatty acids that provide necessary growth factors, strengthen the immune system, and help with the digestion of other foods.

*fatty acid: 지방산

14. (A), (B), (C)의 각 네모 안에서 문맥에 맞는 낱말로 가장 적절한 것은?

Newton's laws of motion can be illustrated by kicking a soccer ball. The force of the player's kick gives moving energy to the ball. This energy (A) [overpowers / strengthens] the tendency to resist movement, and the ball sets off into the air. But it does not travel in a straight line for long, as two forces affect its path. The first is gravity, pulling it down. This force (B) [accelerates / decelerates] the ball's ascent, eventually causing it to descend. Although gravity has no effect on the horizontal motion of the ball, the second force, air resistance, does. As the ball moves through the air, it must push through air molecules. This (C) [increases / slows] its horizontal motion. The end result of these two forces is that the ball moves in a curve.

	(A)	(B)	(C)
①	overpowers	accelerates	increases
②	overpowers	decelerates	slows
③	overpowers	decelerates	increases
④	strengthens	accelerates	slows

15. 다음 글의 밑줄 친 부분 중, 어법상 틀린 것은?

Why is it legal to drive while eating or drinking ① but not while talking on a cell phone? It is not convincing enough to argue that cell phone use is more ② distracting than those activities. When all other attempts to explain the reason for a law ③ fails, a good strategy is to ask how it might change the income of those affected by it. If legislators banned the consumption of coffee and soda and hamburgers while driving, sales at fast food restaurants ④ would decline suddenly. But by allowing headsets as an exception to the ban on cell phone use while driving, legislators do not run that risk. Moreover, mobile phone companies stand to earn even higher profits through the sale of additional headsets.

16. 다음 글의 밑줄 친 부분 중, 문맥상 낱말의 쓰임이 적절하지 않은 것은?

A way to more effective handling of written information is to quickly ① scan the whole of it before you actually read it. When you read the newspaper, read the headline of a story first, and you will get the ② detailed idea of what it concerns. Then, when you read the story, you look for more information to explain it further. The material isn't ③ unfamiliar to you if you are working from a base of information and adding to it. Actually, you wouldn't pick up a magazine from a newsstand and buy it without ④ previewing its contents. When doing this, you look over the whole magazine and get an idea of what it is about and what it contains before spending your money on it. In this way, you ensure a more sensible purchase and use of your money.

Jumbo jets have enabled Korean computer consultants to fly to Silicon Valley as if popping next door, and Singaporean entrepreneurs now reach Seattle in a day. The borders of the world's greatest ocean have been joined as never before. But what about the people on the islands that the jumbos fly over five miles above? Has the mighty jumbo brought them greater communion with those whose shores are washed by the same water? It hasn't, of course. Air travel may have enabled travelers to buzz across the ocean, but the concurrent decline in ocean travel has only increased the _____ of many island communities. Pitcairn, like many other Pacific islands, has never felt so far from its neighbors.

*Concurrent: 동시(발생)의

① identity
② strength
③ isolation
④ unity

Although scientists have been familiar with the principle of Occam's razor for centuries, it ① became more widely known to the general public after the movie Contact came out in 1997. The movie, based on a novel written by Carl Sagan and ② starred Jodie Foster as SETI scientist Dr. Ellie Arroway, involves the first confirmed communication received on Earth by extraterrestrial intelligence. The communication is eventually discovered to be a diagram to build a transporter, which Ellie uses to travel through a series of wormholes to ③ visit with one of the aliens who made the transport possible, in a first step toward interstellar space travel. When Ellie returns, ④ she estimates she was gone about 18 hours, only to find that in Earth time, it appeared she had never left. Her story is doubted, especially when it's revealed that her recording device recorded nothing but static. When Ellie tries to persuade the others that she actually did travel through time, she is reminded of the principle of Occam's razor: that the easiest explanation tends to be the right one. Meaning, she probably never left.

19. 다음 글의 밑줄 친 부분 중 어법상 틀린 것은?

The penguins that inhabit the Antarctic must withstand months of sunless skies and temperatures that ① stay below freezing for the entire year. Surprisingly, though, these birds may be in more danger of overheating than ② of freezing to death. Their bodies have evolved over thousands of years in order to protect them against the frigid Antarctic weather. A penguin's feathers, for instance, form an amazingly waterproof shield around the animal's body, and beneath ③ that, a thick layer of blubber insulates it from the cold. So, just like a human wearing a fluffy down coat on a hot August day, the penguin is at risk of heat exhaustion when temperatures rise. However, the species has evolved to deal with this problem as well. A penguin's bare feet are responsible for releasing heat, enabling the rest of the animal's body ④ remain at a constant temperature.

*blubber: 해양 동물의 지방

20. (A), (B), (C)의 각 네모 안에서 문맥에 맞는 낱말로 가장 적절한 것은?

Our senses adapt to many different conditions each day. One of the most common of these situations occurs when walking into a dark room from a bright area. For example, walking into a dark theater often makes it difficult to (A) [deceive / perceive] anything but darkness. However, as your eyes adjust to the darkness, you begin to see well. This change is caused by iodopsin, a chemical found in the rods and cones of the eye, which is produced in greater amounts to (B) [increase / decrease] the eye's sensitivity to light. This same reaction happens in reverse when you leave the dark theater and walk out into a brightly lit room. In this situation, your eyes have (C) [excess / little] iodopsin, which makes the rods and cones too sensitive to light. They must bring their levels of iodopsin back down before you can see normally again.

*iodopsin: 【생화학】 요돕신
**rod: 간상체
***cone: 추상체

	(A)	(B)	(C)
①	deceive	increase	excess
②	deceive	decrease	little
③	perceive	increase	excess
④	perceive	decrease	excess

21. 다음 글의 밑줄 친 부분 중 어법상 틀린 것은?

It was a day when, upon opening my eyes at dawn, I had no desire to do anything but ① get some rest. It was my third day in Melbourne, Australia. The day's schedule — a trip to the Dandenong Ranges National Park — didn't hold much appeal at ② that early hour. Interestingly enough, however, it was the time I spent in the Dandenong Ranges ③ that was still hovering in my memory on the day I flew back home. The Dandenong Ranges are densely forested hills located to the east of Melbourne, where sky-high eucalyptus trees create a majestic atmosphere. The area is also home to Puffing Billy, a century-old steam locomotive ④ whom engineers, with long white beards, transport tourists from all over the world.

22. 다음 빈칸에 들어갈 말로 가장 적절한 것을 고르시오.

There are people who cannot form lasting friendships. Who are they? Those who cannot be a good friend. It is probably not their lack of understanding nor lack of good nature that is at fault; neither is it their lack of entertaining or useful qualities. On the contrary, they may have many attractive aspects, but they will almost certainly have one weakness that spoils all these good characteristics. That is, they care nothing about you and are not affected at all by what you think of them. They show no joy at your approach, and when you leave them, it is with a feeling that they can get along just as well without you. This is not sullenness nor absent-mindedness. They are just _____ to others and concentrate solely on their own thoughts.

① indifferent
② arrogant
③ impolite
④ irresponsible

23. 밑줄 친 부분 중 어법상 옳은 것은?

Risk is a fundamental element of human life in the sense ① how risk is always a factor in any situation where the outcome is not precisely known. In addition, the necessary calculations that we make about the probability of some form of harm resulting from an action that we take ② are generally a given in our decision processes. Whether the risk assessment involves decisions about a major corporate initiative or just making the decision ③ walk down the street, we are always anticipating, identifying, and evaluating the potential risks involved. In that respect, we can be said to be constantly managing risk in everything ④ what we do.

24. 다음 글의 밑줄 친 부분 중, 어법상 틀린 것은?

Not all racism is ① as obvious as saying hateful things about an entire race or using bad language to refer to certain people ② while being polite to them in person. While such behavior is rightly considered to be socially unacceptable, institutional racism, ③ which is more systematic or structural, is harder to deal with. Institutional racism in hiring is not always a conscious decision. Some people simply hire applicants who are similar to themselves, or they advertise the job within a social network that is not racially diverse. Because of this, when the majority of people doing the hiring are white, the people who are hired tend to be white as well. Therefore, the role of employment equity programs is to get companies and government departments to expand their networks, to ensure all communities hear about job opportunities, and ④ give applicants a fair chance.

25. (A), (B), (C)의 각 네모 안에서 문맥에 맞는 낱말로 가장 적절한 것은?

There are four principal forces that act upon an airplane during flight. Weight is one of them, the result of the mass of the plane being pulled (A) [from / towards] the ground by gravity. The opposite of weight is lift, which is created by the plane's wings and is the force that holds the craft up in the air. The plane's propeller, or jet engines if it is a jet, produces the force of thrust, and this is responsible for creating the airplane's forward motion. Drag is the force acting (B) [against / with] thrust, caused by resistance as the plane moves through the air at high speeds. To remain aloft, the plane must maintain (C) [greater / weaker] lift and thrust in comparison to its weight and drag.

	(A)	(B)	(C)
①	from	against	greater
②	from	with	weaker
③	towards	with	greater
④	towards	against	greater

26. 다음 글의 밑줄 친 부분 중, 어법상 틀린 것은?

All writing is personal, more or less. Even a shopping list tells us quite a bit about the person who wrote it. It seems Napoleon was well aware of this fact, given that he demanded to see a sample of an officer's writing before promoting the officer to one of ① the highest ranks. Explanation, argument, description, and narration all gradually but surely show us ② who the writer is. Equally revealing ③ are the writer's choice of topic, the depth of knowledge displayed, and the skill with which the material is shaped. If all this is true, then you may well ask why any particular piece of writing should be labeled "personal." The answer is that the personal element is always present in essays but ④ varying widely in its prominence.

27. 다음 글의 밑줄 친 부분 중, 문맥상 낱말의 쓰임이 적절하지 않은 것은?

Emotions play a critical function: they provide ① fuel for action. While they can sweep over us, leading us into temptation, they can also compel us to take appropriate action, giving us courage and resolve. No one demonstrated this ② latter process of transformation better than Mahatma Gandhi, who, without a single weapon, succeeded in putting an end to the centuries-long colonial domination of India by the British Empire. He explained his secret as follows: "I had learned through bitter experience the one supreme lesson to ③ conserve my anger. And as heat is transmitted into energy, even so our anger controlled can be transformed into a power which can move the world." As Gandhi suggested, refrain from impulsive reaction, which is only a reckless waste of your precious energy. Finally, at the right moment, purposively ④ conceal your emotional energy as resolve.

28. 다음 글의 밑줄 친 부분 중, 어법상 틀린 것은?

In 1965, a great business idea struck the entrepreneur Lionel Burleigh. He decided to launch a newspaper called the Commonwealth Sentinel, which was ① to be aimed at the many immigrants in London ② who came from British Commonwealth countries. He spent all of his time ③ organize the newspaper's contents and selling advertising space. However, on the morning that the first issue was scheduled to be published, he awoke to find 50,000 copies of his newspaper ④ waiting for him on the street outside his hotel. Burleigh had been so busy sorting out the details of his newspaper's launch that he'd completely overlooked organizing any distribution. His newspaper business started on February 6 and ended on the 7th, the next day.

29. 밑줄 친 부분의 의미와 가장 가까운 것은?

One characteristic of the Renaissance was a new expression of wealth, and the related consumption of luxury goods. Economic and political historians have fiercely debated the reasons for the changes in demand and consumption from the 14th century onwards. The belief in the flowering of the spirit of the Renaissance is at odds with the general belief that the 14th and 15th centuries experienced a profound period of economic depression.

① discordant
② consonant
③ commensurate
④ interchangeable

30. 빈칸에 들어갈 말로 가장 적절한 것은?

For Enlightenment thinkers, the notion of civilization was _____ connected with the idea of social progress, namely the triumph of rationality over religion, the decline of local, particular customs and the rise of natural science.

① exploitatively
② insipidly
③ rarely
④ inextricably

31. 글의 흐름상 ㉠, ㉡에 들어갈 말로 가장 적절한 것은?

It is generally believed that most of criminals are not ___(A)___ any kind of ordeal. Even though the criminals are successful in ___(B)___ the accusation and are proved innocent for a moment, they are doomed to exact constant, physical and mental abuse on themselves.

	(A)	(B)
①	chained to	weaseling out
②	fettered by	nodding through
③	exempted from	complying with
④	emancipated from	evading from

32. 밑줄 친 부분 중 어법상 가장 옳지 않은 것은?

To a music lover watching a concert from the audience, it would be easy to believe that ① a conductor has one of easiest jobs in the world. There he stands, ② waving his arms in time with the music, and the orchestra produces glorious sounds, to all appearances quite spontaneously. ③ Hidden from the audience — especially from the musical novice — are the conductor's abilities to read and interpret all of the parts at once, to play several instruments and understand the capacities of many more, to organize and coordinate the disparate parts, ④ to motivate and communicate with all of the orchestra members.

33. 어법상 ⑤-⑥에 들어갈 가장 적절한 것은?

Supplements on the market today   (A)   those that use natural herbs or synthetic ingredients. Experts point out that when choosing between multivitamins, those   (B)   natural herbs may not necessarily be better than those with synthetic ingredients. The body recognizes the molecular weight and structure of each vitamin and mineral for their functions regardless of   (C)   the vitamins come from synthetic or natural sources.

	(A)	(B)	(C)
①	include	contained	if
②	include	containing	whether
③	includes	containing	if
④	includes	contained	whether

34. 다음 글의 밑줄 친 부분 중, 어법상 것은?

A study of 7,400 civil service workers in London yielded some ① surprising statistics. Workers who felt they had little control over their work had a 50 percent higher risk of developing symptoms of heart disease than ② those with more job flexibility. In other words, feeling little control over the demands and pressures of the work we have to do ③ hold as great a risk of heart disease as risk factors like hypertension. That is why, of all the relationships we have at work, the one with our boss or superior has the greatest impact on our physical health. When volunteers at a British cold research unit ④ were exposed to a cold virus and followed for five days to see who would get sick, it turned out that those caught up in social tensions were the most susceptible. One tough day at the office was not a problem. However, having persistent trouble with a boss was stressful enough to lower immune system strength.

Facial expressions are the most obvious sign of someone's emotional state. We can understand a lot about a person's emotions by observing ① <u>whether</u> that person is laughing, crying, smiling, or frowning. Interestingly, many facial expressions are inborn. Children who are born deaf and blind ② <u>using</u> the same facial expressions to express the same emotions as those who are born without such disabilities. It was Charles Darwin ③ <u>who</u> first advanced the theory that most animals share a common pattern of muscular facial movements. For example, dogs, tigers and humans all show their teeth when ④ <u>displaying</u> rage. Darwin's idea that expressing our feelings is rooted in evolution laid the groundwork for many modern analyses of emotional expression.

It might sound pretty ① <u>straightforward</u> to ask which hospital provides the best care. But hospitals can be rated on any of a bewildering variety of considerations, including inpatient volume, staffing levels, and specialty practices. Likewise, we could keep it simple and just look at death rates, as some experts ② <u>do</u>. Of all the things we'd like to see ③ <u>happens</u> during a hospital stay, avoiding death is usually at the top of the list. But death rates don't simply depend on the quality of treatment rendered by a hospital; they can also depend on how sick or old or poor the population served by the hospital is, the extent ④ <u>to which</u> a hospital takes on more difficult cases, the hospitals ability to administer higher-risk treatments, and even a hospitals tendency to discharge patients prematurely so that more of them will die elsewhere. The U.S. Centers for Medicare and Medicaid Services attempts to adjust its published hospital death rates for many of these factors, but that doesn't fix the problem — most hospitals simply end up with fairly similar rates, making the list of little use.

*bewildering: 갈피를 못 잡게 하는

37. 다음 글의 밑줄 친 부분 중, 어법상 틀린 것은?

Never in the history of humanity ① <u>has</u> the individual had so much personal power, and so much freedom to choose. Thanks to affordable home computers and the Internet, individuals can now equip ② <u>them</u> with the kind of reach, power, and influences previously reserved for large corporations. In another sense and context, "power" is being ③ <u>reclaimed</u> from national utility companies as personal turbines give domestic consumers an undreamed-of independence from the electricity grid. On the healthcare front, networks of small community clinics, linked into the "digital skin" of the Internet, will ④ <u>increasingly</u> take the place of overcrowded, under-resourced state hospitals. Think "small" and personal - and look for network effects to create maximum resonance and growth.

38. 다음 글의 밑줄 친 부분 중, 문맥상 낱말의 쓰임이 적절하지 않은 것은?

Westerners take the now-familiar rules of perspective drawing for granted. We all can see straight lines ① <u>receding</u> to a common point on the horizon in the background, and we interpret this formalism as "real" even though perspective drawings are often grossly distorted in the same way shadows are. There is, however, nothing intrinsically ② <u>obvious</u> about perspective. Anthropologists have found that many aboriginal peoples have difficulty interpreting our 2-D depictions of 3-D objects, and artists, too, must learn the ③ <u>conventions</u>. Indeed, much modern abstract art, including that of Bridget Riley, explores the issues of working within an explicitly flat world, emphasizing the ways in which masses, colors, and shapes interact differently than they do in our 3-D sensory world. Cubist art also explored the ④ <u>similarities</u> between a multitude of complementary views of a 3-D object and the limitations of 2-D depiction.

39. 다음 글의 밑줄 친 부분 중, 문맥상 낱말의 쓰임이 적절하지 않은 것은?

The fact that some people become less depressed soon after taking an herbal remedy doesn't mean that the herbal remedy ① contributed to their improvement. These people might have become less depressed even without the herbal remedy, or they might have sought out other effective ② interventions (like talking to a therapist or even to a supportive friend) at about the same time. Or perhaps taking the herbal remedy ③ inspired a sense of hope in them, resulting in what psychologists call a placebo effect: improvement resulting from the mere expectation of improvement. Even trained scientists can fall prey to this kind of reasoning. In the journal Medical Hypotheses, Flensmark (2004) observed that the appearance of shoes in the Western world about 1,000 years ago was soon followed by the first appearance of cases of schizophrenia. From these findings, he proposed that shoes played a role in ④ treating schizophrenia. But the appearance of shoes could have merely coincided with other changes, such as the growth of modernization or an increase in stressful living conditions, which may have more directly caused the emergence of schizophrenia.

*schizophrenia: 정신분열증

40. 다음 밑줄 친 부분 중, 어법상 틀린 것은?

Beneath the buildings and streets of a modern city ① exists the network of columns, cables, pipes, and tunnels required to satisfy the basic needs of its inhabitants. While the walls and columns support the city's buildings, bridges, and towers, the cables, pipes, and tunnels ② carry life-sustaining elements such as water, electricity, and gas. Larger tunnels burrow through the underground, ③ linking places on the surface more directly. Through them high-speed trains carry the large numbers of people who live and work within the urban community. Since this massive root system is rarely seen, its complexity is difficult to imagine and its efficiency hardly ever realized. Not until the subway breaks down or a water main bursts ④ are we begin to feel the extent of our dependence on this vast hidden network.

Actual Test 해설

1. 정답 ④

해설

④ 앞뒤의 절을 이어주는 접속사가 없으므로 부사 then 대신 접속사 when이 오는 것이 적절하다.

오답 분석

① 문장의 주어가 thinkers로 복수이므로 동사의 수 역시 복수인 are가 바르게 쓰였다.

② in which와 같이 [전치사+관계대명사] 뒤에는 완전한 문장이 수반되는지를 확인해야 한다. 이 경우 뒤에 [주어+동사+목적어]로 완전한 구조가 이어지므로 바르게 쓰였다.

③ 완료부정사의 경우, 주절 동사보다 한 시제 이전인지를 확인해야 한다. 그가 새로운 시대를 시작한 것은 우리가 인식하는 것보다 이전이므로 바르게 쓰였다.

해설

세상을 극적으로 바꾸는 사상가들은 그들 시대의 지배적인 견해들을 거스를 용기가 있는 사람들이다. 천문학자 니콜라스 코페르니쿠스가 반대로(태양이 지구의 궤도를 도는 것으로)가 아니라 지구가 태양의 궤도를 돈다는 그의 우주 이론을 처음 발표했을 때 그는 동시대인들에 의해 멸시를 당했다. 현재 우리는 그가 우주 연구에서 새로운 시대를 연 것으로 인정한다. 마찬가지로, 에이브러햄 링컨이 미국에서 노예제도를 폐지했을 때 그는 나라의 전례를 깬 것이었다. 그는 남북전쟁 도중에 이것을 해냈는데, 이것은 주들의 노예제도를 허가할 권리를 두고 싸운 것이었다. 우리는 이제 노예 해방 선언을 링컨의 가장 위대한 업적으로 기억한다. 1세기가 넘게 지난 후, 미하일 고르바초프는 소련의 지도자로서 러시아의 70년간의 공산주의 실험을 끝내고 구 소비에트 연방의 도처에 민주주의의 확산을 고취했을 때, 이 정신을 이었다.

어휘

thinker 사상가 dramatically 극적으로
dare 감히 ~하다 counter 대항하다 prevailing 지배적인
astronomer 천문학자 orbit ~의 궤도를 돌다
the other way around 반대로 scorn 멸시하다
contemporary 동시대의 era 시대 cosmos 우주
precedent 선례 abolish 폐지하다 slavery 노예제도
achievement 업적 channel 나르다 experiment 실험
communism 공산주의 promote 홍보하다
democracy 민주주의

2. 정답 ②

해설

(A) 가죽 안에서 움직이기 쉽게 해 주는 피부 조직은 '느슨'해야 한다. (B) 앞에 벌꿀오소리는 발톱과 이빨로 포식 동물을 해치기에 충분할 만큼 움직일 수 있다고 나와 있으므로, 포식 동물이 벌꿀오소리를 즉시 죽이지 않고 붙잡고 있는 것은 '안전하지 않다.' (C) 뒤 문장에 이러한 능력들이 벌꿀오소리가 포식 동물을 두려워하지 않게 만드는 이유라고 나와 있으므로 강한 냄새를 일으키는 것이 포식 동물을 '도망가게' 만든다고 하는 것이 자연스럽다.

해석

벌꿀오소리들은 쉽게 겁을 먹지 않는다. 그들의 두껍고 거친 가죽은 쉽게 뚫리지 않기 때문에 그들은 전통적인 무기를 두려워할 필요가 없다. 게다가, 벌꿀오소리의 느슨한 가죽은 포식 동물이 공격하는 동안에도 벌꿀오소리가 가죽 안에서 움직이는 것을 비교적 쉽게 해 준다. 벌꿀오소리는 종종 기다란 발톱과 날카로운 이빨로 포식 동물을 해치기에 충분할 만큼 움직일 수 있다. 따라서, 포식자가 벌꿀오소리를 즉시 죽이지 않고 붙잡고 있는 것은 꽤 위험하다. 벌꿀오소리의 턱은 상당히 튼튼해서 먹이를 먹는 데 매우 유용한데, 이는 그들이 뼈나 거북의 껍질을 포함하여 동물을 통째로 쉽게 먹을 수 있기 때문이다. 벌꿀오소리가 사용하는 또 다른 무기는 등에 있는 주머니다. 연구원들은 가장 큰 포식 동물조차도 도망가게 만들 수 있는 강력한 냄새를 내뿜으면서 벌꿀오소리들이 이 주머니를 뒤집는 것을 관찰했다. 전체적으로 이러한 능력들이 벌꿀오소리로 하여금 포식자들을 두려워할 이유가 거의 없게 만든다.

어휘

scared 무서워하는 pierce 뚫다 relatively 비교적
predator 포식자 claw 발톱 instantly 즉각 prey 먹이
pouch 주머니 turn inside out ~을 뒤집다
release 풀어 주다 odor 냄새 fear 두려워하다

3. 정답 ④

④ what절에서 it은 가주어이고 to be ~ shoes가 진주어이다. what ~ like는 '~은 어떠한가'의 뜻이다. likely를 쓰면 it's 이하가 완전한 문장이 되므로 앞에 what을 쓸 수 없다. what 다음에는 주어나 목적어가 없는 불완전한 구문이 나온다.

오답 분석

① [with+O+Ring]은 'O가 R한 채로'의 뜻이다.
② similar는 appear와 대응되는 형용사인데(appear는 보어를 가지는 동사이며, 보어 자리에는 부사가 아닌 형용사를 사용한다), [형용사+as+S'+be(appear)]는 '비록 ~이지만'의 뜻이다.
③ where 이하는 관계부사절로 뒤에 완전한 절이 이어지며, empathy에 대한 설명을 제시한다.

해석

공감과 동정의 개념 간에는 다소 큰 차이가 있으며, 후자가 사람들이 사용되는 다소 잘 알려진 단어이다. 그것들은 비슷해 보일지 모르지만, 매우 구별되는 의미와 용법을 가지고 있다. 소셜 미디어 전문가인 Chloe Chong에 따르면, 동정심은 다른 사람이 고통받고 있다는 인식에서 나타나며, 이는 상대방의 고통이나 괴로움이 지각되는 공감과 대조를 이룬다. 동정은 청하지 않은 충고를 하거나 무슨 일을 해야 할지를 듣는 것을 요구한다. 공감은 적극적인 경청을 요구한다. 이 경우에 공감은 다른 사람의 입장에서 본다는 것이 어떠할지를 느끼는 능력을 의미한다. 동정의 가장 좋은 표현은 '가엾기도 해라.'이다. 그것은 그 사람의 역경에 대한 연민을 자아낸다. 공감의 가장 좋은 표현은 '어떤 느낌인지 이해가 가. 정말 힘들 것 같다.'이다. 이것은 어떤 사람으로 하여금 자신의 말이 전달되었다는 느낌을 갖게 도와준다.

어휘

empathy 공감, 감정이입 sympathy 동정, 연민
the latter 후자 distinct 구별되는, 별개의 usage 용법
recognition 인식
be in someone else's shoes 다른 사람의 입장이 되어 보다
plight 역경

4. 정답 ④

침략자가 마을에 불을 지른 상황에서 도태되었을 유전자는 '동요(불안)'를 장려하는 유전자가 아니라 (동요를 장려하는 유전자는 이러한 위급 상황에서 순기능을 한다) '침착함'을 장려하는 유전자였을 것이므로 ④의 agitation을 calmness로 바꿔 써야 한다.

해석

특정 종류의 뉴스는 상당히 과대 보도된다. 다른 뉴스는 상당히 과소 보도된다. 이러한 불균형은 합리적인 공공 정책의 왜곡과 같은 주요 문제로 이어진다. 그러나 그것은 낙관할 만한 이유이다. 상황이 실제보다 더 나쁘다고 믿도록 세뇌되고 있음을 일단 깨달으면, 당신은 약간의 용기를 내어 햇빛 속으로 나아갈 수 있다. 기만은 어떻게 발생하는가? 문제는 인간의 깊숙한 심리적 반응에서 시작된다. 우리는 추상적인 사실보다 극적인 이야기에 더 강하게 반응하도록 체계가 잡혀 있다. 인간은 이것이 그렇게 된, 그럴 만한 역사적, 진화적 이유를 쉽게 상상할 수 있다. 침략자가 당신 마을의 오두막에 방금 불을 질렀다는 소식은 즉각적인 반응을 요구한다. 그러한 상황에서 동요(→ 차분함)를 자극하는 유전자는 오래전에 다 타버렸을 것이다(이미 사라졌을 것이다). 우리 마을이 지금은 세계이지만, 우리는 여전히 본능적으로 동일한 방식으로 반응한다.

어휘

distortion 왜곡 rational 합리적인 optimistic 낙관적인
deception 기만 take place 발생하다
be wired to R R 하도록 (설계)되어 있다
abstract 추상적인 readily 쉽게 evolutionary 진화의
invader 침략자 set fire to ~에 불을 지르다 hut 오두막
agitation 동요, 불안 instinctively 본능적으로

5. 정답 ④

④ Suggest, Insist, Request 등과 같이 요구, 제안, 명령, 주장 등을 나타내는 동사에 연결되는 That절에는 동사가 [(should+)동사원형]의 형태로 쓰이지만, Suggest가 '암시하다, 시사하다'의 의미일 경우에는 That절에 [(should+)동사원형]을 사용하지 않으므로. be는 is가 되어야 한다.

오답 분석

① 주어 자리에 동명사가 바르게 쓰였다.
② 주격 관계대명사 who의 선행사가 a student로 단수이므로 관계절 동사의 수 역시 단수로 바르게 사용되었다.
③ Present는 문장에서 사용되는 위치에 따라 품사를 먼저 확인해야 하고, 품사마다 뜻이 다르므로 주의해야 한다. 명사는 '현재, 선물' 동사로는 '제시하다, 발표하다', 형용사로는 '참석한, 존재하는'이라는 의미를 가진다. 이 문장의 경우 앞에 there's a clear purpose가 주어, 동사로 이미 제시되어 있으므로 present는 형용사로 사용되었고 '존재하는'이라는 의미도 바르게 사용되었다.

해석

연구에 따르면 학습은 우발적인 학습과 의도적인 학습의 두 범주로 나뉠 수 있다. 전자는 우연히 일어나는 것으로, 이는 분명하게 규정된 학습 의도가 없다는 것을 의미한다. 예를 들어, 미국 50개 주(州)의 이름을 암기하려는 학생이 친구에게 그 이름들을 대는 동안 들어달라고 부탁할 수 있다. 이름을 대는 동안, 그 친구도 우연히 이 50개 주의 이름을 학습하게 될지도 모른다. 반면, 의도적인 학습은 처음부터 분명한 목적이 있을 때 일어난다. 예를 들어, 한 학생이 시험을 봐야 하기 때문에 유럽 각국의 수도 목록을 가지고 자리에 앉을 수 있다. 연구는 의도적인 학습은 시간이 지나도 (기억에) 남기 때문에 더 효과적임을 시사한다.

어휘

divide A into B A를 B로 나누다 incidental 우연적인
intentional 의도적인 by chance 우연히
define 정의하다 capital city 수도

6. 정답 ①

(A) 창작 '과정'이므로 process가 적절하다. (B) 문맥상 '물건, 물체'를 의미하는 objects가 적절하다. (C) 물감 재료가 마을 근처에서 '발견되는' 것이므로 found가 적절하다. founded는 설립되다 라는 의미로 적절하지 않다.

전통적인 푸에블로 도자기가 다른 형태의 점토 예술품과 구별되는 한 가지 특징은 창작 과정에서 기계가 사용되지 않는다는 점이다. 손으로 점토를 모아서 반죽하고 모양을 만든다. 푸에블로 도공은 물건을 만들 때 물레를 이용하는 대신, 점토를 기다랗게 말아 아주 정성스럽게 원 모양으로 감아올린다. 물감은 푸에블로 마을 근처에서 발견되는 식물과 광물로 만들고 유카과 선인장을 이용해 손으로 만든 붓으로 칠한다. 이러한 전통적인 과정으로 인해 미술품 수집가들은 푸에블로 점토 작품은 하나하나가 모두 독특하다고 확신할 수 있다. 그것은 또한 푸에블로 도자기가 훌륭한 선물이 될 수 있음을 의미한다.

어휘

feature 특징 distinguish A from B A를 B와 구별하다
pottery 도자기 clay 진흙 machinery 기계류
creative 창작의 potter 도공 wheel 물레
painstakingly 공들여 coil 감다 layer 층
apply 붙이다, 바르다
fashion A from B B의 재료를 써서 A의 모양으로 만들다
cactus 선인장 process 과정 progress 진보

7. 정답 ④

해설

④ 주절의 동사 형태가 would have improved인 것을 통해 가정법이 쓰인 문장임을 알 수 있고, ④는 앞 문장의 never learned와 반대되는 상황을 가정한 것이므로, 과거 사실에 대해 가정하는 가정법 과거완료(had+p.p.)를 써서 If they had learned가 되어야 한다. learned 이하를 생략하면 had만 남게 되므로 did를 had로 고쳐야 한다.

오답 분석

① 선행사 the first pizza place를 대신하는 주격 관계대명사 that을 쓴 것은 어법상 옳다.
② 동사 were의 보어가 필요하므로 형용사 rude를 쓴 것은 어법상 옳다.
③ 앞에 나온 동사 learned를 받는 대동사로 did를 쓴 것은 어법상 옳다. [nor+V+S]는 '~도 또한 아니다'라는 뜻이다.

해석

내가 아는 나보다 나이 많은 한 남자가 자신이 사는 작은 도시로 이전한 첫 번째 피자 가게 이야기를 내게 해 주었다. 그 피자는 형편없었고 주인은 무례했지만, 그는 마을에서 유일하게 이용 가능한 피자 가게를 갖고 있었다. 그래서 그는 엄청난 돈을 벌고 일찍 은퇴했다. 그는 그 피자 가게를 두 아들에게 물려주었는데, 그 두 아들은 똑같이 형편없는 피자를 만들었고 아버지와 똑같이 무례했다. 그러나 이제 시간이 흘러, 다른 경쟁자들이 그 지역 시장에 들어왔고 더 이상 이곳은 마을에서 유일한 피자 가게가 아니었다. 그 가게는 곧바로 문을 닫게 되었다. 원래의 주인은 전에 한 번도 행해진 적이 없는 곳에서 어떤 일을 한 최초의 사람이었기 때문에 운이 좋았다. 하지만 자신의 실수가 무엇인지 결코 알지 못했으며, 두 아들도 또한 그랬다는 실수를 알지 못했다. 만약 그들이 그것을 알았더라면, 그들은 고객 서비스뿐만 아니라 제품의 품질도 개선했을 것이다. 나는 도대체 무엇이 잘못되었는지 궁금해하면서 그저 침울하게 서성이고 있는 그 두 아들의 현재의 모습을 상상할 수 있다.

어휘

lousy 형편없는 rude 무례한, 예의 없는
the only game in town 유일하게 이용 가능한 것
retire 은퇴하다 competitor 경쟁자 local 지역의
in no time 곧바로 original 원래의 quality 품질, 자질
mope around 침울하게 서성거리다 on earth 도대체
go wrong 잘못되다

8. 정답 ③

해설

천재는 한 번에 한 가지 대상에 자신의 에너지를 집중시키는 것과는 달리 일반적인 사람들은 다양한 일을 한다고 했으므로 그들의 에너지를 '분산시킨다'고 할 수 있다. 따라서 ③ gathers는 disperses 등으로 바꿔야 한다.

해설

인간의 에너지는 빛 에너지와 유사하다. 그것(인간의 에너지)이 발산되면 평범한 백열전구에서처럼 그것은 평범한 방식으로 일을 해낸다. 하지만 레이저 광선에서처럼 그 똑같은 에너지를 단 하나의 목표에 초점을 맞출 때는 어떤 종류의 장애물도 관통할 수 있는 힘을 갖게 된다. 마찬가지로, 일반적인 사람들은 다양한 일들로 자신의 에너지를 모은다(→분산시킨다). 대조적으로, '천재'인 사람은 자신의 에너지를 한 번에 한 가지 추구 대상을 향하는 데 이용하며, 다른 사람들보다 훨씬 더 많은 것들을 성취한다. 이러한 에너지 집중의 원리는 큰 무리의 사람들 즉, 조직의 노력을 생각할 때에도 적용된다. 그러한 조직의 성공은 조직의 사람들이 기꺼이 투입하는 에너지의 양과 단 하나의 갈망하는 목적을 향해 그러한 에너지를 이용하고 향하게 하는 능력과 직접적으로 관련되어 있다.

어휘

release 발산하다 penetrate 관통하다 obstacle 장애
pursuit 일, 활동 direct ~로 향하다 concentration 집중
burning 갈망하는

9. 정답 ④

④ 문맥상 아이들이 바이러스에 '감염된' 것이므로 Infecting 이 아니라 Infected를 써야 한다.

오답 분석

① a virus를 선행사로 받는 주격 관계대명사 that이 바르게 사용되었다.
② 앞에 제시된 단수명사 rotavirus를 받는 대명사 it이 바르게 쓰였다.
③ 전에 있는 [전치사+명사]의 수식을 받는 대명사이고, 앞에 제시된 symptoms가 복수이므로 those가 바르게 사용되었다.

해석

로타바이러스는 위와 장을 감염시키는 바이러스이다. 그것은 선진국과 개발도상국 모두에서 동일하게 흔하며, 전 세계의 유아와 어린이들 사이에서 심한 설사의 가장 빈번한 원인이다. 6개월에서 24개월 사이의 아이들이 그것에 걸릴 위험이 가장 크며, 다른 바이러스성 변종들로 인한 재발 감염이 가능하다. 성인들 또한 이 바이러스에 감염되기도 하지만, 그들의 증상은 대개 아이들의 것보다 더 약하다. 이 바이러스에 감염된 때부터 증상이 나타나기 시작하는 때까지의 시간은 약 48시간이다. 열, 구토, 묽은 설사가 가장 흔한 증상들이다. 로타바이러스 감염을 예방하기 위해서는 자주 손을 씻는 것이 권고된다. 감염된 아이들은 설사가 멈출 때까지 학교나 보육원에 가지 말고 집에 있어야 한다.

어휘

infect 감염시키다   bowel 장대   diarrhea 설사
infant 유아   recur 되돌아가다   viral 바이러스성의
strain 종족, 변종   contract 줄어들다, 걸리다
vomiting 구토   watery 물의

10. 정답 ②

(A) 사용자들을 효과적으로 끌어들일 수 있는 웹사이트를 만들기 위한 방법으로 색상을 설명하고 있으므로, '효과적인'이라는 뜻의 effective가 적절하다. (B) 웹페이지는 색상의 배합이 조화롭고 일관성이 있어야 매력적이라고 했으므로, '상호 보완하다'라는 의미의 complement가 적절하다. (C) 암 지원 단체가 다루는 주제는 '민감한' 주제이므로 sensitive가 적절하다.

어휘

웹사이트는 눈을 즐겁게 해야 한다. 이용자들을 매료시키는 보기 좋은 외관을 만들어 내기 위해, 웹디자이너들은 애니메이션, 번쩍이는 문자나 아이콘, 움직이는 이미지, 그리고 동영상과 같은 그래픽 도구들을 이용한다. 그럼에도 불구하고 색상은 가장 효과적인 웹디자인 도구 중 하나이다. 웹사이트는 색상의 배합이 잘 조화되고 일관성이 있을 때 가장 매력적인 것으로 여겨진다. 웹사이트의 색상들은 서로 잘 보완해야만 한다. 또한, 그것들은 웹사이트의 주제와도 잘 어울려야 한다. 예를 들어, 암 지원 단체의 웹사이트는 그 민감한 주제 때문에 파스텔 계통이나 은은한 색깔을 사용할 수 있는 반면, 파티용품 상점의 웹사이트는 신나는 기분을 자아내기 위해 밝은색을 사용할 것이다.

어휘

flash 번쩍이다   scroll 상하좌우로 움직이다
still 여전히, 그럼에도 불구하고   scheme 계획
well-balanced 균형이 잡힌   consistent 일관된
go well with ~와 잘 어울리다   theme 주제
subtle 미묘한   defective 결함이 있는
complement 보완하다   contradict 모순되다
sensible 합리적인   sensitive 민감한

11. 정답 ②

② their 전후로 모두 절이 나오므로 their와 같은 단순 대명사가 아니라 절을 연결할 수 있는 관계대명사가 필요하다. 선행사 people과 뒤에 나오는 명사 jealousy가 소유 관계이므로 their를 소유격 관계대명사 whose로 바꿔 써야 한다.

오답 분석

① where ~ everyone was fighting은 관계부사절로, 앞의 an ~ party를 수식한다. where 이하는 완전한 절이므로 관계부사가 알맞게 사용되었다.

③ 클로즈업은 '사물의 실제 모습보다' 커 보이게 만든다는 의미인데, 현재의 실제 모습 (they really are big)을 나타낼 때 쓰는 것은 be 동사의 현재형이므로 are를 쓴 것은 적절하다.

④ what we carry in our own hearts는 sees의 목적어 역할을 하는 명사절로, sees와 what절 사이에 부사구 in others가 위치한 형태이다. what 이하가 목적어가 없는 불완전한 절이고 타동사인 sees 이후에는 목적어로 쓰일 수 있는 명사절이 나와야 하므로, 관계대명사 what을 쓴 것은 알맞다.

해석

당신이 한 파티에 가서 말다툼하고 있는 사람들 무리에 카메라의 초점을 맞춘 채 한쪽 구석에 앉아 있다고 가정해 보자. 그 파티는 어떻게 표현될 것인가? 그것은 즐거운 시간을 보낸 사람이 아무도 없고 모두가 싸우고 있는 불쾌하고 좌절감을 안기는 파티로 묘사될 것이다. 이것이 '공인되지 않은' 전기에 대해 곤란한 점이 그토록 많은 이유이다. 그것은 다른 사람의 인생에 대한 오직 한 사람의 인식일 뿐이다. 그리고 많은 경우 이러한 견해는 자신의 질시로 인해 일을 왜곡하는 데 강한 흥미를 갖게 된 사람들이 제공하는 것이다. 문제는 전기의 견해가 오직 저자의 '카메라 앵글'로만 제한되어 있다는 것이며, 우리 모두는 카메라가 현실을 왜곡한다는 것을, 클로즈업은 사물을 실제보다 더 커 보이게 만들 수 있다는 것을 알고 있다. 그리고 전문적으로 조작될 때 카메라는 현실의 중요한 부분을 최소화하거나 흐릿하게 할 수 있다. Ralph Waldo Emerson이 말한 대로, 우리 각자는 우리 마음속에 담아 두고 있는 바를 다른 사람들 속에서 본다.

어휘

represent 표현하다　unauthorized 공인되지 않은
biography 전기
vested interest in ~하는 것에 대한 강한 흥미
distort 왜곡하다　manipulate 조작하다
expertly 전문적으로　blur 흐릿하게 만들다

12. 정답 ④

우리는 조금씩, 세대에 걸쳐 세상을 바꾸며 우리가 만든 혁신은 자손들에게 전해지고, 그들은 그것을 바탕으로 새로운 아이디어를 낸다. 즉, 인간의 삶을 더 나은 방향으로 바꿔 놓는 변화의 성질은 '점진적인' 것이므로 인간의 삶을 결코 더 나은 방향으로 바꿔주지 못하는 변화는 '급진적인' 변화임을 추론할 수 있다. 따라서 ④의 gradual을 radical로 바꿔 써야 한다.

해석

인간에게 어린이란 단지 종의 생물학적 연속보다 더 깊게 흐르는 방식으로 낙관주의와 연결된다. 낙관주의는 본질적으로 미래에 대한 이성적인 평가의 문제가 아니다. 그것은 판단이라기보다는 태도이다. 그리고 그것은 가장 특징적으로 인간적인 태도이며, 우리의 DNA에 구축되어 있는 것이다. 인간 진화의 가장 위대한 이점은 미래에 존재할 수 있는 가능한 우주들을 상상하고 그것들을 실제로 만드는 방법을 알아내는 우리의 타고난 능력이다. 그것은 현재의 세계에 대한 더 나은 대안을 찾아내는 능력이며, 우리는 심지어 가장 어린아이들이 하는 공상적인 가상 놀이에서도 그것을 볼 수 있다. 전례 없고 예측 불가능한 방식으로 물리적, 사회적 세계를 변화시키는 이러한 능력은 우리의 특징적으로 연장되어 있는 인간 유년기 즉, 장기간의 보호받는 미성숙 상태와 몹시 밀접한 관계가 있다. 우리는 조금씩 세대에 걸쳐 세상을 바꾼다. 점진적인 (→ 급진적인) 변화가 인간의 삶을 더 나은 쪽으로 바꿔 놓은 적은 결코 없었다. 우리는 우리 자신의 혁신과 그것(혁신)이 창조하는 새로운 세상을 우리 아이들에게 전해 준다. 그리고 그들은 새로운 아이디어를 상상한다.

어휘

optimism 낙관주의　continuation 연속, 계속
assessment 평가　characteristically 특징적으로
innate 타고난, 선천적인　pretend play 가상 놀이
unprecedented 전례 없는
be bound up with ~와 밀접한 관계가 있다
immaturity 미성숙　transform 변형시키다
for the better 더 나은 쪽으로　pass on 전달하다

13. 정답 ③

③ if절 대신 without이 쓰인 현재 사실에 반대되는 상황을 이야기하는 가정법 과거 구문이므로, 주절의 동사 형태는 [조동사의 과거형+동사원형]인 would be가 되어야 한다.

① far는 비교급을 수식하는 부사로 바르게 쓰였다.
② 앞에 나온 사역동사 make의 목적격 보어 자리에 동사원형이 제대로 사용되었다.
④ 부정사의 태를 묻고 있는데 fat이 흡수하는 것이 아니라 흡수되는 것이므로 수동형이 바르게 사용되었다.

해석

지방은 최근 부정적인 이미지를 갖게 되었지만, 그것이 얼마나 필수적인지를 잊어서는 안 된다. 지방은 에너지를 저장하는 최상의 수단을 신체에 제공하며, 탄수화물이나 단백질보다 훨씬 더 효율적인 에너지원이다. 지방은 추위를 막는 보호막으로 그리고 내부 장기에 대한 완충재로 기능하며, 신체가 더 부드럽게 움직이도록 한다. 또한, 피부나 모발의 건강을 유지하며, 세포가 적절히 기능하도록 유지시켜 준다. 지방이 없다면, 체내에 흡수되기 위해서 지방을 필요로 하는 몇 가지 주요 비타민들을 이용할 방법이 없을 것이다. 더구나, 어떤 지방은 필수적인 성장 요소를 제공하고, 면역 체계를 강화하며, 다른 음식의 소화를 돕는 지방산을 포함하고 있다.

어휘

acquire 얻다 carbohydrate 탄수화물 protein 단백질
cushioning 완충재 internal 내부의 organ 장기
cell 세포 utilize 활용하다, 사용하다
be absorbed into ~에 흡수되다 strengthen 강화하다
immune system 면역 체계 digestion 소화

14. 정답 ②

(A) 선수가 발로 찰 때의 힘이 움직임에 저항하려는 성향보다 커야 공이 공중으로 날아갈 수 있으므로 '제압하다'가 적절하다. (B) 공을 아래로 잡아당기는 힘인 중력에 대한 설명 부분이므로, 공의 상승을 '늦추다가 적절하다. (C) 공이 수평으로 움직일 때 공기 분자를 뚫고 간다고 했으므로, 이는 수평 움직임을 '늦추다'라고 하는 것이 적절하다.

뉴턴의 운동 법칙은 축구공을 차는 것으로 설명될 수 있다. 선수의 발차기의 힘은 공에 운동에너지를 제공한다. 이 에너지가 (공의) 움직임에 저항하려는 성향을 제압하고, 공은 공중으로 날아간다. 그러나 두 가지의 힘이 그 공의 경로에 영향을 미치기 때문에, 공은 직선으로 오랫동안 이동하지 않는다. 그 첫 번째 힘은 중력으로, 공을 아래로 잡아당긴다. 이 힘은 공의 상승을 늦추고, 결국 공이 하강하도록 만든다. 비록 중력은 공의 수평 움직임에 영향을 미치지 않지만, 두 번째 힘인 공기 저항은 공의 수평 움직임에 영향을 미친다. 공은 허공을 가로질러 움직이면서 공기 분자들을 밀고 나가야 한다. 이것이 공의 수평 움직임을 늦춘다. 이 두 가지 힘들의 최종 결과는 공이 곡선으로 이동하는 것이다.

어휘

resist 저항하다 set off 시작하다, 출발하다 gravity 중력
ascent 상승 descend 내려가다
horizontal 수평의, 가로의 molecule 분자
overpower 이기다, 제압하다 accelerate 가속화하다
decelerate 속도를 줄이다

15. 정답 ③

해설

③ 주어의 핵심어구가 all other attempts이므로 fails를 복수 동사 fail로 고쳐야 한다. 주어를 수식하는 to부정사구(to explain ~ law)가 주어와 동사 사이에 삽입된 형태이므로 바로 앞의 a law나 the reason을 주어로 착각하지 않도록 주의한다.

오답 분석

① 앞의 절과 겹치는 어구를 생략한 형태로, but why isn't it legal to drive를 대신한다.
② 핸드폰의 사용이 정신을 분산시키는 것(능동)이므로 현재 분사형을 쓴 것은 옳다.
④ if절에 동사의 과거형 banned가 쓰였고, 현재 상황의 반대를 가정하는 문맥이므로 가정법 과거임을 알 수 있다. 가정법 과거의 기본 형태는 [If+주어+동사의 과거형+주어+조동사 과거형+동사원형]이다.

해석

왜 먹거나 마시면서 운전하는 것은 합법적이고, 핸드폰으로 통화하면서 운전하는 것은 그렇지 않은가? 핸드폰 사용이 그런 다른 활동들보다 정신을 더 산만하게 한다고 주장하는 것은 충분한 설득력이 없다. 어떤 법의 근거를 설명하려는 모든 시도가 실패할 때는 법의 영향을 받는 자들의 수입을 어떻게 변화시킬지 묻는 것이 좋은 전략이다. 입법자들이 운전 중에 커피, 탄산음료, 햄버거의 섭취를 금지한다면 패스트푸드점의 매출은 급락할 것이다. 하지만 운전 중 핸드폰 사용 금지에는 헤드셋이라는 예외를 허용함으로써 입법자들은 그런 위험을 감수하지 않게 된다. 게다가, 이동전화 업체들은 부가적인 헤드셋 판매를 통해 훨씬 더 높은 수익을 벌어들일 수도 있다.

어휘

convincing 설득력이 있는, 납득이 가는 argue 주장하다
distracting 정신을 산만하게 하는, 집중을 방해하는
income 수입 affect 영향을 미치다
legislator 입법자, 국회의원 ban 금지 consumption 섭취
decline 감소하다 exception to A A에 대한 예외
run a risk 위험을 감수하다 stand to R ~할 것 같다

16. 정답 ②

해설

신문이나 잡지를 읽을 때, 미리 훑어보고 나서 자세한 내용을 파악하는 것이 효과적이라는 내용의 글이다. 신문의 머리기사를 먼저 읽으면 '세세한' 내용이 아닌 '전반적인' 내용을 알 수 있게 될 것이므로, ②는 overall 등으로 고쳐야 한다.

해석

글로 쓰인 정보를 더욱 효과적으로 다루는 한 가지 방법은 그 정보를 실제로 읽기 전에 전체를 빠르게 훑어보는 것이다. 신문을 읽을 때, 이야기의 머리기사를 먼저 읽어라. 그러면 그 이야기가 다루는 것에 대한 세세한(→ 전반적인) 생각을 이해하게 될 것이다. 그런 다음 이야기를 읽으면 그것을 좀 더 설명해 주는 정보를 더 많이 찾게 된다. 기본 정보부터 읽으며 그것에 살을 붙인다면 (읽고 있는) 자료가 당신에게 낯설지 않다. 사실, 당신이 신문 가판대에서 잡지를 집어 들어 내용을 미리 보지도 않고 사는 일은 없을 것이다. 이렇게 할 때는(내용을 미리 볼 때), 당신은 그것(잡지)에 돈을 쓰기 전에 잡지 전체를 훑어보고 그것이 무엇에 관한 것인지 그리고 어떤 내용을 담고 있는지를 알게 되는 것이다. 이런 식으로 하면, 당신은 더욱 합리적인 구매와 (합리적인) 돈의 사용을 보장하게 된다.

어휘

handling 처리 scan 훑어보다 headline 머리기사
detailed 상세한 concern ~에 관해 다루다 material 자료
newsstand 신문 가판대 preview 미리 보다
content 내용 look over ~을 살펴보다 contain 포함하다
ensure 보장하다 sensible 합리적인

17. 정답 ③

해설

초대형 여객기는 사람들을 빠르게 이동시키고 국경을 연결시켰지만, 상대적으로 선박 여행은 감소시켜서 가까운 섬 사회들 간의 교류를 막게 되었으므로 그들의 '고립(isolation)'을 증가시켰다는 문맥이 알맞다. 따라서 정답은 ③이다.

해석

초대형 여객기는 한국의 컴퓨터 컨설턴트들이 마치 옆집에 잠깐 가는 것처럼 실리콘 밸리로 날아갈 수 있게 해 주었고 싱가포르의 기업가들은 이제 하루 만에 시애틀에 도착할 수 있다. 세계 최대 대양(=태평양)의 경계들이 전례 없이 연결되었다. 하지만 초대형 여객기가 5마일 상공 위를 날아가는 섬 주민들은 어떠한가? 이 엄청난 초대형 여객기가 똑같은 바닷물이 해안을 적시는 섬사람들에게 더 많은 교류를 가져다주었는가? 물론, 그렇지 않다. 비행기 여행은 여행자들이 바다를 건너 바쁘게 돌아다닐 수 있게 해 주었을지 모르나, 동시에 선박 여행의 감소는 많은 섬 사회들의 고립을 오히려 증가시켰다. 태평양의 많은 다른 섬들처럼 피트케언섬도 지금까지 한 번도 이웃들에게서 이렇게 멀리 떨어져 있다고 느껴본 적이 없었다.

① 정체성
② 세력
③ 고립
④ 단절

어휘

jumbo jet 초대형 여객기 pop 잠깐 가다
entrepreneur 기업가 border 국경 mighty 엄청난
communion 교류, 친교 shore 해안
buzz 바쁘게 돌아다니다 Pacific 태평양의

18. 정답 ②

해설

② 수식받는 명사(the movie)와 분사가 '조디 포스터가 주연을 맡은 영화'라는 의미의 능동 관계이므로 과거분사 starred를 현재분사 starring으로 고쳐야 한다.

오답 분석

① 동사 become은 주격 보어를 취하는 동사인데, 보어 자리에는 명사나 형용사 역할을 하는 것이 올 수 있으므로 형용사 역할을 하는 과거분사 known이 올바르게 쓰였고, known이 '~에게 알려진'이라는 의미로 쓰일 경우 전치사 to를 취하므로 known to가 올바르게 쓰였다. 또한, 분사를 앞에서 수식할 수 있는 것은 부사이므로 과거분사 known 앞에 부사 widely가 올바르게 쓰였다.
③ 선행사 aliens가 사람이고 관계절 내 동사의 주어 역할을 하므로 주격 관계대명사 who가 올바르게 쓰였다. 동사 make는 5형식 동사로 쓰일 때 [make(made)+목적어(the transport)+목적격 보어(possible)] 형태를 취하며, '~이 ~하게 만들다'라는 의미를 나타내므로, made the transport possible이 올바르게 쓰였다.
④ be 동사(was)는 주격 보어를 취하는 동사인데, 보어 자리에는 명사나 형용사 역할을 하는 것이 올 수 있으므로 형용사 gone이 올바르게 쓰였다. 또한, 문맥상 '약 18시간'이라는 의미가 되어야 자연스러우므로, 시간 앞에 와서 '약, 대략'이라는 의미를 나타내는 전치사 about이 올바르게 쓰였다. 참고로, 해당 문장은 동사 estimates와 she 사이에 명사절 접속사 that이 생략된 형태이다.

해석

비록 과학자들은 수 세기 동안 오컴의 면도날 법칙을 잘 알고 있었지만, 1997년에 영화 「콘택트」가 개봉한 후에 그것은 일반 대중에게 더욱 널리 알려지게 되었다. 칼 세이건이 쓴 소설을 기반으로 하고 조디 포스터가 SETI(외계 지적 생명체 탐사) 과학자 닥터 Ellie Arroway 역으로 주연을 맡은 그 영화는, 외계의 지적 존재에게 받은 최초로 확인된 통신 내용을 포함한다. 행성 간의 공간 이동을 향한 첫 단계에서, 그 통신은 수송기를 만들기 위한 설계도라는 것이 결국 밝혀지는데, 이것은 Ellie는 그 이동(행성 간의 공간이동)을 가능하게 한 외계인 중 한 명과 만나기 위해 연이은 웜홀을 통해 이동하는 데 사용한다. Ellie가 돌아올 때, 그녀는 자신이 약 18시간 정도 떠나 있었다고 추정하지만, 지구의 시간으로는 그녀가 전혀 떠난 적이 없었던 것처럼 보였다는 것을 알게 된다. 그녀의 이야기는 특히 그녀의 기록 장치가 아무것도 기록하지 않았고 그저 정지 상태였다는 것이 밝혀졌을 때 의심받았다. Ellie

가 실제로 시간을 건너 여행했다고 다른 사람들을 설득하려고 노력할 때, 그녀는 가장 쉬운 설명이 옳은 것이 되는 경향이 있다는 오컴의 면도날 법칙을 떠올리게 된다. 즉, 아마 그녀는 결코 떠나지 않았을 것이다.

familiar ~을 잘 아는, 친숙한 principle 법칙
star 주연을 맡다 confirmed 확인된
extraterrestrial 외계의 intelligence 지적 존재
diagram 설계도 alien 외계인 transport 이동, 수송
interstellar 행성 간의 estimate 추정하다
static 정지 상태의, 고정된

19. 정답 ④

④ 동사 enable은 목적격 보어로 to 부정사를 취하므로 remain은 to remain으로 고쳐야 한다.

① 선행사가 temperatures로 복수명사이므로 관계절 안의 동사의 수 역시 복수가 맞다.
② than 앞과 뒤로 [of+동명사]가 병치되고 있으므로 바르게 사용되었다.
③ 앞에 제시된 an amazingly waterproof shield를 받아주는 대명사 that이 바르게 사용되었다.

남극에 서식하는 펭귄들은 수개월 간의 태양 없는 하늘과 일년 내내 영하 상태를 유지하는 기온을 견뎌 내야 한다. 그러나 놀랍게도 이 조류는 얼어 죽는 것보다 과열의 위험에 더 처해 있을지도 모른다. 그들의 몸은 몹시 추운 남극의 날씨에 맞서 스스로를 보호하기 위하여 수천 년 넘게 진화해 왔다. 예를 들어, 펭귄의 깃털은 그것의 몸 주위에 놀라울 정도로 방수가 되는 보호막을 형성하며, 그 밑에는 두꺼운 지방층이 그것을 추위로부터 단열시켜 준다. 그래서 마치 무더운 8월의 어느 날 솜털로 뒤덮인 코트를 입고 있는 인간처럼, 기온이 올라가면 펭귄은 열사병의 위험에 놓인다. 그러나 이 종은 이 문제도 해결하도록 진화해 왔다. 펭귄의 맨발이 열을 방출하는 역할을 담당해 이 동물의 몸의 나머지 부분이 일정한 체온을 유지하게 해 준다.

inhabit 살다 Antarctic 남극 withstand 견뎌 내다
freezing 얼어붙을 듯한 overheat 과열되다
evolve 진화하다 frigid 몹시 추운 waterproof 방수의
shield 방패 layer 층 insulate 단열 처리를 하다
fluffy 솜털로 뒤덮인 down 솜털
heat exhaustion 열사병 bare 벌거벗은
constant 끊임없는

20. 정답 ③

(A) 문맥상 '감지하다'라는 의미인 perceive가 와야 한다.
(B) This change는 어둠에 적응해가는 눈의 변화를 가리키므로, 빛에 대한 눈의 민감성을 '증가시킨다'라고 하는 것이 맞다.
(C) 어두운 곳에서 다시 밝은 곳으로 이동하는 상황에서, 우리의 눈은 요돕신을 '과도하게' 분비한 상태다.

우리의 감각은 매일 많은 다양한 상황들에 적응한다. 이 상황들의 가장 흔한 것 중 하나는 밝은 곳에서 어두운 공간으로 걸어 들어갈 때 일어난다. 예를 들어, 어두운 극장 안으로 걸어가는 것은 종종 어둠 외에는 어떤 것도 감지하기 어렵게 한다. 하지만, 당신의 눈이 어둠에 적응함에 따라 당신은 잘 볼 수 있게 되기 시작한다. 이러한 변화는 눈의 간상체와 추상체에서 발견되는 화학 물질인 요돕신에 의해 일어나며, 이것은 빛에 대한 눈의 민감성을 증대하기 위해 더 많은 양이 생성된다. 이 동일한 반응은 당신이 어두운 극장을 떠나 밝게 불이 켜진 공간으로 걸어 들어갈 때는 반대로 일어난다. 이러한 상황에서, 당신의 눈은 과도한 요돕신을 갖고 있는데, 이는 시세포층을 빛에 매우 민감하게 만든다. 그것들은 당신이 다시 정상적으로 보기에 앞서 요돕신 수준을 낮춰야 한다.

어휘

sense 감각 adapt to ~에 적응하다 chemical 화학 물질
sensitivity 민감성 reaction 반응
in reverse 반대로, 거꾸로 deceive 속이다, 기만하다
perceive 감지하다 excess 과도, 과잉

21. 정답 ④

④ 선행사 a century ~ old steam locomotive와 engineers는 '100년 된 증기 기관차의 기관사들'이라는 소유의 관계이므로 whom을 소유격 관계대명사 whose로 바꾸어야 한다.

오답 분석

① [anything but+동사원형]은 '이외에는 무엇이든'이라는 뜻이다.
② 여기서 that은 형용사 early를 수식하는 지시부사로 '그렇게'란 뜻이다.
③ the time ~ Dandenong Ranges를 강조하는 [It was ~ that] 강조 구문의 that이다.

새벽에 눈을 뜨자마자, 휴식을 취하는 것 외에는 어떤 것도 할 마음이 들지 않던 날이었다. 호주 멜버른에서의 세 번째 날이었다. 그날의 일정이었던 단데농 산맥 국립공원으로의 여행은 그렇게 이른 시간에는 그다지 매력적이지 않았다. 하지만 아주 흥미롭게도 비행기를 타고 집으로 돌아오는 날, 내 기억 속에 계속 맴돌던 것은 바로 단데농 산맥에서 보냈던 시간이었다. 단데농 산맥은 멜버른 동쪽에 자리한 빽빽하게 숲이 우거진 언덕으로, 하늘 높이 자란 유칼립투스 나무가 장엄한 분위기를 만들어 내는 곳이다. 이 지역은 또 한 길고 하얀 턱수염이 난 기관사들이 전 세계에서 온 관광객들을 실어 나르는 100년 된 증기 기관차 Puffing Billy의 고향이기도 하다.

어휘

dawn 새벽 range 산맥 appeal 매력 hover 맴돌다
densely 빽빽하게 forested 숲이 우거진
eucalyptus 유칼립투스 majestic 장엄한
atmosphere 분위기 steam 증기 locomotive 기관차
transport 수송하다

22. 정답 ①

해설

That is 이하에 오래가는 우정을 쌓지 못하는 사람들의 한 가지 약점이 잘 나타나 있다. 그들은 상대방에게 전혀 관심을 갖지 않고 자기 자신의 생각에만 몰두해 있다고 했으므로 '① 타인에게 무관심한 사람들'임을 알 수 있다.

해석

오래가는 우정을 쌓지 못하는 사람들이 있다. 그들은 어떤 사람들일까? 좋은 친구가 될 수 없는 사람들이다. 아마도 문제는 이해력 부족이나 좋은 천성이 부족한 것이 아닐 것이다. 또한, 남을 즐겁게 해 주거나 유익한 자질이 부족해서도 아니다. 반대로 그들은 매력적인 면을 많이 가지고 있을 수도 있다. 그러나 그들은 대체로 이 모든 좋은 특징을 망쳐 버리는 한 가지 약점이 틀림없이 있을 것이다. 즉, 그들은 당신에 대해 조금도 개의치 않고 당신이 그들을 어떻게 생각하는지에 전혀 영향을 받지 않는다는 것이다. 그들은 당신이 다가가도 조금도 기쁜 빛을 보이지 않고, 당신이 그들을 떠날 때도 당신 없이도 똑같이 잘 지낼 수 있다는 느낌을 받을 뿐이다. 이것은 기분이 뾰로통하거나 멍하게 있다는 게 아니다. 그들은 단지 타인에게 무관심하고 온전히 자기 자신의 생각에만 몰두해 있을 뿐이다.

① 무관심한
② 거만한
③ 무례한
④ 책임감 없는

어휘

lasting 오래가는 lack of ~의 부족 nature 본성
at fault 잘못(책임)이 있는 entertain 즐겁게 하다, 양상
spoil 망치다 characteristic 특성, 특질
that is (to say) 바꿔 말하면, 즉 get along 잘 지내다
sullenness 뾰로통함, 기분이 언짢음
absent-mindedness 멍한 상태
concentrate on ~에 주의를 집중하다 solely 단자

23. 정답 ②

해설

② 주어 자리에 복수 명사 the necessary calculations가 왔으므로 복수 동사 are가 올바르게 쓰였다. 주어와 동사 사이의 수식어 거품(that we ~ take)은 동사의 수 결정에 영향을 주지 않는다.

오답 분석

① 문맥상 위험은 항상 (어떤 현상의) 원인이라는 점에서'가 되어야 자연스럽고, ~라는 점에서'는 숙어 표현 in the sense that을 사용하여 나타낼 수 있으므로 의문사 how를 명사절 접속사 that으로 고쳐야 한다.
③ 명사 decision은 뒤에 to 부정사를 취하는 명사이므로 동사원형 walk를 to 부정사 to walk로 고쳐야 한다. 참고로, '~에 대한'이라는 의미의 전치사 about을 사용하여 about walking으로 나타낼 수도 있다.
④ 명사 everything을 수식하기 위해 형용사 역할을 하는 관계절이 와야 하므로, 절 접속사 what이 아닌 관계대명사가 와야 한다. 선행사 everything이 사물이고, 관계절 내에서 동사 do의 목적어 역할을 하므로 명사절 접속사 what을 목적격 관계대명사 that으로 고쳐야 한다.

해석

결과가 정확히 알려지지 않은 어떠한 상황에서든 위험은 항상 (어떤 현상의) 원인이라는 점에서 위험은 인간의 삶에 근본적인 요소이다. 더군다나, 우리가 취하는 행동으로 발생하는 어떤 형식의 피해의 가능성에 대해 우리가 하는 필수적인 계산들은 보통 우리의 의사 결정 단계에 부여된다. 위험 평가가 회사의 중대한 계획에 대한 결정을 포함하든, 거리를 걷는 것(덜 중요한 결정)에 대한 결정을 내리는 것을 포함하든 간에, 우리는 항상 관련된 잠재적인 위험을 예측하고, 찾아보고, 평가한다. 그러한 점에서, 우리는 우리가 하는 모든 것에서 끊임없이 위험을 관리하고 있다고 할 수 있다.

어휘

fundamental 근본적인 calculation 계산
assessment 평가 corporate 회사의 initiative 계획
anticipate 예측하다 evaluate 평가하다
constantly 끊임없이 manage 관리하다

24. 정답 ④

해설

④의 동사는 companies and government departments를 목적어로 하는 [get+O+to R]에 병렬 구조로 연결되므로 to give가 되어야 한다.

오답 분석

① as 앞에 is라는 be 동사가 제시되어 있으므로 as 뒤에 형용사가 바르게 사용되었다.
② 부사절 접속사 뒤에 [대명사 주어+be 동사]는 생략될 수 있으므로 while 뒤에 분사가 나올 수 있다.
③ 콤마 뒤에 관계대명사 which가 바르게 사용되었고 선행사가 institutional racism으로 단수이므로 동사의 수 역시 맞다.

해석

모든 인종 차별이, 면전에서는 예의를 갖추면서 인종 전체에 대해 혐오적인 말을 한다든가 특정 사람들을 가리키는 데 욕설을 사용하는 것처럼 명백한 것은 아니다. 그런 행동은 마땅히 사회적으로 수용될 수 없다고 받아들여지지만, 더 체계적이고 구조적인 제도적 인종 차별은 해결하기가 더 어렵다. 고용에 있어서 제도적 인종 차별은 항상 의식적인 결정인 것은 아니다. 어떤 사람들은 단지 자신과 비슷한 지원자들을 고용하거나, (그들은) 인종적으로 그다지 다양하지 않은 사회적 네트워크에 구인광고를 낸다. 이 때문에 채용하는 사람들의 대다수가 백인일 때, 채용되는 사람들 또한 백인일 가능성이 있는 것이다. 따라서, 고용 평등 프로그램의 역할은 회사나 정부 부처로 하여금 그들의 인적 네트워크를 확장하게 하고, 취업 기회에 대해 모든 지역 사회가 접할 수 있도록 보장하며, 지원자들에게 공정한 기회를 주도록 하는 것이다.

어휘

racism 인종 차별 obvious 명백한 rightly 당연히
institutional 제도적인 conscious 의식적인
diverse 다양한 majority 다수 employment 고용
equity 공평 expand 확장하다 ensure 확실히 하다

25. 정답 ④

해설

(A) 무게는 중력에 의해 비행기 기체가 땅 쪽으로 잡아 당겨지는 힘이므로 '~쪽으로'라 는 뜻의 towards가 적절하다.
(B) 저항력은 비행기가 공중을 가로지를 때 저항에 의해 생긴 힘이므로, 추진력과 '반대로 작용한다고 해야 한다.
(C) 비행기가 떠 있으려면 무게보다 상승력이 커야 하고 저항력에 비해 추진력이 커야 하므로 '더 큰'이 적절하다.

해석

비행하는 동안 비행기에 작용하는 네 가지 주요 힘들이 있다. 무게는 그중 하나로, 중력에 의해 땅으로 끌어당겨지는 비행기 질량의 결과이다. 무게의 반대되는 힘은 상승력으로, 이것은 비행기의 날개에 의해 생겨나며 비행기를 공중에 받치고 있는 힘을 말한다. 비행기의 프로펠러, 혹은 제트기라면 제트엔진이 추진력을 만들어 내고 이것이 비행기를 앞으로 나아가는 움직임을 만드는 역할을 한다. 저항력은 비행기가 빠른 속도로 공중을 가로지를 때 저항에 의해 야기된, 추진력에 반대로 작용하는 힘이다. 공중에 떠 있기 위해서, 비행기는 그 무게와 저항력에 비해 더 큰 상승력과 추진력을 유지해야 한다.

어휘

mass 질량 gravity 중력 lift 들어 올림, 상승력
craft 항공기 propeller 추진기, 프로펠러 thrust 밀침
drag 끌기 resistance 저항 aloft 위에, 공중에
maintain 유지하다

26. 정답 ④

 해설

④ That절의 주어인 the personal element의 동사가 접속
사 but에 의해 병렬 구조로 연결된 형태이므로 varying은
varies가 되어야 한다.

오답 분석

① '가장 ~한 것 중 하나'를 나타내는 표현은 [one of the+최
상급+복수명사]이므로 알맞게 쓰였다.
② show의 직접목적어인 간접의문문으로 [의문사+주어+동
사]의 어순이 바르게 쓰였다.
③ 주어와 동사의 위치가 바뀐 도치 구문으로, 주어 the
writer's choice ~ shaped에 맞춰 복수동사인 are를 쓴
것은 적절하다.

 해석

모든 글쓰기는 어느 정도 개인적이다. 쇼핑 목록조차도 우리
에게 그걸 쓴 사람에 대해 꽤 많이 알려 준다. 장교를 가장 높
은 계급 중 하나로 진급시키기 전에 그 장교의 작문 견본을
보겠다고 요구했다는 점에서 Napoleon(나폴레옹)은 이 점을
잘 알았던 것 같다. 설명문, 논설문, 기술문, 서사문은 모두 서
서히 그렇지만 확실하게 그 글쓴이가 어떤 사람인지를 우리
에게 보여 준다. 그 작가의 주제 선택과 드러내는 지식의 깊
이, 소재를 다듬는 기술은 똑같이 흥미로운 사실을 보여 준
다. 이 모든 것이 사실이라면, 당신이 왜 어떤 특정한 종류의
글쓰기만 '개인적'이라고 불려야 하는지 묻는 것도 당연한 일
이다. 그 해답은, 개인적인 요소는 산문에 늘 존재하지만, 그
것이 부각되는 정도는 많이 다르다는 데 있다.

어휘

more or less 어느 정도   be aware of ~을 알
given that ~라는 점에서
promote 진급(승진)시키다, 촉진하다   rank 계급, 지위
revealing 흥미로운 사실을 보여 주는   material 소재
label ~이라고 부르다   element 구성 요소, 성분
prominence 부각

27. 정답 ④

 해설

감정이 행동에 변화를 일으키는 동력이 될 수 있다는 내용의
글이다. 통제된 분노를 세상을 움직이는 힘으로 바꾼 Gandhi
의 경우처럼, 충동적인 반응을 자제하고 적절한 순간에 그
감정적 에너지를 '발산하라'는 내용이 되어야 하므로 ④의
conceal(감추다)은 반대 의미인 release(발산하다) 등으로 바
꿔야 한다.

 해석

감정은 행동에 연료를 공급하는 매우 중요한 기능을 한다. 감
정은 우리를 휩쓸어 유혹에 빠지게 할 수 있는 반면, 용기와
결단을 주어서 적절한 행동을 취하게 할 수도 있다. 이 후자
의 변화 과정을 Mahatma Gandhi(마하트마 간디)보다 더 잘
설명해 준 사람은 없는데, 그는 무기 하나 없이, 수 세기에 걸
친 대영제국의 인도 식민지배를 종식시키는 데 성공했다. 그
는 자신의 비결을 다음과 같이 설명했다. "저는 분노를 보존
하는 최고의 교훈 한 가지를 쓰라린 경험을 통해 배웠습니다.
그리고 열이 에너지로 바뀌듯, 통제된 분노조차도 세상을 움
직일 수 있는 힘으로 바뀔 수 있습니다." Gandhi가 제안했듯
이 충동적인 반응을 자제하라. 이는(=충동적인 반응은) 당신
의 소중한 에너지를 쓸데없이 낭비할 뿐이다. 마지막으로 적
절한 순간에, 목적의식을 갖고 결단을 내리듯 감정적 에너지
를 감춰라(→발산하라).

어휘

critical 매우 중요한   sweep over ~을 휩쓸다
lead A into B A를 B로 이끌다   temptation 유혹
compel A to R A가 ~하게 하다   resolve 결심
demonstrate 입증하다   latter 후자의
transformation 변화
put an end to A A를 끝내다(종식시키다)
domination 지배   as follows 다음과 같이
supreme 최고의   conserve 보존하다, 아끼다
refrain from ~을 자제하다   impulsive 충동적인
reckless 무모한   waste 낭비
purposively 목적의식을 가지고

28. 정답 ③

해설

③ '~하는 데 시간을 보내다'라는 뜻의 [Spend+시간+R-ing] 구문이므로 organize 대신 organizing이 와야 한다.

오답 분석

① be 동사 뒤에 to 부정사가 보어로 사용되었고, 겨냥되는 것이므로 수동태 역시 바르게 사용되었다.
② 선행사 many immigrants라는 사람을 받는 주격 관계대명사 who가 바르게 사용되었다.
④ 명사 뒤에 분사가 올 수 있는데, wait는 자동사이므로 현재분사가 바르게 사용되었다.

해석

1965년에 기업가 라이오넬 버레이에게 대단한 사업 아이디어가 떠올랐다. 그는 영연방 국가에서 온 런던의 많은 이민자를 대상으로 한 '영연방 파수꾼'이라는 신문을 창간하기로 결정했다. 그는 신문 내용을 구성하고 광고 지면을 팔면서 모든 시간을 보냈다. 그러나 제1호가 발행되기로 예정되어 있던 아침, 그는 잠자리에서 일어나 그의 신문 50,000부가 그가 묵고 있던 호텔 밖 길가에서 자신을 기다리고 있는 것을 발견했다. 버레이는 신문 창간의 세부 내용을 해결하느라 너무 분주했던 나머지 유통을 체계화하는 것을 완전히 간과했던 것이다. 그의 신문 사업은 2월 6일에 시작되었고 그다음 날인 7일에 끝이 났다.

어휘

strike ~에게 갑자기 떠오르다 entrepreneur 기업인
launch 상품을 출시하다 commonwealth 연방
sentinel 보초 be aimed at ~을 대상으로 하다
immigrant 이민자 content 내용 sort out ~을 해결하다
overlook 간과하다 distribution 유통

29. 정답 ①

해설

at odds(상충하는)와 비슷한 의미를 가진 어휘를 묻고 있으므로, '일치하지 않는'이라는 의미의 ① discordant가 정답이다.

해석

르네상스의 한 가지 특징은 부유함에 대한 새로운 표현, 그리고 관련 사치품들에 대한 소비였다. 경제와 정치 역사학자들은 수요와 소비에서의 변화의 원인들에 대해 14세기부터 계속 치열하게 논쟁해 왔다. 르네상스 정신의 전성기에 대한 의견은 14세기와 15세기에 심각한 경제적 불황기를 겪었다는 일반적인 의견과 상충한다.

① 일치하지 않는
② 일치하는
③ 상응하는
④ 서로 바꿀 수 있는

어휘

fiercely 치열하게 onwards 계속 at odds 상충하는
profound 심각한, 심오한 depression 불황
discordant 일치하지 않는 consonant 일치하는
commensurate 상응하는, 어울리는

30. 정답 ④

 해설

'개화라는 개념은 사회적 진보, 종교를 넘어선 이성의 승리, 지역적이고 특정한 관습의 쇠퇴, 과학의 진보와 관련되어 있다.'라는 문맥에서 the notion of civilization was connected with the idea of social progress의 '밀접하게'라는 의미가 들어가야 자연스럽다. 따라서 ④ inextricably가 정답이다.

 해석

계몽사상가들에게 개화라는 개념은 사회적 진보 즉, 종교를 넘어 선 이성의 승리, 지역적이고 특정한 관습의 쇠퇴 그리고 자연과학의 진보와 밀접하게 관련되어 있다.

① 착취적으로
② 재미없게
③ 드물게
④ 밀접하게

 어휘

civilization 개화, 문명 connect 관련시키다, 연결하다
triumph 승리 rationality 이성 religion 종교
custom 관습 exploitatively 착취적으로
insipidly 재미없게 inextricably 밀접하게, 불가분하게

31. 정답 ④

 해설

그들(범죄자들)은 스스로에게 끊임없는 신체적, 정신적 학대를 가할 수밖에 없는 운명이라고 했으므로, '부분의 범죄자들은 어떠한 종류의 시련 _____하지 않는다고 믿어진다. 비록 그 범죄자들이 기소 _____하는 데 성공적이고'라는 문맥에서 most of criminals are not _____ any kind of ordeal. Even though the criminals are successful in _____ the accusation의 빈칸에는 에서 '해방된'과 '~로 부터 피하는 것'이라는 의미가 들어가야 자연스럽다. 따라서 ④ emancipated from - evading from이 정답이다.

 해석

일반적으로 대부분의 범죄자들은 어떠한 종류의 시련에서도 해방되지 않는다고 믿어진다. 비록 그 범죄자들이 기소로부터 피하는 데 성공적이고 잠시 동안 결백하다고 입증할지라도, 그들은 스스로에게 끊임없는 신체적, 정신적 학대를 가할 수밖에 없는 운명이다.

어휘

criminal 범죄자 ordeal 시련, 고난 accusation 기소
innocent 결백한 doomed to ~할 수밖에 없는 운명인
exact 가하다 abuse 학대 weasel 회피하다
fetter 구속하다 nod through 수긍하다
exempt 면제하다 comply 순응하다, 따르다
emancipate 해방하다 evade 피하다

32. 정답 ①

해설

① [최상급(easiest)+명사(jobs)] 앞에는 반드시 the나 소유격이 와야 하므로, easiest jobs를 the easiest jobs로 고쳐야 한다.

오답 분석

② 주절의 주어 he와 분사구문이 '그가 그의 팔을 흔든다'라는 의미의 능동 관계이므로 현재분사 waving이 올바르게 쓰였다.

③ 분사 보어(Hidden from the audience)가 강조되어 문장의 맨 앞에 오면 주어와 동사가 도치되어 [동사(are)+주어(the conductor's abilities ~ members)]의 어순이 되어야 하고, 주어와 분사가 '지휘자의 능력은 보이지 않는다(숨겨졌다)'라는 의미의 수동 관계이므로 과거분사 Hidden이 올바르게 쓰였다.

④ 접속사(and)로 연결된 병치 구문에서는 같은 구조끼리 연결되어야 하는데, and 앞에 to 부정사(to motivate)가 왔으므로 and 뒤에도 to 부정사가 와야 한다. 병치 구문에서 나온 두 번째 to는 생략될 수 있으므로 (to) communicate가 올바르게 쓰였다.

해석

청중 속에서 콘서트를 관람하는 음악을 사랑하는 사람들에게는 지휘자가 세상에서 가장 쉬운 직업 중 하나를 갖고 있다고 생각하기 쉬울 것이다. 그는 음악의 박자에 맞추며 어느 모로 보나 상당히 즉흥적으로 그의 팔을 흔들며 서 있고, 그 오케스트라는 훌륭한 연주를 한다. 지휘자가 모든 부분을 한 번에 이해하고 해석하고, 여러 악기를 연주하고 더 많은 것들의 성능을 이해하고, 이질적인 부분들을 구성하고 조화시키고, 모든 오케스트라 단원들에게 동기를 부여하고 그들과 의사소통하는 능력은 청중에게, 특히 음악 초보자들에게는, 보이지 않는다.

어휘

conductor 지휘자   in time with 박자에 맞추어
to all appearances 어느 모로 보나   novice 초보자, 풋내기
interpret 해석하다   coordinate 조화시키다
disparate 이질적인

33. 정답 ②

해설

㉠ 주어 자리에 복수 명사 Supplements가 왔으므로 복수 동사 include를 써야 한다. 주어와 동사 사이의 수식어 거품(on the market today)은 동사의 수 결정에 영향을 주지 않는다.

㉡ 수식받는 명사 those와 분사가 '천연 허브를 포함하는 것들'이라는 의미의 능동 관계이므로 현재분사 containing을 써야 한다.

㉢ 전치사(of)의 목적어 자리에는 명사 역할을 하는 것이 와야 하고, 명사절 접속사 if는 전치사의 목적어 자리에 올 수 없으므로 명사절 접속사 whether를 써야 한다. 따라서 ② include-containing-whether이 정답이다.

해석

오늘날 시중에 나와 있는 보충제들은 천연 허브 또는 합성 성분을 사용하는 것들을 포함한다. 전문가들은 멀티비타민 중에서 선택할 때, 천연 허브를 포함하는 것들이 반드시 합성 성분을 포함하는 것보다 좋지는 않을 수 있다고 지적한다. 신체는 비타민이 합성 원료나 천연 원료로부터 생산되었는지에 상관없이 분자량과 그들의 기능을 위한 각 비타민과 미네랄의 구조를 인식한다.

어휘

synthetic 합성의   ingredient 성분, 재료
molecular weight 분자량

34. 정답 ③

③ 주어는 feeling으로 시작하는 동명사구이고 동명사 주어는 단수 취급하므로 동사 hold를 holds로 고쳐야 한다.

오답 분석

① surprise는 '~를 놀라게 하다'라는 타동사로, statistics(통계)가 사람들을 놀라게 하는 것이므로, 능동 관계를 나타내는 현재분사 surprising이 알맞다.
② 앞에 나온 복수명사인 workers를 받는 대명사이므로 복수형인 those가 적절히 쓰였다.
④ volunteers(지원자들)가 감기 바이러스에 '노출되는' 것이므로 수동태가 알맞다.

해석

런던에 있는 7,400명의 공무원에 관한 한 연구에서 놀라운 통계가 나왔다. 자신의 업무를 거의 통제할 수 없다고 느끼는 직원들은 업무 유연성이 더 많은 사람보다 심장 질환 증상을 일으킬 위험이 50% 더 높았다. 다시 말해서, 해야 할 업무에 대한 요구와 압박감을 (자신이) 거의 통제할 수 없다고 느끼는 것은 고혈압과 같은 위험 요인만큼이나 심장 질환의 큰 위험을 갖고 있다. 그것이, 우리가 직장에서 가지는 모든 관계 중에서 사장 혹은 상사와의 관계가 우리의 신체 건강에 가장 큰 영향을 미치는 이유이다. 한 영국의 감기 연구소에서 참가자들은 감기 바이러스에 노출되었고 누가 감기에 걸리는지 알아보기 위해 5일 동안 관찰되었는데, 사회적 긴장에 얽혀 있는 사람들이 가장 감염되기 쉬운 것으로 밝혀졌다. 사무실에서의 단 하루의 힘든 날은 문제가 되지 않았다. 하지만 상사와 지속적인 문제가 있는 것은 면역력을 약화시키기 충분한 스트레스였다.

어휘

civil service worker 공무원   yield (결과를) 내다 생산하다
statistic 통계   flexibility 유연성   hypertension 고혈압
superior 상관 윗사람   expose 노출시키다
susceptible 감염되기 쉬운   persistent 끊임없이 지속되는
immune system 면역 체계

35. 정답 ②

해설

Children who are born deaf and blind가 주어인 문장에 동사가 빠져 있으므로 ② using은 use가 되어야 한다.

오답 분석

① observe라는 타동사의 목적어 자리에 명사절 접속사 whether가 바르게 사용되었다.
③ 선행사가 사람이고 뒤에 동사가 제시되어 있으므로 주격 관계대명사 who가 바르게 사용되었다.
④ 부사절 접속사 when 뒤에 [대명사 주어+be동사]가 생략되어 분사가 나올 수 있고, 분사 뒤에 의미상의 목적어를 수반하므로 현재분사형이 바르게 사용되었다.

해석

표정은 어떤 사람의 감정 상태를 보여 주는 가장 확실한 표시다. 우리는 어떤 사람이 웃고 있는지, 울고 있는지, 미소 짓고 있는지, 혹은 찡그리고 있는지를 관찰함으로써 그 사람의 감정에 대해 많은 것을 이해할 수 있다. 흥미롭게도 많은 표정은 선천적이다. 청각 및 시각 장애를 갖고 태어난 아이들은 그러한 장애 없이 태어난 아이들과 동일한 감정을 표현하기 위해 동일한 표정을 사용한다. 동물은 대부분 공통된 형태의 얼굴 근육 움직임을 공유한다는 이론을 처음으로 주장한 사람은 바로 찰스 다윈이었다. 예를 들어, 개, 호랑이, 인간 모두 분노를 나타낼 때 이를 드러낸다. 우리의 감정을 표현하는 것이 진화에 뿌리를 두고 있다는 다윈의 생각은 감정 표현에 대한 근대의 여러 분석에 토대를 제공했다.

어휘

obvious 분명한   state 상태   frown 찡그리다
inborn 타고난, 선천적인   disability 장애
advance 진전, 발전   muscular 근육의   display 나타내다
rage 분노   be rooted in ~에 뿌리 (기원)를 두고 있다
evolution 진화   groundwork 토대, 기초 작업
analysis 분석

36. 정답 ③

③ 문맥을 보면, we'd like to see happen during a hospital stay는 앞에 있는 all the things를 수식하는 구조가 되는데, 관계대명사 that이 생략된 형태이다. 관계절의 술어 동사는 would like to see이기 때문에, 현재동사 happens를 쓸 수 없고, 지각동사 see의 목적격 보어의 형태인 원형부정사 happen으로 바꿔 써야 한다. 해당 부분은 "we'd like to see all the things happen during a hospital stay"의 구조에서 all the things를 선행사로 삼은 관계절로 구성한 문장의 형태로 이해할 수 있다.

오답 분석

① 가주어 It 다음에 동사 might sound가 쓰였고, 부사 pretty 다음에 형용사 straightforward를 쓴 구조이다. 문맥상 주격 보어 자리가 되어야 하는데, 형용사는 주격 보어 역할을 할 수 있으므로 어법에 맞다.
② 앞에 있는 동사구 keep it simple and just look at death rates를 대신하는 대동사 do는 어법에 맞다.
④ the extent를 선행사로 삼아 이를 수식하고 있는데, 관계절 안에 주어와 동사, 그리고 전치사구를 가진 완전한 절이 구성되었으므로, [전치사+관계대명사] 형태의 to which는 어법에 맞다.

해석

어느 병원이 최고의 치료를 제공하는지를 묻는 것은 꽤 쉬운 일일지도 모른다. 그러나 병원은 입원 환자 규모, 직원의 수준, 그리고 전문 영역을 포함하여 갈피를 못 잡을 정도로 다양한 고려 사항 중 어느 것으로도 평가될 수 있다. 마찬가지로, 일부 전문가들이 그러하듯이, 우리는 이것을 단순하게 유지하고, 단지 사망률만 볼 수도 있다. 병원에 머무는 동안 발생하는 것으로 우리가 보고 싶은 모든 것 중에서, 죽음을 피하는 것이 보통 최우선 목록이다. 그러나 사망률은 단순히 병원이 제공하는 치료의 질에 달려 있는 것이 아니다. 사망률은 또한 그 병원이 치료한 사람들이 얼마나 아픈지, 나이가 얼마나 들었는지, 혹은 얼마나 가난한지, 병원이 어느 정도의 더 힘든 환자를 맡고 있는지, 병원이 고위험 치료를 관리할 능력이 있는지, 그리고 심지어 병원이 환자를 조기 퇴원시켜 더 많은 환자가 다른 곳에서 사망할 경향이 있는지에 따라 달라질 수 있다. 미국 보험청(Centers for Medicare and Medicaid Services)은 이러한 요인 중 많은 부분에 대해 자신이 공개한 병원 사망률을 조정하려고 시도하지만, 이것이 문제를 해결하지는 못하는데, 대부분의 병원은 결국 그저 상당히 비슷한 비율을 보여, 그 목록을 거의 소용이 없게 만든다.

straightforward 단순명료한
bewilder 어리둥절하게 만들다
inpatient volume 입원환자 수   render 주다, 제공하다
extent 범위, 정도   tendency 경향
prematurely 조숙하게, 이르게   fairly 상당히

37. 정답 ②

② 동사 equip의 주체와 대상이 모두 같은 individuals이므로 목적어를 themselves로 고치는 것이 적절하다.

오답 분석

① Never ~ humanity라는 부정적인 부사구가 앞에 나왔으므로 주어와 조동사가 도치되어 has가 주어 앞으로 오는 것은 적절하다.
③ 수동태 진행형이므로 is being 다음에 과거분사 reclaimed를 쓰는 것은 적절하다.
④ 동사인 take를 수식하고 있으므로 부사인 increasingly를 쓰는 것은 적절하다.

인류 역사상 개인이 이토록 많은 개인적인 힘과 이토록 많은 선택의 자유를 가진 적이 없었다. 가격이 적절한 가정용 컴퓨터와 인터넷 덕분에, 개인들은 이전에 대형 기업체를 위해 지정되었던 종류의 도달 범위, 힘, 영향력을 이제 스스로에게 장착할 수 있게 되었다. 다른 의미와 맥락에서 개인적인 터빈이 국내 소비자들에게 이전에 꿈꿔본 적이 없는 전력망으로부터의 독립을 주면서 '전기'가 국가의 공익기업으로부터 (개인에게) 되돌려지는 중이다. 건강 관리 측면에서, 인터넷의 '디지털 스킨'에 연결된 작은 공동체의 진료소 네트워크들이 점차 사람이 너무 많고 자원이 부족한 국영 병원들을 대체할 것이다. '작고' 개인적으로 생각하고 최대한의 반향과 성장을 만들어 내기 위한 네트워크 효과를 찾아보라.

어휘

humanity 인류 affordable 저렴한 equip 장비를 갖추다
context 맥락
utility company 공익설비제공회사(전기, 가스, 수도 등)
front 전선 resonance 반향

38. 정답 ④

3차원의 물체를 2차원으로 그릴 수밖에 없는 상황에서 많은 화가가 원근법을 사용한다는 내용의 글이다. 현대 추상화와 입체파 미술 모두 3차원의 세상을 2차원으로 묘사하는 것에 어려움을 느꼈다고 했는데, 그것은 3차원의 감각 세계와 2차원의 평면 작업 사이에 차이점이 있고 그 차이점을 보완하는 데 한계가 있다는 내용이 되어야 하므로 ④ similarities(유사점)를 그 반대 개념인 contrasts(차이)로 고쳐야 한다.

오답 분석

① 지평선에 있는 공유점으로 '서서히 멀어져야' 원근이 생기므로 receding은 적절하다.
② 토착 원주민들이 3차원 물체의 2차원 묘사를 이해하기 어려워한다고 했으므로 nothing과 함께 쓰여 '확실치 않다'라는 의미를 나타내는 obvious는 적절하다.
③ 화가들도 인류학자가 발견한 그 '관습'을 배워야 한다는 문맥이므로 conventions는 적절하다.

서양인은 이제 익숙해진 원근화의 규칙을 당연한 것으로 여긴다. 우리 모두는 직선이 배경의 지평선에 있는 공유점으로 서서히 멀어지는 것을 볼 수 있고. 그림자가 그런 것처럼 비록 원근화가 자주 지독히 왜곡되어 있더라도 이러한 형식주의를 '진짜'인 것으로 해석한다. 그러나 원근에 대해 본질적으로 확실한 것은 없다. 인류학자는 많은 토착 원주민들이 3차원의 물체를 2차원으로 묘사한 것을 이해하는 데 어려움을 느낀다는 것을 발견했고, 화가들도 역시 그 관습을 배워야 한다. 사실, Bridget Riley의 현대 추상화를 포함하여 많은 현대 추상화가 덩어리, 색상, 그리고 모양이 우리의 3차원 감각 세계와 다르게 상호 작용하는 방식을 강조하며 분명히 평평한 세상 안에서 작용하는 문제에 관해 탐구한다. 입체파 미술도 또한 3차원 물체에 관한 다수의 보완적 시각과 2차원 묘사의 한계 사이에서 유사점(→ 차이)을 탐구했다.

어휘

perspective 관점, 원근법
take for granted ~을 당연하게 여기다 recede 물러나다
interpret 해석하다 distort 왜곡시키다
intrinsically 내재적으로 obvious 분명한
anthropologist 인류학자 aboriginal 원주민의
convention 관습 flat 평평한 mass 질량
multitude 다수 complementary 보완적인
depiction 묘사

39. 정답 ④

해설

단순히 어떤 두 개의 사건이 연달아 일어났다고 해서 두 사건 사이에 인과 관계가 있는 것으로 잘못 설명한 사례를 소개하고 있으므로 ④의 treating(치료하는)을 triggering(촉발하는)으로 고쳐야 한다.

오답 분석

① 이어지는 문장에서 사람들이 허브 치료가 없이도 덜 우울하게 되었을 수도 있다고 했으므로 허브 치료가 그들의 호전에 '기여했다'는 것을 의미하지 않는다는 내용으로 contributed는 적절하다.
② 사람들이 허브 치료 대신에 치료사나 친구와의 대화와 같은 다른 효과적인 '개입'을 추구했을 것이라고 추론할 수 있다는 내용이므로 interventions는 적절하다.
③ 심리학자들이 개선의 기대로부터 생기는 호전인 플라시보 효과라고 부르는 것을 초래했을 것이라는 내용으로 보아, 사람들에게 희망을 '불러일으켰다'는 것을 알 수 있으므로 inspired는 적절하다.

해석

일부 사람들이 허브 치료를 받은 직후에 덜 우울하게 되었다는 사실이 허브 치료가 그들의 호전에 기여했다는 것을 의미하지는 않는다. 이 사람들은 허브 치료가 없이도 덜 우울하게 되었을 수도 있고, 그들이 거의 같은 시기에 다른 효과적인 개입(치료사나 지지해 주는 친구와의 대화와 같은)을 추구했을 수도 있다. 또는 아마도 허브 치료를 받은 것이 그들에게 희망을 불러일으켜서 심리학자들이 플라시보 효과라고 부르는 단순한 개선의 기대로부터 생겨나는 호전을 초래했을 것이다. 심지어 훈련받은 과학자들도 이런 종류의 추론에 빠질 수 있다. '의학 가설'이라는 저널에서 Flensmark(2004)는 약 1,000년 전에 서양에서 신발이 등장한 후에 곧 최초의 정신분열증 사례들이 뒤따랐다고 말했다. 이러한 발견으로부터, 그는 신발이 정신분열증을 치료하는(→ 촉발하는)데 역할을 했다고 주장했다. 하지만 신발의 등장은 그저 현대화의 성장, 스트레스가 많은 생활 조건의 증가와 같은 다른 변화들과 동시에 발생했을 수도 있는데, 그것들이 정신분열증 발생에 더 직접적인 원인이 되었을지도 모른다.

어휘

depressed 우울한 herbal remedy 허브 치료
contribute to ~에 기여하다 intervention 개입
therapist 치료사 psychologist 심리학자
hypothesis 가설 schizophrenia 조현병
coincide with ~와 동시에 발생하다 modemization 근대화

40. 정답 ④

해설

④ Not until ~ bursts라는 부정어구가 앞에 나왔으므로 뒤에 오는 문장은 [조동사/be 동사/do 동사 + 주어]의 어순으로 도치된다. begin과 연결되는 동사가 도치되어야 하므로 do가 쓰여야 한다.

오답 분석

① Beneath ~ city는 장소를 나타내는 전치사구이고 the network 이하가 주어이므로 단수 주어에 일치하는 동사 exists를 주어 앞에 쓰는 것이 적절하다.
② the cables ~ tunnels를 주어로 하는 동사이고 현재시제이므로 carry를 쓰는 것이 적절하다.
③ 주절의 의미를 보충하는 분사구문으로 능동의 의미이므로 linking을 쓰는 것은 적절하다.

해석

현대적인 도시의 건물과 거리 아래에 그곳 주민의 기본적인 욕구를 충족시키는 데 필요한 기둥, 전선, 파이프와 터널의 네트워크가 존재한다. 벽과 기둥이 도시의 건물, 다리, 탑을 유지하는 한편, 전선, 파이프와 터널은 물, 전기, 가스와 같은 생명을 유지하는 요소들을 나른다. 더 큰 터널들은 지하를 파고 들어가서 보면의 장소를 더 직접적으로 연결한다. 그것들 사이로 고속 기차가 도시의 공동체 안에서 살고 일하는 수많은 사람을 나른다. 이 거대한 뿌리 체계는 거의 보이지 않기 때문에 그것의 복잡성은 상상하기 어렵고 그것의 효율성은 거의 인식되지 않는다. 지하철이 고장 나거나 수도 본관이 터져야 우리는 이 광범위한 숨겨진 네트워크에 대한 우리의 의존 정도를 느끼기 시작한다.

어휘

beneath ~아래 column 기둥 inhabitant 거주자
sustain 유지하다 underground 지하 massive 거대한
complexity 복잡성 extent 범위, 정도
dependence 의존도

손태진 **공무원 영어독해**

1판 1쇄 발행 2021년 10월 8일

저자 손태진

교정 윤혜원
편집 이정노

펴낸곳 하움출판사
펴낸이 문현광

주소 전라북도 군산시 수송로 315 하움출판사
이메일 haum1000@naver.com   홈페이지 haum.kr

ISBN 979-11-6440-846-7

좋은 책을 만들겠습니다.
하움출판사는 독자 여러분의 의견에 항상 귀 기울이고 있습니다.